717

Haushaltstipps
für Küche, Textilien,
Pflanzen & Auto

Fleck
weg

Lianne Bilgenroth
Gabriele Lehari

Inhalt

FLECKENFIBEL

Vorwort   6

Allgemeines zur Fleckentfernung   9
Die Grundregeln der Fleckentfernung   10
   Schnelles Handeln   10
   Nicht eintrocknen lassen   10
   Vor der Behandlung so viel wie möglich entfernen   11
   Nicht mit heißem Wasser behandeln   12
   Nicht reiben und rubbeln   13
   Vor der Behandlung testen   14
   Das richtige Mittel verwenden   14
   Nicht zu schnell aufgeben   15
   Richtige Nachbehandlung   15
   Erst nach Erfolg weiterbehandeln   16
Fleck ist nicht gleich Fleck   16
   Wasserlösliche Flecken   16
   Fettige und ölige Flecken   18
   Kombinierte Flecken   18
   Farbflecken   19
   Flecken chemischen Ursprungs   19
Hilfsmittel und Geräte   20
Reinigungsmittel   24
Notfallset für unterwegs   38
Die verschiedenen Techniken der Fleckentfernung   39
Hoffnungslose Fälle   43
Tipps zur Vermeidung von Flecken   45

Fleckentfernung in der Praxis   50
Den Flecken zu Leibe rücken   52
Flecken von A bis Z   53
Flecken unbekannter Herkunft   106
Unspezifische Verschmutzungen   107

Verzeichnisse   121
Die wichtigsten Reinigungsmittel im Überblick   122

555 HAUSHALTSTIPS

Vorwort 127

Haushalt   128
Haushaltspflege, handwerkliche Selbsthilfe, Haushaltsschädlinge,
Energie sparen

Kleidung und Wäschepflege 188
Waschen, Bügeln, Kleiderpflege

Lebensmittel 204
Einkauf und Lagerung von Lebensmitteln, Getränken, Kräutern,
Gewürzen

Pflanzen 264
Schnittblumen, Zimmer- und Balkonpflanzen, Pflanzenschädlinge

Selbsthilfe beim Auto 279
Wartung, Pflege, Pannenhilfe

Urlaubs- und Reisevorbereitungen 291

Verzeichnisse 296
Literatur 296
Anschriften und Bezugsquellen 296
Bildquellen, Impressum 299
Reinigungsmittel und Materialien 300
Register 302

Der Fleck gehört weg

Fleckenfibel

555 Haushaltstipps

Vorwort

Ein Fleckenbuch – in der heutigen Zeit mit einem schier un-übersehbaren Angebot an Hochleistungs-Waschmaschinen und Spezial-Reinigungsmitteln? Diese oder eine ähnliche Frage möge Ihnen vielleicht kurz durch den Kopf geschossen sein, als Sie dieses Buch entdeckt haben. Aber seien Sie ehrlich: Haben Sie nicht schon einmal auf einem Kleidungsstück einen myste-riösen Fleck gehabt, den Sie trotz aller Mühe nicht entfernen konnten? Oder hat nicht schon einmal der Kakao oder das Eis, anstatt im Mund Ihres Sprösslings zu landen, unschöne Spuren auf den Polstermöbeln hinterlassen? Oder hat sich nicht viel-leicht Ihr Hund oder Ihre Katze trotz guter Manieren schon das eine oder andere Mal auf dem guten Teppich „vergessen"? Diese Liste ließe sich noch lange fortführen, wobei jeder sicherlich eine persönlich erfahrene Geschichte dazu beisteuern könnte.

Zugegebenermaßen sind die heute auf dem Markt erhältli-chen Waschmittel wesentlich leistungsfähiger als früher und haben vielen Flecken in waschbaren Textilien den Schrecken genommen. Trotzdem empfiehlt es sich bei bestimmten Fleckenarten, die betroffenen Stellen vor dem Waschen ent-sprechend zu behandeln, damit eine möglichst vollständige Entfernung des Flecks erreicht wird.

Aber Flecken tauchen bekanntlich nicht nur auf waschbaren Textilien auf, sondern auch auf nicht waschbaren Geweben so-wie auf Möbelstücken, Teppichen, Autopolstern und einer Fülle anderer Materialien, die nicht einfach in die Waschma-schine gesteckt werden können. In diesen Fällen ist man bei der Fleckentfernung schon etwas mehr gefordert. Ist ein „Mal-heur" passiert und ein hässlicher Fleck droht, den betroffenen Gegenstand zu ruinieren, gerät man meistens in Panik und macht die Situation durch unüberlegtes oder falsches Handeln meist noch schlimmer.

Dieses Buch soll mit praktischen Anleitungen für solche Fälle die richtigen Lösungen anbieten. Neben den wichtigsten Grundregeln, den erforderlichen Reinigungsmitteln und -gerä-ten sowie den anzuwendenden Methoden bietet es konkrete

„Rezepte" für die Behandlung der unterschiedlichsten Flecken von A bis Z. In den meisten Fällen führen schnelles und umsichtiges Handeln mit den richtigen Mitteln zu einer erfolgreichen Entfernung des Flecks. Allerdings gibt es immer wieder „hoffnungslose" Fälle, in denen man sich scheinbar geschlagen geben muss. Dass es trotzdem noch Möglichkeiten und Tricks gibt, das Beste aus hartnäckigen Flecken zu machen, werden Sie bei der Lektüre dieses Buches bald entdecken. Ich wünsche jedoch allen Lesern, dass sie von solch aussichtslosen Fällen möglichst verschont bleiben und ihnen dieses Buch das tägliche Leben mit allen seinen Flecken, die einem jederzeit hinterhältig auflauern können, etwas erleichtert.

Ich habe versucht, die in diesem Buch aufgeführten Tipps und Ratschläge möglichst genau zu prüfen und auszuprobieren. Allerdings kann es bei der schier unübersehbaren Fülle an veschiedenen Geweben, Verschmutzungen und Reinigungsmitteln vorkommen, dass das eine oder andere „Rezept" in Einzelfällen nicht so funktioniert, wie es beschrieben ist, da man nicht sämtliche Zusammensetzungen von Kunst- und Naturfasern im Vorfeld testen kann. Daher möge es mir der Leser nachsehen, falls doch einmal die Fleckentfernung nicht hundertprozentig klappt. Eine Garantie oder gar Haftung für eventuelle Schäden kann natürlich nicht – weder von mir noch vom Verlag – übernommen werden. Wenn Sie also nicht sicher sind, ob das verschmutzte Gewebe die empfohlene Behandlung verträgt, gehen Sie nach meinen Anleitungen vorsichtig vor und testen Sie erst einmal das Reinigungsmittel an einer verdeckten Stelle.

An dieser Stelle möchte ich es nicht versäumen, allen „Fleckerfahrenen" in meinem Freundes- und Bekanntenkreis und natürlich meiner Mutter zu danken, die mir durch ihre Fragen und Tipps immer neue Anregungen und wertvolle Informationen für dieses Buches geliefert haben.

Ein ganz besonderer Dank gilt meiner Schwester, Angelika Kowitz, die durch ihre tatkräftige Unterstützung beim Sammeln von Informationsmaterial und beim Erstellen der Fotos erheblich zur Entstehung des Buches beigetragen hat.

Gabriele Lehari

Allgemeines zur Fleckentfernung

Die Grundregeln der Fleckentfernung

Die Fleckentfernung ist im Bereich der häuslichen Arbeiten sozusagen eine eigene Disziplin. Und wie bei jedem Handwerk oder jeder speziellen Tätigkeit muss man bestimmte Grundkenntnisse besitzen und sein Handwerkszeug beherrschen, um ein möglichst gutes Ergebnis zu erzielen. Hält man sich dabei an die wichtigsten Grundregeln, ist die Voraussetzung für eine erfolgreiche Fleckbehandlung geschaffen. Die Behandlung der Flecken im Einzelnen ist bereits der nächste Schritt. Werden die Grundregeln aber ignoriert, wird die Reinigungsprozedur erschwert und man muss mit einem unbefriedigenden Ergebnis rechnen. Die folgenden Grundregeln sollten Sie sich daher immer vor Augen führen, wenn Sie wieder einmal mit einem Fleck konfrontiert werden.

Schnelles Handeln

Das oberste Gebot der Fleckentfernung ist schnelles Handeln. Je frischer ein Fleck ist, desto einfacher lässt er sich entfernen. Niemals darf ein Fleck ignoriert werden und vielleicht erst nach ein paar Tagen, wenn man sowieso waschen möchte, behandelt werden. Dann kann es oft schon zu spät sein, um den Fleck vollständig zu entfernen.

Noch wichtiger ist dieses Gebot bei nicht in der Waschmaschine waschbaren Gegenständen. Je länger die Verunreinigung auf der Oberfläche verbleibt, desto stärker und tiefer dringt sie in das Gewebe oder in die Struktur ein. Hierbei spielt es keine Rolle, ob es der Rotwein auf dem Teppich, die Salatsoße auf der Couch oder der Aperitif auf der Holzkommode ist.

Nicht eintrocknen lassen

Bei fast allen Arten von Flecken gilt, dass sie sich leichter entfernen lassen, wenn sie noch frisch und feucht sind. Sie sollten daher im frischen Zustand behandelt werden. Ist eine sofortige Behandlung mit den entsprechenden Reinigungsmitteln nicht möglich, kann man durch Abdeckung mit einem feuchten Tuch den Austrocknungsprozess verzögern und somit die Chance auf eine vollständige Fleckentfernung er-

Viele eingetrocknete Flecken weicht man am besten vor der Behandlung mit Glyzerin auf.

höhen. Hat man doch einmal einen eingetrockneten Fleck, kann man ihn vor der Behandlung in Glyzerin einweichen. Es gibt aber Flecken, wie beispielsweise von Wasserfarben oder Senf, die nach vollständiger Eintrocknung nicht mehr restlos zu entfernen sind.

Ausnahmen von dieser Regel gibt es nur wenige. Dazu gehören Verschmutzungen, die durch Schlamm, Ton, Lehm oder Knetmasse hervorgerufen wurden. In solchen Fällen ist es sinnvoll, den Schmutz erst einmal vollständig durchtrocknen zu lassen und dann abzukratzen oder abzubürsten. Auf diese Weise lassen sich häufig über 90 Prozent derartiger Verunreinigungen entfernen.

Vor der Behandlung so viel wie möglich entfernen

Bevor man einem Fleck mit Wasser und Seife oder Reinigungsmittel zu Leibe rückt, sollte vorher so viel wie möglich von der Substanz entfernt werden. Bei Flüssigkeiten bedeutet das, mit Küchenkrepp oder Baumwolllappen möglichst viel Flüssigkeit aufsaugen. Festere Substanzen werden mit Hilfe eines Löffels oder ähnlichem Gerät möglichst weitgehend ab-

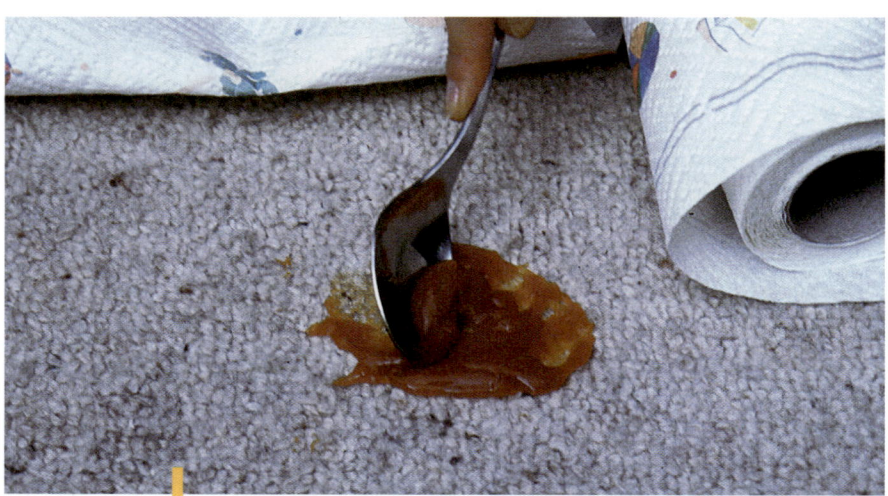

Bei Ketchupflecken zunächst möglichst viel mit einem Löffel entfernen.

*Ü*brigens können Hunde und Katzen bei der „Vorbehandlung" manchmal gute Dienste leisten. Fällt zum Beispiel ein Ei herunter oder werden Sahne, Milch, Soße oder andere Speisenreste auf dem Teppich verschüttet, können sie bei der sofortigen und gründlichen Entfernung helfen. Ihre unermüdliche Zunge sorgt dafür, dass oft nur ein unscheinbarer Fleck zurückbleibt, der dann bei sofortiger richtiger Behandlung leicht entfernt werden kann.

gekratzt. Pulver- und puderförmige Stoffe werden zunächst gründlich abgesaugt oder – falls möglich – der verschmutzte Gegenstand wird ausgeschüttelt oder ausgeklopft. Fett- und ölhaltige Flecken werden am besten zuvor mit einem absorbierenden Pulver bestreut, welches das Fett aufsaugt. Erst wenn kein Fett mehr aufgenommen wird, entfernt man das Pulver und kümmert sich um die Behandlung des restlichen Flecks.

Nicht mit heißem Wasser behandeln

Einer der häufigsten Fehler, der meist in der Aufregung und aus dem Bedürfnis heraus entsteht, jetzt doch schnell etwas unternehmen zu müssen, ist die Behandlung eines frischen Flecks mit heißem Wasser. Viele Substanzen, insbesondere Eiweiße (Proteine) werden aber dadurch erst richtig im Gewebe fixiert, so dass eine spätere Reinigung umso schwieriger wird. Deshalb sollte man die meisten Arten von Flecken wie von Blut, Ei, Obst, Getränken, Milchprodukten, Soßen oder Farbstoffen als erstes gründlich mit viel kaltem Wasser ausspülen. Meistens lässt sich dadurch schon der größte Teil der Verfärbung oder des Flecks entfernen. Erst danach geht man wie in der Beschreibung für die jeweilige Fleckenart weiter vor.

Zuckerhaltige Flecken verfärben sich durch große Hitze unansehnlich braun. Deshalb sollte man auch helle Flecken nicht ignorieren, sondern richtig behandeln. Bleibt der Fleck nämlich im Gewebe bestehen und wird dieses später gebügelt, tritt eine Braunfärbung auf, die dann nicht oder nur schwer zu entfernen ist.

Nicht reiben und rubbeln

Ein weiterer Kardinalfehler, der häufig gemacht wird, weil es einem das Gefühl vermittelt, „etwas zu tun", ist das heftige Reiben oder Rubbeln beim Versuch, den Fleck zu entfernen. Dadurch wird aber höchstens bewirkt, dass der Fleck vergrößert wird oder tiefer in das Gewebe, das Polster, den Teppich oder das jeweilige Material eindringt. Dadurch werden die Oberflächen oder die Gewebefasern beschädigt, was häufig nicht rückgängig zu machen ist. Besonders bei Naturfasern sehen dann solche Stellen rau, platt gedrückt oder zerzaust aus. Die Gefahr besteht vor allem bei langflorigen Teppichen. Deshalb gilt auch hier: Ruhe bewahren und besonnen vorgehen. Statt heftig zu reiben, sollte man den Fleck mit einem sauberen Tuch abtupfen oder vorsichtig ohne großen Druck reiben. Bei der weiteren Behandlung immer von außen nach innen arbeiten, um den Fleck nicht zu vergrößern.

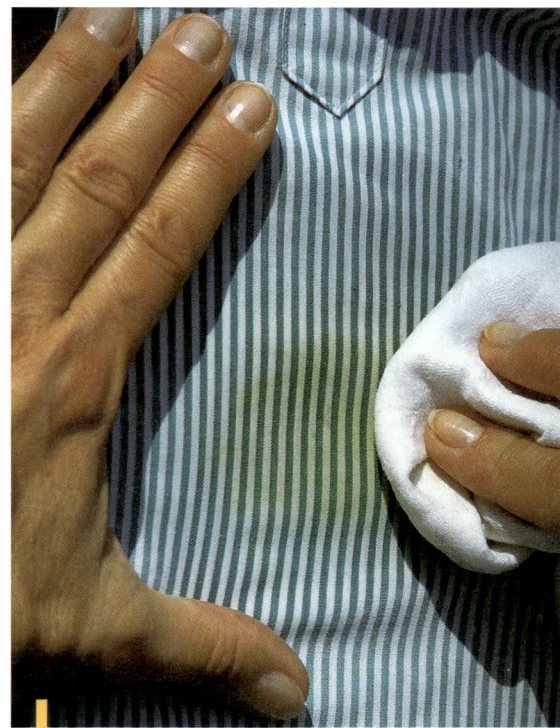

Statt Flecken hektisch herausrubbeln zu wollen, sollte man sie besser vorsichtig abtupfen oder aufsaugen.

Bei der Verwendung von leicht flüchtigen Fleckentfernungsmitteln wie Waschbenzin, Aceton oder Salmiakgeist, sollte man immer ein saugfähiges Tuch oder Küchenkrepp unter den zu behandelnden Fleck legen, damit die Schmutzteilchen sofort aufgenommen und nicht nur gleichmäßig im Gewebe verteilt werden.

Vor der Behandlung testen

Viele Fleckenarten erfordern den Einsatz bestimmter Reinigungssubstanzen oder chemischer Mittel. Um sicher zu gehen, dass die zu behandelnde Oberfläche diese Prozedur auch unbeschadet übersteht, sollte man an einer unauffälligen Stelle vorher testen, ob das Reinigungsmittel eine Veränderung von Farbe oder Struktur bewirkt. Beispielsweise lassen sich aus weißen Baumwollgeweben hartnäckige Flecken mit Bleich- oder Entfärbermitteln entfernen. Bei bunten Geweben oder empfindlichen Fasern dürfen solche radikalen Methoden in der Regel jedoch nicht angewendet werden. Aceton kann für Naturfasern ohne Probleme verwendet werden, löst dagegen bestimmte Kunstfasern auf. Um sich späteren Ärger über ein verfärbtes, verfilztes oder beschädigtes Gewebe zu ersparen, ist eine Testbehandlung sinnvoll. Das kann bei Kleidungsstücken am Saum oder an Stellen geschehen, die ohnehin in der Hose oder im Rock verschwinden. Bei Teppichen wählt man Bereiche aus, die von Möbeln oder Blumentöpfen verdeckt sind. Polstermöbel kann man an deren Rück- oder Unterseite auf ein bestimmtes Reinigungsmittel testen.

Die richtigen Mittel verwenden

Bevor mit der Fleckentfernung begonnen wird, sollten idealerweise die Art des Flecks und die Zusammensetzung des verschmutzten Materials bekannt sein. Nur so lassen sich die richtigen Reinigungsmittel und Methoden auswählen, um den Fleck möglichst erfolgreich entfernen zu können. Nicht immer helfen dieselben Reinigungsmittel für dieselbe Art Fleck, wenn es sich um unterschiedliche Gewebe oder Materialien handelt. Nur unter Berücksichtigung aller Faktoren lassen sich die besten Ergebnisse erzielen.

Das Prinzip besteht darin, dass Flecken bestimmter Herkunft mit Mitteln ähnlicher Herkunft bekämpft werden können. So lässt sich beispielsweise ein Fettfleck zunächst mit anderen Fetten (Butter oder Glyzerin) lösen, um dann leichter ausgewaschen zu werden. Flecken, die durch in Wasser gelöste Substanzen entstehen, können zum großen Teil auch mit reinem Wasser ausgespült werden.

Nicht nur bei der Wahl der Reinigungsmittel, sondern auch der verwendeten Geräte muss auf geeignetes Material geachtet werden. Zum Aufnehmen von Flüssigkeit sollte man beispielsweise nur weiße oder nicht abfärbende Lappen verwenden. Versucht man nämlich, einen Fleck mit einer stark eingefärbten Papierserviette aufzusaugen, kann es schnell zu Abfärbungen kommen, wodurch das Unglück noch vergrößert wird. Auch die verwendeten Schwämme oder Bürsten sollten für ihren speziellen Einsatz geeignet sein: Kratzige oder zu harte Oberflächen beziehungsweise Einfärbungen können die zu reinigende Oberfläche beschädigen oder verfärben.

> *Nach dem Motto „Ähnliches wird von Ähnlichem entfernt" behandelt man Flecken einer bestimmten Substanz oft mit Mitteln aus ähnlichen Substanzen.*

Nicht zu schnell aufgeben

Bei der Behandlung besonders farbintensiver Flecken darf man nicht zu schnell aufgeben. Häufig ist es hierbei erforderlich, den Fleck wiederholt mit dem Reinigungsmittel zu tränken und abzutupfen, bis keine Farbe mehr herausgelöst wird. In einigen Fällen muss man viel Geduld aufbringen und diesen Vorgang sehr oft wiederholen, damit sich das Ergebnis lohnt.

Manchmal empfiehlt es sich auch, das Reinigungsmittel kurze Zeit einwirken zu lassen, damit der Farbstoff Zeit hat, sich von den Fasern zu lösen. Oft kann man dann regelrecht zuschauen, wie der Fleck „verschwimmt" und sich aufhellt.

Richtige Nachbehandlung

Werden Flecken mit lösungsmittelhaltigen Substanzen behandelt, kommt es häufig vor, dass anschließend ein Rand rund um die behandelte Stelle sichtbar bleibt. Daher gilt: Alle waschbaren Gewebe sofort nach der gezielten Fleckenbehandlung in die Waschmaschine stecken. Auch besonders farbintensive Flecken, die sich durch die Vorbehandlung nicht vollständig aus dem Gewebe herauslösen lassen, sind nach der Wäsche meistens völlig verschwunden.

Erst nach Erfolg weiter behandeln

Bei Flecken, die durch Hitze im Stoff fixiert wurden (beispielsweise Zucker oder Blut), üben Sie nach anscheinend erfolgreicher Behandlung noch etwas Geduld! Erst wenn Sie ganz sicher sind, dass der Fleck verschwunden ist, können Sie diese Textilien wie gewohnt heiß waschen und bügeln. Befinden sich nämlich noch Restverschmutzungen in dem Gewebe, kann es vorkommen, dass durch voreiliges heißes Waschen oder durch Bügeln der Restfleck erst so richtig in das Gewebe eindringt und dann auch meistens nicht mehr entfernt werden kann.

Es ist überaus wichtig, sich beim Entfernen von Flecken an die Grundregeln zu halten und nicht sofort das stärkste Reinigungsmittel zu verwenden. Probiert man einfach verschiedene Mittel unsachgemäß aus, erzielt man dabei meist nicht den gewünschten Erfolg. Und der anschließende Gang zur Reinigung bleibt dann auch meistens erfolglos.

Fleck ist nicht gleich Fleck

Es gibt eine Fülle von Möglichkeiten, wie und wodurch Flecken entstehen. Aber nicht alle Flecken lassen sich mit denselben Mitteln behandeln. Wie man am besten vorgeht, hängt von der Art des Flecks ab. Die verschiedenen Flecken lassen sich in bestimmte Kategorien einteilen. Alle Flecken, die einer Kategorie zugeordnet werden, kann man grundsätzlich auch mit denselben oder ähnlichen Methoden behandeln, natürlich immer in Abhängigkeit von dem betroffenen Material. Man unterscheidet folgende Fleckenkategorien:

Wasserlösliche Flecken

Wasserlösliche Flecken führen die Hitliste der auftretenden Flecken an. Hierzu zählen Flecken, die unter

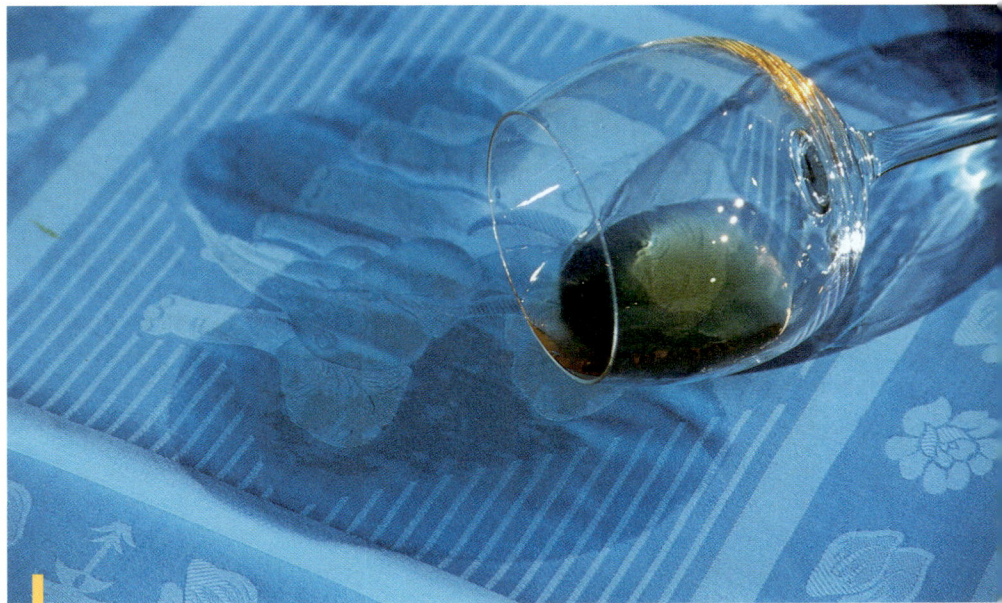

*Flecken von verschütteten Getränken breiten sich schnell aus.
Tischdecken sollten dann am besten sofort in die Waschmaschine gesteckt werden.*

anderem durch Tee, Kaffee, Limonade, Obstsaft, Wein oder
Wasserfarbe hervorgerufen werden. Sie lassen sich in den
meisten Fällen, zumindest solange sie frisch sind, durch normales Waschen entfernen. Geeignete Reinigungsmittel sind
Wasser und auf Wasserbasis hergestellte Waschmittel. Wenn
die verschmutzten Gegenstände nicht in die Waschmaschine
gesteckt werden können, werden die Flecken mit Wasser und
Seife beziehungsweise mit Waschmittel behandelt.

Eine Besonderheit ist bei eiweißhaltigen Flecken wie etwa
von Blut, Ei oder Milchprodukten zu beachten: Eiweiß (Protein) gerinnt bei hohen Temperaturen. Wird der Fleck mit
heißem Wasser behandelt oder sogar überbügelt, verändert
sich damit die chemische Struktur der Eiweiße so, dass sie
sich nicht mehr ohne weiteres entfernen lassen. Daher dürfen
eiweißhaltige Flecken nur mit kaltem oder lauwarmem Wasser behandelt werden. In hartnäckigen Fällen sollte man zusätzlich flüssige Gallseife verwenden.

Fettige und ölige Flecken

Fettige oder ölige Flecken treten am zweithäufigsten auf. Hierzu zählen Speiseöl, Butter, Margarine, Schmierfett, Mineralöl oder fettige Lebensmittel. Viele dieser Flecken lassen sich durch eine entsprechende Vorbehandlung, zum Beispiel mit Gallseife, und anschließendes normales Waschen entfernen. Stärkere Verschmutzungen erfordern allerdings häufig den Einsatz von fettaufweichenden und fettlösenden Substanzen wie Glyzerin und Fleckenwasser. Als Vorbehandlung ist meistens ein Aufsaugen des Fettes mit einem absorbierenden Pulver zu empfehlen.

Kombinierte Flecken

Kombinierte Flecken begegnen einem am häufigsten im Bereich der Speisen und Lebensmittel. Sie beinhalten sowohl eine wasserlösliche als auch eine ölige Komponente und erfordern somit auch eine entsprechende zweistufige Vorgehensweise. Beispiele hierfür sind Kaffee mit Milch, sahnehaltige Salatsoßen, Bratensoße, Schokolade oder eihaltige Süßspeisen.

Häufig wird hierbei der Fehler gemacht, dass die wasserlösliche Komponente herausgewaschen wird, wodurch der Fleck im ersten Moment verschwunden zu sein scheint, und keine weiteren Maßnahmen ergriffen werden. Bleibt aber der fetthaltige Bestandteil im Gewebe erhalten, kann es später durch heißes Waschen oder Bügeln zu hässlichen braunen Verfärbungen kommen.

Daher ist es am besten, zunächst den wasserlöslichen Schmutz herauszuwaschen und danach den Fettanteil mit entsprechenden Mitteln zu behandeln.

Überschäumender Sekt oder Schaumwein ist eine häufige Ursache für Flecken.

Farbflecken

Substanzen, die Farbstoffe enthalten, hinterlassen – leider meist viel zu schnell – auffällige und intensive Flecken. Hierzu zählen Kosmetika und Körperpflegemittel, aber auch Druckerschwärze, Toner, intensiv gefärbte Getränke, Blütenstaub, Holzlasur oder Tinte. Auch wenn zu Beginn eine Fleckenbehandlung schier aussichtslos erscheint, sollte man die Hoffnung nicht aufgeben, sondern durch gezielte und wiederholte Behandlung dem Fleck zu Leibe rücken. Bei weißen Geweben bleibt als letzter Ausweg immer noch das Bleichen oder Entfärben übrig.

Flecken chemischen Ursprungs

Flecken, die durch bestimmte chemische Substanzen hervorgerufen werden, gehören zu den Kandidaten, die einem oft richtig Kopfzerbrechen bereiten und deren Entfernung in manchen Fällen wirklich aussichtslos ist. Da diese Substanzen im Allgemeinen recht aggressiv sind, können sie in Geweben häufig die Farbstoffe oder im Extremfall sogar die Gewebestruktur selber zerstören.

Um Flecken chemischen Ursprungs erfolgreich zu behandeln, ist es ganz besonders wichtig, möglichst schnell geeignete Maßnahmen zu ergreifen. Nur bei sofortigem Handeln ist ein vollständiges Entfernen eventuell noch möglich.

Derartige chemische Substanzen finden sich beispielsweise in Medikamenten wie Salben oder in Mitteln gegen Pickel. Säuren oder Laugen, die nicht nur eine verfärbende Wirkung haben, sondern im schlimmsten Fall sogar das Gewebe angreifen oder zerstören, sind in vielen Haushalts-, Sanitär- und Spezialreinigern enthalten. Beim Umgang mit solchen Substanzen sollte man also immer Vorsicht walten lassen.

Bleichmittel oder Schimmelentferner, die zur Reinigung verschiedener Gewebe und Oberflächen eingesetzt werden, können auf dem falschen Untergrund Farbveränderungen verursachen, die meistens nicht rückgängig zu machen sind. Auch Düngepräparate, Pflanzenschutzmittel oder bestimmte Desinfektionsmittel können farbige Gewebe angreifen oder entfärben. Bei ätzenden Substanzen hilft nur die sofortige Behandlung mit viel Wasser, um eine dauerhafte Zerstörung des Gewebes zu verhindern. Bereits wenige Minuten können ausreichen, um irreversible Schäden anzurichten.

Es gibt noch eine Reihe von Flecken, Verschmutzungen und Verfärbungen, die sich nicht eindeutig einer dieser Kategorien zuordnen lassen. Dazu gehören beispielsweise leichte Brandflecken, angelaufenes Metall oder Schneeränder auf Schuhen. Die entsprechenden Behandlungsmethoden für solche Problemfälle werden im alphabetisch geordneten Teil dieses Teilbandes erläutert (ab Seite 53).

Hilfsmittel und Geräte

Einmal abgesehen von einer Waschmaschine, die heutzutage ja in nahezu jedem Haushalt zur Verfügung steht, benötigt man für die Fleckentfernung auch von nicht waschbaren Materialien eine Reihe von Hilfsmitteln und Geräten, die allerdings weitgehend in jedem Haushalt vorhanden sind.

Baumwolllappen

Saubere, weiße Lappen sind besonders wichtig, um verschüttete Flüssigkeiten auch in größeren Mengen aufsaugen zu können. Sie sollten weiß sein, damit sie nicht abfärben, viel Flüssigkeit aufnehmen können und nicht fusseln. Baumwolle ist dafür das geeignetste Material. Auch für die spätere Behandlung einer Reihe von Flecken mit unterschiedlichen Reinigungsmitteln leisten Baumwolllappen gute Dienste. Nach Verwendung lassen sie sich einfach bei 60 °C oder 95 °C in der Waschmaschine waschen und sind bereit für den nächsten Einsatz. Für diesen Zweck lassen sich Stoffwindeln, zerschnittene weiße Bettlaken oder alte weiße T-Shirts aus Baumwolle verwenden.

Bürste

Zum schonenden Auftragen von Reinigungsmitteln auf kleinen Flächen ist eine kleine Fleckenbürste geeignet. Sie besitzt kurze, dichte Borsten. Das Ende des Handgriffs ist meistens so abgeflacht, dass es gleichzeitig als Spatel verwendet werden kann. Auch eine Bürste zum Auftragen von Schuhcreme ist dafür geeignet – zweckentfremdet darf sie selbstständ-

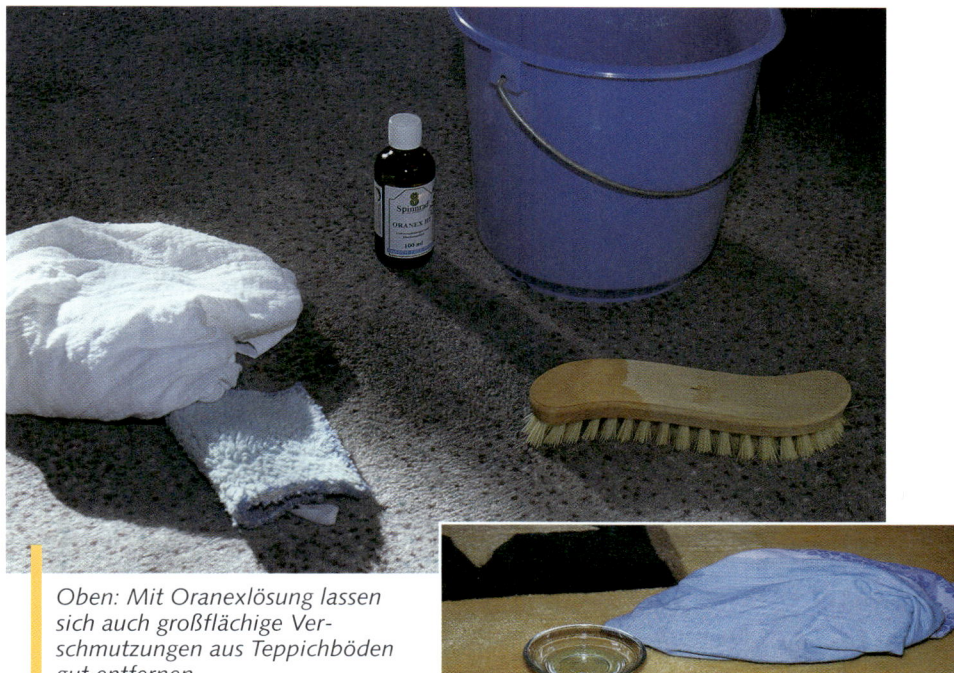

Oben: Mit Oranexlösung lassen sich auch großflächige Verschmutzungen aus Teppichböden gut entfernen.
Rechts: Mit einer alten Zahnbürste lässt sich kleinflächig arbeiten.

lich nur dann werden, wenn sie zuvor nicht in Gebrauch war.
Für sehr kleine Flächen kann man auch eine weiche Zahnbürste verwenden.

Es ist vorteilhafter, insbesondere schäumende Reinigungsmittel mit einer Bürste aufzutragen. Die behandelte Fläche bleibt kleiner als beim Reinigen mit einem Tuch und das Mittel gelangt besser und direkter an die verschmutzten Fasern.

Eimer

Rückt man einer Verschmutzung auf Teppichen, Möbeln oder Autopolstern zu Leibe, benötigt man meistens größere Mengen an Wasser oder Waschlauge, in welchen Lappen oder Schwamm wiederholt ausgespült werden. Hierfür ist ein Eimer unentbehrlich.

Flaschenkorken

Bei der Behandlung mancher harter Oberflächen, wie zum Beispiel Holz, muss die Reinigungssubstanz sehr schonend aufgetragen werden. Hierbei hat sich die Verwendung von sauberen Flaschenkorken gut bewährt. Um eine wirklich saubere Oberfläche des Korkens zu erhalten, halbiert man ihn mit einem scharfen Messer und verwendet dann die frischen Schnittflächen.

Küchenkrepp

Zum Aufsaugen von kleineren Mengen Flüssigkeit reicht unter Umständen auch Küchenkrepp aus, wenn gerade keine Baumwolllappen zur Hand sind. Allerdings produziert man hierbei Abfall, was bei der Verwendung von wiederverwendbaren Baumwolltüchern nicht der Fall ist. In manchen Fällen ist es jedoch durchaus sinnvoller oder hygienischer, Küchenkrepp zu verwenden, der dann sogleich mitsamt Inhalt in den Müll wandern kann, zum Beispiel beim Aufnehmen von Erbrochenem, Kot, Urin oder Farbe.

Papiertaschentücher oder Papierservietten sind zum Aufsaugen von Flüssigkeit nicht geeignet, da sie fusseln und sich schnell auflösen und somit Krümel auf den Textilien hinterlassen.

Löffel

Gelangen dickflüssige, breiige oder halbfeste Stoffe auf Kleidung, Teppich oder Polster, dringen sie zwar nicht völlig in das Gewebe ein, hinterlassen aber häufig hässliche Flecken. Um zuerst den größten Teil dieser Substanzen abzunehmen, ist ein Löffel geeignet. Mit ausreichendem Druck wird so viel wie möglich von der verschütteten Substanz aufgenommen, ohne dabei zu kratzen oder den Schmutz noch tiefer in das Gewebe zu reiben.

Mikrofaserlappen

Alternativ oder zusätzlich zum Auftragen von Reinigungsmitteln mit einer Bürste haben sich auch die kleinen Mikrofaserlappen bewährt, die heute von verschiedenen Firmen im Handel angeboten und manchmal sogar direkt als Fleckenläppchen bezeichnet werden. Sie erzielen in Ergänzung zum Reinigungsmittel zusätzlich eine mechanische Reinigungswirkung, da die speziellen Fasern die Schmutzpartikel besser lösen. Ein weiterer Vorteil dieser Lappen ist, dass sie beim Ausspülen in sauberem Wasser die aufgenommenen Schmutzpartikel leicht wieder abgeben und somit länger und effektiver eingesetzt werden können, ohne zwischendurch gewaschen werden zu müssen.

Radiergummi

Für das Entfernen von leichten Verschmutzungen und natürlich Bleistiftstrichen auf harten Oberflächen, aber auch auf Textilien oder Leder, leistet ein sauberer, weicher Radiergummi gute Dienste.

Sandpapier

Für die Behandlung von Flecken, die auf harten Flächen, insbesondere auf Holz, die oberste Schicht bereits angegriffen oder durchdrungen haben, kann der Einsatz von sehr feinem Sandpapier erforderlich werden. Hierbei sollte auf eine ganz feine Körnung geachtet werden, damit keine unnötigen Kratzer auf der Oberfläche entstehen.

Schwamm

Es gibt Schwämme, die durch ihr spezielles Material und ihre Feinporigkeit eine enorm hohe Aufnahmefähigkeit für Flüssigkeiten besitzen. Sie eignen sich besonders für das Aufsaugen von großen Flüssigkeitsmengen auf Polstern oder Teppichen. Aber auch bei der Nachbehandlung von Flecken sind sie zu empfehlen, da hier mehrmals mit Wasser oder Seifenlauge behandelt wird und zwischendurch die Flüssigkeit immer wieder aufgenommen werden muss.

Spatel

Ein Spatel erweist gute Dienste, wenn eine mehr oder weniger feste Substanz von einer Oberfläche abgehoben oder abgekratzt werden muss. Das ist zum Beispiel bei der Entfernung von Kaugummi, Knetmasse, angetrocknetem Brei oder Wachs der Fall. Spatel sind aus unterschiedlichen Materialien wie Kunststoff, Knochen oder Metall erhältlich. Wichtig ist, dass die Schabkante möglichst dünn und glatt ist, damit das Gewebe nicht beschädigt, aufgeraut oder aufgerissen wird.

Sprühflasche

Bei der Fleckenbehandlung auf Polstern oder Teppichen ist es häufig notwendig, den Fleck wiederholt mit Wasser oder einer Reinigungslösung zu befeuchten, um die Flüssigkeit danach wieder abzutupfen oder aufzusaugen. Damit nicht zu viel Flüssigkeit auf einmal auf den Fleck gerät, sollte man sie mit Hilfe einer Sprühflasche auftragen. Dazu eignen sich Sprühflaschen, die man zum Befeuchten von Pflanzen oder Bügelwäsche verwendet.

Stahlwolle

Zum Polieren oder zur Fleckentfernung von Metalloberflächen kann ganz feine Stahlwolle verwendet werden. Um die Oberfläche aber nicht unnötig zu verkratzen, sollte diese nur sehr vorsichtig eingesetzt werden.

Staubsauger

Ein unentbehrliches Haushaltsgerät ist der Staubsauger. Bei allen Arten von Verunreinigungen durch pulver- oder puderförmige Stoffe ist sein Einsatz die erste Notfallmaßnahme. Erst wenn alle Feststoffe gründlich weggesaugt wurden, sollte mit der eigentlichen Fleckenbehandlung begonnen werden.

Zahnbürste siehe Bürste

Reinigungsmittel

Auch wenn die meisten Flecken mit Wasser und den üblichen Waschmitteln zu entfernen sind, ist es doch unumgänglich, für Flecken, die sich hartnäckig den normalen Reinigungsmethoden widersetzen, spezielle Reinigungsmittel anzuwenden. Je nach Beschaffenheit des Flecks sind unterschiedliche Wirkstoffe notwendig. Um für alle Fälle gewappnet zu sein, empfiehlt es sich daher, einige der im Folgenden aufgeführten

Eine ganze Reihe von Reinigungsmitteln sind in jedem Haushalt vorrätig. Speziellere Mittel bekommt man in Drogerien oder in Apotheken.

Mittel immer auf Vorrat zu haben. Manche Mittel sind Reinchemikalien, die in Apotheken oder Drogerien erhältlich sind, andere sind bewährte Hausmittel, die in den meisten Haushalten ohnehin vorhanden sind.

Die üblichen, von verschiedenen Firmen angebotenen Fleckentfernungsmittel, basieren in ihrer Zusammensetzung vorwiegend auf den hier angeführten Substanzen und werden daher nicht speziell erwähnt. Außerdem liegen die Anschaffungskosten für spezielle Fleckenmittel in der Regel höher als für die hier aufgeführten Mittel, so dass es sich auch im Interesse des Haushaltsetats häufig empfiehlt, Grundreinigungsmittel zu verwenden. Bei speziellen Fleckentfernungsmitteln, sei es in Form von Flüssigkeiten oder Pasten, sollte man auf alle Fälle vor der Anwendung genau die Gebrauchsansweisung lesen, um Schäden an Textilien zu vermeiden, da darin häufig Lösungs- oder Bleichmittel enthalten sind, die Gewebe oder Farbstoffe angreifen.

Auch wenn es selbstverständlich sein sollte, sei an dieser Stelle darauf hingewiesen, dass sämtliche Reinigungsmittel und Chemikalien wegen der Vergiftungsgefahr für Kinder und Haustiere unzugänglich aufbewahrt werden müssen. Außerdem ist es wichtig, dass die Gefäße und Packungen immer deutlich beschriftet und dicht verschlossen sind.

Bei der Arbeit mit leicht flüchtigen Chemikalien muss immer für gute Belüftung gesorgt werden. Durch übermäßiges Einatmen der Dämpfe kann es zu Hustenreiz, Kopfschmerzen oder Übelkeit kommen. Außerdem sollten bei der Arbeit mit aggressiven Mitteln (Säuren oder Laugen) Handschuhe getragen werden, um die Haut zu schützen. Bei sämtlichen Reinigungsmitteln sollte der Kontakt mit Augen und Schleimhäuten vermieden werden.

Mehrere der alphabetisch aufgelisteten Reinigungsmittel können auch alternativ zu anderen Mitteln verwendet werden. Es ist daher nicht nötig, alle Substanzen der Liste zu Hause auf Vorrat zu haben.

Aceton
(Alternative: in einigen Fällen Nagellackentferner)

Aceton ist ein leicht flüchtiges Lösungsmittel, das zum Entfernen von Lacken (auch von Nagellack), Farben und Klebstoffen geeignet ist. Aceton ist leicht entzündlich. Die frei werdenden, intensiv riechenden Dämpfe sind gesundheitsschädlich, deshalb sollten längere Arbeiten mit Aceton nur in gut durchlüfteten Räumen stattfinden.

Aceton ist für einige Kunststoffe und Kunstfasern wie zum Beispiel Acetat nicht geeignet, da es diese Art von Gewebe regelrecht auflöst und Löcher hinterlässt. Im Zweifelsfall muss daher immer zuerst an einer verdeckten Stelle ausprobiert werden, ob das Material die Behandlung mit Aceton aushält.
→ erhältlich in Drogerien und Drogeriemärkten.

Alkohol, vergällter
(Alternative: Isopropanol)

Vergällter Alkohol ist Ethylalkohol oder Ethanol, der durch Zusatz von Fuselölen für den menschlichen Genuss unbrauchbar gemacht worden ist. Daher ist vergällter Alkohol auch um ein Vielfaches billiger als reiner Alkohol.

Vergällter Alkohol ist leicht entzündlich. Er lässt sich für die Fleckentfernung aus nicht waschbaren Fasern verwenden. Es kann sein, dass durch Alkohol Farben in Geweben verlaufen. Daher empfiehlt es sich, die Reinigungswirkung vorher immer zu testen! Bei Anwendung auf Kunstfasern sollte der Alkohol im Verhältnis 1:2 mit Wasser verdünnt werden.
→ erhältlich in Apotheken und Drogerien.

Ammoniak siehe Salmiakgeist

Backpulver

Backpulver enthält unter anderem Phosphat und Natriumhydrogencarbonat, ein Salz der Kohlensäure. In Verbindung mit Wasser spaltet sich das Natriumhydrogencarbonat auf in Kohlensäure und Natriumhydroxid, auch als Natronlauge bekannt. Daher ist Backpulver in Verbindung mit Wasser ein wirkungsvolles Reinigungsmittel für Verfärbungen und Ablagerungen auf harten, glatten Oberflächen. Es kann auch zur Neutralisation von Säuren verwendet werden.

Chlorbleiche

Chlorbleiche ist ein sehr starkes Bleichmittel, das nicht bei empfindlichen Geweben eingesetzt werden sollte. Es ist zwar

bei der Fleckentfernung recht wirkungsvoll, bleicht aber auch häufig die Farben aus. Daher sollte es vorher immer an verdeckter Stelle getestet werden. Am besten bleicht man ohnehin das ganze Kleidungsstück und nicht nur die Stelle mit dem Fleck, um eine gleichmäßige Farbe zu erhalten, falls sie doch etwas verändert wird. Chlorbleiche greift nicht nur Farbe an, sondern kann auch die Gewebestruktur schwächen. Daher sollte sie nicht zu häufig verwendet werden.
→ erhältlich in Drogerien und Drogeriemärkten.

Entfärber

Die in Entfärber aktive chemische Substanz trägt den Namen Natriumdithionit. Dieser Begriff taucht manchmal in Anleitungen zur Fleckentfernung auf. Besonders bei sehr farbintensiven Flecken wie von Tusche oder Jod stellt für farbechte Gewebe die Behandlung mit Entfärber häufig die letzte Möglichkeit dar.
→ erhältlich in Drogerien und Drogeriemärkten.

Enzymhaltige Waschmittel

Die meisten als Vollwaschmittel und Buntwaschmittel bezeichneten Produkte enthalten Enzyme. Das sind Substanzen, welche die Zersetzung von bestimmten Stoffen, insbesondere von Eiweißen (Proteinen), bewirken. Daher sind solche Waschmittel auch für die Vorbehandlung von eiweißhaltigen Flecken geeignet. Die Enyzme helfen, die Proteine zu spalten und aus dem Gewebe herauszulösen. Feinwaschmittel und Wollwaschmittel enthalten in der Regel keine Enzyme, da empfindliche Gewebe und Wolle von den Enzymen angegriffen werden können.

Essig
(Alternative: Zitronensäure)

Als Essig wird im Allgemeinen verdünnte Essigsäure bezeichnet. Es ist ein natürliches kalklösendes und desinfizierendes Reinigungsmittel. Für die Fleckentfernung, zum Entkalken oder zum Putzen wird so genannter Haushaltsessig oder Essigreiniger verwendet. Ist jedoch beispielsweise bei hartnäckigeren Kalkbelägen ein stärkeres Mittel erforderlich,

kann man auch konzentrierte Essigsäure, so genannte Essigessenz, verwenden. Da es sich bei der Essigsäure um eine relativ starke Säure handelt, kann sie Hautreizungen verursachen. Daher sollte man bei der Anwendung entsprechend
vorsichtig sein. Essigessenz hat den Vorteil, dass man sie nach
Bedarf konzentriert oder entsprechend verdünnt anwenden
kann und sie somit vielseitig einsetzbar ist.

Für Reinigungszwecke sollten natürlich nur farblose Essige
(zum Beispiel Apfelessig) oder Essigessenz verwendet werden, damit keine zusätzliche Verfärbung der Gewebe eintritt.

Fleckenwasser
(häufige Alternative: Waschbenzin)

Fleckenwasser ist eine klare, sehr leicht flüchtige Flüssigkeit. Es löst fetthaltige Flecken und manche Farbflecken
und eignet sich besonders für die Behandlung von
nicht waschbaren Geweben. Die schnell verdamp-
fenden Lösungsmittel sollten nicht eingeatmet
werden. Sie verströmen den typischen Geruch
einer chemischen Reinigung. Falls möglich,
sollte zur Fleckentfernung das etwas weniger
flüchtige Waschbenzin vorgezogen werden, da
Fleckenwasser zusätzliche Lösungsmittel enthält.
→ erhältlich in Drogerien, Drogeriemärkten
und Supermärkten.

Gallseife

Gallseife ist ein altbewährtes Fleckenmittel, das vorwiegend
zur Vorbehandlung von waschbaren Textilien verwendet wird.
Es gibt Gallseife in fester Form als Seifenstück und
in flüssiger Form in einer Tube, wobei man
die Flüssigseife mit Hilfe eines bürstenförmi-
gen Applikators auf die Wäsche aufbringt.
Gallseife besteht zu mindestens 30 Prozent
aus Seife sowie aus Ochsengalle und
Glyzerin. Die Ochsengalle ist dabei für das
besonders wirkungsvolle Entfernen von fetthaltigen Flecken verantwortlich.
→ erhältlich in Drogerien und Drogeriemärkten.

Glas- und Oberflächenreiniger

Handelsübliche Glas- und Oberflächenreiniger enthalten neben Tensiden als aktive Substanz Isopropylalkohol, auch als Isopropanol bezeichnet. Sie haben sich bei der Reinigung von Glas- und Kunststoffoberflächen gut bewährt. Auch für die Fleckentfernung auf Teppichen oder Polstermöbeln sind sie geeignet, zum Beispiel bei Verschmutzungen durch Straßenschuhe. Der Fleck wird mit dem Reiniger besprüht und mit einem sauberen Läppchen vorsichtig herausgerieben.
→ erhältlich in Drogerien, Drogeriemärkten und Supermärkten.

Glyzerin

Glyzerin ist eine klare, etwas zähe Flüssigkeit. Im Allgemeinen ist dieser Stoff als Frostschutzmittel bekannt. Glyzerin besitzt die Eigenschaft, Fett zu lösen. Daher wird Glyzerin häufig zur Vorbehandlung von fetthaltigen, besonders älteren Flecken verwendet, um diese aus dem Gewebe heraus zu lösen und sie anschließend besser entfernen zu können.
→ erhältlich in Drogerien und Drogeriemärkten.

Isopropanol
(Alternative: vergällter Alkohol)

Isopropanol, auch als Isopropylalkohol bezeichnet, ist ein Alkohol, der sich in der chemischen Struktur vom Ethanol unterscheidet, aber ebenso leicht entzündlich ist und gleichermaßen zur Fleckentfernung eingesetzt wird. Auch seine Eigenschaften lassen sich mit denen des vergällten Alkohols vergleichen.
→ erhältlich in Apotheken.

Isopropylalkohol siehe Isopropanol

Haarspray

Haarspray gehört zwar nicht zu den klassischen Reinigungsmitteln, lässt sich aber wirkungsvoll bei der Entfernung von Kugelschreiberflecken einsetzen. Außerdem lassen sich mit Haarspray Bleistift- oder Kohlezeichnungen unsichtbar fixieren, so dass sie nicht mehr verwischen und damit unliebsame Flecken hinterlassen können.

Kernseife siehe Seife

Kältespray siehe Vereisungsspray

Kleesalz

Kleesalz ist das Salz der Oxalsäure. Oxalsäure ist eine in der Natur, zum Beispiel in Rhabarber, vorkommende Säure. Sie wird speziell bei der Behandlung von Rostflecken verwendet.
→ erhältlich in Bioläden oder Geschäften, die umweltfreundliche Reinigungsmittel führen.

Lacklösepaste

Mit Lacklösepaste lassen sich Beizeflecken aus Teppichen und Polstermöbeln entfernen.
→ erhältlich in Farbengeschäften.

Mineralwasser

Durch die Kohlensäure besitzt Mineralwasser eine stärkere Reingungswirkung als normales Leitungswasser. Da die Reinigungswirkung äußerst schonend ist, empfiehlt sich daher in manchen Fällen die Verwendung von Mineralwasser, zum Beispiel bei Fettflecken in Wolle, aber auch bei Rotwein- oder Obstflecken.

Nagellackentferner
(Alternative: in einigen Fällen Aceton)

Nagellackentferner kann beim Ablösen von Klebstoffresten und Farbflecken auf glatten, harten Oberflächen verwendet werden. Nagellackflecken in Textilien und Teppichen sollten jedoch mit Aceton entfernt werden.

Oberflächenreiniger siehe Glas- und Oberflächenreiniger

Oranex

Wer regelmäßig in Geschäften mit umweltfreundlichen Reinigungsmitteln einkauft, wird dieses Universalreinigungsmittel kennen. Es ist hoch konzentriert und kann unverdünnt ätzend wirken oder Hautreizungen verursachen. Es wird daher häufig in starker Verdünnung angewendet. Durch seinen hohen Anteil an ätherischen Ölen (vor allem Orangenblütenöl) ist es besonders für die Grundreinigung von Teppichen oder Polstermöbeln von Hunde- und Katzenhaltern geeignet, da durch die stark desodorierende Wirkung der typische „Tiermief" bekämpft werden kann. Auch für die Fleckentfernung ist es geeignet.

→ erhältlich in Bio- oder Naturkostläden.

Oxalsäure siehe Kleesalz

Reinigungsbenzin siehe Waschbenzin

Rostfleckenentferner

So genannte Rostfleckenentferner werden im Handel von verschiedenen Firmen angeboten. Ihr Hauptwirkstoff ist Oxalsäure. Bei der Anwendung sollte die Gebrauchsanleitung genau beachtet werden.

Salmiakgeist

Salmiakgeist ist der handelsübliche Name für Ammoniak-Lösung. Ist bei der Beschreibung von Reinigungsverfahren von Ammoniak die Rede, ist daher normalerweise Salmiakgeist gemeint. Es handelt sich dabei um eine 9,6 bis 9,9%ige Ammoniak-Lösung.

Ammoniak ist leicht flüchtig, reizt die Atemwege und die Haut. Deshalb ist auch beim Umgang mit Salmiakgeist äußerste Sorgfalt geboten. Die Dämpfe sollten nicht eingeatmet werden und bei der Anwendung ist für gute Durchlüftung zu sorgen.

Salmiakgeist hat eine leicht bleichende Wirkung und kann deshalb auch als mildes Bleichmittel eingesetzt werden.

→ erhältlich in Drogerien und Drogeriemärkten.

Salz

Auch einfaches Speisesalz ohne Zusätze, chemisch als Natriumchlorid bezeichnet, kommt bei der Entfernung einiger Flecken zum Einsatz. Die jeweilige Anwendung wird bei den einzelnen Flecken beschrieben.

Salzsäure, verdünnt

Verdünnte Salzsäure sollte nur bei ganz hartnäckigen Verfärbungen oder Verkalkungen auf glatten Oberflächen verwendet werden, wenn Essigreiniger oder Essigessenz nicht wirken.

Vorsicht! Beim Arbeiten mit verdünnter Salzsäure immer Handschuhe tragen und für eine ausreichende Belüftung sorgen.

→ Salzsäure ist in der geeigneten Verdünnung in Drogerien und Drogeriemärkten erhältlich.

Sauerstoffbleiche

Unter dem Namen Sauerstoffbleiche werden chlorfreie Bleichmittel angeboten, die mindestens 30 Prozent Bleichmittel auf Sauerstoffbasis sowie Soda und Zitrate enthalten. Diese Bleichmittel sind für Allergiker zu empfehlen, da sie keine aggressiven chemischen Stoffe enthalten. Allerdings sind sie auch nicht so wirkungsvoll wie beispielsweise Chlorbleiche. Dagegen sind sie für empfindlichere Gewebe geeignet.

Sauerstoffbleiche ist nicht für die Enfernung eiweißhaltiger Flecken geeignet, da sie ihre volle Wirkung erst bei einer Wassertemperatur von mindestens 50 °C entfaltet. Eiweißhaltige Flecken dürfen jedoch niemals mit heißem Wasser behandelt werden (siehe Seite 17).

→ erhältlich in Drogerien und Drogeriemärkten.

Seife

Bei manchen Flecken hat sich das einfache Herauswaschen mit einem Stück Seife bewährt. Allerdings sollte man darauf achten, dass die Seife nicht zu stark gefärbt oder parfümiert ist. Auch Kernseife lässt sich hierfür gut verwenden.

Soda siehe Waschsoda

Spiritus

Spiritus wird nicht nur zum Entfachen des Grillfeuers oder zum streifenfreien Fensterputzen verwendet, sondern findet auch häufigen Einsatz bei der Fleckentfernung. Der im Handel erhältliche Spiritus ist eine 94%ige Alkohollösung und damit leicht entzündlich.
→ erhältlich in Drogerien und Drogeriemärkten.

Spüli

Unter dem Begriff Spüli seien hier alle Handgeschirrspülmittel zusammengefasst. Bei manchen Verunreinigungen bietet es sich an, eine Vorbehandlung mit Spüli vorzunehmen. Die Marke spielt dabei keine Rolle.

Stärkemehl
(Alternative: Talkum)

Stärke- oder auch Kartoffelmehl ist ein schneeweißes, griffiges Pulver, das wie Talkum als Absorbierungsmittel für fetthaltige Flecken verwendet werden kann. Es ist häufig im Haushalt vorrätig und daher schnell verfügbar. Eventuell lässt sich Stärkemehl etwas schwerer aus dem Gewebe entfernen.

Talkum
(Alternative: Stärkemehl)

Talkum ist ein weißes, mineralisches Pulver. Es wird als Absorbierungsmittel für fett- und ölhaltige Flecken verwendet. Man streut das Pulver auf den Fleck und lässt es längere Zeit einwirken, so dass es das Fett aus dem Gewebe ziehen kann. Anschließend wird das Pulver abgesaugt oder abgebürstet. In hartnäckigen Fällen kann der Vorgang wiederholt werden. Häufig lassen sich auf diese Weise fetthaltige Flecken fast vollständig entfernen.
→ erhältlich in Drogerien und Drogeriemärkten.

Terpentin

Terpentin ist ein Harz, das aus verschiedenen Kiefernarten gewonnen wird. Durch Destillation lässt sich daraus Terpen-

tinöl herstellen. Terpentinöl wird unter anderem als Lösungsmittel für Teer, Farben und Lacke verwendet. Bei der Fleckentfernung hat es den Nachteil, dass eine starke Randbildung
auftritt. Außerdem ist Terpentinöl heutzutage nur schwer im
Fachhandel erhältlich.

Als Alternative bietet sich Terpentinersatz an. Diese preis-
werte Alternative zu Terpentinöl ist stark lösungsmittelhaltig
und somit leicht flüchtig, hat aber dadurch den Vorteil, dass
die Randbildung bei der Fleckentfernung wesentlich geringer
ausfällt. Bei der Arbeit mit Terpentinersatz sollte für gute
Durchlüftung gesorgt werden.

→ erhältlich in Drogerien und Drogeriemärkten.

Terpentinersatz siehe Terpentin

Vaseline

Bei besonders alten, eingetrockneten, fetthaltigen Flecken
kann die Vorbehandlung mit Vaseline sinnvoll sein, um das
Fett aufzuweichen und dadurch das Herauslösen aus dem
Gewebe zu erleichtern.

Verdünner

Verdünner oder Pinselreiniger löst Lacke, Ölfarben und Klebstoffe und wird daher bei der Entfernung von Flecken solchen Ursprungs benötigt. Die frei werdenen, intensiv riechenden Dämpfe sollten nicht eingeatmet werden. Bei der
Behandlung größerer Bereiche muss daher für eine gute
Durchlüftung gesorgt werden.

→ erhältlich in Baumärkten, Farbgeschäften und Drogerien.

Vereisungsspray

Vereisungs- oder Kältespray wird normalerweise für die Erst-
versorgung bei Sportverletzungen verwendet. Aber auch zur
Fleckentfernung kann dieses Mittel eingesetzt werden. Der
darin enthaltene Wirkstoff heißt Chlorethan. Die besprühte
Fläche wird extrem abgekühlt. Zum Entfernen von Kaugummi oder Wachs leistet dieses Spray gute Dienste.

→ erhältlich in Apotheken.

Waschbenzin
(häufige Alternative: Fleckenwasser)

Waschbenzin ist ein leicht entzündliches Mineralölprodukt, das besonders zur Entfernung fetthaltiger Flecken eingesetzt wird. Die Dämpfe besitzen den typischen „Reinigungsgeruch", der von vielen sogar als angenehm empfunden wird, aber nicht eingeatmet werden sollte.

Bei der Behandlung mit Waschbenzin kann es je nach Material zu einer deutlichen Randbildung kommen. Daher sollten die Textilien falls möglich anschließend gleich gewaschen oder der Fleck mit Fleckenwasser oder etwas Seifenlauge nachbehandelt werden.
→ erhältlich in Apotheken, Drogerien und Drogeriemärkten.

Wäscheborax

Wäscheboraxlösung kann zum Einweichen von Textilien mit hartnäckigen oder eingetrockneten Flecken verwendet werden. Man kann damit aber auch verschiedene Flecken aus Teppichen und Polstermöbeln entfernen.
→ Wäscheborax ist als weißes Pulver in Drogerien und Drogeriemärkten erhältlich. Die Lösung wird nach Gebrauchsanleitung angerührt.

Waschsoda

Waschsoda enthält als Wirkstoff Natriumcarbonat, ein Salz der Kohlensäure. In Verbindung mit Wasser entsteht daraus eine relativ starke Lauge. Waschsoda wird zum Einweichen von Wäschestücken verwendet.
→ erhältlich in Drogerien und Drogeriemärkten.

Wasserstoffperoxid

Wasserstoffperoxid wird normalerweise zur Desinfektion und Wundreinigung eingesetzt. Bei der Fleckentfernung wird es zudem als Bleichmittel verwendet. Im Handel sind 3%ige Lösungen von Wasserstoffperoxid erhältlich, die als weiterer Zusatzstoff Phosphorsäure enthalten. Sie werden unver-

Man sollte Wasserstoffperoxid nicht in zu großen Mengen kaufen, da es bei längerer Lagerung an Wirkung einbüßt.

dünnt angewendet. Durch Wasserstoffperoxidbäder werden vergilbte Materialien wie Elfenbein oder Horn wieder weiß.

→ erhältlich in Apotheken, Drogerien und Drogeriemärkten.

Zahnpasta

Zahnpasta (weiß, ohne Farbstoffe!) kann verwendet werden, um Rußflecken aus verschiedenen Materialien zu entfernen.

Zigarrenasche

Zur Entfernung von Wasserflecken auf glatten Oberflächen hat sich das sanfte Abreiben mit einer Mischung aus Zigarrenasche und bestimmten fetthaltigen Stoffen wie beispielsweise Speiseöl bewährt. Notfalls lässt sich auch Zigarettenasche verwenden.

Zitronensaft

Reiner Zitronensaft ist ein natürliches Entkalkungsmittel. Außerdem besitzt es bei bestimmten Fleckenarten eine gewisse Bleichwirkung. Zum Ausbleichen empfiehlt es sich, die behandelten Textilien zusätzlich in die Sonne zu legen, um die Wirkung zu erhöhen. Auch bei der Reinigung von Metalloberflächen wird Zitronensaft verwendet. Man kann dafür sowohl frische Zitronen als auch den im Handel abgefüllten reinen Zitronensaft verwenden.

Zitronensäure
(Alternative: Essig)

Zitronensäure ist ein wirkungsvolles und umwelfreundliches Entkalkungsmittel. Sie ist als weißes Pulver erhältlich, so dass man sich die benötigte Lösung in verschiedenen Konzentrationen selber herstellen kann. Besonders wer den Geruch von Essig nicht mag, kann Verkalkungen alternativ und ebenso effektiv mit Zitronensäure bekämpfen. Beim Entkalken von Heißwassergeräten ist ohnehin Zitronensäure oder ein Entkalker auf Zitronensäurebasis zu empfehlen, da diese Säure das Material der Geräte nicht angreift.

→ erhältlich in Drogerien und Drogeriemärkten.

Notfallset für unterwegs

Gerade wenn man unterwegs ist, sei es aus geschäftlichen oder gesellschaftlichen Gründen, gute Gaderobe aber nur in begrenzter Menge dabei hat, ist es besonders ärgerlich, wenn man sich ein gutes Stück ruiniert. Deshalb ist es sinnvoll, für unterwegs ein kleines Notfallset dabei zu haben, um das Unglück vor Ort beheben zu können – entweder sofort oder später im Hotelzimmer.

Zunächst müssen natürlich die Grundregeln, die weiter vorne im Buch beschrieben sind, unbedingt eingehalten werden. Versuchen Sie zu allererst, einen Fleck mit kaltem Wasser zu entfernen, wobei Sie auf keinen Fall Papiertaschentücher oder gar farbige Papierservietten benutzen sollten. Eine saubere Baumwollserviette ist dafür beispielsweise gut geeignet. Am besten ist es jedoch, Sie halten einen sauberen, weißen Baumwolllappen für solche Fälle in ihrem Notfallset bereit. Als Erste-Hilfe-Maßnahme sollte man auch immer einige Erfrischungstüchlein dabei haben. Sie passen in die kleinste Handtasche oder in die Jacketttasche. Mit diesen alkoholgetränkten Tüchern kann man sich bei einer Reihe von Flecken fürs Erste behelfen. Was sollte aber zusätzlich nie fehlen, wenn Sie ihren Koffer packen?

*D*as Notfallset für unterwegs sollte enthalten:

✓ 1 sauberen Baumwolllappen
✓ 1 Fläschchen Waschbenzin oder Fleckenwasser
✓ 1 Fläschchen Reinigungs-Alkohol
✓ 1 Stück Gallseife
✓ Erfrischungstücher mit Kölnisch Wasser.

- Für die Beseitigung von Fettflecken ist am besten Waschbenzin oder Fleckenwasser geeignet.
- Flecken durch Make up lassen sich häufig mit normaler Seife herauswaschen.
- Für farbintensive Flecken oder empfindliche Gewebe sollten Sie ein Fläschchen Reinigungs-Alkohol (Isopropanol, Isopropylalkohol, meist 70%ig) dabei haben. Hiermit lassen sich sehr viele durch Farbstoffe hervorgerufene Flecken herauslösen.
- Gallseife eignet sich zum Entfernen von eiweißhaltigen Flecken. Für unterwegs ist Gallseife in Form eines Seifenstückes am besten geeignet und einfach anzuwenden.

Die verschiedenen Techniken der Fleckentfernung

Wie bereits erwähnt, sollte man beim Entfernen von Flecken auf heftiges Reiben und Rubbeln verzichten. Je schonender man mit dem Material umgeht, desto weniger dringen die Schmutzstoffe in die Gewebe, Fasern oder Oberflächen ein. Die wichtigsten Techniken werden hier kurz beschrieben. Sie sollten immer berücksichtigt werden, auch wenn in den Einzelbeschreibungen der Methoden zur Fleckentfernung nicht immer darauf hingewiesen wird.

Aufsaugen

Verschüttete Flüssigkeiten müssen bei saugfähigen Oberflächen möglichst schnell aufgesaugt werden, damit sie erst gar nicht tiefer ins Gewebe eindringen. Hierzu legt man saubere Baumwolllappen oder reichlich Küchenkrepp auf den Fleck und übt leichten Druck von oben aus. Sobald der Lappen vollgesogen ist, wird er ausgewechselt. Dies wiederholt man so lange, bis keine Flüssigkeit mehr aufgesogen wird.

Wenn große Flüssigkeitsmengen aufgesaugt werden müssen, haben sich spezielle feinporige Schwämme bewährt, die weit mehr Flüssigkeit aufsaugen können als Stofflappen.

Bei vielen wasserlöslichen Flecken empfiehlt es sich, anschließend den Fleck weiter zu verdünnen, indem man klares Wasser darauf gießt, damit weitere Schmutz- und Farbstoffe herauslöst und wieder mit einem Lappen aufsaugt. Bei frischen Flecken kann man auf diese Weise den Fleck manchmal vollständig und ohne Zusatzbehandlung entfernen.

Tupfen

Anstatt Wasser oder Reinigungsmittel bei saugfähigen Oberflächen heftig hineinzureiben, sollte man diese lieber vorsichtig betupfen oder höchstens leicht und ohne heftigen Druck reiben. Das gilt besonders bei flüssigen Chemikalien wie Aceton, Alkohol, Spiritus oder Fleckenwasser. Bei Textilien legt man unter den Fleck ein sauberes, saugfähiges Tuch, damit die durch das Reinigungsmittel gelösten Schmutzstoffe sofort aufgenommen werden und nicht im Gewebe verbleiben.

Von außen nach innen arbeiten

Egal, ob man mit einem Tuch, einem Mikrofaserlappen oder einer Bürste arbeitet, das Reinigungsmittel sollte immer vorsichtig von außen nach innen in das Gewebe eingearbeitet werden, damit der Fleck nicht vergrößert wird und nicht noch weiter in das Gewebe eindringt.

Abkratzen

Festere Stoffe wie Paste, Gel oder Brei dringen zwar nicht in die Oberflächen ein, sollten aber trotzdem möglichst schnell entfernt werden, bevor man den Fleck mit Wasser oder anderen Reinigungsmitteln behandelt. Man nimmt die Masse mit einem Löffel ab, wobei man ruhig fest aufdrücken kann, um beispielsweise beim Teppich auch die etwas in den Flor eingedrungenen Schmutzstoffe aufzunehmen. Bei harten oder klebrigen Substanzen empfiehlt sich die Verwendung eines Spatels, mit dem die Masse vorsichtig abgehoben oder abgekratzt wird.

Einfrieren

Um den größten Teil klebriger Substanzen aus Textilien zu entfernen, empfiehlt sich die Methode des Einfrierens. Falls möglich, sollte man das ganze Kleidungsstück in die Gefriertruhe stecken. Andernfalls verwendet man Vereisungsspray oder legt Eiswürfel auf die betroffene Stelle. Substanzen wie Kaugummi, Wachs oder Teer werden dann hart und lassen sich zerbrechen, abbröckeln oder abkratzen. Der Restfleck wird anschließend weiter behandelt (siehe Seite 78, 101, 103f.).

Herausbügeln

Die übliche Methode, um Wachsflecken und auch einige Arten von Fettflecken zu entfernen, ist das Herausbügeln mit Hilfe von Löschpapier oder Küchenkrepp. Nachdem der größte Teil der Verschmutzung abgekratzt wurde, legt man das befleckte Material zwischen zwei Lagen saugfähiges Papier und fährt mit einem heißen Bügeleisen darüber. Das Papier wird so lange verschoben beziehungsweise ausgewechselt, bis kein gelöstes Fett mehr vom Papier aufgenommen wird.

Kochend-Wasser-Methode

Diese Methode ist nur für Textilien geeignet, die heißes Wasser vertragen, zum Beispiel weiße oder farbechte Leinen- oder Baumwollgewebe. Es gibt aber auch viele andere Mischgewebe, die diese recht kurzzeitige Behandlung unbeschadet überstehen. Allerdings kommt diese Methode meistens bei großflächigen Verschmutzungen zum Tragen. Beispielsweise werden Flüssigkeiten häufig auf Tischdecken oder Sets verschüttet, die ohnehin aus Baumwolle oder Baumwollmischgewebe bestehen und diese Behandlung gut vertragen. Für Wolle ist diese Methode selbstverständlich tabu.

Die Methode widerspricht zwar der Grundregel, frische Flecken nie mit heißem Wasser zu behandeln, hat sich aber insbesondere bei frischen Obst-, Gemüse- und Fruchtsaftflecken als überraschend wirkungsvoll erwiesen.

Die befleckte Stelle des Gewebes wird mit der Außenseite nach unten über eine große Schüssel gespannt und mit einem Gummiband befestigt. Am besten stellt

Die „Kochend-Wasser-Methode".

man die Schüssel in die Badewanne, um keine Überschwemmung anzurichten. In der Zwischenzeit lässt man im Wasserkocher oder Kessel Wasser aufkochen. Aus gut einem halben Meter Höhe gießt man nun das kochende Wasser auf den Fleck, so dass die Verschmutzung aus dem Gewebe herausgespült wird. Hierzu benötigt man etwa einen Liter Wasser.

Sollte der Fleck mit dieser Methode nicht vollständig verschwunden sein, muss auf die anderen, weiter unten beschriebenen Verfahren zurückgegriffen werden.

Bleichen

Bei manchen farbintensiven Flecken bleibt nur das Bleichen übrig, um die Verfärbung wirklich rückstandslos zu entfernen. Je nach Gewebe und Farbechtheit kann man zum Bleichen Chlorbleiche, Entfärber, Wasserstoffperoxid oder Sauerstoffbleiche verwenden. Am stärksten wirkt Chlorbleiche, während Sauerstoffbleiche die mildeste Bleichwirkung erzielt.

Entweder werden die Textilien in einer Lösung mit dem Bleichmittel eingeweicht und anschließend gewaschen. Alternativ dazu verwendet man das Mittel pur, zum Beispiel Wasserstoffperoxid, bringt es direkt auf den Fleck auf oder legt das Gewebe hinein.

Abbinden

Bei großen Wäschestücken ist es oft sinnvoll, wenn man vermeiden kann, dass die Reinigungs- oder Lösungsmittel beziehungsweise das Wasser in das den Fleck umgebende Gewebe eindringen. Das lässt sich durch Abbinden der betroffenen Stelle erreichen. Besonders sinnvoll ist dieses Verfahren bei Federbetten oder Kopfkissen, in denen möglichst die Federn oder andere Füllungen nicht nass werden sollen.

Die befleckte Stelle wird so zu einem Zipfel geformt, dass sie mit einem Bindfaden vom Rest gut abgebunden werden kann. Der Zipfel kann anschließend entsprechend der Verschmutzung behandelt werden, ohne dass die ganze Decke oder das Kissen in Mitleidenschaft gezogen wird.

Auch bei großen Kleidungsstücken kann man so verfahren. Um einen einzelnen Fleck gezielt behandeln zu können, ohne dass das restliche Kleidungsstück von Reinigungsmittel durchtränkt wird, kann man die betroffene Stelle des Stoffes über ein Gefäß spannen und mit Schnur oder einem Gummiring befestigen. Auf diese Weise lässt sich das Gewebe in einem möglichst kleinen Bereich vorbehandeln, reinigen oder ausspülen. So können auch die Schmutzpartikel ungehindert durch das Gewebe hindurch nach unten herausgespült werden, ohne mit dem Rest des Kleidungsstückes in Kontakt zu kommen.

> *Egal, mit welcher Methode man den Flecken zu Leibe rückt: Es ist immer wichtig, das betroffene Material möglichst schonend zu behandeln.*

Hoffnungslose Fälle

Selbst wenn man sich die größte Mühe gibt und alle Regeln der Fleckentfernung einhält, kann es vorkommen, dass man sich bei der Bekämpfung bestimmter Flecken geschlagen geben muss. Dann hat es auch keinen Sinn, mit immer stärkeren Geschützen aufzufahren und dadurch vielleicht sogar die Beschädigung oder Zerstörung des betroffenen Kleidungsstückes oder Gegenstandes zu riskieren. Auch die chemische Reinigung als letzte Hoffnung kann in diesen Fällen oft nichts mehr retten.

In solchen Fällen sollte man überlegen, wie man sich am besten mit dem Fleck arrangiert, will man das scheinbar ruinierte Stück nicht einfach wegwerfen. Es gibt durchaus immer noch Möglichkeiten, mit Flecken umzugehen, die jeder Behandlung trotzen. Dabei sind der Fantasie eigentlich keine Grenzen gesetzt, im Gegenteil ist eine gewisse Kreativität gefragt. Im Folgenden sollen nur einige Variationen vorgestellt werden, wie man Flecken beziehungsweise befleckte Materialien weiter benutzen kann.

Verdecken

- Flecken auf Kleidungsstücken an auffälligen Stellen lassen sich je nach Position zum Beispiel mit einer Brosche, einem Aufnäher, einem zusätzlichen Knopf, einem Gürtel oder einem Schal verdecken.

- An Ellenbogen oder Knien lassen sich bei Jacken, Pullovern oder Jeans Flicken aus Leder oder Stoff aufnähen, wenn das Kleidungsstück nicht unbedingt weiterhin „salonfähig" bleiben muss. Besonders bei Kindern, die ihre Kleidung ja erheblich strapazieren, bietet sich diese Lösung an.
- Nicht entfernbare Flecken auf Teppichen können auch je nach Position verdeckt werden: durch einen Blumentopf, einen Zeitungsständer, einen Kerzenständer, eine kleine Kommode oder einfach, indem die Möbel umgeräumt oder der Teppich gedreht wird.
- Flecken an Wänden lassen sich durch Bilder oder Plakate geschickt verstecken.
- Auch auf Holz- oder Kunststoffmöbeln lassen sich Flecken durch Bilder oder Abziehbilder abdecken.

Einfärben

Helle Kleidungsstücke aus Naturfasern lassen sich gut färben. Im Handel sind zahlreiche Produkte in vielen Farben erhältlich. Beim Färben sollte die auf der Packung angegebene Gebrauchsanleitung unbedingt beachtet werden, um ein möglichst gutes Ergebnis zu erzielen.

Herausschneiden

Bei Teppichböden kann man den verschmutzten Bereich sauber herausschneiden und durch ein neues Stück ersetzen. Ist der Teppichboden nicht mehr erhältlich oder hat sich die Farbe durch die Beanspruchung schon stark verändert, kann man aus einem Bereich unter einem Möbelstück ein entsprechendes Stück herausschneiden und gegen das verschmutzte austauschen. Wichtig ist dabei sauberes Arbeiten, damit die Flickstelle möglichst wenig zu erkennen ist.

Tarnen

Auf stark gemusterten Flächen kann es sein, dass Flecken mit ähnlichen Farben gar nicht auffallen. Mutige und künstlerisch Veranlagte können den Fleck auf der Fläche mehr oder weniger unregelmäßig wiederholen, um somit ein Muster zu erzeugen, das wie gewollt aussieht. Allerdings wird diese Möglichkeit nur in den wenigsten Fällen eine befriedigende Lösung sein!

Können selbst die erwähnten Methoden die weitere normale Nutzung des betroffenen Gegenstandes nicht mehr ermöglichen, bleibt einem nur übrig, die Sachen wegzuwerfen, als Lumpen zum Putzen oder Schuhe säubern zu verwenden oder Kleidungsstücke zu Garten- oder Schmutzarbeiten im Haus anzuziehen.

Tipps zur Vermeidung von Flecken

Oft lässt sich durch geringen Aufwand und vorausschauendes Handeln die Entstehung von Flecken vermeiden. Viele Flecken enstehen tatsächlich durch Unachtsamkeit, durch das, was allgemein als „Schusseligkeit" bezeichnet wird, oder weil entsprechende Vorkehrungsmaßnahmen einfach nicht ergriffen wurden. Hier einige Tipps und Ratschläge, die Ihnen helfen sollen, scheußlichen Flecken erst gar keine Chance zu geben.

Servietten verwenden

Häufig kann man beobachten, dass Servietten während des Essens ordentlich neben dem Teller liegen bleiben, ohne benutzt zu werden. Es gibt tatsächlich viele Menschen, die ungern Servietten benutzen oder meinen, sie machen sich sowieso nicht schmutzig.

Gerade wenn man jedoch gute Kleidungsstücke trägt oder unterwegs ist und nicht die Möglichkeit hat, sich schnell umzukleiden, sollte man auf keinen Fall auf den Gebrauch einer Serviette verzichten.

Übrigens kann man beim Essen die Tischdecke unauffällig so über den Schoß legen, dass sie einen zusätzlichen Schutz bietet.

Schürzen benutzen

Zugegebenermaßen sind Schürzen keine attraktiven Kleidungsstücke und haben heutzutage im Vergleich zu früher stark an Popularität verloren. Aber gerade beim Kochen und insbesondere bei der Zubereitung von roten Soßen, beim Braten von Fleisch, beim Kochen von Marmelade oder beim Mixen von Süßspeisen muss man immer damit rechnen, dass

Fett, Sahne, intensiv gefärbte Tomatensoße oder Fruchtsaft herumspritzen und unweigerlich auch Köchin oder Koch treffen. Also lieber einmal die Eitelkeit überwinden und zur Schürze greifen, denn viele Flecken lassen sich somit vermeiden!

Der richtige Fußabtreter

An der Haustür sollte auf alle Fälle ein geeigneter Fußabtreter liegen, der nicht nur wie eine Bürste wirkt, sondern durch spezielle Fasern Nässe und den größten Teil der Schmutzpartikel von den Schuhsohlen abnimmt. Für diesen Zweck sind die langflorigen Fußmatten mit gummierter Unterseite zu empfehlen. Sie sind rutschfest, trocknen schnell und sind in verschiedenen Größen und Farben erhältlich. Auf diese Weise lassen sich eine Menge Flecken auf Teppichen oder anderen Fußbodenbelägen vermeiden. Und der besondere Vorteil ist: Sie sind schnell in der Maschine gewaschen und danach sofort wieder einsatzbereit.

Unterlegen

Bei Arbeiten, die höchstwahrscheinlich oder unweigerlich Dreck erzeugen, sollten immer alte Tücher, Zeitungen oder eine großflächige Folie untergelegt werden, um eine Verschmutzung des Untergrundes oder der Arbeitsfläche zu vermeiden. Zu solchen Arbeiten gehören beispielsweise das Tapezieren und Streichen, das Reinigen von Geräten, die gefettete oder geölte Teile enthalten, das Entfernen der Asche aus dem Kamin oder das Abbeizen und Streichen von Holzmöbeln, Fenstern und Türen.

Kleidung schützen

Viele Frauen werden das Problem kennen: Sie ziehen sich ein Kleidungsstück über den Kopf, sind aber schon geschminkt und schon sind Make up, Rouge oder Lippenstift nicht mehr da, wo sie ursprünglich hingehörten, sondern finden sich in Spuren am Kragen oder am Halsausschnitt wieder. Solche Verschmutzungen lassen sich leicht vermeiden, indem man ein dünnes Tuch um den Halsausschnitt des Kleidungsstückes legt, das man daraufhin vorsichtig über den Kopf zieht. Eventuelle Abfärbungen bleiben so am Tuch haften. Diese Methode ist auch beim Anprobieren in Geschäften zu empfehlen.

Untersetzer verwenden

- Besonders auf unlackierten Holzmöbeln oder auf Oberflächen aus Natursteinen können Flüssigkeiten an Gläsern, Flaschen und anderen Gefäßen hässliche Flecken und Ränder hinterlassen, die teilweise recht schwierig zu entfernen sind. Daher lohnt es sich immer, Gläser und Flaschen auf entsprechende Untersetzer zu stellen.
- Auch Töpfe oder heiße Schüsseln können Holzoberflächen angreifen und weißliche oder gar schwarze Flecken hinterlassen. Hier sollte man ebenso für geeignete Untersetzer sorgen, die ausreichend isolieren.

Waschmaschine und Bügeleisen kontrollieren

Nicht selten kommt es vor, dass Kleidungsstücke die Waschmaschine mit merkwürdig gelblichen oder bräunlichen Flecken verlassen – meistens sind es noch dazu die weißen Hemden oder Blusen! Manchmal erscheinen solche Flecken auch plötzlich nach dem Einsprühen oder Bügeln.

Ursachen dafür können rostige Teile in der Waschmaschine, verrostete Wasserleitungen und somit braunes Wasser sein. Aber auch verkalkte oder verschmutzte Bügeleisen oder Sprühflaschen sind manchmal Schuld daran, wenn ein Fleck da auftaucht, wo vor dem Waschen keiner war. Solche Flecken sind manchmal sehr schwer bis gar nicht mehr zu entfernen. Durch regelmäßige Kontrolle der Waschmaschinentrommel und der Waschmitteleinspülkammer lässt sich aber leicht feststellen, ob irgendwo rostige Ablagerungen entstehen. Bügeleisen mit Wassertank und Sprühflaschen sollten regelmäßig gereinigt und frisch befüllt werden, damit sie nicht die Wäsche verschmutzen.

Wäscheständer sauber halten

- Gerade wer die Möglichkeit hat, seine Wäsche draußen an der frischen Luft zu trocknen, sollte vor der Benutzung Wäscheständer, -leinen oder -spinnen mit einem feuchten Lappen abwischen, besonders wenn sie längere Zeit nicht verwendet wurden. Auch verrostete oder schmierige Metallteile von Wäscheständern oder -spinnen können Textilien verschmutzen, wenn sie beim Trocknen vom Wind dagegen geweht werden. In diesen Fällen geschieht es nicht selten, dass die frisch gewaschene Wäsche gleich wieder ein Fall für die Waschmaschine wird.

- Bei windigem Wetter müssen die Wäschestücke gut mit Klammern befestigt werden, damit sie nicht von der nächsten Böe gleich auf den Boden geweht werden.

Reste sofort wegschütten

Reste von Flüssigkeiten, die nicht mehr gebraucht werden, sollten möglichst gleich weggeschüttet werden. Dies gilt für den kalten Kaffee in der Tasse ebenso wie für die übriggebliebene Farbe im Plastikbecher oder das abgestandene Bier. Bleiben die Gefäße noch länger stehen, vergisst man möglicherweise, das in ihnen noch etwas enthalten ist, und läuft Gefahr, dass sie umfallen und hässliche Flecken verursachen. Oft schwappt dann die Flüssigkeit beim Wegräumen oder Ineinanderstapeln heraus und schon ist es um Sessel oder Teppich wieder geschehen.

Haut schützen

Nicht nur Textilien und Gegenstände sollten vor Verschmutzungen geschützt werden. Auch unsere Hände werden bei einer Reihe von Tätigkeiten verschiedenen Schmutz- und Farbstoffen ausgesetzt, wodurch die Haut unansehnlich verfärbt wird. Diese Verfärbungen lassen sich häufig nur mühsam wieder entfernen.

- Schützen Sie daher Ihre Haut vor unnötigen Verschmutzungen. Tragen Sie Handschuhe, falls es die Arbeit erlaubt und nicht hinderlich ist. Für Gartenarbeiten eignen sich spezielle Gartenhandschuhe, die stabil und reißfest sind. Bei Arbeiten mit farbintensiven Substanzen sind dagegen eher dünne Latex- oder Plastikhandschuhe zu empfehlen.
- Wem das Tragen von Handschuhen nicht möglich oder unangenehm ist, kann die Hände auch durch Eincremen mit Vaseline oder Handcreme schützen. Besonders bei Arbeiten mit Schmierfett oder Schweröl, zum Beispiel bei Reparaturarbeiten an Kraftfahrzeugen, Fahrrädern oder Maschinen,

lässt sich hinterher der ölige Schmutz viel leichter von den Händen entfernen.

Waschbare Textilien kaufen

Die Verwendung von möglichst waschbaren Textilien ist weniger eine Methode, Flecken zu vermeiden, sondern vielmehr ein Weg, die Fleckentfernung zu vereinfachen. Grundsätzlich lassen sich waschbare Textilien mit wesentlich weniger Mühe und geringerem finanziellem Aufwand reinigen. Besteht also die Möglichkeit, zwischen waschbaren und nicht waschbaren Kleidungsstücken zu wählen, sollte man den waschbaren Textilien stets den Vorzug geben.

Und hier noch einige wichtige Hinweise, bevor Sie richtig loslegen: Auch wenn es sich bei den meisten der hier verwendeten Reinigungsmittel um mehr oder weniger natürliche Substanzen handelt, die in jedem Haushalt vorrätig sind, ist deren Wirkung doch oft stark und daher nicht ungefährlich. Aus diesem Grund sollten Sie alle Reinigungsmittel außerhalb der Reichweite von Kindern aufbewahren. Vermeiden Sie bei starken Mitteln den direkten Kontakt mit Schleimhäuten und sorgen Sie bei größeren Aktionen, vor allem mit flüchtigen Substanzen, für eine ausreichende Durchlüftung. Wichtig ist auch, die jeweils auf der Packung oder der Flasche angegebenen Hinweise zur Anwendung einzelner Mittel zu beachten.

Fleckentfernung
in der Praxis

Den Flecken zu Leibe rücken

Alphabetisch geordnet finden Sie hier die verschiedensten Flecken aufgeführt und dazu jeweils die Methode beschrieben, wie sie am besten zu entfernen sind. Obwohl bestimmte Arten von Flecken sehr häufig auftreten, hängt die Behandlung doch immer vom verschmutzten Material oder der befleckten Oberfläche ab. Häufig muss man an die gleiche Art von Fleck auf unterschiedlichen Oberflächen oder Materialien mit ganz unterschiedlichen Reinigungsmitteln herangehen. In diesen Fällen werden die einzelnen Methoden auch jeweils getrennt nach dem befleckten Material beschrieben.

Manchmal gibt es mehrere Möglichkeiten, um einen Fleck zu entfernen. In diesen Fällen kann man die Wahl der Methode davon abhängig machen, welches Mittel gerade zur Verfügung steht oder griffbereit ist, um möglichst schnell handeln zu können.

Wird im Text von Seifenlauge gesprochen, ist damit eine Lauge mit normalem Waschmittel gemeint. Ideal sind flüssige Waschmittel, da man manchmal kalte oder lauwarme Seifenlauge benötigt und Flüssigwaschmittel sich auch bei niedrigeren Temperaturen gut im Wasser lösen. Wie bereits erwähnt, sollten alle waschbaren Textilien nach der Fleckbehandlung wie gewohnt in der Waschmaschine gewaschen werden.

Bei den folgenden Anleitungen wird vorausgesetzt, dass die in den ersten Kapiteln beschriebenen Grundregeln und Methoden der Fleckentfernung bekannt sind und auch angewendet werden. Lesen Sie daher auf alle Fälle die vorangegangenen Kapitel, bevor Sie den Flecken zu Leibe rücken. Bei geänderten Vorgehensweisen oder speziellen Methoden wird die praktische Durchführung genauer geschildert.

Sollten Sie in der folgenden Auflistung eine Fleckenart nicht finden, wählen Sie eine Behandlungsmethode für eine ähnliche Verschmutzung. So ähneln sich beispielsweise die meisten Methoden zur Entfernung von fetthaltigen Flecken, wogegen die Behandlung eiweißhaltiger Flecken nach einem jeweils anderen Prinzip erfolgt.

Flecken von A bis Z

Abziehbilder siehe **Aufkleber**

Ahornsirup siehe **Honig**

Alleskleber
→ Aus *Textilien* lässt sich Alleskleber mit Aceton oder Na-
gellackentferner herauslösen. Ein sauberes Läppchen mit der
Flüssigkeit tränken und den Fleck damit betupfen. Nicht bei
Kunstfasern anwenden. Anschließend normal waschen.

Asphalt siehe **Teer**

Aufkleber
→ Um Aufkleber oder Preisetiketten von *Glas oder Porzellan* zu entfernen, hält man die Stelle, auf dem das Etikett
klebt, einige Sekunden unter heißes Wasser oder lässt sie ei-

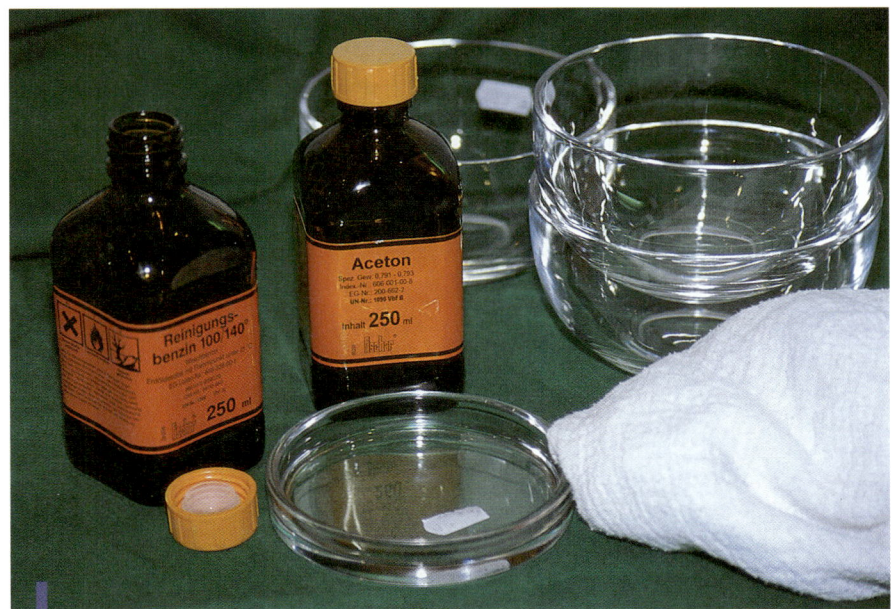

*Klebstoffreste von Etiketten lassen sich von Glas oder Porzellan
mit Aceton oder Waschbenzin entfernen.*

Entfernt man Aufkleber oder Etiketten von Büchern, sollte man darauf achten, nicht zu viel von der Reinigungsflüssigkeit zu verwenden, da sonst das Material eventuell aufweicht und sich wellt. Bei Kunststoffflächen sollte man das Mittel zuerst an einer verdeckten Stelle ausprobieren, um zu prüfen, ob die Oberfläche nicht angegriffen wird.

nige Zeit in Wasser einweichen. Meistens lassen sich dann die Aufkleber in einem Stück abziehen.

→ Reste von Abziehbildern oder Preisetiketten lassen sich von *glatten Oberflächen* mit Nagellackentferner, Aceton oder Waschbenzin entfernen.

→ Bei *Büchern* mit Schutzumschlägen, die eine glatte Oberfläche besitzen, lassen sich Klebstoffreste von Preisschildern vorsichtig mit Isopropanol oder Waschbenzin entfernen.

Augenbrauenstift

→ Flecken auf *Textilien* mit Waschbenzin vorbehandeln. Anschließend mit Seifenlauge auswaschen.

→ Die Flecken lassen sich statt mit Waschbenzin auch mit Spiritus vorbehandeln, werden dabei jedoch nicht ganz so schnell gelöst.

Babynahrung

→ *Waschbare Textilien* vor der Wäsche etwa eine Stunde in Seifenlauge einweichen. Flecken, die nach der Wäsche noch vorhanden sind, mit Zitronensaft beträufeln und in der Sonne bleichen. Den Vorgang bei Bedarf mehrfach wiederholen.

→ In *Teppichen*, *Polstermöbeln* und *nicht waschbaren Geweben* die Flecken mit Seifenlauge behandeln und mit klarem Wasser nachreinigen. Zwischendurch die Flüssigkeit immer wieder mit Tüchern aufsaugen. Nach dem Trocknen eventuell vorhandene Restflecken mit Fleckenwasser behandeln.

Batteriesäure siehe Säure

Beize

→ Beizeflecken auf *Teppichen* oder *Polstermöbeln* mit einer so genannten Lacklösepaste auf Lösemittelbasis behandeln, die es im Farbengeschäft gibt. Keine ätzenden Produkte verwenden, die zusammen mit Wasser eine starke Lauge bilden, da sie die Fasern schädigen würden (siehe Packungsaufschrift). Auf alle Fälle zuerst an einer unauffälligen Stelle aus-

probieren. Eine mehrstündige Ein-
wirkzeit kann erforderlich sein.
→ *Textilien* mit Verdünner oder
Pinselreiniger vorbehandeln.
Anschließend normal waschen.

Bier
→ *Textilien* mit Essigwasser oder
Mineralwasser, zumindest aber mit
viel kaltem Wasser auswaschen.
Danach in lauwarmem Wasser
ausspülen. Den Fleck mit Gallseife
einreiben, 30 Minuten einwirken
lassen und wie gewohnt waschen.
→ Flecken auf *Teppichen* und
Polstermöbeln mit lauwarmem
Wasser oder Feinwaschlauge vor-
sichtig ausreiben. Zwischendurch
die Flüssigkeit immer wieder mit
sauberen Lappen aufsaugen.
→ Alte und eingetrocknete
Flecken mit Spiritus entfernen.

*Bei Bierflecken gilt: Nicht aus-
trocknen lassen! Wird mit Gallseife gearbeitet, soll man diese zwar einwirken
lassen, das Gewebe darf dabei jedoch
nicht vollständig eintrocknen.*

Blaubeeren
→ Bei Flecken von Blaubeeren,
aber auch von Brombeeren oder
Schwarzen Johannisbeeren die
Textilien in saurer Milch einlegen.

*Eingetrocknete Flecken von farbinten-
siven Beeren werden zunächst mit Glyzerin aufgeweicht und anschließend
mit Zitronensaft behandelt.*

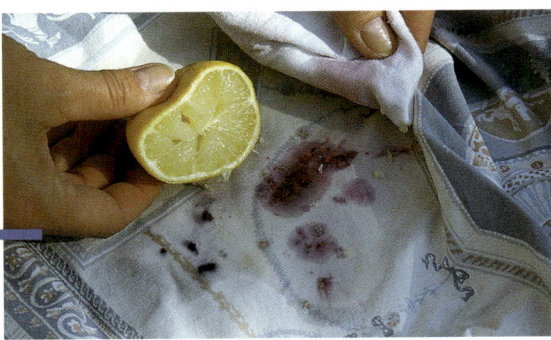

Blaufärbungen durch Beeren an Lippen und Mundschleimhäuten lassen sich übrigens leicht durch Zitronensaft entfernen.

Anschließend mit Wasser ausspülen und wie gewohnt waschen.

→ Alternativ den Fleck mit Zitronensaft vorbehandeln und anschließend wie gewohnt waschen.

→ Alte Flecken zuerst mit Glyzerin aufweichen. Das Glyzerin etwa eine Stunde einwirken lassen. Dann mit Zitronensaft behandeln und wie gewohnt waschen.

Bleichmittel

→ Sind Bleichmittel unbeabsichtigt auf *Textilien* geraten, sollte man diese sofort in reichlich klarem Wasser ausspülen. Hat bereits eine Entfärbung eingesetzt, ist daran leider nichts mehr zu ändern. Ein gründliches Ausspülen in Wasser kann den Vorgang zwar stoppen, die entfärbten Stellen jedoch nicht mehr retten.

Bleistift

→ Bleistiftstriche von *glatten Oberflächen* lassen sich mit milder Seifenlauge, Waschbenzin oder Spiritus leicht entfernen.

→ Bei *rauen Oberflächen* wie Holz, Tapeten oder Wandfarben werden sie am besten mit einem weichen, sauberen Radiergummi vorsichtig wegradiert.

→ Bei *Textilien* oder *Polstermöbeln* zunächst versuchen, die Flecken wegzuradieren. Danach mit Gallseife oder Salmiakgeist vorbehandeln und anschließend warm waschen.

Blut

→ Frische Blutflecken in *Textilien* lassen sich normalerweise unter fließend kaltem Wasser vollständig auswaschen. Sind die Flecken nicht ganz verschwunden, eine Handvoll Salz in einem Eimer Wasser lösen und darin die Kleidungsstücke mindestens 15 Minuten einweichen. Anschließend wie gewohnt mit einem enzymhaltigen Waschmittel waschen.

Werden Blutflecken nicht rechtzeitig entdeckt und durch heißes Waschen oder Bügeln im Stoff fixiert, verfärben sie sich braun. Da Blut Eisen enthält, haben alte Blutflecken dieselben Eigenschaften wie Rostflecken und müssen auch wie solche behandelt werden (siehe Rost).

→ Eingetrocknete Blutflecken kann man in Wasserstoffperoxid, dem etwas Salmiakgeist zugesetzt wurde, einweichen. Anschließend wie gewohnt waschen.

→ Bei *Teppichen* und *Polstermöbeln*, bei denen keine großen Mengen Wasser verwendet werden können, die Flecken mit einer kalten oder lauwarmen Seifenlauge entfernen.

Blütenstaub

→ Intensiv gefärbter Blütenstaub – auch Safran zählt dazu – hinterlässt auf *Textilien* Flecken, die häufig nur äußerst schwer oder gar nicht zu entfernen sind.

Zunächst so viel wie möglich abschütteln oder absaugen. Danach den Fleck vorsichtig mit Spiritus behandeln und mit warmem Wasser nachreinigen. Anschließend wie gewohnt waschen.

→ Flecken auf *gestrichenen Wänden* oder *Tapeten* mit einem Stück Weißbrot ohne Kruste oder einem Radiergummi abreiben.

Der Blütenstaub von Lilien verursacht hartnäckige, farbintensive Flecken. Zunächst muss so viel wie möglich abgesaugt werden. Anschließend werden die Restflecken mit Spiritus behandelt.

Bohnerwachs
→ Bei *Textilien* die betroffenen Stellen zwischen zwei Lagen Löschpapier oder Küchenkrepp legen und so lange heiß überbügeln, bis so viel wie möglich von dem Fett herausgelöst wurde. Den Fleck anschließend mit Waschbenzin und danach mit Fleckenwasser behandeln.

Bonbon siehe **Zucker**

Bowle
→ Bowleflecken auf *waschbaren Textilien* sollten sofort mit warmer Seifenlauge ausgewaschen werden.
→ *Nicht waschbare Textilien* werden am besten mit verdünntem Salmiakgeist behandelt.

Brandflecken
Leichte Brand- oder Sengflecken lassen sich manchmal entfernen, wenn noch kein richtiges Loch in das Material eingebrannt ist.
→ Auf *Holzflächen* den Fleck mit Verdünner abreiben und dann mit sehr feinem Sandpapier oder feiner Stahlwolle vorsichtig abschleifen. Dann abhängig von der Oberflächenbearbeitung des Holzes die Stelle mit Möbelpolitur, Farbe, Beize oder Lack ausbessern. Bei poliertem Naturholz mit Leinöl einreiben und nach einem Tag polieren.
→ Leichte Brandflecken auf *Kunststoff*- oder *Fiberglasflächen* mit Scheuerpulver entfernen und mit Autopolitur wieder glatt polieren.
→ Um Brandflecken aus *Teppich* und *Polstermöbeln* zu entfernen, gibt es verschieden Möglichkeiten:
• Mit Wasserstoffperoxid und einigen Tropfen Salmiakgeist behandeln, mit Wasser nachreinigen und trocken tupfen.
• Bei stärkeren Brandflecken die verkohlten Fasern mit feiner Stahlwolle entfernen. Dann mit Seifenlauge behandeln und mit Wasser nachreinigen.
• Ein altes Hausmittel: 250 ml Essigessenz, 50 g Talkum und zwei grob gehackte Zwiebeln zusammen aufkochen. Die Masse auf dem Fleck verteilen, trocknen lassen und abbürsten.
→ Leichte Brandflecken auf *waschbaren Textilien* vor dem Waschen mit Gallseife behandeln und mit Chlorbleiche heiß waschen. Gewebe, die Chlorbleiche nicht vertragen, vor dem

Waschen mit Wasserstoffperoxid und Salmiakgeist behandeln.
→ Bei *nicht waschbarem Gewebe* den Fleck mit Glyzerin beträufeln, einwirken lassen und mit warmem Wasser abwischen.

Bratensoße
Frische Flecken auf *Textilien* sofort mit flüssigem Waschmittel beträufeln und mit warmem Wasser auswaschen.

Bräunungsmittel
→ Hautbräunungsmittel sind aus *Textilien* nur sehr schwer zu entfernen. Falls das Gewebe dafür geeignet ist, einige Zeit in verdünnter Chlorbleichelösung einweichen, anschließend wie gewohnt waschen.
→ Bei *empfindlicherem Gewebe* eine Behandlung mit Wasserstoffperoxid versuchen.
→ Sobald eine Braunfärbung eingesetzt hat, lassen sich diese Mittel von der *Haut* nur noch durch mechanische Methoden entfernen, beispielsweise durch das Abreiben mit Bimsstein.

Brombeeren siehe Blaubeeren

Brühe
→ Die Flecken mit Waschbenzin vorbehandeln und anschließend mit Seifenlauge auswaschen.

Buntstifte
→ Flecken in *Textilien* mit Spiritus vorbehandeln. Anschließend wie gewohnt waschen.
→ Auf *Teppichen* und *Polstermöbeln* die Flecken mit Spiritus behandeln und mit Fleckenwasser nachreinigen.

Butter
→ Butter- oder Margarineflecken in *Textilien* mit flüssigem Waschmittel oder Spüli beträufeln und anschließend mit warmem Wasser auswaschen. Auch eine Vorbehandlung mit Gallseife ist möglich.
→ Flecken auf *Teppichen* oder *Polstermöbeln* mit einem mit Waschbenzin oder Fleckenwasser getränkten Lappen behandeln.

Cocktails siehe **Spirituosen**

Cola

→ Frische Colaflecken lassen sich aus *Textilien* in der Regel durch normales Waschen entfernen.

→ Alte, eingetrocknete Flecken sollten vor der Wäsche mit enzymhaltigem Waschmittel eingeweicht werden.

→ *Wolle* darf nicht mit Enzymen behandelt werden. Daher werden Colaflecken auf Wolle mit Mineralwasser herausgewaschen.

Creme

→ Den Fleck zunächst mit Spiritus behandeln. Fettige Restflecken mit Fleckenwasser entfernen.

→ *Waschbare Textilien* anschließend wie gewohnt waschen.

Curry

Curryflecken gehören zu den am schwierigsten zu entfernenden Flecken.

→ Flecken in *Textilien* sofort mit lauwarmem Wasser ausspülen. Danach mit Glyzerin behandeln und eine halbe Stunde einwirken lassen. Anschließend ausspülen und wie

Flecken von Curry und Safran gehören zu den am schwierigsten zu entfernenden Verschmutzungen.

gewohnt waschen. Restflecken
mit Wasserstoffperoxid bleichen.
→ Aus *Teppichen* und *Polstermöbeln* kann man versuchen, den
Fleck mit Wäscheborax oder speziellen Teppich- beziehungsweise
Polstershampoos oder Fleckenpas-
ten zu entfernen.

Druckerschwärze siehe
Kohlepapier

Dosenmilch siehe
Milch

Ei
→ Eiflecken auf *Teppichen* oder
Polstermöbeln mit lauwarmer Sei-
fenlauge behandeln, der einige
Tropfen Salmiakgeist zugesetzt
wurden.

*Eiflecken werden zunächst mit kaltem
Wasser und anschließend mit Seifenlauge behandelt.*

Eiflecken darf man niemals mit heißem Wasser behandeln, da das Eiweiß sonst gerinnt und anschließend nur schwer oder gar nicht mehr entfernt werden kann.

→ Bei *Textilien* als schnelle erste Hilfe die Flecken mit feuchtem Salz oder Essigwasser entfernen. Ansonsten 30 Minuten in lauwarmer Seifenlauge einweichen. Fetthaltige Restflecken mit Fleckenwasser behandeln.

Eierfarbe siehe **Farbstoff**

Eigelb
→ Den Fleck mit viel Salz bestreuen und trocknen lassen. Anschließend gut ausbürsten und mit kaltem Wasser abtupfen. *Waschbare Textilien* nach der Behandlung wie gewohnt waschen.

Eiklar
Eiklarflecken nie mit heißem Wasser behandeln! Der Fleck sollte auch nicht antrocknen. Gegebenenfalls muss man ihn bis zur Behandlung mit einem feuchten Lappen bedecken.
→ *Textilien* zuerst mit viel kaltem Wasser ausspülen, anschließend wie gewohnt waschen.
→ *Teppiche* und *Polstermöbel* mit kaltem Salzwasser reinigen.

Eiscreme
→ Eiscremeflecken in *Textilien* sofort mit viel kaltem Wasser auswaschen. Anschließend wie gewohnt, aber nicht zu heiß waschen. Bei Bedarf vor der Wäsche 30 Minuten in enzymhaltigem Waschmittel einweichen.
→ *Teppiche*, *Polstermöbel* und *nicht waschbare Textilien* mit etwas Seifenlauge und Salmiakgeist behandeln und mit warmem Wasser nachreinigen. Restflecken mit Fleckenwasser entfernen.

Eiter
→ Eiter enthält viel Eiweiß (Protein). Daher Eiterflecken aus *Textilien* zunächst mit viel kaltem Wasser ausspülen. Anschließend mit enzymhaltigem Waschmittel waschen, damit sich das Eiweiß löst.
→ Eingetrocknete Flecken in Salmiakgeistlösung einweichen. Anschließend mit enzymhaltigem Waschmittel waschen.

Emulsionsfarbe
→ Frische Farbe auf *Textilien* sofort aufsaugen und mit kaltem Wasser auswaschen.
→ Angetrocknete Farbflecken mit Spiritus oder Verdünner behandeln.

Erbrochenes
→ Flecken auf *Teppichen* und *Polstermöbeln* mit lauwarmer Seifenlauge oder Wäscheboraxlösung behandeln. Restflecken mit Fleckenwasser entfernen.
→ Katzen und Hunde übergeben sich manchmal im Haus, wobei häufig nur Magensäfte mit Haaren oder Knochenstücken ausgewürgt werden. Die dadurch entstehenden gelblichen Flecken lassen sich aus *Teppichen* und *Polstermöbeln* gut mit Oranexlösung entfernen. Mit einer weichen Bürste oder einem Fleckenläppchen die Oberfläche gründlich abreiben.
→ Auch alte, eingetrocknete Flecken lassen sich auf diese Weise behandeln.
→ *Textilien* in reichlich kaltem Wasser ausspülen. Anschließend in 1 Liter Wasser mit 1 Teelöffel Waschmittel und 2 Esslöffel Salmiakgeist einweichen, mit kaltem Wasser ausspülen und nach der Behandlung mit enzymhaltigem Waschmittel waschen.

Restflecken von Erbrochenem von Haustieren lassen sich gut mit Oranexlösung entfernen.

Etiketten siehe **Abziehbilder**

F

Farbbänder siehe **Kohlepapier**

Farbe
→ Farbflecken oder -spritzer auf *Fensterscheiben* lassen sich entweder mit einer Rasierklinge abschaben oder mit einem mit Essig getränkten Lappen abwischen.
→ Farb- und Lackflecken auf *glatten Kunststoffflächen* werden am besten mit Terpentinersatz entfernt.

Farbstoff, gelber
→ Zuerst mit Fleckenwasser behandeln, bis keine Farbe mehr abgegeben wird. Anschließend mit einer Mischung aus gleichen Teilen Wasser und Spiritus reinigen, der einige Tropfen Essig zugesetzt wurde. *Waschbare Textilien* nach der Behandlung wie gewohnt waschen.

Farbstoff, roter
→ Zuerst mit Fleckenwasser behandeln, bis keine Farbe mehr abgegeben wird. Anschließend mit lauwarmer Seifen-

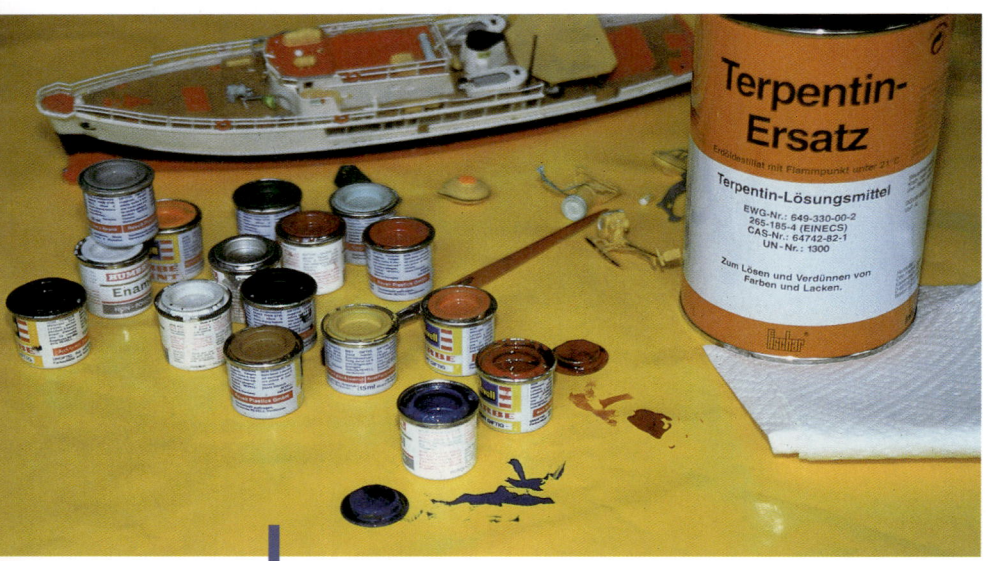

Farb- und Lackflecken werden am besten mit Terpentinersatz entfernt.

lauge reinigen, der Salmiakgeist zugesetzt wurde (2 Esslöffel Salmiakgeist auf 1/4 Liter Seifenlauge) oder, wenn möglich, die *Textilien* in der Lösung 20 Minuten einweichen. Nach der Behandlung gründlich ausspülen.

→ Mögliche Restflecken mit Bleiche oder Entfärber behandeln, wenn es das Material zulässt.

Fett

→ Frische Fettflecken auf *Leder* mit etwas geschlagenem Ei-klar abreiben.

→ Alte Fettflecken auf *Leder* mit einer Mischung aus lau-warmem Wasser und einigen Tropfen Essig abreiben.

→ Fettflecken auf *Holzoberflächen* mit Essig entfernen. Anschließend die ganze Oberfläche mit erwärmter, verdünnter Essiglösung abreiben.

→ Für Fettflecken auf mattem oder *Milchglas* etwas angewärm-ten Essig und Salz auf einen weichen Lappen geben und die Flecken damit abreiben.

> **U**m Fettflecken aus Textilien zu entfernen, reicht es oft aus, den Fleck vor der Wäsche einfach mit etwas flüssigem Waschmittel zu beträufeln.

Öl- oder Fettflecken werden mit Talkum bestreut, damit das Fett aus dem Gewebe gesogen wird.

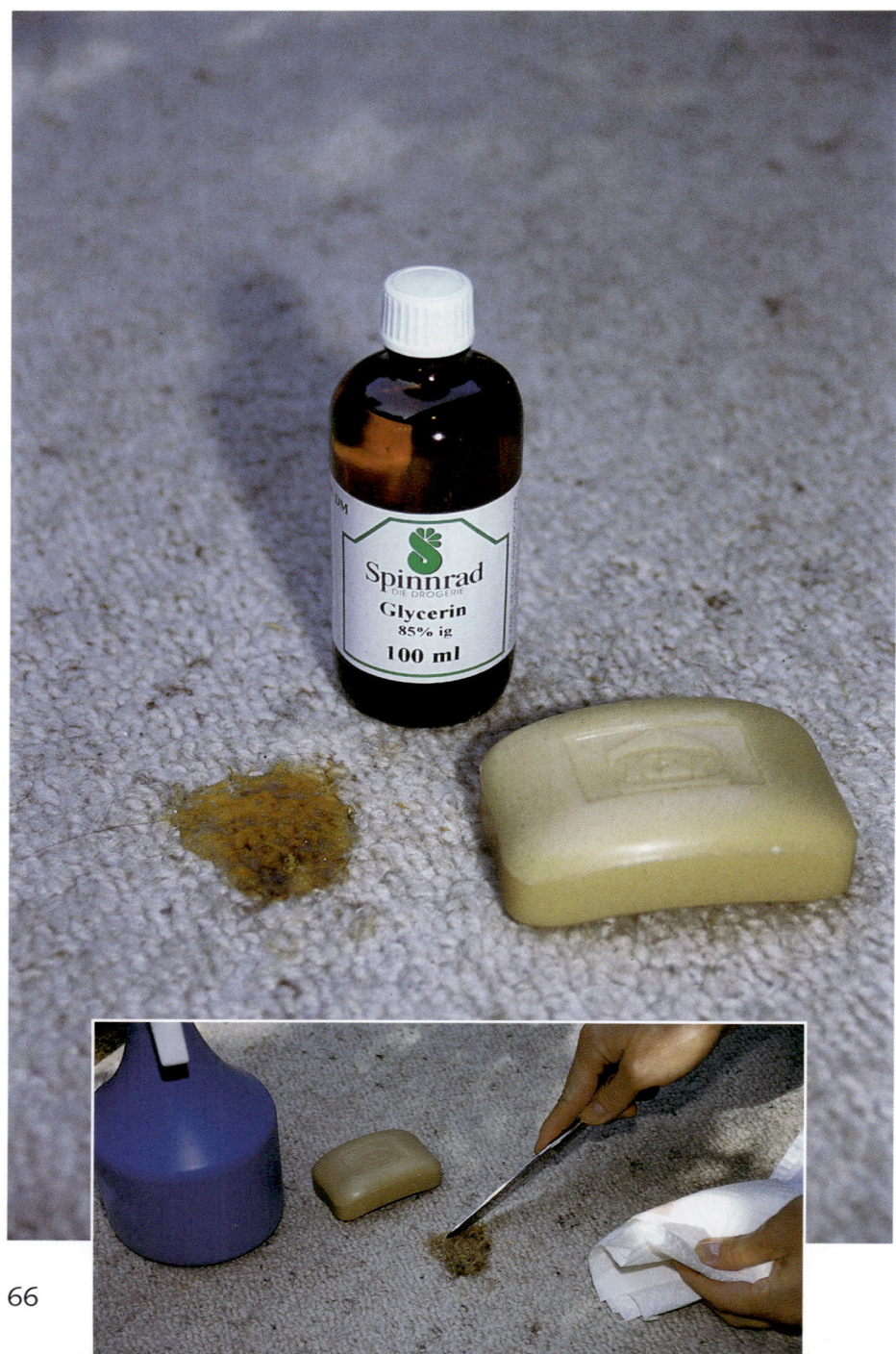

Fetthaltige Flecken auf Teppichen werden zunächst mit Glyzerin aufgeweicht. Nachdem so viel wie möglich von dem Material abgenommen wurde (linke Seite), wird der Fleck angefeuchtet und mit Gallseife eingeschäumt (oben und rechts).

Fettflecken auf Papier werden mit Talkum bestreut, um das Fett aufzusaugen. Restflecken können vorsichtig mit wenig Waschbenzin entfernt werden.

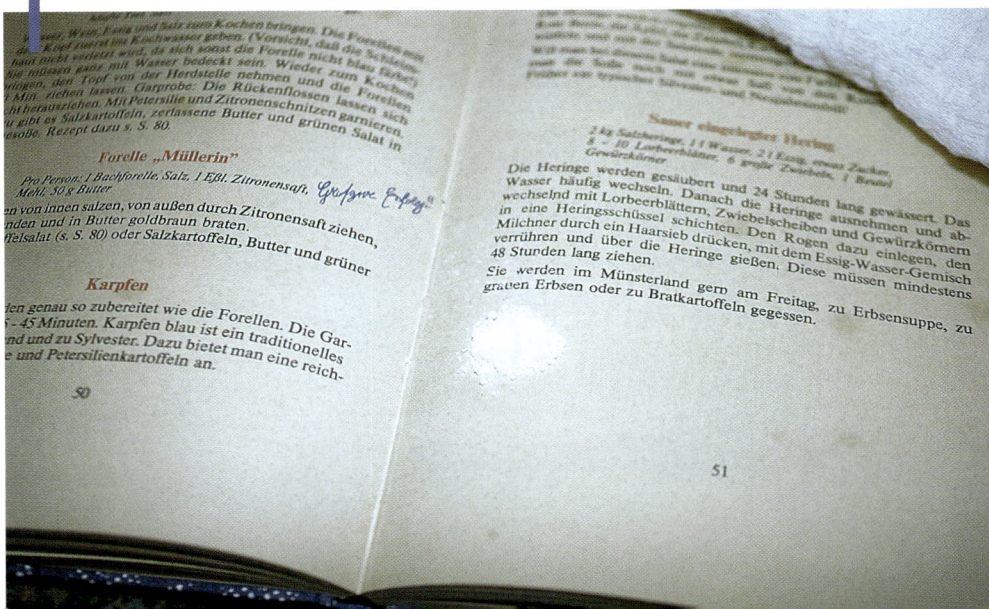

→ Fettflecken auf *Papier* mit einem mit Waschbenzin getränkten Wattebausch abtupfen oder erwärmtes Stärkemehl
auf die Flecken streuen, eintrocknen lassen und vorsichtig
abbürsten.

→ Fettflecken auf *Teppichen* und *Polstermöbeln*:

* Die Flecken dick mit Talkum oder Stärkemehl bestreuen und
  nach etwa 10 Minuten mit einem Tuch aufnehmen, den
  Rest wegbürsten. Bei Bedarf den Vorgang wiederholen.
* Mit Waschbenzin oder Spiritus vorsichtig ausreiben.
* Mit Glyzerin aufweichen und mit Gallseife behandeln.

→ Bei Fettflecken an *Tapeten* ein Löschblatt auflegen und
den Fleck mit einem warmen Bügeleisen herausbügeln.

→ Für die Entfernung von Fettflecken aus *Textilien* gibt es
verschiedene Möglichkeiten:

* Einen Brei aus Stärkemehl und Wasser auftragen, trocknen lassen und ausbürsten.
* Mit Talkum bestreuen, einwirken lassen und ausbürsten.
  Anschließend mit Schmierseife oder Gallseife vorbehandeln und wie gewohnt waschen.
* Alte Fettflecken mit Waschbenzin vorbehandeln und
  anschließend warm waschen.
* Aus Wollsachen Fettflecken mit Mineralwasser auswaschen. In hartnäckigen Fällen mit Waschbenzin vorbehandeln und mit Wollwaschmittel waschen.

Filzstift

Filzstift- oder Folienschreiberflecken sind, je nach Farbe und
Fabrikat, zum Teil sehr schwer zu entfernen. Während sich
rote und violette Farbstoffe noch relativ leicht entfernen lassen, können grüne und schwarze Farbflecken nur mit viel
Geduld aus dem Gewebe herausgelöst werden. Manche
Farbflecken sind überhaupt nicht mehr zu entfernen. Verläuft
die Farbe während der Behandlung, ist das ein Zeichen dafür,
dass sie sich aus dem Gewebe löst.

→ Manche Farbstoffe lassen sich mit acetonfreiem Nagellackentferner herauslösen.

→ *Textilien* immer mit einem sauberen, saugfähigen Lappen
unterlegen. Den Fleck wiederholt mit reichlich Spiritus oder
Isopropanol betupfen. Zwischendurch kurz einwirken lassen.
Den Vorgang mehrmals wiederholen. Restflecken mit Wasserstoffperoxid behandeln. Bei entsprechender Wirkung sollten sie nach einigen Minuten verschwunden sein. Nach der

Flecken von Filz- und Fo-
lienschreibern müssen je
nach Art und Farbe mit
verschiedenen Lösungs-
mitteln entfernt werden.

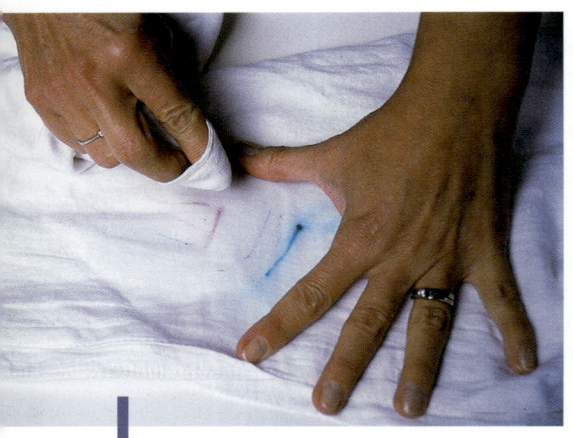

Nicht erschrecken, wenn die Farbe während der Behandlung verläuft – sie löst sich nach und nach aus dem Gewebe.

Behandlung wie gewohnt waschen.

→ Von *glatten Kunststoffoberflächen*, beispielsweise Diakästen oder Plastikdosen, lässt sich Folienschreiber mit Aceton leicht entfernen.

→ Sollte der Kunststoff von Aceton angegriffen werden, was man am besten vor der Behandlung an einer verdeckten Stelle vorsichtig testet, kann man auch Isopropanol oder einen acetonfreien Nagellackentferner verwenden. Die Farbe löst sich damit zwar nicht ganz so schnell, lässt sich aber trotzdem entfernen.

Folienschreiber siehe **Filzstift**

Fruchtsaft siehe **Obstsaft**

G Gemüse
→ Gemüseflecken aus *Textilien* mit reichlich kaltem Wasser auswaschen. Anschließend mit Gallseife vorbehandeln und wie gewohnt waschen.

→ *Teppiche*, *Polstermöbel* und *nicht waschbare Textilien* mit Seifenlauge unter Zusatz von einigen Tropfen Essig behandeln. Restflecken mit Fleckenwasser entfernen.

Gewürzsoße
→ Den frischen Fleck sofort mit viel kaltem Wasser ausspülen. Anschließend mit Salmiakgeist behandeln, kurz einwirken lassen und erneut ausspülen. *Waschbare Textilien* nach der Behandlung wie gewohnt waschen.

Gips
→ Verschmutzungen durch Gips am besten erst vollständig durchtrocknen lassen, zerbröckeln und vom Gewebe vorsichtig abkratzen.

→ *Waschbare Textilien* anschließend wie gewohnt waschen.

→ *Nicht waschbare Gewebe* mit Seifenlauge behandeln.

Glanzstellen
→ Glänzende Stellen auf *Textilien* oder *Polstern* mit der Schnittfläche einer halbierten rohen Kartoffel abreiben. An der Luft trocknen lassen und anschließend mit einer Kleiderbürste gründlich ausbürsten.

Gras
→ Grasflecken auf *Textilien* vor dem Waschen mit Gallseife einreiben oder mit Spiritus behandeln. Bei hartnäckigen Flecken das Gewebe mit Wasserstoffperoxid oder, abhängig vom Material, mit anderen Bleichmitteln behandeln.
→ Bei *empfindlichen Stoffen* die Flecken mit Butter oder Glyzerin einreiben und nach 15 Minuten mit Seifenlauge auswaschen.
→ *Weniger empfindliche Textilien* wie Jeans oder Baumwollhosen vor dem Waschen kräftig mit Schmierseife einreiben. Besonders zu empfehlen ist diese Methode für Kleidung von Kindern, die viel draußen herumtollen.
→ Alte Grasflecken vor der Behandlung am besten mit Glyzerin aufweichen.

Grasflecken werden vor dem Waschen kräftig mit Gallseife eingerieben.

Grünspan

→ Grünspanflecken in *Textilien* mit Essig behandeln. Anschließend in warmer Waschmittellauge auswaschen.

→ Gegenstände aus *Kupfer* oder *Messing* mit einer Mischung aus 1/4 l Salmiakgeist, 1/4 l Wasser und 2 Esslöffeln Salz abreiben. Anschließend mit Wasser spülen und trockenpolieren.

Haarfarbe

Bei Haarfärbemitteln unterscheidet man zwischen Tönungen, Intensivtönungen und Haarfarbe. Zum Schutz von Wäsche und Haut sollte bei der Anwendung dieser Mittel immer ein Handtuch um die Schultern gelegt werden. Idealerweise verwendet man dafür ein dunkles, altes Handtuch, falls sich die Flecken nicht ganz entfernen lassen.

→ Flecken von Tönungen und Intensivtönungen kann man normalerweise aus *Textilien* problemlos herauswaschen. Verschmutzte Handtücher und Wäschestücke werden einfach sofort nach Gebrauch möglichst heiß gewaschen.

→ Haarfarbe kann nur vollständig entfernt werden, wenn man sehr schnell handelt. Der Fleck sollte sofort mit möglichst viel Wasser ausgespült werden, damit der Entwicklungsprozess unterbrochen wird, bei dem sich die intensiv gefärbten Pigmente bilden. Anschließend sollte man versuchen,

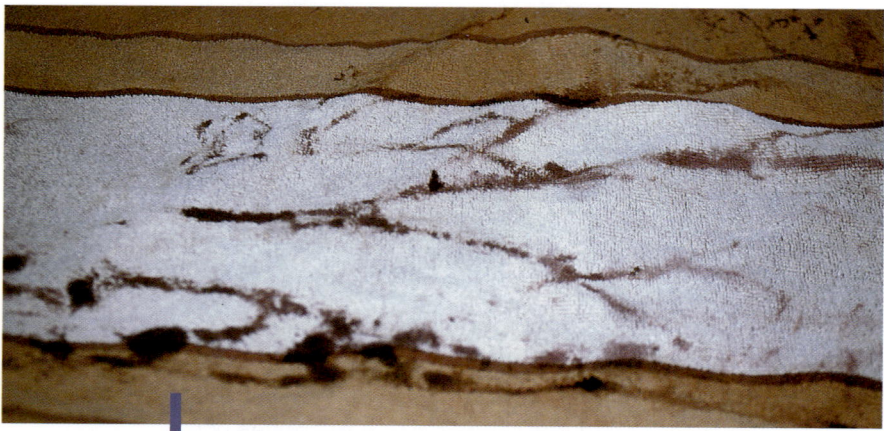

Ein durch Intensiv-Haartönung verschmutztes Handtuch vor der Wäsche. In der Regel lassen sich solche Flecken durch normales Waschen bei 60 °C entfernen.

einen schon entstandenen Fleck mit Seife oder Spüli auszu-
waschen.

→ Friseure verwenden häufig zur Beseitigung von Flecken
durch dunkle Haarfarbe Blondierungsmittel. Dadurch wird
der Fleck entfärbt.

→ Bei *weißen* und *farbechten Geweben* kann man alternativ
versuchen, die Flecken mit Wasserstoffperoxid zu bleichen.

→ Als letzte Möglichkeit die Textilien mit Entfärber behandeln.

→ Helle Flecken durch Blondierungs- und Bleichmittel auf
dunklen Geweben lassen sich nicht beseitigen, da eine Entfärbung nicht rückgängig zu machen ist.

Nach dem Haarefärben kann es vorkommen, dass am
Haaransatz oder anderen Hautstellen dunkle Verfärbungen
auftreten, die sich nicht einfach abwaschen lassen. Man kann
sie aber mit sauberer Asche abreiben, die man auf den angefeuchteten Finger gibt.

Haarspray

→ Haarsprayflecken auf *glatten Oberflächen* wie Spiegeln,
Badezimmermöbeln oder Türen mit einem mit Isopropanol
getränkten Lappen entfernen.

Harz

Zunächst möglichst viel Harz mechanisch entfernen.

→ Harzflecken auf *Textilien* anschließend mit Fleckenwasser
oder Waschbenzin lösen. Nach der Behandlung wie gewohnt
waschen.

→ Harzflecken auf der *Haut* kleben sehr stark. Sie lassen
sich jedoch mit Nagellackentferner oder speziellen Hand-
waschpasten entfernen.

Himbeeren

→ Himbeerflecken auf *Textilien* mit Zitronensaft
beträufeln und abtupfen. Den Vorgang mehrmals wiederholen. Anschließend mit warmer Seifenlauge auswaschen.

Holzlasur

→ Holzlasur mit Verdünner oder Terpentinersatz entfernen.
Dazu einen saugfähigen Lappen unterlegen und den Fleck mit
dem Lösungsmittel betupfen. Den Vorgang mehrfach wiederholen. Anschließend *waschbare Textilien* wie gewohnt waschen.

Honig

→ So viel Honig wie möglich vom Gewebe abkratzen. Anschließend mit viel warmem Wasser ausspülen, bis nichts mehr klebt.

→ Eingetrocknete Flecken zuvor in warmem Wasser einweichen. Anschließend mit Gallseife behandeln und wie gewohnt waschen.

Jodtinktur

→ In 1/4 Liter Wasser 1 Teelöffel Entfärber lösen und den Fleck damit behandeln. Anschließend wie gewohnt waschen.

Jogurt

→ Jogurtflecken in *Textilien* antrocknen lassen und anschließend gründlich ausbürsten. Den Restfleck mit reichlich lauwarmem Wasser auswaschen.

Johannisbeeren, Rote

→ Den Fleck in *Textilien* mit Zitronensaft beträufeln und abtupfen. Den Vorgang mehrmals wiederholen. Anschließend wie gewohnt waschen.

Johannisbeeren, Schwarze siehe Blaubeeren

Kaffee

→ Um Kaffeeablagerungen in *Kaffeekannen* zu entfernen, einen Esslöffel Backpulver in die Kanne geben, mit heißem Wasser übergießen und eine Stunde einwirken lassen. Zwischendurch mehrmals gut umschütteln. Anschließend gut ausspülen.

Alternativ die Ablagerungen mit Salz einreiben und heiß abspülen.

→ Frische Flecken in *Textilien* mit reichlich Wasser ausspülen. Bei Kaffee ohne Milch die Stelle mit heißem Wasser auswaschen. Vor der Wäsche die Flecken mit Gallseife behandeln. Kaffee mit Milch siehe Milchkaffee.

Kaffeeflecken darf man nicht mit Salmiakgeist behandeln, da sie so im Gewebe fixiert werden.

→ Alte Kaffeeflecken mit Glyzerin aufweichen. Anschließend mit Talkum oder Stärkemehl bestreuen und ohne Seifenzusatz mit lauwarmem Wasser auswaschen.

Bei hartem Wasser müssen Kaffeemaschinen häufig entkalkt werden.

→ Auf *Teppichen* oder *Polstermöbeln* mit lauwarmer Seifenlauge entfernen. Eingetrocknete Flecken mit Glyzerin aufweichen, anschließend wie frische behandeln. Fettreste mit Fleckenwasser entfernen.

Kajalstift
→ Flecken von Kajalstift mit einem mit Waschbenzin getränkten Läppchen vorsichtig ausreiben.

Kakao
→ Kakaoflecken aus *Textilien* möglichst frisch mit lauwarmem Wasser ausspülen. Anschließend wie gewohnt waschen.
→ Angetrocknete Flecken auf Textilien in heißer Milch einweichen. Nach der Behandlung wie gewohnt mit enzymhaltigem Waschmittel waschen.
→ Bei Kakaoflecken auf *Teppichen* oder *Polstermöbeln* zunächst möglichst viel Flüssigkeit mit einem Lappen aufsaugen. Anschließend vorsichtig mit lauwarmer Seifenlauge auswaschen und mit klarem Wasser nachreinigen.

75

Kakaoflecken lassen sich durch Einweichen in heiße Milch entfernen.

Kalk

→ Verkalkte und bemooste *Blumentöpfe* mit einer Mischung aus 1/4 Liter Wasser, 1/4 Liter Essig und 2 Esslöffeln Salz kräftig abbürsten. Anschließend mit viel heißem Wasser ausspülen.

→ *Edelstahlspülen* mit Mineralwasser oder Backpulver oder bei starken Verkalkungen mit Essigessenz oder Spiritus abreiben. Danach mit Wasser abspülen.

→ *Edelstahltöpfe* werden innen wieder schön blank, wenn man darin Marmelade oder Kompott kocht. Die Fruchtsäure löst die hartnäckigen Kalkflecken.

→ Verkalkte Töpfe kann man auch reinigen, indem man Essig oder Rhabarber (danach nicht mehr verzehren!) darin aufkocht.

Vermooste und verkalkte Blumentöpfe werden durch Abschrubben mit einer Essig-Salz-Lösung wieder schön sauber.

77

Kaugummi lässt sich nach Vereisen leicht von Textilien oder Teppichen ablösen.

Kaugummi

→ *Textilien* mit Kaugummiflecken für eine Stunde ins Gefrierfach legen. Danach lässt sich der Kaumgummi zerbröckeln und fast vollständig entfernen. Restflecken mit Waschbenzin entfernen.

→ Bei *Teppichen* oder *Polstermöbeln* oder Textilien, die nicht ins Gefrierfach passen, den Kaugummifleck durch Auflegen von Eiswürfeln oder mit Vereisungsspray kühlen. Anschließend den Kaugummi ablösen und die Reste mit Waschbenzin entfernen.

→ Kaugummi, der in die *Haare* gerät, lässt sich natürlich nicht mit der Vereisungsmethode behandeln. Vielmehr muss man ihn aufweichen und geschmeidig machen. Dies gelingt mit Erdnussbutter. Den so aufgeweichten Kaugummi mit einem Tuch aus den Haaren entfernen und anschließend die Haare sofort mit Shampoo waschen.

Kerzenwachs siehe **Wachs**

Ketschup

→ Aus *Textilien* den Fleck zuerst mit viel kaltem Wasser ausspülen. Anschließend mit Gallseife vorbehandeln und,

Kosmetika siehe **Make up**

Kotflecken
→ *Waschbare Textilien* sofort möglichst heiß waschen.
→ Auf *Teppichen* oder *Polstermöbeln* zunächst möglichst
viel von dem Schmutz abnehmen, anschließend mit warmer
Seifenlauge oder mit Oranexlösung auswaschen. Restflecken
mit Salmiakgeist behandeln.

Kratzer
→ Feine Kratzer auf *Holzoberflächen* lassen sich meistens
wegpolieren. Hierzu einen sauberen Flaschenkorken in eine
Mischung aus gleichen Teilen Essig und Öl tauchen und die
Oberfläche mit kreisenden Bewegungen abreiben. Man kann
kleine Kratzspuren auch entfernen, indem man mit dem
Fruchtfleisch von ganzen Wal- oder Pekannüssen darüberreibt.
→ Bei tieferen Kratzern die Stelle mit sehr feinem Sandpa-
pier oder feiner Stahlwolle vorsichtig abreiben. Anschließend
Möbelpolitur in der passenden Farbe auftragen und polieren.

Kugelschreiber
→ Kugelschreiberflecken aus *Textilien*, *Teppichen* und *Polstermöbeln* lassen sich mit Spiritus entfernen. Mit einem getränkten,
sauberen Lappen den Fleck abtupfen und vorsichtig herausreiben.
Restflecken in *Textilien* mit Gallseife behandeln und anschließend
wie gewohnt waschen.
→ Blaue Kugelschreiberflecken
lassen sich im Normalfall leichter
entfernen als andersfarbige. In
den problematischen Fällen hat
sich jedoch die Haarspray-Me-

*Haarspray – ein bewährtes Mittel
gegen Kugelschreiberflecken.*

thode bewährt: Einen saugfähigen Lappen unterlegen, den
Fleck mit Haarspray besprühen und vorsichtig herausreiben.
Den Vorgang so lange wiederholen, bis keine Farbe mehr
herausgelöst wird. Anschließend mit Gallseife behandeln und
wie gewohnt waschen.
→ Kugelschreiberflecken von *Lederoberflächen* mit einem in
Milch getauchten Läppchen entfernen.

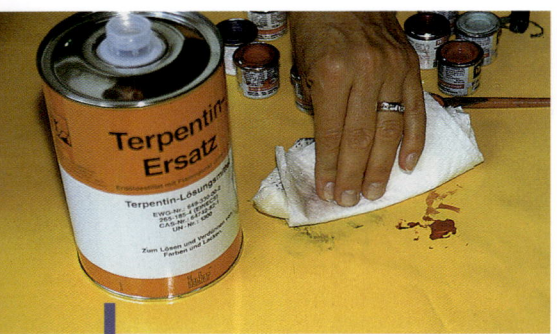

Farb- und Lackflecken werden am besten mit Terpentinersatz entfernt.

Lack
→ Lackflecken mit Terpentiner-satz behandeln. Dazu ein sauberes Läppchen mit dem Lösungsmittel tränken, ein saugfähiges Tuch unterlegen und den Fleck so lange betupfen, bis sämtliche Farbe herausgelöst ist.

Lehm siehe **Ton**

Leim
→ Flecken aus wasserlöslichem Leim in *Textilien* durch normales Waschen mit enyzmhaltigem Waschmittel entfernen.
→ Auf *Teppichen* oder *Polstermöbeln* einfach mit einem Schwamm und viel Wasser herauslösen.
→ Nicht wasserlösliche Flecken, auch auf *Teppichen* oder *Polstermöbeln*, mit Aceton oder Waschbenzin entfernen.
→ Leimflecken auf *Holz* mit Margarine oder Speiseöl und einem weichen Lappen entfernen.

Lidschatten
→ Lidschatten auf *hellen Textilien* und *Polstermöbeln* mit einem mit Spiritus oder Isopropanol getränkten Läppchen vorsichtig ausreiben.
→ *Dunkle Textilien* mit einer Scheibe Brot abreiben.

Likör
→ Likörflecken auf *Textilien* mit lauwarmem Wasser ausspülen und anschließend wie gewohnt waschen. Starke Verfärbungen mit Spiritus vorbehandeln.
→ Flecken auf *Teppichen* und *Polstermöbeln* mit Mineralwasser verdünnen und aufsaugen. Den Vorgang mehrmals wiederholen. Anschließend mit Seifenlauge aus Feinwaschmittel vorsichtig ausreiben. Starke Verfärbungen mit Spiritus oder Fleckenwasser behandeln.

Limonade
→ Möglichst viel von der Flüssigkeit aufsaugen und mit lauwarmem Wasser nachspülen.

→ Alte Flecken in *waschbaren Geweben* mindestens 30 Minuten in warmer Seifenlösung einweichen.
→ Alte Flecken in *nicht waschbaren Geweben* mit Glyzerin aufweichen, anschließend mit Seifenlösung vorsichtig ausreiben und mit klarem Wasser nachbehandeln.

Lippenstift
→ Lippenstiftflecken in *Textilien* mit Spiritus oder Isopropanol vorbehandeln. Den Restfleck mit einigen Tropfen Spüli oder Seife einreiben und mit viel kaltem Wasser auswaschen.
→ Alte Flecken mit Glyzerin aufweichen und danach wie frische Flecken behandeln.
→ Sehr hartnäckige Verfärbungen mit Salmiakgeist entfernen.

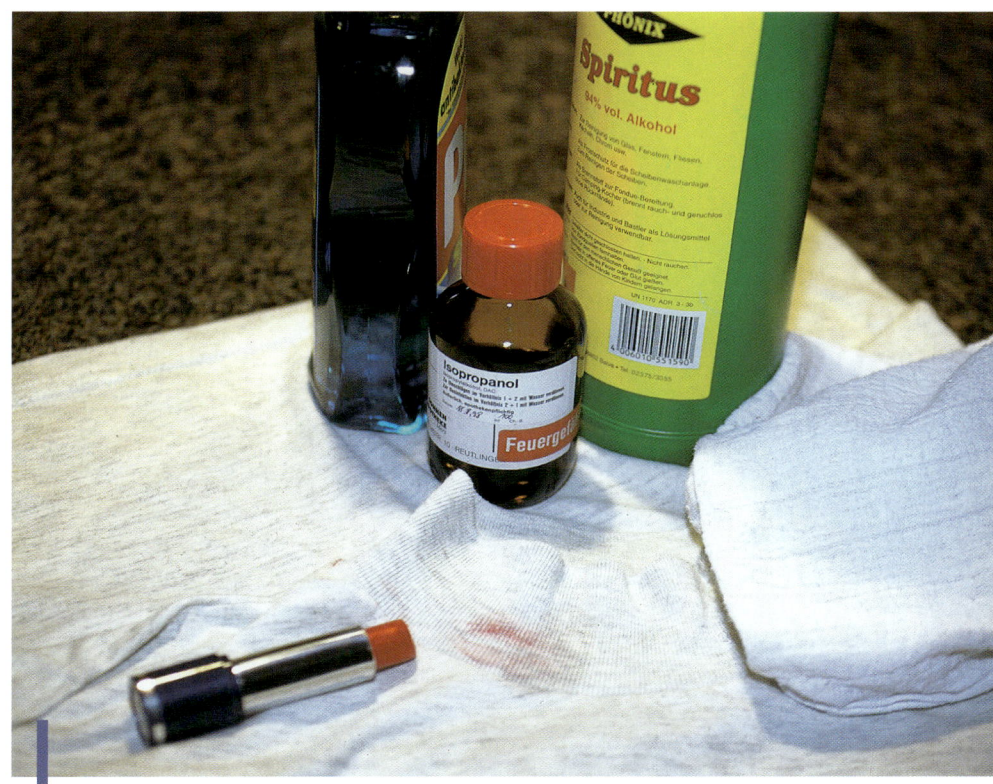

Lippenstiftflecken werden mit Isopropanol oder Spiritus vorbehandelt. Anschließend lassen sie sich gut mit Spülmittel auswaschen.

83

Lotion siehe **Creme**

Maggi siehe **Gewürzsoße**

Majonäse

Majonäse besteht hauptsächlich aus Fett und Eiweiß. Entsprechend muss auch die Fleckbehandlung erfolgen.
→ Zunächst so viel Majonäse wie möglich abnehmen. Daraufhin Talkum oder Stärkemehl auf den Fleck streuen, um das Fett aufzusaugen. Anschließend abbürsten und den Vorgang bei Bedarf wiederholen.
→ Stark verschmutzte *waschbare Textilien* 30 Minuten in warmer Seifenlösung einweichen. Anschließend den Fleck mit Gallseife vorbehandeln und in enzymhaltigem Waschmittel waschen.
→ Aus *nicht waschbaren Geweben* das Fett zunächst durch Talkum oder Stärkemehl aufsaugen lassen. Anschließend mit Fleckenwasser behandeln.

Make up

→ Make up auf *dunklen Textilien* mit einem Stück Brot abreiben.
→ *Helle Textilien* mit Akohol oder Spiritus behandeln und, falls möglich, anschließend wie gewohnt waschen.
→ Sind einmal keine speziellen Reinigungsmittel zur Hand, beispielsweise unterwegs, reibt man den angefeuchteten Fleck mit einem Stück Seife ein und spült mit Wasser aus.

Margarine siehe **Butter**

Marker siehe **Textmarker**

Marmelade

→ Marmeladeflecken auf *Textilien* zuerst mit reichlich warmem Wasser ausspülen. Anschließend mit Gallseife behandeln und wie gewohnt waschen.
Alte Flecken mit Glyzerin aufweichen und mindestens 30 Minuten einwirken lassen. Anschließend wie frische behandeln.
→ Auf *Teppichen* und *Polstermöbeln* Marmeladereste abkratzen und feucht abwischen. Anschließend mit Spiritus behandeln.

Mascara
→ Wimperntusche, auch wasserfeste, mit einem mit Waschbenzin getränkten Läppchen vorsichtig ausreiben.
→ Man kann die Flecken auch mit Isopropanol behandeln, muss dafür aber etwas mehr Geduld aufbringen.

Milch
→ Milchflecken aus *waschbaren Textilien* zuerst mit kaltem Wasser auswaschen. Anschließend mit Gallseife behandeln und kalt waschen. Sollten noch Restflecken vorhanden sein, 30 Minuten in warmer Seifenlauge mit enzymhaltigem Waschmittel einweichen. Anschließend wie gewohnt waschen.
→ *Nicht waschbare Textilien*, *Teppiche* und *Polstermöbel* mit neutraler Seifenlauge behandeln, der etwas Salmiakgeist zugesetzt wurde. Anschließend mit kaltem Wasser nachreinigen.
→ Alte Flecken mit Glyzerin aufweichen. Anschließend wie frische Flecken behandeln.

Milchbrei siehe Milch

Milchkaffee
→ Den Michkaffee aus *Textilien* zuerst mit viel kaltem Wasser ausspülen. Anschließend mit Gallseife behandeln und wie gewohnt waschen.
→ *Gewebe* mit angetrockneten Flecken in heißer Milch einweichen und anschließend wie gewohnt waschen.
→ Auf *Teppichen* und *Polstermöbeln* zunächst möglichst viel Flüssigkeit mit Küchenkrepp aufsaugen. Anschließend den Fleck mit lauwarmer Seifenlauge behandeln. Restflecken mit Fleckenwasser oder Waschbenzin behandeln.

Milchshake siehe Eiscreme

Möbelpolitur
→ Möbelpoliturflecken auf *Textilien*, *Teppichen* oder *Polstermöbeln* mit Talkum bestreuen und mehrere Stunden das Öl aufsaugen lassen. Anschließend mit Fleckenwasser behandeln.
→ Flecken in *waschbaren Textilien* daraufhin mit Gallseife einreiben und wie gewohnt waschen.

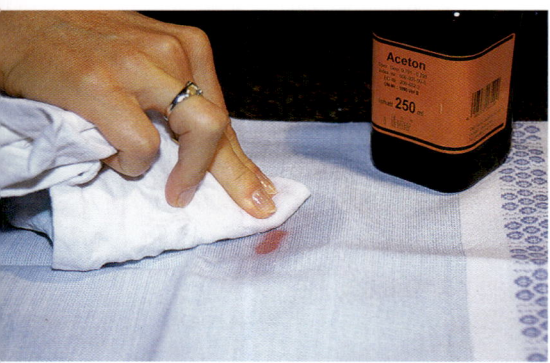

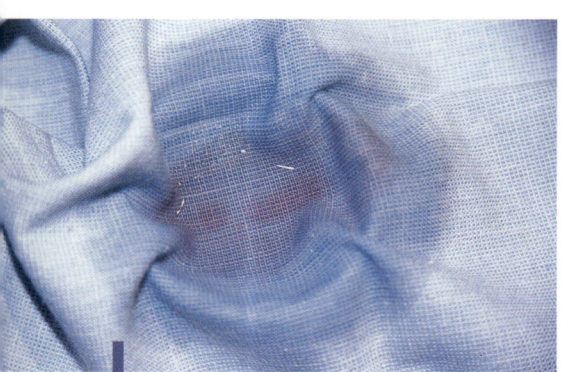

Nagellackflecken werden am besten mit Aceton entfernt. Restflecken vor dem Waschen noch in Spiritus einweichen.

→ Alte Flecken mit Glyzerin oder Vaseline aufweichen und danach wie frische behandeln.

Motoröl
→ Ölflecken, beispielsweise auf dem *Garagenboden*, mit Sägespänen oder Sand bestreuen und nach einigen Tagen wegfegen. Sind noch Restflecken sichtbar, diese mit flüssigem Waschmittel oder Spüli wegschrubben.
→ Motorölflecken in *Textilien* zunächst mit Speiseöl oder Butter einreiben und nach kurzer Einwirkzeit mit Spiritus oder Fleckenwasser behandeln. Waschbare Gewebe anschließend mit Gallseife einreiben und waschen.

Nagellack
→ Mit reichlich Aceton herauslösen. Anschließend wie gewohnt waschen. Restverfärbungen verschwinden meistens durch das Waschen.
→ Bleiben doch Restflecken, diese mit Spiritus nachreinigen und falls möglich bleichen.
→ Flecken in *Kunstfasern* mit Glyzerin aufweichen und das Kleidungsstück reinigen lassen.
→ Nagellackflecken auf *Teppichen* und *Polstermöbeln* mit einem mit

Nagellackflecken in Naturgeweben nicht antrocknen lassen, sondern sofort behandeln. Nagellackentferner ist zur Entfernung weniger geeignet, da es neben Aceton noch Zusätze enthält.

Aceton getränkten Lappen entfernen. Den Vorgang so oft wiederholen, bis die gesamte Farbe herausgelöst ist.

Nikotin

→ Ein Nikotinfilm auf *Fensterscheiben* lässt sich durch Putzen mit einer Mischung aus Wasser und Spiritus im Verhältnis 1:1 entfernen.

→ Nikotinflecken in *Textilien* mit Isopropanol behandeln. Bei hartnäckigen Flecken eine Mischung aus gleichen Teilen Salmiakgeist und Glyzerin verwenden. Anschließend wie gewohnt waschen.

Nach einem Kneipenbesuch riecht Kleidung häufig unangenehm nach Zigarettenrauch. Der Nikotingeruch in Textilien verschwindet aber, wenn man sie in milder Essiglösung einweicht und anschließend wie gewohnt wäscht.

Obst

→ Frische Flecken in *Textilien* unter fließend kaltem Wasser ausspülen. Alternativ mit Mineralwasser behandeln und danach wie gewohnt waschen.

→ Bei *hitzebeständigen Geweben* wie Baumwolle, Leinen oder verschiedenen Mischgeweben hat sich für alle Arten von Obstflecken die Kochend-Wasser-Methode bewährt (siehe Seite 41).

→ Alle *übrigen Textilien* mit Zitronensaft vorbehandeln und mit Wasser ausspülen. Restflecken können noch mit Essig behandelt werden. Anschließend wie gewohnt waschen.

→ Textilien alternativ in Buttermilch einweichen und anschließend wie gewohnt waschen.

→ Alte Obstflecken mit Glyzerin einweichen und das Mittel eine Stunde einwirken lassen. Anschließend wie frische Flecken behandeln.

→ Weiße Textilien aus *Naturfasern* bei hartnäckigen Verfärbungen mit Chlorbleiche oder Wasserstoffperoxid bleichen.

→ Obstflecken in *Teppichen* oder *Polstermöbeln* mit Seifenlauge aus Feinwaschmittel oder mit Salmiakgeist behandeln. Restflecken mit Essig entfernen.

Nach der Verarbeitung von Obst, insbesondere Pflaumen, Kirschen, Brombeeren oder anderen intensiv gefärbten Früchten, sind auch die *Hände* häufig bräunlich oder bläulich verfärbt. Sie werden wieder sauber, indem man sie mit der Schnittfläche einer halbierten Zitrone abreibt oder mit Zitro-

Bei Obstflecken sollte man keine Körperseife zum Herauswaschen verwenden, da durch deren Inhaltstoffe der Fleck im Gewebe fixiert werden kann und sich eventuell nicht mehr entfernen lässt. Am besten eignet sich dafür flüssiges Waschmittel.

nensaft wäscht. Man kann die Hände aber auch mit Buttermilch waschen.

Obstsaft siehe **Obst**

Öl siehe auch **Fett**

→ Frische Flecken mit Talkum oder Stärkemehl bestreuen und möglichst viel aufsaugen lassen. Anschließend wegbürsten und den Vorgang bei Bedarf wiederholen.

→ *Waschbare Textilien* mit Gallseife vorbehandeln und anschließend so heiß wie möglich waschen.

→ Bei *nicht waschbaren Geweben* sowie *Teppichen* und *Polstermöbeln* Restflecken mit Fleckenwasser entfernen.

→ Ölflecken aus *Wolle* mit Mineralwasser entfernen.

Ölfarbe

→ Bei frischen Flecken zuerst so viel wie möglich von der frischen Farbe abtupfen.

→ Alte, eingetrocknete Flecken zunächst möglichst vollständig abkratzen.

→ Spritzer von Ölfarbe auf Fensterscheiben oder anderen *glatten Oberflächen* zuerst mit Isopropanol oder Spiritus anlösen und anschließend mit einem Holzspatel abschaben.

→ Ölfarbe von *kratzfesten Oberflächen* mit einer Rasierklinge entfernen. Die Oberfläche vorher anfeuchten.

→ Ölfarbe auf *Metalloberflächen* mit Verdünner entfernen.

→ Flecken auf *Teppichen* und *Polstermöbeln* vorsichtig ohne Reiben mit Verdünner oder Terpentinersatz herauslösen. Den Reinigungsvorgang mehrmals wiederholen, da die Flecken sehr farbintensiv sind.

→ Ölfarbe auf *Textilien* mit Verdünner oder Terpentinersatz herauslösen. Dabei einen saugfähigen Lappen unterlegen. Anschließend mit Gallseife behandeln und wie gewohnt waschen.

→ Hartnäckigen Flecken in robusten Geweben wie *Jeansstoff* kann man auch mechanisch zu Leibe rücken. Den Fleck mit einer Messerklinge oder Spatel aus dem Gewebe kratzen. Durch die ohnehin meist etwas ungleichmäßige Färbung bei Jeansstoffen, vor allem wenn sie älter und verwaschen sind, fällt die auf diese Weise behandelte Stelle kaum auf, der intensive Farbfleck ist aber verschwunden.

Öl- oder Fettflecken werden mit Talkum bestreut, damit das Fett aus dem Gewebe gesogen wird. Der Vorgang muss nach Bedarf wiederholt werden.

Talkum

polv. fl.0
Füllhöhe technisch bedingt!

Inhalt **250 g**

Papier

→ Papierreste von Etiketten oder Verpackungen auf *Holzmöbeln* oder *harten Oberflächen* mit Speiseöl aufweichen. Nach einiger Zeit lassen sie sich so leicht entfernen.

Paraffin siehe **Wachs**

Parfüm

→ Frische Flecken sofort mit viel Wasser ausspülen. Anschließend mit Gallseife vorbehandeln und wie gewohnt waschen.

→ Parfümflecken auf *Textilien* mit verdünntem Salmiakgeist oder Isopropanol betupfen und falls möglich anschließend waschen.

→ Parfümflecken auf *Teppichen* und *Polstermöbeln* mit Kleesalzlösung oder Rostentferner behandeln.

Puder

→ So viel Puder wie möglich von dem *Kleidungsstück* abschütteln oder auch absaugen. Dabei möglichst wenig Puder verreiben. Anschließend das Gewebe mit milder Seifenlauge auswaschen.

Rauch

→ Aus *Textilien* am besten durch möglichst heißes Waschen entfernen. Die Textilien können vorher auch in Waschsoda eingeweicht werden, damit sich die fettigen Bestandteile besser lösen. Es empfiehlt sich, eine Tasse Waschsoda zur Maschinenwäsche zu geben. Eventuell vorhandene Restflecken mit Spiritus behandeln.

Verunreinigungen durch Rauchentwicklung entstehen häufig in der Nähe von offenen Kaminen oder Kerzen.

→ *Teppiche* und *Polstermöbel* mit speziellen Teppich- oder Polstershampoos reinigen. Kleine Bereiche mit Fleckenwasser behandeln. In allen Fällen für eine gute Durchlüftung sorgen.

→ Bei sehr starken Verunreinigungen eine professionelle Dampfreinigung durchführen lassen.

Reinigungsmittel

→ Auch die Reinigungsmittel selber können in *Textilien* Flecken oder Ränder hinterlassen. Sie lassen sich aber meistens dadurch entfernen, indem man das Gewebe über heißen Wasserdampf hält.

→ Bei *waschbaren Textilien* die betroffenen Stellen mit Gallseife einreiben und wie gewohnt waschen.

Rost

→ Verrostete *Blechgegenstände* mit Tomatensaft abreiben. Anschließend mit Wasser abspülen und trockenreiben.

→ Harte und auch *raue Oberflächen* wie Waschbecken, Beton oder Stein anfeuchten, mit Kleesalz bestreuen und anschließend mit einer Nylonbürste abschrubben.

In Textilien werden Rostflecken durch heißes Wasser oder Bügeln so fixiert, dass sie sich kaum mehr entfernen lassen. Daher sollte man Rostflecken immer möglichst frisch behandeln.

→ Rostflecken auf *Teppichen* und *Polstermöbeln* mit Salz bestreuen, etwas einwirken lassen und abbürsten. Den Vorgang bei Bedarf mehrfach wiederholen.

→ Um Rostflecken aus *Textilien* zu entfernen, gibt es verschiedene Methoden:

- Mit Zitronensaft beträufeln und anschließend ausspülen. Den Vorgang mehrfach wiederholen.
- Mit Zitronensaft beträufeln und mit Salz bestreuen. Mindestens eine Stunde einwirken lassen. Anschließend wie gewohnt waschen.
- Fleck anfeuchten, Kleesalz aufstreuen und einreiben. Eine Zeit lang einwirken lassen und ausspülen. Den Reinigungsvorgang bei Bedarf wiederholen.

Rote Bete

→ Rote-Bete-Flecken sollten möglichst behandelt werden, solange sie noch feucht sind. Mit der Kochend-Wasser-Methode lassen sie sich aus *Naturgeweben* rückstandslos entfernen. Die Textilien anschließend wie gewohnt waschen.

→ Textilien mit älteren und hartnäckigeren Flecken in Wäscheboraxlösung einweichen und nach der Behandlung wie gewohnt waschen.

→ *Weiße Naturfasern* können mit Chlorbleiche gebleicht werden.

→ Flecken aus *Teppichen* und *Polstermöbeln* mit möglichst viel heißem Wasser herauslösen. Zwischendurch das überschüssige Wasser mit einem saugfähigen Lappen aufnehmen.

91

Bei verschüttetem Rotwein ist das
Wichtigste schnelles Handeln:
Zunächst muss möglichst viel Flüssigkeit aufgesogen werden. Dann wird
mit Wasser verdünnt. Zwischendurch
muss die Flüssigkeit immer wieder
aufgenommen werden. Restflecken
werden mit Salz behandelt.

Rotwein

→ Normalerweise verschwinden Rotweinflecken rückstandslos, wenn die *Textilien* so schnell wie möglich normal gewaschen werden.

→ Textilien sofort unter fließend kaltem Wasser auswaschen.

→ Falls möglich, die Kochend-Wasser-Methode anwenden.

→ Bei *Teppichen* und *Polstermöbeln* sofort möglichst viel Rotwein mit Küchenkrepp aufsaugen. Anschließend mit reichlich Mineralwasser nachbehandeln. Zwischendurch die Flüssigkeit immer wieder aufsaugen. Restflecken mit Salz bestreuen, trocknen lassen und anschließend ausbürsten. Restliche Verfärbungen mit Spiritus entfernen.

Rouge siehe **Make up**

Ruß

→ Ruß zuerst gut abschütteln oder gründlich absaugen. Dabei darauf achten, dass möglichst wenig Ruß ins Gewebe eindringt.

→ Flecken auf *Textilien* mit Spüli, Zahnpasta oder Pinselreiniger vorbehandeln und anschließend wie gewohnt waschen.

→ Flecken auf *Teppichen* oder *Polstermöbeln* mit Talkum bestreuen. Anschließend abbürsten oder absaugen. Restflecken mit Fleckenwasser behandeln und mit warmer Seifenlauge aus Feinwaschmittel nachreinigen.

→ Rußflecken auf *Steinen* und *Wänden*, zum Beispiel in Kaminnähe, mit Essigessenz abschrubben. Sehr hartnäckige Verfärbungen mit verdünnter Salzsäure behandeln.

> **V**orsicht beim Arbeiten mit verdünnter Salzsäure! Es handelt sich dabei um eine sehr aggressive Säure, die ätzend wirkt. Sie darf auf keinen Fall auf Augen oder Schleimhäute gebracht werden. Unbedingt die Hinweise zur Anwendung beachten und für gute Durchlüftung sorgen.

Sahne siehe **Milch**

Safran siehe **Blütenstaub**

Salbe siehe **Creme**

Säure

→ *Textilien* sofort mit viel kaltem Wasser ausspülen. Anschließend eine starke Salmiakgeist- oder Backpulverlösung zur Neutralisation auf den Fleck geben. Abtupfen und mehrmals mit kaltem Wasser nachspülen.

Schimmel siehe **Stockflecken**

Schlamm
→ Schlammflecken auf *Textilien* und *Teppichen* zuerst vollständig trocknen lassen. Danach ausbürsten oder absaugen. Hierdurch lässt sich bereits der größte Teil der Verschmutzung entfernen. Bei robusten Stoffen wie Jeans wird durch kräftiges Abbürsten manchmal der gesamte Schmutz entfernt.

*B*ei rötlichen Schlammflecken kann es sein, dass die Erde Eisenoxid (Rost) enthält. Um solche Verfärbungen zu entfernen, müssen die Flecken daher auch wie Rostflecken behandelt werden.

→ *Waschbare Textilien* anschließend mit Gallseife einreiben und wie gewohnt waschen.
→ Nicht *waschbare Gewebe* und *Teppiche* mit Seifenlauge unter Zusatz von etwas Essig reinigen.

Schmierfett
→ Flecken auf *Textilien* mit Talkum oder Stärkemehl bestreuen, um das Fett aufzusaugen. Anschließend abbürsten und mit warmer Seifenlauge behandeln.
→ Alternativ den Fleck mit Butter bestreichen, kurz einwirken lassen und mit Seifenlauge auswaschen.
→ *Waschbare Textilien* mit Gallseife einreiben und wie gewohnt waschen.
→ Auf *Teppichen* und *Polstermöbeln* den Fleck mit Butter bestreichen und vorsichtig abtupfen. Anschließend mit Waschbenzin oder Fleckenwasser behandeln.

Schnaps siehe **Spirituosen**

Schneeränder
→ Schneeränder auf *Lederschuhen* lassen sich entfernen, indem man das Leder mit Petroleum abreibt.

Schokolade
→ So viel Schokolade wie möglich mit einem Spatel oder einem Messerrücken abkratzen.
→ *Textilien* zunächst mit kaltem Wasser und danach mit warmem Seifenwasser auswaschen.
→ Alternativ 30 Minuten in Seifenlauge einweichen und anschließend mit enzymhaltigem Waschmittel waschen.

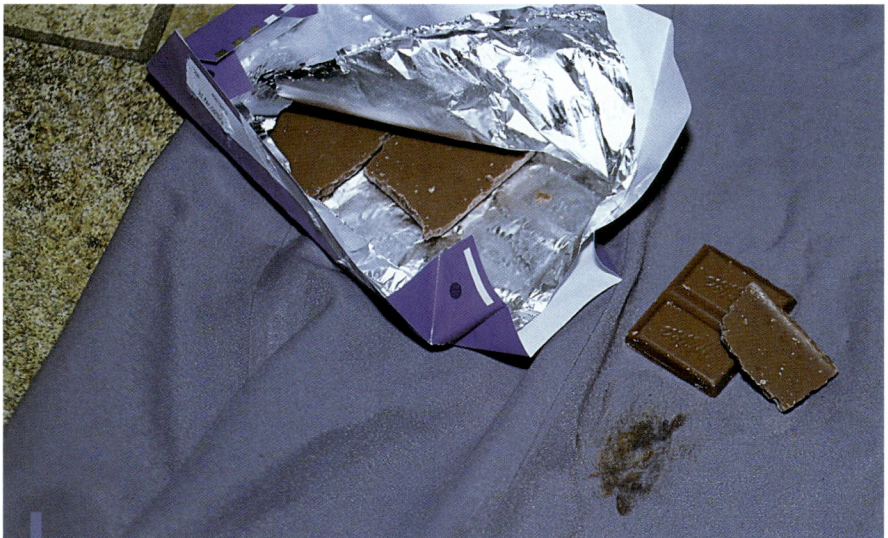

Für die Entfernung von Schokoladeflecken gibt es verschiedene Möglichkeiten.

→ Flecken auf *empfindlichen Textilien* mit einer Mischung aus 2/3 Spiritus, 1/3 Wasser und etwas Spüli auswaschen.
→ Alte Flecken mit Glyzerin aufweichen und anschließend wie frische behandeln.
→ *Weiße Gewebe* mit Restverfärbungen bleichen.
→ Flecken aus *Teppichen* und *Polstermöbeln* mit milder Seifenlösung auswaschen. Restliche Fettflecken mit Fleckenwasser oder Waschbenzin entfernen.

Schreibmaschinenband siehe **Kohlepapier**

Schuhabrieb
Die Methode zur Entfernung von Schuhabrieb auf *glatten Böden* – meistens typische schwarze Streifen – hängt davon ab, ob die Oberfläche gewachst oder ungewachst ist.
→ Bei *gewachsten Böden* die Flecken mit einem weichen Topfkratzer aus Nylon und Seifenlauge vorsichtig entfernen. Anschließend normal wischen und trockenpolieren.
→ Bei *ungewachsten Böden* die Streifen mit Fleckenwasser und einem weichen Tuch abreiben. Großflächige Verschmutzungen mit einem weichen Topfkratzer aus Nylon entfernen.

Schuhcreme

→ So viel wie möglich von den *Textilien* abkratzen. Dann mit Terpentinersatz behandeln. Mit Gallseife einreiben und normal waschen.

→ Statt Terpentinersatz kann auch Spiritus oder Fleckenwasser verwendet werden.

→ Flecken auf *Teppichen* und *Polstermöbeln* mit Terpentinersatz, Spiritus oder Fleckenwasser entfernen. Mit klarem Wasser nachbehandeln. Teppiche bei Bedarf nachträglich mit Teppichschaum reinigen.

→ Alte Flecken mit Vaseline oder Glyzerin aufweichen. Das Fett mindestens eine halbe Stunde einwirken lassen und anschließend die Flecken wie frische behandeln.

Schwarze Johannisbeeren siehe Blaubeeren

Schweiß

→ Frische Schweißflecken mit Salmiakgeist behandeln und anschließend mit Wasser ausspülen. *Waschbare Textilien* nach der Behandlung wie gewohnt waschen.

→ Alte Flecken etwa eine Stunde in einer Essiglösung einweichen und anschließend wie gewohnt waschen.

Sekt

→ *Waschbare Textilien* wie gewohnt waschen.

→ Flecken auf empfindlicher *Seide* vorsichtig mit einem nassen Schwämmchen betupfen.

Senf

→ Senfflecken auf *Textilien* sind meist sehr schwer zu entfernen. Die besten Chancen auf ein rückstandsloses Entfernen hat die Behandlung von ganz frischen Flecken.

→ Zunächst so viel Senf wie möglich abkratzen und mit milder Seifenlauge auswaschen. Anschließend mit Salmiakgeist behandeln und wie gewohnt waschen.

→ Alte Flecken zuerst mit Glyzerin aufweichen. Das Glyzerin etwa eine Stunde einwirken lassen. Danach wie frische Flecken behandeln.

→ Sind die Flecken nach der oben beschriebenen Behandlung nicht ganz verschwunden, kann man weiße und farbechte Gewebe anschließend mit Wasserstoffperoxid, weiße Gewebe auch mit Chlorbleiche bearbeiten.

→ Bei *Teppichen* und *Polstermö-beln* den Fleck zuerst mit klarem Wasser behandeln. Anschließend mit milder Seifenlauge oder Salmiakgeist reinigen.

Sengflecken siehe **Brandflecken**

Siegellack siehe **Klebstoff**

Sirup siehe **Honig**

Sojasoße siehe **Gewürzsoße**

Spaghettisoße siehe **Tomatensoße**

Senfflecken sind schwer zu entfernen. Am Erfolg versprechendsten ist die Behandlung von frischen Flecken mit Salmiakgeist.

Speisen, ölige siehe auch **Fett**
→ Ölige Flecken, die durch Speisen hervorgerufen werden, wie Fettflecken behandeln. Sind die Speiseflecken auch eiweißhaltig, *waschbare Textilien* vorher 30 Minuten in einer Lauge aus enzymhaltigem Waschmittel einweichen. Danach wie gewohnt waschen.

Spinat
→ Spinatflecken auf *Textilien* zuerst mit Mineralwasser behandeln. Anschließend mit der Schnittfläche einer halbierten rohen Kartoffel abreiben. Zuletzt mit warmer Seifenlauge auswaschen.

Spirituosen

→ *Waschbare Textilien* wie gewohnt waschen. Verfärbungen mit Spiritus vorbehandeln.

→ Alte Flecken über Nacht in kaltem Wasser einweichen. Am nächsten Tag mit Spüli und Essig vorbehandeln und anschließend möglichst heiß waschen.

→ Flecken aus *nicht waschbaren Textilien* mit Mineralwasser herauswaschen. Verfärbungen mit Waschbenzin oder Fleckenwasser behandeln.

→ Alte Flecken mit warmem Glyzerin mindestens 30 Minuten aufweichen. Anschließend wie frische behandeln.

→ Flecken auf *Teppichen* und *Polstermöbeln* mit warmem Wasser behandeln. Eventuelle Verfärbungen mit Spiritus entfernen.

Stearin siehe **Wachs**

Stempelfarbe

→ Flecken in *Textilien* mit reichlich Spiritus vorbehandeln. Dabei einen saugfähigen Lappen oder Küchenkrepp unterlegen. Anschließend mit warmem Wasser auswaschen. Den Reinigungsvorgang bei Bedarf mehrfach wiederholen, da die

Stempelfarbe lässt sich mit Spiritus entfernen.

Flecken sehr farbintensiv sind. Falls möglich, Textilien nach der Behandlung sofort waschen.

Sticker siehe **Aufkleber**

Stockflecken
→ *Leder* zunächst draußen kräftig abbürsten. Anschließend die Oberfläche mit einer Mischung aus Isopropanol und Wasser im Verhältnis 1:1 abreiben.
→ Schimmelpilze alternativ durch antiseptisches Mundwasser oder Desinfektionsmittel abtöten. An der Sonne trocknen lassen.
→ Bei beiden Methoden das Leder anschließend mit Schuhcreme, Lederpflegemittel oder Lederfett behandeln und gründlich nachpolieren.
→ *Teppiche* und *Polstermöbel* bei möglichst guter Belüftung vollständig durchtrocknen lassen. Anschließend im Freien mit einem speziellen Fungizid oder mit Wasserstoffperoxid behandeln. Teppichstücke, die durch den Schimmel schon regelrecht zersetzt sind und Löcher haben, müssen ersetzt werden. Im Extremfall muss der ganze Teppich weggeworfen werden.
→ Stockflecken an *Wänden* oder in *Duschkabinen* lassen sich mit einer Lösung aus Chlorbleiche und Wasser im Verhältnis 1:5 entfernen. Die gesamte Wände mit der Lösung abwaschen oder wenn möglich mit einer Nylonbürste abschrubben. Um die Schimmelsporen abzutöten, anschließend mit einem Fungizid behandeln. Dabei die Gebrauchsanleitung beachten und für gute Durchlüftung sorgen.

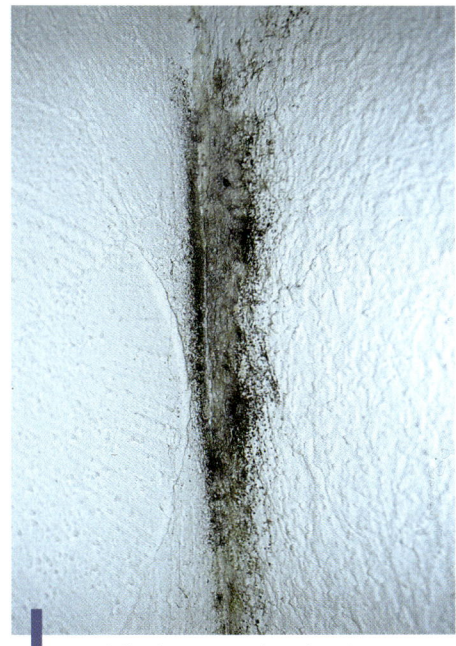

Stockflecken entstehen häufig an Außenmauern. Ein wirksames Mittel dagegen ist Chlorbleiche.

Stockflecken entstehen durch Schimmelpilze, die besonders in feuchtem Milieu gut gedeihen. Daher müssen nicht nur die Stockflecken selber entfernt, sondern auch die Schimmelpilze und deren Sporen abgetötet werden, damit keine neuen Stockflecken entstehen. Das Einatmen der umherfliegenden Sporen ist gesundheitsschädlich. Daher sollte man bei Gegenständen, die zu Schimmelbildung neigen, immer für einen geeigneten Aufbewahrungsort mit trockener Luft oder ausreichender Belüftung sorgen.

→ Stockflecken in *Textilien* lassen sich mit unterschiedlichen Methoden und Mitteln entfernen. Nach der jeweiligen Behandlung die Textilien wie gewohnt waschen und möglichst in der Sonne gut durchtrocknen lassen:

- Das Gewebe in heiße Buttermilch einlegen und anschließend mit klarem Wasser ausspülen.
- Den Schimmel mit weißem Essig oder Salz und Zitronensaft abtöten. Nach der Behandlung das Gewebe in die Sonne legen und gut durchtrocknen.
- Robuste Gewebe mit Chlorbleiche behandeln.

Straßenschmutz

→ Straßenschmutz von Schuhen oder Hundepfoten auf *Teppichen* vollständig trocknen lassen, anschließend gründlich absaugen. Die restlichen Flecken mit milder Seifenlösung oder Oranexlösung entfernen Dafür eine weiche Bürste oder ein Fleckenläppchen verwenden.

→ Falls der Teppich bereits durch normale Verschmutzung etwas nachgedunkelt ist, muss großflächiger gearbeitet werden, damit die sauberen und somit helleren Stellen nicht auffallen.

Streusalz

→ Streusalzränder auf *Lederschuhen* mit einem mit Essigwasser getränkten Lappen abreiben.

Suppe

→ Suppe mit warmem Wasser ausspülen. Anschließend mit Gallseife behandeln und *waschbare Gewebe* wie gewohnt waschen.

→ Flecken in *nicht waschbaren Textilien*, *Teppichen* und *Polstermöbeln* mit einer milden Seifenlösung behandeln, der etwas Salmiakgeist zugesetzt wurde. Anschließend mit kaltem Wasser ausspülen.

Tabasco siehe **Gewürzsoße**

Tapetenkleister

→ Waschbare *Textilien* so schnell wie möglich normal waschen.

→ Kleister von *Teppichen* und *Polstermöbeln* zunächst weitgehend mit einen Löffel abnehmen. Anschließend mit Seifenlauge auswaschen und mit klarem Wasser nachreinigen.

→ Angetrockneten Tapetenkleister vorsichtig abkratzen. Restflecken mit Seifenlauge entfernen.

> *T*apetenkleister gehört zu den wasserlöslichen Klebstoffen und ist im Normalfall leicht zu entfernen.

Tee

→ Teeablagerungen auf *Geschirr* lassen sich mit Backpulver entfernen. Dafür 1 bis 2 Esslöffel Backpulver in das Gefäß geben und heißes Wasser darüber gießen. Eine Stunde einwirken lassen, dabei mehrmals umschwenken. Nach der Behandlung abspülen und Restflecken mit einem Schwamm entfernen.

Alternativ die Oberfläche mit Salz abreiben und anschließend heiß abspülen.

→ Teeflecken auf *Teppichen* und *Polstermöbeln* mit einer Wäscheboraxlösung behandeln.

→ Aus *Textilien* die Flecken sofort mit viel lauwarmem Wasser ausspülen. Anschließend mit Gallseife vorbehandeln und wie gewohnt waschen.

Alternativ in Wäscheboraxlösung einweichen und anschließend waschen.

> *T*eeflecken darf man nie mit heißem Wasser oder Salmiakgeist behandeln, da so die Flecken im Gewebe fixiert werden.

Teer

→ Auf allen *Geweben* den Teer zunächst mit Kältespray oder Eiswürfeln so weit abkühlen, dass sich möglichst viel abbröckeln oder abkratzen lässt. Reste gründlich ausbürsten. Die Flecken mit Butter oder Speiseöl bestreichen, um den Teer zu lösen. Anschließend mit Waschbenzin behandeln und mit warmer Seifenlösung nachreinigen.

→ *Waschbare Textilien* mit Gallseife behandeln und anschließend wie gewohnt waschen.

Tesafilm siehe Klebestreifen

Textmarker

→ Bei *Textilien* einen saugfähigen Lappen unterlegen und mit reichlich Salmiakgeist betupfen. Die Unterlage gegebenenfalls mehrfach wechseln. Bei Restflecken einige Minuten Wasserstoffperoxid einwirken lassen. Anschließend wie gewohnt waschen.

Tintenflecken lassen sich gut mit Salmiakgeist entfernen.

Tinte

→ Tintenflecken lassen sich aus *Textilien*, *Teppichen* und *Polstermöbeln* mit Salmiakgeist leicht entfernen. Mit einem sauberen, getränkten Lappen den Fleck abtupfen oder vorsichtig herausreiben. Textilien danach wie gewohnt waschen.

Angetrocknete Tintenflecken mit Zitronensaft beträufeln und zwischen zwei saugfähige Lappen pressen. Den Reinignungsvorgang mehrfach wiederholen und anschließend wie gewohnt waschen.
→ Tintenflecken auf der *Haut* lassen sich entfernen, indem man sie mit einer in Essig und Salz getauchten Nagelbürste abschrubbt.
→ Frische Tintenflecken auf *Holzoberflächen* kann man mit einem mit Essig getränkten Lappen ausreiben.

Tipp-Ex siehe **Korrekturflüssigkeit**

Tomatensoße

→ Zunächst so viel Soße wie möglich mit einem Löffel abnehmen.
→ Rote Soßen auf *Textilien* sofort mit kaltem Wasser gründlich ausspülen. Anschließend mit flüssigem Waschmittel oder Gallseife vorbehandeln und in enzymhaltigem Waschmittel waschen.
→ Flecken in *nicht waschbaren Textilien*, *Teppichen* und *Polstermöbeln* zunächst mit Wasser, danach mit Essiglösung behandeln. Restflecken mit Fleckenwasser oder Waschbenzin entfernen.

Ton

→ Ton, der zum Töpfern verwendet wird, sowie Lehm oder lehmige Erde gehören zu den wenigen Arten von Verschmutzungen, die vor der Behandlung möglichst durchtrocknen sollten. So lassen sie sich zum größten Teil aus den *Textilien*, dem *Teppich* oder den *Polstermöbeln* herausbürsten.
→ *Waschbare Textilien* anschließend mit Gallseife einreiben und wie gewohnt waschen.
→ Restflecken auf *Teppichen* und *Polstermöbeln* mit milder Seifenlauge entfernen.

Toner

→ So viel wie möglich sofort absaugen, nicht verreiben. Flecken in *Textilien* mit Gallseife vorbehandeln und wie gewohnt waschen. Restliche Flecken mit Salmiakgeist behandeln und anschließend gründlich ausspülen.

Tusche

→ Tuscheflecken aus *Textilien* sofort mit viel kaltem Wasser ausspülen. Anschließend mit Salmiakgeist behandeln und gründlich ausspülen.

Tuscheflecken dürfen nie eintrocknen!

→ Angetrocknete Flecken über Nacht in eine Lösung aus 1 Liter Wasser und 4 Esslöffel Salmiakgeist einweichen. Nach der Behandlung wie gewohnt waschen.

Urin

→ Urinflecken auf *Teppichen* und *Polstermöbeln* zunächst so gut wie möglich mit Küchenkrepp aufsaugen. Mit Essig betupfen, um den Geruch zu neutralisieren. Anschließend mit milder Seifenlauge reinigen und mit klarem Wasser nachbehandeln.
→ Auch bei *Matratzen* so viel Urin wie möglich aufsaugen. Anschließend mit Essigwasser reinigen. Dabei sollte man aufpassen, dass sich der Fleck nicht zu weit ausbreitet. Mit klarem Wasser nachreinigen. Die Matratze nach der Behandlung möglichst draußen an der frischen Luft gründlich durchtrocknen lassen.

Wachs

→ Mit Wachs bekleckerte *Kerzenleuchter aus Metall* für eine Stunde ins Gefrierfach legen. Danach fällt das Wachs

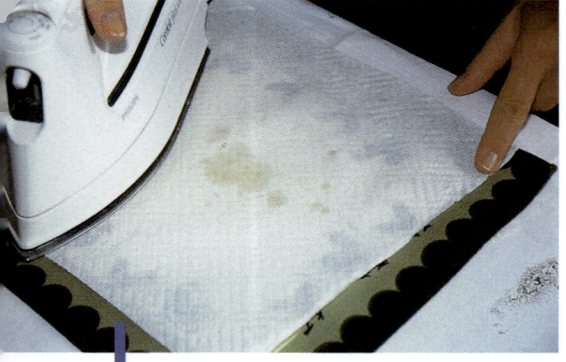

Wachs wird zunächst mit einem Messer von dem Gewebe abgekratzt und anschließend mit einem heißen Bügeleisen und saugfähigem Papier herausgebügelt.

Wasserfarbflecken sollten möglichst nicht eintrocknen, da sie dann häufig nicht mehr zu entfernen sind.

fast von allein ab. Das Wachs nicht abkratzen, da sonst leicht Kratzer auf dem Metall entstehen!
→ Wachsflecken auf Kerzenleuchtern kann man auch durch Wärme entfernen. Den Backofen auf etwa 100 °C vorheizen. Anschließend den Kerzenhalter auf einem Stück Küchenkrepp solange in den Backofen stellen, bis das Wachs abgeschmolzen ist.
→ Wachs auf *Teppichen* und *Polstermöbeln* zerbröckeln und mit einer harten Bürste abbürsten. Die Restflecken mit Spiritus oder Waschbenzin behandeln.
→ *Textilien* mit Wachsflecken am besten für eine Stunde ins Gefrierfach legen. Danach lässt sich das Wachs zum Großteil abbröckeln. Das Gewebe anschließend zwischen zwei Löschblätter oder Küchenkrepp legen und mit einem warmen Bügeleisen ausbügeln. Fetthaltige Restflecken mit Spiritus oder Fleckenwasser entfernen.

Wachsmalstifte

→ Flecken mit Spiritus vorbehandeln und mit Seifenlauge aus Feinwaschmittel entfernen. *Waschbare Textilien* anschließend wie gewohnt waschen.

Wasserfarbe

→ Wasserfarbe so schnell wie möglich mit reichlich Wasser ausspülen. Anschließend mit Seife auswaschen.
→ Alternativ mit Gallseife vorbehandeln und normal waschen.
→ Bei alten Flecken kann man versuchen, sie mit Glyzerin aufzuweichen und anschließend wie frische zu behandeln.

Wasserflecken

→ Wasserflecken auf *Samt* einige Minuten über Wasserdampf halten. Anschließend die Feuchtigkeit abschütteln. Den getrockneten Samt mit einer weichen Bürste aufbürsten.

→ Wasserflecken auf *unbehandelten Holzoberflächen* mit einem angefeuchteten Tuch, das in Zigarrenasche getunkt wurde, vorsichtig abreiben.

→ Man kann auch Speiseöl oder Majonäse mit der Asche vermischen. Anschließend die Fläche mit Olivenöl, Holzwachs oder einem entsprechenden Pflegemittel abreiben.

→ Hartnäckige Wasserflecken auf *Holz* mit Autopolitur entfernen. Hierbei vorsichtig vorgehen, damit das Holz nicht verkratzt. Die in der Autopolitur enthaltenen feinsten Schmiergelteilchen entfernen die oberste hauchdünne, vom Wasser durchdrungene Schicht des Holzes.

Wasserränder

→ Wasserränder in *waschbaren Textilien* mit dem Fingernagel oder einer weichen Zahnbürste vorsichtig aufrauen und anschließend wie gewohnt waschen.

→ *Nicht waschbare Textilien* über Wasserdampf halten und anschließend mit einem feuchten Tuch bügeln.

→ Getrocknete Wasserflecken an der *Zimmerdecke* mit einer Mischung aus Chlorbleiche und Wasser im Verhältnis 1 : 5 besprühen.

→ Alternativ Wasserstoffperoxid direkt aufbringen.

Weißwein

→ Frische Weißweinflecken in *Textilien* lassen sich ohne Probleme bei der normalen Wäsche entfernen.

→ Eingetrocknete Flecken mit Salmiakgeist vorbehandeln. Anschließend wie gewohnt waschen.

→ Flecken aus *nicht waschbaren Textilien* mit Mineralwasser entfernen.

→ Befleckte *Teppiche* und *Polstermöbel* mit Salmiakgeist behandeln und anschließend mit milder Seifenlauge nachreinigen.

Wimperntusche siehe **Mascara**

Worcester Soße siehe **Gewürzsoße**

Zucker

→ Die Flecken zuerst mit lauwarmem Wasser auflösen und anschließend die *Textilien* wie gewohnt waschen.

→ Flecken aus *Teppichen* und *Polstermöbeln* mit viel lauwarmem Wasser herauslösen, zwischendurch die Flüssigkeit mit Tüchern aufsaugen.

→ Zuckerkrusten auf *Backblecken* oder *Herdplatten* mit Papier und Salz abreiben. Anschließend wie gewohnt reinigen.

Zuckerhaltige Flecken dürfen nie ungelöst gekocht oder gebügelt werden, da sie sonst braune Verfärbungen verursachen.

Flecken unbekannter Herkunft

Nicht selten entdeckt man irgendwo einen Fleck und kann sich überhaupt nicht erklären, wie er gerade dorthin geriet, geschweige denn, wie er überhaupt zustande kam. Um nicht durch falsche Behandlung den Fleck für immer im Gewebe zu fixieren, sollte man bei der Fleckentfernung nach einem ganz bestimmten Prinzip vorgehen:

Man probiert nacheinander verschiedene Reinigungsmittel und Methoden aus, wobei eine festgelegte Reihenfolge eingehalten werden sollte. Häufig lässt sich der Fleck nämlich ganz einfach mit Wasser oder milden Mitteln entfernen, ohne dass man gleich zur chemischen Keule greifen muss und dadurch die Situation eventuell noch verschlimmert.

Erst wenn der Fleck vollständig entfernt wurde, dürfen die Gewebe wieder heiß gewaschen oder gebügelt werden. Um festzustellen, ob eine Behandlung erfolgreich war, muss das Gewebe vollständig getrocknet werden.

Um unbekannte Flecken erfolgreich zu entfernen, sollten folgende Mittel nacheinander in der angegebenen Reihenfolge ausprobiert werden:

1. Fleckenwasser oder Waschbenzin
   (vor allem bei wasserempfindlichem Gewebe).
2. Kaltes Wasser
3. Seifenlauge mit einem Schuss Essig.
   Anschließend mit klarem Wasser nachreinigen.
4. Seifenlauge mit einem Schuss Salmiakgeist.
   Anschließend mit klarem Wasser nachreinigen.
5. Spiritus oder Isopropanol
   (bei Kunstfasern 1:1 mit Wasser verdünnt).
6. Bleichmittel (das stärkste, das für das Gewebe geeignet ist).

Wirkt ein Mittel oder eine Behandlung erfolgreich, bleiben Sie dabei. Spülen Sie zwischendurch immer wieder mit klarem Wasser aus. Ist der Fleck verschwunden, spülen Sie noch einmal gründlich aus und lassen Sie das Material trocknen. Erst im trockenen Zustand lässt sich mit Sicherheit feststellen, ob der Fleck vollständig entfernt wurde. Ist dies der Fall, können Textilien anschließend wie gewohnt gewaschen und gebügelt werden. Ist der Fleck mit dem Reinigungsmittel nicht zu entfernen, geht man zum nächststärkeren Mittel der Liste über.

Unspezifische Verschmutzungen

Die meisten Materialien, Gegenstände oder Oberflächen, mit denen wir tagtäglich in Kontakt kommen, werden durch häufigen Gebrauch mit der Zeit schmutzig, unansehnlich oder fleckig. Aber auch diese unspezifischen Verschmutzungen und Verfärbungen lassen sich mit einfachen und schonenden Verfahren entfernen. Alphabetisch geordnet nach Material oder Gegenstand finden Sie in diesem Kapitel verschiedene Reinigungsmethoden sowie wertvolle Ratschläge zu häufig auftretenden Verschmutzungen in Haus und Garten, an Textilien und zahlreichen anderen Materialien.

Aluminium
Angelaufenes und stumpfes Aluminium wird wieder blank, wenn man es mit schwachen Säuren reinigt. Dafür gibt es verschiedene Möglichkeiten:
- Mit rohen Rhabarberblättern abreiben.
- Mit der Schnittfläche einer halbierten Zitrone abreiben.
- Zwiebeln, Zitronen, Apfelschalen oder Tomatensoße darin kochen.
- Essigwasser darin aufkochen.

Das Aluminium nach der jeweiligen Behandlung mit klarem Wasser nachspülen und trockenpolieren.

Autopolster
Autopolster verschmutzen unterschiedlich schnell und stark, je nachdem, was im Auto transportiert wird und wie stark die Beanspruchung ist. Spätestens jedoch bei der alljährlichen Grundreinigung oder wenn das Auto verkauft werden soll, empfiehlt sich eine gründliche Säuberung.

→ Ideal ist dazu die Verwendung einer Oranexlösung. Die Polster und Oberflächen werden nicht nur sauber und frischer in der Farbe. Auch unangenehme Gerüche verschwinden, ob Zigarettenrauch oder Hundegeruch, da Oranex einen angenehmen Orangenduft hinterlässt.

Badewannen
→ Verfärbte und unansehnliche Badewannen oder Porzellanspülbecken werden durch Bleichmittel wieder weiß. Auf den Boden des Beckens Küchenkrepp ausbreiten und mit Chlorbleiche tränken. 30 Minuten einwirken lassen, danach entfernen. Zum Schutz der Haut Handschuhe tragen. Nach der Behandlung das Becken gut ausspülen.

Alternativ die angefeuchteten Oberflächen mit Backpulver bestreuen und über Nacht einwirken lassen. Am nächsten Tag mit einem Schwamm verreiben und gründlich mit Wasser abspülen.

Bronze
→ Flecken auf Bronzegegenständen mit Spiritus entfernen. Anschließend gründlich nachpolieren.
→ Dunkle Flecken können durch Kupferoxid-Ablagerungen hervorgerufen werden. Sie lassen sich mit Essig entfernen. Anschließend gründlich mit Wasser abspülen, da durch die restliche Essigsäure sonst eventuell neue Flecken entstehen. Nach der Behandlung trockenpolieren.

Computertastatur siehe **Kunststoffoberflächen**

Edelstahl
→ Edelstahlflächen bleiben schön blank, wenn sie regelmäßig mit Spüli abgewaschen und danach trockenpoliert werden.
→ Leichte Verkalkungen lassen sich mit Mineralwasser oder Backpulver, stärkere mit Essigessenz oder Spiritus entfernen. Danach gut mit Wasser abspülen und trockenreiben.

Eichenmöbel
→ Wasserstellen und Schmutzflecken auf Eichenmöbeln mit erwärmtem Bier auf einem weichen Lappen abreiben. Mit dieser Behandlung erhalten sie auch neuen Glanz.

Elfenbein
→ Vergilbtes oder dunkel gewordenes Elfenbein in Wasserstoffperoxid legen, bis die Verfärbungen verschwunden sind. Anschließend mit Wasser abspülen und trockenreiben.

Alternativ Gebissreinigertabletten in Wasser auflösen und das Elfenbein mit einem kurzen Bad darin reinigen.

Fernbedienungen siehe **Kunststoffoberflächen**

Fingernägel
→ Nach manchen Tätigkeiten wie Gartenarbeit oder handwerklichem Einsatz sind die Unterseiten der Fingernägel oft stark verschmutzt oder hässlich verfärbt. In diesem Fall schließt man am besten eine weitere Arbeit an, bei der man beispielsweise Gegenstände aus Edelstahl oder eine Kaffeekanne mit Backpulver putzt. So verbindet man die Putzarbeiten gleichzeitig mit der Reinigung der Fingernägel.
→ Haarewaschen hilft bei der Reinigung der Hände mit, da das Shampoo auch auf die Hände einwirkt.

Fotos
→ Fingerabdrücke und andere Verschmutzungen von Fotos mit einem mit Spiritus getränkten Wattebausch abreiben.

Fugen
→ Verschmutzte Fugen zwischen Fliesen mit Chlorbleiche behandeln. Am besten die Bleiche mit einer Zahnbürste oder einer Nagelbürste auftragen und anschließend mit klarem Wasser nachspülen. Zum Schutz der Haut bei der Arbeit Handschuhe tragen!

Alternativ die Fugen mit einem Brei aus Backpulver und Wasser reinigen. Den Brei auftragen, einige Stunden einwirken lassen und anschließend abspülen.

Glühbirnen
→ Verschmutzte Glühbirnen mit einem in Salmiakgeist getauchten Lappen abreiben.

Gold
→ Goldschmuck mit lauwarmer Seifenlauge reinigen und anschließend mit Spiritus abspülen. Siehe auch Schmuck.

→ Vergoldete Bilderrahmen und Ähnliches mit der Schnittfläche einer halbierten Zwiebel abreiben. Auf diese Weise erhalten sie wieder neuen Glanz.

Goldborten
→ Verschmutzte Goldborten an Textilien mit der Schnittfläche einer halbierten Zwiebel abreiben. Anschließend gut in Wasser ausspülen.

Hemdkragen
→ Hemdkragen vor dem Waschen mit Gallseife behandeln.
→ Bei hartnäckigem Schmutz eine Lösung aus Wasser und Salmiakgeist im Verhältnis 9 : 1 mit einem Schwamm auf den Kragen auftragen und anschließend mit klarem Wasser auswaschen.

Herdplatten
→ Verschmutzte Herdplatten mit etwas Essig oder Zitronensaft abreiben und anschließend mit einigen Tropfen Öl und einem weichen Lappen polieren.

Holz
→ Kleine Kratzer, Flecken oder Verfärbungen auf Holzoberflächen mit farbloser Schuhcreme entfernen.

Kerzen
→ Verstaubte oder verschmutzte Kerzen mit einem in Spiritus getauchten Lappen abreiben.

Korbwaren
→ Verschmutzte Korbwaren mit einer konzentrierten Salzlösung abbürsten und an der Luft trocknen lassen.

Kristallvasen
Kristallvasen lassen sich auf folgende Weisen reinigen:
→ Verschmutzte und trübe gewordene Vasen mit einer Mischung aus Essig, Kaffeesatz und Wasser füllen und einige Zeit einwirken lassen. Anschließend gründlich mit Wasser ausspülen.

110

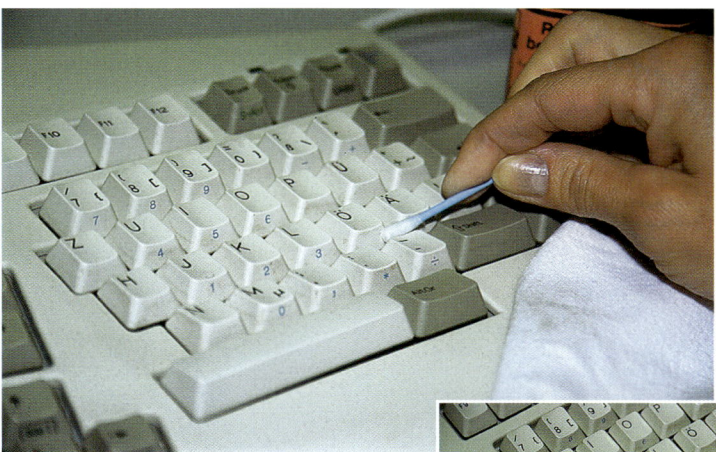

→ Mit einer Mischung aus lauwarmem Wasser und Salmiakgeist ausspülen.
→ Mit reinem Alkohol abreiben.

Kunststoffoberflächen
→ Verschmutzungen an Gebrauchsgegenständen wie Telefonen, Fernbedienungen oder Computertastaturen, die durch Schweiß, Hautfett und normalen Hausstaub zustande kommen, lassen sich leicht mit Waschbenzin oder Spiritus entfernen. Dazu einfach einen Lappen mit dem Reinigungsmittel tränken und die Fläche damit reinigen. Auch Lichtschalter, Steckdosen, Elektrokabel, Hebel, Knöpfe und andere Geräte und Bedienelemente, die durch häufiges Anfassen verschmutzen oder mit Fingerabdrücken übersät sind, werden auf diese Weise wieder sauber.

Kunststoffoberflächen lassen sich gut mit Waschbenzin reinigen. Ein Wattestäbchen ist dabei gut geeignet, um den Schmutz auch aus Ritzen und Zwischenräumen zu entfernen.

Kupfer
Um Kupfer wieder schön blank zu bekommen, gibt es verschiedene Möglichkeiten:

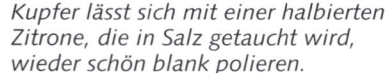

Kupfer lässt sich mit einer halbierten Zitrone, die in Salz getaucht wird, wieder schön blank polieren.

- Die Schnittfläche einer halbierten Zwiebel in Erde tauchen und damit das Metall abreiben. Mit einem Lappen nachpolieren.
- Die Schnittfläche einer halbierten Zitrone in Salz tauchen und damit das Kupfer abreiben.
- Essig mit Salz vermischen und damit die Oberfläche reinigen.

Das Prinzip der beiden letztgenannten Methoden beruht auf der kombinierten Wirkung einer schwachen Säure zusammen mit Salz.

Lackleder
→ Flecken auf Lackleder mehrmals mit Milch abreiben und anschließend polieren.

→ Matt gewordenes oder ver-
schmutztes Lackleder mit der
Schnittfläche einer halbierten
Zwiebel abreiben und an-
schließend mit einem weichen
Tuch nachpolieren.

Leder
→ Unansehnliches Leder mit der
Schnittfläche einer halbierten
Zwiebel abreiben und nachpolie-
ren.

Ledermöbel
→ Möbel aus Glattleder bekom-
men durch eine selbst hergestellte
Lederpolitur ihren alten Glanz wie-

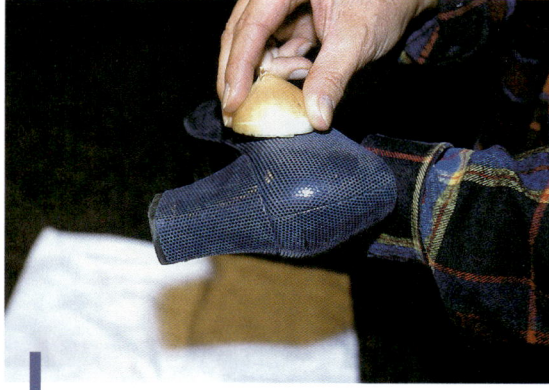

*Lederschuhe bekommen durch Ab-
reiben mit einer halbierten Zwiebel
wieder frischen Glanz.*

der: Dazu Leinöl aufkochen, abkühlen lassen und mit der
gleichen Menge Essig vermischen. Die Politur mit einem Tuch
auftragen und nachpolieren.

Leinenschuhe
→ Zur Reinigung verschmutzter weiße Leinenschuhe Talkum
auf eine Bürste geben und damit die Schuhe kräftig abreiben.

Lichtschalter siehe **Kunststoffoberflächen**

Marmor
Marmor ist ein kalkhaltiger Stein, der durch Säuren angegriffen wird. Diese Wirkung kann man sich aber in abgeschwäch-
ter Form beim Reinigen zunutze machen: Zitronensaft oder
Essig als schwache Säuren lösen die Marmoroberfläche und
damit verbunden die Verschmutzungen leicht an, ohne dabei
den Marmor zu schädigen.
→ Flecken mit etwas Essig abreiben und trockenpolieren.
→ Hartnäckige Flecken mit der Schnittfläche einer halbierten
Zitrone abreiben, auf die etwas Salz gestreut wurde. Anschließend mit Seifenlauge abwaschen.

Messerklingen
→ Fleckige **Messerklingen** mit einer rohen Kartoffel abreiben,
anschließend mit Wasser abspülen und trockenpolieren.

113

Messing lässt sich mit einer Mischung aus Spüli und Zitronensaft reinigen.

Messing

→ Fleckiges oder verfärbtes Messing entweder mit Glasreiniger oder mit einer Mischung aus dem Saft einer Zitrone und einem Spritzer Spüli polieren.

→ Auch der Saft von Karambolas, der Sternfrucht, ist ein ausgezeichnetes Mittel, um Messing zu putzen. Das Metall mit Karambolascheiben abreiben, anschließend abspülen und trockenpolieren.

→ Dunkle Flecken entstehen häufig durch Kupferoxid-Ablagerungen. Sie lassen sich mit Essig entfernen. Anschließend gründlich mit Wasser abspülen, da durch die restliche Essigsäure sonst eventuell neue Flecken entstehen. Anschließend trockenpolieren.

Polstermöbel

→ Für eine Grundreinigung die Polstermöbel mit einer milden Seifenlösung oder mit Oranexlösung, nach Vorschrift verdünnt, abreiben. Dabei darauf achten, dass nicht zu viel Feuchtigkeit eindringt. Den Lappen immer gut auswringen und gleichmäßig die gesamte Oberfläche abreiben.

→ Verschmutzungen und Flecken auf Polstermöbeln, die nicht tief eingedrungen sind, mit einem Kunststoff-Radiergummi abradieren.

Porzellan

→ Bei Verfärbungen und Flecken auf Porzellan einen sauberen Flaschenkorken erst in Öl und dann in Salz tauchen. Damit die Flecken mit kreisenden Bewegungen abreiben. Anschließend mit heißem Wasser und Spüli nachreinigen.

Porzellanbecken siehe **Badewannen**

Schmuck
→ Schmuck wird wieder glänzend, wenn man ihn mit abgeriebener Kreide und einem weichen Lappen poliert.
→ Für ein Reinigungsbad Gebissreinigertabletten verwenden. Die Tabletten in Wasser auflösen und den Schmuck hineinlegen. Nach etwa einer halben Stunde herausnehmen, mit klarem Wasser abspülen und trockenpolieren. Hartnäckige Verschmutzungen mit einer weichen Zahnbürste bearbeiten.

Seide
→ Schwarze Seidenstoffe, die ihren Glanz verloren haben, werden wieder wie neu, wenn man sie mit heißem, schwarzem Kaffee anfeuchtet und von links bügelt.

Seidenkrawatten
→ Verschmutzte Seidenkrawatten mit lauwarmem Kochwasser von Kartoffeln vorsichtig abreiben.

Silber
→ Eine Schüssel, die groß genug ist, das Silberbesteck oder die Gegenstände aus Silber aufzunehmen, mit Alufolie auslegen, dabei

Um angelaufenes Silber wieder schön sauber zu bekommen, benötigt man nur Alufolie, Salz und heißes Wasser. Durch die stattfindende chemische Reaktion werden die dunklen Ablagerungen gelöst.

115

die glänzende Seite nach oben legen. Auf beiden Seiten sollte noch einmal so viel Alufolie überstehen, so dass die Gegenstände anschließend damit bedeckt werden können. Die Silbergegenstände nebeneinander auf der Folie verteilen. Mit reichlich Salz bestreuen. Anschließend mit kochendem Wasser übergießen und die Alufolie sofort über den mit Wasser bedeckten Gegenständen zusammenfalten. Nach etwa einer halben Stunde die Alufolie wieder auseinander falten und das Silber herausnehmen. Unter reichlich fließendem Wasser abspülen und trockenpolieren.

Bei diesem Verfahren reagiert das Salz in Verbindung mit der Alufolie und löst die schwärzlichen Ablagerungen auf dem Silber. Die Reaktion ist an dem unangenehmen Geruch nach faulen Eiern zu erkennen.

→ Größere Gegenstände, für die sich diese Methode nicht eignet, können mit Ruß oder Zigarrenasche und einem feinen Lappen poliert werden.

Alternativ Silber mit einem feuchten Tuch blank putzen, auf das etwas Backpulver gestreut wurde. Anschließend mit Wasser abspülen und trockenpolieren.

→ Darüber hinaus gibt es im Handel verschiedene Silberputzmittel und -lappen, die allerdings häufig einen etwas fettigen Film auf dem Silber hinterlassen. Bei Essbesteck empfiehlt sich dann noch ein gründliches Nachspülen oder die oben beschriebene Alufolie-Salz-Methode.

Spiegel

→ Blind gewordene Spiegel mit Essig abwaschen und anschließend polieren.

Alternativ mit angefeuchteten Brennnesseln abreiben. Dabei Handschuhe tragen! Mit klarem Wasser abspülen.

Spielkarten

→ Verschmutzte Spielkarten mit krustenlosem Weißbrot abreiben. Für eine längere Lebensdauer die Karten gelegentlich mit Talkumpulver bestreuen.

Telefon siehe **Kunststoffoberflächen**

Textilien, vergilbte

→ Vergilbte Textilien für einige Stunden in saure Milch einlegen und anschließend wie gewohnt waschen.

→ Weiße Wäsche wird wieder strahlend weiß, wenn man eine mit der Schale in Scheiben geschnittene Zitrone mitwäscht.

Teppiche

Fetthaltige Flecken auf Teppichen mit Backpulver bestreuen. Eine Stunde einwirken lassen und dann absaugen oder ausbürsten.

→ Kleinere Flächen von Teppichen und Teppichböden oder einzelne Flecken lassen sich mit Spiritus entfernen. Mit einem sauberen Tuch mehrfach die Stelle betupfen und vorsichtig ausreiben, aber nicht zu fest rubbeln. Lufttrocknen lassen und anschließend den Flor wieder auflockern. Bei Behandlung größerer Flächen mit Spiritus für eine gute Belüftung sorgen!

→ Statt Spiritus kann man auch Glasreiniger oder so genannte Oberflächenreiniger verwenden. Sie enthalten neben anderen Reinigungssubstanzen auch Alkohol. Aufsprühen und vorsichtig ausreiben.

→ Größere Teppichflächen lassen sich mit gut mit Oranexlösung reinigen und auffrischen. Dieses hoch konzentrierte Reinigungsmittel nach Gebrauchsanleitung mit warmem Wasser

Flecken auf Teppichen lassen sich mit Spiritus entfernen.

Oranex riecht angenehm und scheint auch den empfindlichen Nasen unserer Haustiere nichts auszumachen.

verdünnen. Mit einer weichen Bürste oder einem Fleckentfernungsläppchen die Teppichoberfläche gründlich abreiben. Mit einem trockenen Tuch nachreiben, um überschüssige Flüssigkeit aufzunehmen.

→ Oranex hat nicht nur eine gute Reinigungswirkung, sondern sorgt auch für frischen, desodorierenden Duft. Daher empfiehlt sich eine gelegentliche Reinigung von Teppichen und Teppichböden besonders für Haushalte, in denen Hunde oder andere Haustiere gehalten werden. Der typische „Hundemief", dessen Entstehung sich auch bei den saubersten Hunden nicht vermeiden lässt, verschwindet dadurch.

Töpfe
→ Zu angebrannten Speisenresten in Töpfen etwas Salzwasser hineingeben, kurz aufkochen und anschließend mit Wasser ausspülen.

WC- und Waschbecken siehe Badewannen

Wildleder
→ Dunkle Ränder und Verschmutzungen auf Wildleder mit einem speziellen Wildleder-Radiergummi entfernen.

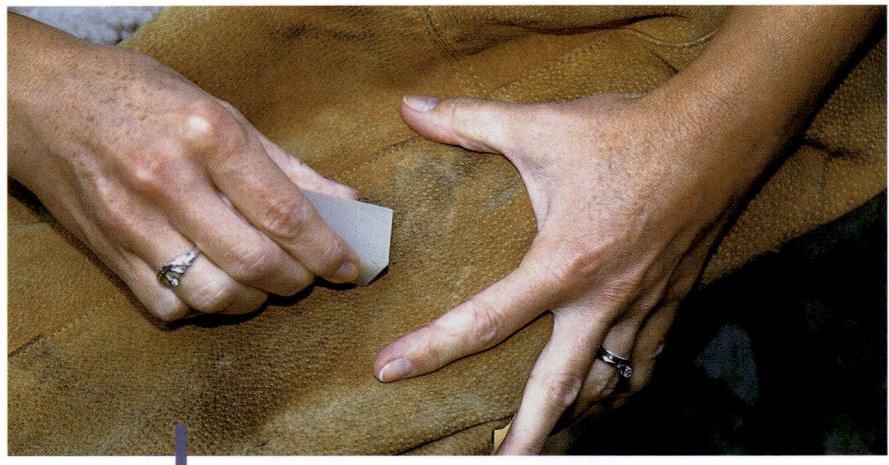

Mit speziellen Radiergummis für Leder lassen sich schmutzige und speckige Stellen auf Wildleder behandeln.

Wild- und Velourleder wird am besten mit einer speziellen Bürste trocken gereinigt.

→ Speckige Stellen am besten mit einer speziellen Kunststoffbürste aufrauen. Die Bürste darf dabei nicht zu hart und die Borsten dürfen nicht zu spitz sein, um das Leder nicht zu beschädigen. Anschließend das Leder mit einem Imprägnierspray einsprühen. Das schützt vor eindringender Nässe und zu schneller Verschmutzung.

Wolle
→ Stark verschmutzte Wollstoffe über Nacht in eine Lösung aus 10 Liter Wasser und 500 Gramm Salz einlegen. Danach mit der Hand oder im Wollprogramm waschen.

Zinn
Verfärbte und verschmutzte Gegenstände aus Zinn lassen sich mit unterschiedlichen Methoden reinigen:
- Mit einem Aufguss aus Zinnkraut (Schachtelhalm) und heißem Wasser abwaschen.
- Mit einer Mischung aus Zigarrenasche und Petroleum abreiben und anschließend mit Wasser abspülen.
- Das Zinn mit Kohlblättern abreiben. Anschließend mit Wasser abspülen.
- Hartnäckige Verschmutzungen mit Scheuermilch entfernen. Anschließend gut abspülen und trockenpolieren.

Verzeichnisse

Die wichtigsten Reinigungsmittel im Überblick

Die mit einem * gekennzeichneten Produkte sind in jedem Supermarkt oder Lebensmittelgeschäft erhältlich.

Reinigungsmittel	erhältlich in
Aceton	Drogerien, Drogeriemärkten
Alkohol, vergällter	Apotheken, Drogerien
Ammoniak (Salmiakgeist)	Drogerien, Drogeriemärkten
Backpulver	*
Chlorbleiche	Drogerien, Drogeriemärkten
Entfärber	Drogerien, Drogeriemärkten
Essig	*
Essigessenz	*
Fleckenwasser	*
Gallseife	Drogerien, Drogeriemärkten
Glas- und Oberflächenreiniger	*
Glyzerin	Drogerien, Drogeriemärkten
Isopropanol (Isopropylalkohol)	Apotheken
Haarspray	*
Kleesalz (Oxalsäure)	Bio- und Naturkostläden
Mineralwasser	Getränkemärkten
Nagellackentferner	Drogerien, Drogeriemärkten
Oranex	Bio- und Naturkostläden
Oxalsäure (Kleesalz)	Bio- und Naturkostläden
Reinigungsbenzin (Waschbenzin)	Apotheken, Drogerien und Drogeriemärkten
Rostfleckenentferner	*
Salmiakgeist (Ammoniak)	Drogerien, Drogeriemärkten
Salz	*

Reinigungsmittel	erhältlich in
Salzsäure, verdünnt	Drogerien
Sauerstoffbleiche	Drogerien, Drogeriemärkten
Seife	*
Soda (Waschsoda)	Drogerien, Drogeriemärkten
Spiritus	Drogerien, Drogeriemärkten
Spüli	*
Stärkemehl	*
Talkum	Drogerien, Drogeriemärkten
Terpentinersatz	Baumärkte, Farbenfachhandel, Drogerien, Drogeriemärkten
Vaseline	*
Verdünner	Baumärkte, Farbenfachhandel, Drogerien, Drogeriemärkten
Vereisungsspray	Apotheken
Waschbenzin (Reinigungsbenzin)	Apotheken, Drogerien, Drogeriemärkten
Wäscheborax	Drogerien, Drogeriemärkten
Waschsoda (Soda)	Drogerien, Drogeriemärkten
Waschmittel, enzymhaltiges	*
Wasserstoffperoxid	Apotheken, Drogerien, Drogeriemärkten
Zahnpasta	*
Zitronensaft	*
Zitronensäure	Drogerien, Drogeriemärkten

Der Fleck gehört weg

Fleckenfibel

555 Haushaltstipps

Vorwort

Liebe Leserin, lieber Leser,
Sie haben gerade ein Buch gekauft, das Ihnen vielfältige Tipps, Ratschläge und Hinweise zur Bewältigung Ihrer Tätigkeiten und zur Lösung von Problemen im Haushalt und für vieles andere mehr gibt.

Mit einem Blick in das Inhaltsverzeichnis können Sie sich von der Themenbreite und Übersichtlichkeit überzeugen. Die einzelnen Aussagen sind innerhalb der Themengruppen alphabetisch geordnet, sodass ein Auffinden sehr einfach ist.

Das Buch beinhaltet Tipps, Ratschläge und Hinweise, die ich selbst seit Jahren sammle. Vieles von dem, was ich gesehen, gelesen, gehört und natürlich selbst ausprobiert habe und für gut befand, habe ich notiert, ständig aktualisiert und zu einer breiten Palette zusammengefügt.

Ich habe versucht, den Inhalt so zu gliedern, dass mehrere Gebiete getrennt behandelt werden, alles übersichtlich geordnet ist und die Tipps und Ratschläge logisch, einfach beschrieben und ausführbar sind. Das Buch soll jedem im Haushalt helfen – egal ob Hausfrau, Single, Teenie oder Manager.

Diese Zusammenstellung erhebt keinen Anspruch auf Vollständigkeit, trotzdem wünsche ich Ihnen, dass die Tipps und Ratschläge in diesem Buch Ihnen helfen, Fragen und Probleme rund ums Haus schnell und einfach zu lösen.

Lianne Bilgenroth

Haushalt

Sicher waren Sie auch schon einmal darüber verärgert, dass Ihnen die Reinigung eines Gegenstandes misslungen ist oder dabei ein ganz und gar nicht erwünschter Nebeneffekt auftrat? Oder haben Sie auch schon einmal beim Tapezieren die zur Wiederverwendung benötigten Dübel überklebt und können Sie nun beim besten Willen in der Wand nicht mehr finden? Ist Ihr Ausfluss verstopft, eine Schraube locker oder knarren die Dielen?

In diesem Kapitel finden Sie Hinweise zur Haushaltspflege, Tipps zur handwerklichen Selbsthilfe und Maßnahmen gegen Haushaltsschädlinge. Die aufgeführten Tipps sollen Ihnen helfen, Ihre Arbeiten rund ums Haus und im Haushalt schnell und einfach zu erledigen. Mit dem nötigen Wissen und einfachen Tricks und Kniffen können Sie auch kleinere Probleme und Reparaturen ohne großen Zeitaufwand mühelos ausführen.

Häufig ist eine Reinigung allein mit Wasser nicht erfolgreich, vielmehr bringt erst die Zugabe von Zusatzmitteln oder ein Gemisch aus solchen den erwarteten Erfolg. Die erforderlichen Mischungsverhältnisse sind bei den jeweiligen Anwendungen angegeben.

i Bei der Angabe einer Lösung, zum Beispiel Essigwasser (1:5) bezieht sich die erste Zahl auf den Anteil an Essig und die zweite Zahl auf den Wasseranteil.

Falls keine genaueren Angaben gemacht wurden, sollten Sie sich jeweils nach den auf der Verpackung ausgewiesenen Anweisungen richten.

! Vorsicht beim Umgang mit chemischen Mitteln! Hierzu sind unbedingt die Herstellerhinweise auf der Verpackung zu beachten und einzuhalten.

Abflussverstopfung

Wenn das Wasser im Spül- oder Waschbecken beziehungsweise in der Badewanne nicht oder schlecht abläuft, ist wahrscheinlich der Siphonbereich (Abflussrohre vom Becken zur Wand) oder das Abflussrohr (von der Wandeinführung zum Fallrohr) verstopft.
• Die einfachste Lösung zum Beseitigen einer Verstopfung erfolgt durch den Einsatz einer Saugglocke (Baumarkt). Die Saugglocke wird über dem Abfluss aufgesetzt und Pumpbewegungen ausgeführt. Die Wirkung wird erhöht, wenn etwas Wasser im Becken oder in der Wanne steht.
• Alternativ kann man 3 Esslöffel Natron (Natriumhydrogencarbonat), Back- oder Sodapulver (Natriumcarbonat) in den Abfluss füllen, 1/2 Tasse Essig zugeben und den Abfluss mit dem Stöpsel verschließen, das Gemisch wirken lassen und danach mit heißem Wasser nachspülen.
• Die genannten Anwendungen können die Verstopfung nur kurzzeitig lö-

sen und nur in seltenen Fällen ganz beseitigen. Besser ist, wenn die Siphonteile ausgebaut und gereinigt werden:

Als erstes ist die Schraubverbindung im Abflusssieb herauszudrehen und der nun lose Siphon aus dem Wandstutzen zu ziehen. Nun kann man mit einer alten Flaschenbürste oder einem anderen Gegenstand den Siphon reinigen. Besteht das Siphonsystem aus mehreren Teilen, die auseinandergeschraubt werden müssen, sollten Sie sich unbedingt die richtige Anordnung der Teile (auch der Dichtungsringe) merken beziehungsweise nummerieren, damit Sie sie später wieder passend einbauen können.

tipp

Um eine Verschmutzung unter dem Abfluss zu vermeiden, sollten Sie vor der Demontage des Siphons einen Eimer unterstellen.

Man kann eine Edelstahlspüle gut mit Kernseife reinigen. Das ist umweltfreundlicher als eine Behandlung mit chemischen Mitteln. Außerdem belastet diese Methode auch den Geldbeutel weniger.

• Lag das Problem nicht am Siphonsystem, ist wahrscheinlich das Abflussrohr verstopft. Die Verstopfung beseitigt man, indem man eine Rohrreinigungsspirale (Baumarkt) in den Wandstutzen einführt und diese drehend in das Abflussrohr schiebt. Danach baut man das Ablaufsystem zusammen, füllt das Becken beziehungsweise die Wanne mit Wasser und lässt es durchlaufen, damit der Druck des

Wassers den gelösten Schmutz wegspült.

Acryl
Acrylflächen reinigt man mit Acrylglas-Spezialreiniger oder einer Essig-Wasser-Lösung (1:5). Anschließend werden die Flächen mit klarem Wasser abgewaschen und mit einem weichen Tuch trocken gerieben.

! Acrylflächen dürfen nicht mit lösungsmittelhaltigen Reinigern geputzt werden, denn diese machen die Oberfläche stumpf und matt.

Alabaster
Diese edle, dem Marmor ähnliche Gipsart wird mit handwarmer Seifen- oder Sodalösung abgebürstet, kalt abgespült und trocken gerieben.

Alpakasilber
Alpakasilber bleibt blank, wenn man es nach dem Spülen in eine heiße Lösung aus Salmiakgeist und Wasser taucht (1:2), gut abtrocknet und poliert.

Alufolie
• Beim Grillen oder Dünsten sollte die matte Seite der Folie außen sein, da sie die Wärme besser aufnimmt und nach innen leitet.
• Belegte Brote oder Brötchen auf einem Serviertablett sollten nicht mit Alufolie, sondern mit Klarsichtfolie ab-

öko-tipp

Aluschalen von Fertiggerichten können später immer wieder zum Grillen oder Dünsten von Fleisch und Fisch verwendet werden, wenn man sie innen mit Öl einpinselt.

gedeckt werden, da bei Alufolie ein Bittergeschmack entstehen kann.

Ameisen

• Sie kommen nicht ins Haus beziehungsweise werden vertrieben, wenn man die Zugangsstellen mit Zitronenscheiben auslegt. Man kann aber auch Zitronenmelisse, Gewürznelken, Petersilie, frisches Kerbelkraut, getrocknete Pfefferminze, Tomatenblätter, Zimtpulver, Backpulver, Haushalts-Natron oder Pottasche (Kaliumcarbonat) verwenden oder die Stellen mit Duftöl besprühen. Alternativ kann man auch quer zum Ameisenweg einen Kreidestrich ziehen, den die Ameisen nicht passieren.
• Man bekämpft Ameisen auch mit Mischungen aus Borax (Apotheke) und Puderzucker (1:1), Puderzucker und Gips (1:1) oder Hefe und Honig (1:2), die man auf eine flache Schale gibt und an besonders befallenen Stellen aufstellt.
• Auch das Aufstellen einer flachen Schüssel mit schalem Bier hilft gegen die lästigen Besucher.

Anstreicharbeiten

• Bei Neuanstrich mit Ölfarbe sollte stets geprüft werden, ob der bisherige Anstrich beseitigt oder nur oberflächenmäßig bearbeitet werden muss. Hat ein Teil bereits mehrere Farb-

schichten und ist der Farbbelag sogar rissig und uneben, sollte man generell zunächst den alten Anstrich entfernen. Er lässt sich staubfrei lösen durch Auftragen eines alkalischen Abbeizmittels oder von Salmiakgeist beziehungsweise mit Hilfe einer Lötlampe oder einer anderen Heißluftquelle.
• Das Abbeizmittel wird mit einem Pinsel gleichmäßig aufgetragen. Man lässt es längere Zeit einwirken, und die dadurch weich gewordene Farbe wird dann mit einem Spachtel abgehoben.

> **tipp**
>
> *Legen Sie Plastiktüten bereit, die Sie bei Bedarf über die verschmutzten Handschuhe ziehen können. So können Sie schnell reagieren, wenn das Telefon klingelt oder Sie die Haustüre öffnen müssen.*

• Bei der Farbentfernung durch Heißluft wird die Farbe aufgeweicht und ebenfalls mit einem Spachtel abgehoben. Die Farbentfernung durch Abbeizmittel oder Heißluft ist zwar staubfrei, aber es bilden sich dabei gesundheitsgefährdende Dämpfe. Achten Sie daher unbedingt auf die Herstellerhinweise, sorgen Sie für gute Durchlüftung und verwenden Sie wenn möglich einen Atemschutz (Mund-Nasen-Kappe oder feuchtes Tuch).
• Die Beseitigung von Altfarbe oder eine Oberflächenbearbeitung mit Hilfe eines elektrischen Schwingschleifers oder mit Sandpapier ist sehr staubintensiv und somit auch gesundheitsgefährdend. Aus diesem Grund empfiehlt es sich, schon während der Arbeit den Staub ständig abzusaugen und dabei ebenfalls einen Staub-

schutz über Mund und Nase zu verwenden.

! Es wäre falsch, aus Zeit- oder Sparsamkeitsgründen auf einen Grundanstrich zu verzichten und gleich die Lackfarbe aufzutragen, da diese ohne Grundierung nicht gut deckt und sich auch schon bald wieder lösen würde. Beim Erstanstrich auf Holz ist eine Firnisbehandlung notwendig.

• Bei allen Anstricharbeiten sollten Haushaltshandschuhe getragen werden. Günstig ist auch, wenn vor der Arbeit die Hände mit Vaseline oder anderen fetthaltigen Substanzen eingerieben werden, da sich dann eventuelle Farbspritzer leichter von der Haut lösen.

• Um Farbspritzer oder Abtropfungen auf dem Fußboden zu vermeiden, ist der Arbeitsbereich vorher abzudecken.

• *Stein-, Holz-* oder *Kunststoff-Fußböden* kann man vorher auch etwas befeuchten, denn dadurch können Farbspritzer leichter und schmierfrei weggewischt werden.

• Um Zeitaufwand zur Beseitigung von ungewolltem Farbauftrag auf andere Flächen wie Scheibenränder oder Wände zu vermeiden, ist es ratsam, diese vorher mit Klebeband abzukleben. Farbspritzer auf Glas lassen sich mit einer Rasierklinge entfernen.

• Bei *großen Flächen* sollte zum Auftragen der Farbe ein Farbroller statt eines Pinsels verwendet werden, weil damit ein gleichmäßigerer Anstrich erzielt wird.

• Beim Streichen eines *Heizkörpers* sollte dieser leicht erwärmt sein, so verteilt sich der Lack besser. Nach dem Anstrich stellt man die Temperatur noch ein wenig höher.

• Beim Streichen von *Treppen* sollte darauf geachtet werden, dass

zunächst nur jede zweite Stufe gestrichen wird, damit die Treppe begehbar bleibt. Die Stufen, die neu gestrichen wurden, werden an der Seite, zum Beispiel am Geländer oder an der Wand, mit einem farbigen Klebeband gekennzeichnet. Erst wenn die gestrichenen Stufen getrocknet sind, werden die anderen Stufen gestrichen.

Um Unfälle auf dunklen Kellertreppen zu vermeiden, sollten alle Stufen rundum an den Kanten mit einem etwa 5 cm breiten, weißen oder leuchtfarbenen Lackanstrich versehen werden. Zumindest sollten die unterste und die oberste Stufe damit markiert werden. Man kann die Rutschgefahr an den Stufenkanten vermindern, indem man gleich nach dem Auftragen auf die noch frische Farbe feinen Sand streut oder der Farbe etwas Sand beimischt.

öko-tipp

Umweltfreundlicher sind Anstriche mit Farben auf Wasserbasis, da sie schadstoff- und geruchsärmer sind als Farbe auf Nitrobasis und sich mit Wasser verdünnen lassen.

• Soll eine *Tür* einen neuen Farbanstrich erhalten, ist es ratsam, die Tür auszuhängen und Türklinken und Blenden zu entfernen. Die Tür wird flach auf Stellböcke gelegt. Durch die Horizontallage ist eine Bearbeitung einfacher und eine gleichmäßigere Farbverteilung gegeben. Wenn es erforderlich ist, entfernt man die alte Farbe, bearbeitet die Oberfläche oder beseitigt Unebenheiten, Risse und Löcher mit Spachtelmasse. Danach grundiert man mit einem Farbroller gleichmäßig und tropffrei die oben liegende, vorbereitete Seite. Nach dem

Trocknen der Grundfarbe und noch vor dem Lackieren wird die Tür gewendet. Anschließend wird die andere Seite vorbehandelt und mit Grundfarbe versehen. Nach dem Austrocknen der Grundfarbe kann mit dem Farbroller die Lackfarbe aufgetragen werden. Möchten Sie Klinken, Blenden und Scharniere zum Streichen nicht entfernen, fetten Sie sie einfach dick mit Vaseline oder Fett ein oder kleben sie mit Klebeband ab, um ein ungewolltes Aufbringen von Farbe zu vermeiden.

tipp

Zum Anrühren oder Durchmischen von Farben eignet sich auch ein alter Schneebesen.

• Um zu verhindern, dass *Balkon-* oder *Gartenmöbel* während oder nach dem Streichen Flecken bekommen (zum Beispiel durch Regen oder fliegende Blätter), streicht man sie möglichst in einem Raum, im Keller oder in der Garage, und lässt sie anschließend gut trocknen.

! Sorgen Sie immer für gute Durchlüftung, da viele Farben Lösungsmittel enthalten, die gesundheitsgefährdend sind.

• Um das Verderben der Farbe zu vermeiden, sollte der Deckel luftdicht auf die Dose aufgesetzt (gegebenenfalls mit Kitt oder Knetmasse abgedichtet) und die Dose auf den Kopf gestellt werden.

• Der Farbanstrich wird haltbarer und der Geruch gemindert, wenn man ihn nach dem Trocknen mit einem in Essig getränkten Tuch abreibt. Kleine Farbschäden auf weißer Tapete, Fensterrahmen oder Heizkörpern kann man mit flüssigem Tipp-Ex ausbessern.

• Mehrmals gebrauchte *Pinsel* eignen

sich zum Farbauftrag besser als neue, da diese schon eingearbeitet sind und keine Borsten mehr verlieren. Daher ist es notwendig, dass neue Pinsel vor dem ersten Gebrauch längere Zeit (zum Beispiel über Nacht) in warmes Laugen- oder Salzwasser gelegt werden.

• Der Borstenteil des Pinsels sollte stets nur etwa zu einem Drittel in die Farbe eingetaucht und dann etwas abgestrichen werden; dadurch vertropft kaum Farbe und der Anstrich wird gleichmäßiger.

• Um eine Farbverschmutzung des Pinselstieles und der Hände bei Überkopf-Arbeiten zu verringern, steckt

tipp

Oft rutscht der Pinsel ungewollt in die Farbbüchse oder in den Eimer. Das kann man vermeiden, indem man am unteren Ende des Pinselgriffes eine Nut einschneidet oder ein Loch hindurchbohrt. Dann wickelt man einen Draht darum, verdrallt die Enden mit einer Zange und biegt diesen zu einem Haken. Damit kann man dann den Pinsel am Büchsen- oder Eimerrand aufhängen.

man den Stiel einfach durch ein Stück Schaumstoff oder Pappe.
• Nach Beendigung der Arbeit werden ölfarbegetränkte Pinsel in Pinselreiniger ausgewaschen. Kurzzeitig, zum Beispiel über Nacht, kann man sie auch luftdicht in Alufolie wickeln.
• Nach Arbeiten mit Leimfarbe werden die Pinsel gründlich mit Wasser ausgewaschen. Bei einer kurzen Unterbrechung der Arbeiten können sie eingetaucht in der Farbe verbleiben.

Aquarium
• Zur Reinigung wird zunächst das Becken entleert. Die Grobreinigung der Wände und des Bodens erfolgt mit einem Schaber. Anschließend reinigt man die Flächen gründlich mit einem feuchten Tuch und Salz oder Essig und wäscht das Aquarium mit klarem Wasser gut aus.
• Um Algenansatz vorzubeugen, kann man ein Stück Marmor oder Schiefer in das Aquarium legen.

tipp

Die Aquariumpflanzen können Sie für die Dauer der Reinigung in Töpfe setzen.

Arbeitsfläche
Hartnäckige Flecken auf kunststoffbeschichteten Arbeitsflächen werden mit Natron bestreut und leicht befeuchtet. Man lässt eine halbe Stunde einwirken und wischt die Fläche mit einem feuchten Tuch ab.

Asseln
• Diese Schädlinge halten sich gerne in feuchten Kellern auf. Man bekämpft sie, indem man eine leere Flasche, in der sich Weingeist oder Alkohol befand, an der befallenen Stelle auslegt. Die Asseln werden von dem Alkoholgeruch angezogen und kriechen in die Flasche, in der sie betäubt und dann problemlos entsorgt werden können.
• Man kann auch einen Blumentopf mit Moos, feuchter Holzwolle und abgekochten Kartoffeln füllen und an eine besonders befallene Stelle legen. Die Asseln lieben Feuchtigkeit und kriechen in den Topf. Die „Falle" muss daher von Zeit zu Zeit geleert und mit neuem feuchtem Material befüllt werden.

Aufkleber
• Aufkleber aus Folie lassen sich leichter lösen, wenn man sie mit dem Föhn erwärmt.
• Aufkleber aus Papier gehen besser ab, wenn sie längere Zeit mit Wasser, Seifenlauge oder Essig befeuchtet werden.

Auslegware
• Auslegware verlegt man immer mit dem Strich gegen den Lichteinfall. Deshalb sollte schon beim Kauf das Flächenaufmaß entsprechend der ermittelten Länge und Breite berücksichtigt werden.

• Statt teurer Spezialkleber kann man auch Tapetenleim verwenden, der zähflüssig auf den Boden aufgetragen wird. Beachten sollte man jedoch dabei, dass der Tapetenleim eine längere Austrockenzeit benötigt.

• Es empfiehlt sich, immer Teppichbodenreste aufzubewahren, denn damit kann man Beschädigungen einfach ausbessern. Man schneidet mit einem scharfen Teppichmesser, einem handelsüblichen Locheisen oder einem Teppich-Kreisschneider (Baumarkt) die beschädigte Stelle heraus, säubert den Untergrund und schneidet ein passendes neues Stück zu. Dann wird doppelseitiges Klebeband in die ausgeschnittene Stelle eingepasst, das neue Stück eingesetzt und festgedrückt. Abschließend kann man mit einer harten Bürste die Anstoßstellen von Teppichboden und Flicken miteinander verbürsten.

• Bei einer kleineren Beschädigung füllt man diese nur mit flüssigem Klebstoff, drückt einige von einer anderen Stelle abgezogene Flusen in den Leim und lässt es härten. Nach ein paar Tagen kann wieder gesaugt werden.

• Auslegware, deren Oberfläche aus aufgeschnittenen Schlingen besteht, wird nach einer Fleckbehandlung in Strichrichtung gebürstet. Sobald der Belag trocken ist, bürstet man ihn gründlich aus und saugt ihn noch einmal nach.

• Ein Kinderzimmerteppich oder Auslegware mit nicht entfernbarem Fleck braucht nicht gleich erneuert zu werden. Man könnte mit Stoffmalfarbe zum Beispiel kindertypische Motive auf die Schadstelle aufmalen. Dazu kann man auch Schablonen verwenden (Baumarkt).

• Siehe auch Teppich.

Automatenkarte
Wenn der Automat die Kredit- oder Telefonkarte nicht mehr annimmt, könnte sie verschmutzt sein. Oft hilft es, den Magnetstreifen mit Möbelpolitur vorsichtig abzureiben.

Babyflaschen
• Sie werden absolut keimfrei gereinigt, wenn sie nach dem kalten Ausspülen 15 Minuten in kochendes Wasser gelegt werden, dem etwa 2 % Soda (etwa 2 Gramm pro Liter Wasser) beigegeben wird.

• Den Inhalt der Babyflasche kann man länger warmhalten, wenn man sie in Alufolie einwickelt.

Backblech
• Ein verschmutztes Backofenblech wird im heißen Zustand mit Salz bestreut, noch warm mit Papier vorgereinigt und anschließend mit Öl nachgerieben.

• Ein Kuchenblech oder eine Kuchenform lassen sich besser einfetten, wenn sie vorher erwärmt werden.

Backofen
• Es erspart aufwendige Reinigungsarbeit, wenn vor dem Backen oder Braten Back- oder Aluminiumfolie untergelegt wird.

• Der Backofen lässt sich mühelos reinigen, wenn man ihn noch lauwarm mit Spülmittel auswischt.

• Zur Reinigung kann auch Grillreiniger oder Seifenwasser verwendet werden, das mit etwas Spiritus versetzt wurde.

• Übergelaufene oder angebrannte Stellen reinigt man im noch warmen Ofen mit Salz und wischt es nach dem Abkühlen der Backröhre mit Papier grob ab. Sind noch fest eingebrannte

Stellen vorhanden, werden anschließend einige Tropfen Öl aufgetragen
und ein nasses Tuch darübergelegt.
• Fettkrusten lösen sich am besten mit
einem Backofen-Spray. Dabei die
Wände, den Boden und den Grill
sorgfältig einsprühen, über Nacht einwirken lassen und am nächsten Tag
mit einem feuchten Tuch gründlich
auswischen.

! Verwenden Sie bei selbstreinigen-
den Innenflächen keine Scheuermittel, da sie die Beschichtung zerstören.

Bademate siehe **Fußmatte**

Badewanne siehe **Waschbecken**

Batterien
• Batterien, die zur Stromversorgung
von größeren Geräten, zum Beispiel
Radios, nicht mehr ausreichend sind,
entsorgt man nicht unbedingt gleich,
sondern kann sie bis zur Restentlee-
rung für Geräte verwenden, die weniger Energie benötigen, zum Beispiel
für Taschenlampen.
• Fast verbrauchte Batterien können
länger benutzt werden, wenn man sie
für einige Stunden auf die warme Heizung legt.

Bernstein
Gegenstände aus Bernstein werden
wieder sauber und glänzend, wenn
man sie etwa 5 Minuten in eine lauwarme Feinwaschmittellösung legt,
dann mit einem weichen Tuch nachpoliert und gut trocknet.

! Zur Reinigung von Bernstein darf
kein Alkohol, Benzin oder lö-
sungsmittelhaltiger Reiniger verwendet werden, weil dadurch sein Glanz
verloren geht.

Besen
• Einen neuen Besen gibt man vor
dem ersten Gebrauch in eine warme
Lösung aus 1 Esslöffel Salz und 1 Liter
Wasser, staucht ihn darin und lässt ihn
aufgehängt trocknen; dadurch werden
die Borsten stabiler und fallen auch
nicht so leicht aus. Bei Besen mit Plas-
tikborsten funktioniert dieser Trick allerdings nicht.

*Für trockene, glatte Böden im Haus sollte
man Rosshaarbesen benutzen, für raue und
unebene Böden dagegen Reisstroh- oder
Kokosbesen. Für feuchte Erde und Sand
sind grobe Besen aus Kunststoff oder der
Naturborste Piassava geeignet.*

• Platte Besenborsten richten sich
über starkem Wasserdampf wieder
auf.
• Zum Reinigen kämmt man Handfeger und Besen ab und zu nach
dem Gebrauch mit einem Teppichkamm durch, staucht sie in einer
Lösung von Schmierseife und Wasser, spült mit klarem Wasser nach
und hängt sie zum Trocknen auf.
• Zum Kräftigen der Borsten von
Besen und Handfeger können
diese in ein Wasserbad mit
einem Schuss Salmiakgeist
gelegt werden.
• Zieht man über den
Schrubber eine Socke,
kann man ihn auch zum
Staubfegen nutzen.

tipp

*Besen sollten immer nach Gebrauch
aufgehängt oder auf die Stielspitze gestellt werden.*

135

Betten

• Um einen optimalen Schlafkomfort zu erreichen, stellt man die Betten am günstigsten an einer Innenwand mit mindestens 60 cm Abstand vom Fenster auf.

• Ein Doppelbett ist besser als ein französisches Bett; eine Doppelmatratze ist bei leichtem Schlaf eher ungünstig, da einen dann jede Bewegung des anderen stört.

• Beim Kauf sollte man darauf achten, dass Matratze und Unterfederung zusammenpassen. Je weicher die Matratze, desto härter sollte der Rost sein oder umgekehrt. Die Matratze muss sich der Wirbelsäule anpassen, am besten sind daher Federkern- oder Latexmatratzen. Zum Lüften sollten die Matratzen ab und zu seitlich aufgestellt werden; bei dieser Gelegenheit kann man auch gleich die Lattenroste säubern.

• Ein zwischen Aufleger und Matratze gelegtes Moltontuch oder ein Schonbezug schützen die Matratzen vor übermäßiger Abnutzung und sind auch aus hygienischen Gründen zu empfehlen, da man sie problemlos waschen kann.

Matratzen werden durch Absaugen, niemals durch Klopfen entstaubt. Sie können aber auch mit einer weichen Bürste behandelt werden.

• Matratzen sollten regelmäßig gewendet werden. Eine intensive Reinigung kann man durch eine Reinigungsanstalt vornehmen lassen. Etwa nach acht bis zehn Jahren sollte man sich neue kaufen.

• Bei Nackenproblemen sind Kissen mit fester Füllung ratsam.

• Federbetten und Kissen sind regelmäßig aufzuschütteln und zu lüften, aber sie dürfen beim Lüften nie der prallen Sonne ausgesetzt werden, weil die Federn dadurch porös und brüchig werden.

• Eingefallene Daunenkissen werden wieder füllig, wenn man sie etwa 30 Minuten in den Wäschetrockner gibt. Zur Aufbereitung und Reinigung gibt man Federbetten zu einer Spezialreinigung.

• Zudecken sollten nach spätestens fünf bis sechs Jahren, Kopfkissen nach drei bis fünf Jahren aufgefrischt oder ersetzt werden.

• Bei der Reinigung von Naturhaarbetten sind die Herstellerangaben zu beachten. Manche Deckbetten und Kissen können ebenfalls in der Maschine gewaschen werden. Beachten Sie auch hier sorgfältig die Angaben des Herstellers.

Bettzeug siehe Betten

Bienen

• Duftstoffe, süße Speisen und bunte Kleidung locken Insekten an. Wenn sich eine Biene auf die Haut setzt, sollte man sie nur vorsichtig abschütteln oder abstreifen, jedoch nie danach schlagen.

• Wer in der Nähe eines Bienenstockes gestochen wird, sollte sich sofort vom Stock entfernen, da die stechende Biene einen Stoff absondert, der die anderen Bienen anlockt.

Wird man von einer Biene gestochen, muss der Stachel so schnell wie möglich entfernt werden, ohne den anhängenden Giftapparat zu zerdrücken. Wenn möglich, saugt man die Stichstelle mit dem Mund aus und spuckt das Gift sofort aus.

Die schmerzende, rote Schwellung wird durch kühlende Umschläge mit

Wasser, Zitronenwasser oder essigsaurer Tonerde behandelt. Man kann auch die Schnittfläche einer Zwiebel darauflegen oder Salz mit etwas Speichel vermischt auftragen. Auch ein Alaunstift ist ein schmerzmilderndes Mittel. Ist man unterwegs und die Hilfsmittel sind nicht greifbar, sollte die Stichstelle ständig mit Spucke feucht gehalten werden.

❗ Rufen Sie sofort einen Arzt, wenn Lippen, Nase, Zunge, Hals oder Kehlkopf betroffen sind; lutschen Sie wenn möglich bis zum Eintreffen des Arztes Eiswürfel. Auch bei starken Schwellungen, roten Flecken, Schwindel, Atemnot oder Schweißausbrüchen sofort einen Arzt aufsuchen!

• Siehe auch Wespen.

Bilder
Um Bilder an der Wand besser ausrichten zu können oder um ein Verrutschen zu vermeiden, klebt man kleine Schaumgummi-Ecken, doppelseitiges Klebeband oder Korkplättchen an die Rückseite des Rahmens.
• *Gestickte Bilder* kann man schonend mit Kosmetik-Wattepads reinigen, die in heißes Kartoffelmehl getaucht wurden. Anschließend klopft man das Stück leicht aus. Alternativ kann man die Bilder auch mit verdünntem Haarshampoo-Schaum reinigen.
• *Ölgemälde* kann man säubern, indem man sie mit einer rohen Kartoffel abreibt und danach mit einem weichen, in Olivenöl getränkten Tuch anfeuchtet. Man streicht damit vorsichtig über die Fläche und poliert mit einem fusselfreien Tuch nach.

Bilderrahmen
• *Vergoldete Rahmen* reinigt man, indem man sie mit einer halbierten rohen Kartoffel abreibt. Die verschmutzte Schnittfläche der Kartoffel schneidet man anschließend mit einem Messer dünn ab. Den Vorgang wiederholt man so lange, bis die Schnittfläche sauber bleibt.
• *Holzrahmen* glänzen wieder, wenn sie mit einer Mischung aus Rotwein und Salatöl 1:1 eingerieben werden.
• *Verzierungen* reinigt man durch Abblasen mit einem Föhn oder mit einem Pinsel mit festen Borsten.
• Um zu vermeiden, dass man beim Reinigen des Rahmens das Bild beschädigt, sollte es mit dünner Pappe oder Papier abgedeckt werden.

Bildschirm
Bildschirme von Fernsehern oder Computern, aber auch Tastaturen werden mit einem Leinenläppchen gesäubert, das mit einem Schuss Spiritus oder Glasreiniger getränkt wurde. Es kann auch ein Auto-Klarsichttuch oder ein Brillenputztuch verwendet werden.

Blech
Dünnes Blech lässt sich einfach und exakt durchsägen, ohne dass es sich festhakt, wenn es mit einem Sperrholzbrettchen oder einer dünnen Holzplatte unterlegt wird.

Bohrlöcher
• Wenn Bohrlöcher zu groß sind und die Schraube dadurch nicht mehr zieht oder der Dübel nicht mehr hält, steckt man einfach ein Streichholz (bei kleinen Schrauben) oder einen Holzspan (bei größeren Schrauben) ins Bohrloch. Ist das Bohrloch dafür zu groß,

137

hilft nur noch eins: Zuspachteln und neu aufbohren.

• Bohrlöcher in Fliesen bohrt man mit einem Steinbohrer bei niedriger Drehzahl, nachdem man einen Streifen Klebeband oder Kreppband auf die vorgesehene Bohrstelle geklebt hat.

! Verwenden Sie keine Stein- oder Metallbohrer für Holz. Eine saubere Bohrung in Holz wird nur durch die Verwendung eines Holzbohrers erreicht.

• Ein Bohrloch zur Dübelsetzung sollte nur so tief sein wie die Dübellänge, da dadurch ein festerer Sitz des Dübels beim Eindrehen der Schraube gegeben ist.

• Eine Verschmutzung der Wände durch den Bohrstaub lässt sich vermeiden, indem man bereits während des Bohrens den Bohrstaub mit dem Staubsauger absaugt.

Briefmarken

• Ein Zusammenkleben von Briefmarken vermeidet man, indem man sie in Silberpapier oder Alufolie trocken aufbewahrt.

• Zusammengeklebte Briefmarken lassen sich leicht lösen, wenn man sie etwa eine Stunde ins Gefrierfach legt.

• Will man eine Briefmarke vom Umschlag lösen, befeuchtet man die Stelle, an der sie klebt, von der Rückseite.

Briefumschläge

Umschläge, die sich nicht öffnen lassen sollen, bestreicht man auf der Klebeschicht der Lasche dünn mit Eiweiß oder farblosem Nagellack. So lassen sie sich auch über Wasserdampf nicht öffnen.

Brille

• Die Schräubchen am Brillengestell halten besser, wenn man sie im Kopfbereich und am Gewindeende mit farblosem Nagellack bepinselt.

• Brillengläser kann man mit etwas warmem Wasser und einem Tropfen Geschirrspülmittel streifenfrei säubern. Sie beschlagen auch bei großen Temperaturunterschieden nicht, wenn sie mit ein wenig Glyzerin eingerieben und danach mit einem Ledertuch blank poliert werden.

Bronze

Das Metall ist sehr weich und darf daher nicht mit Scheuerpulver gereinigt werden. Man verwendet zum Reinigen ein weiches Baumwolltuch, das man in Kochwasser von weißen Bohnen getaucht hat (ohne Salz kochen!). Anschließend wird mit weichem Ledertuch nachpoliert. Man kann auch mit Spiritus oder Öl nachreiben.

Brotkasten

Er setzt keinen Schimmel an, wenn er hin und wieder mit Essig ausgewaschen wird.

Bücher

• Die Schnittkanten von Büchern werden mit einem nicht flusenden, mit Spiritus angefeuchteten Tuch gereinigt, mit dem kurz über die verschmutzten Ränder gestrichen wird. Die Bücher dabei gut zusammendrücken, da sonst die Seiten beschädigt werden.

• Bilderbücher aus Hartpappe reinigt man, indem man sie kurz mit feuchtem Lappen abreibt und nachtrocknet.

• Zerknitterte Buch- und Heftseiten und Eselsohren werden geglättet,

indem feuchtes Löschpapier oder Küchenkrepp auf die entsprechende Seite gelegt und mit dem Bügeleisen trocken gebügelt wird.
• Ein Fettfleck wird zunächst erwärmt, dann Kartoffelmehl, Talkum, Kreide oder Babypuder aufgestreut, trocknen gelassen und ausgebürstet. Alternativ kann man auch weißes Löschpapier auflegen und mit einem heißen Bügeleisen darüberbügeln.

Bügeleisen
• Die meisten Dampfbügeleisen sind zur Verwendung von Leitungswasser geeignet, jedoch nur bis zu einem Wasser-Härtebereich von weniger als 3.

tipp

Den Härtebereich erfahren Sie beim örtlichen Wasserwerk.

• In der Regel sollte statt Leitungswasser destilliertes Wasser aufgefüllt werden, um Kalkablagerungen zu vermeiden.
• Vorbeugend gegen Kalkablagerungen füllt man ab und zu mit Wasser 1:1 verdünnte Essigessenz ein, lässt einige Minuten dampfen, entleert dann das Bügeleisen und spült mit destilliertem Wasser nach.
• Kalkflecken auf dem Bügeleisen können mit einer Lösung aus Essig und Wasser (1:2) abgerieben werden.
• Die Bügeleisensohle wird wieder blank und glatt, wenn man sie mit Salmiakgeist, Essig, Zahnpasta oder Backofenspray abreibt.

Bürsten
• Neue Bürsten halten länger, wenn man sie in eine Salzwasserlösung

(1 Esslöffel Salz auf 1 Liter Wasser) taucht und gut trocknet.
• Zum Reinigen weicht man Bürsten zusammen mit Kämmen in Shampoo ein oder seift sie mit Rasierschaum ein, lässt kurz einwirken, bürstet sie gegeneinander aus und spült gut ab. Beim Trocknen legt man sie stets auf die Bürstenseite, damit das Wasser abläuft.
• Verstaubte Bürsten, die nicht nass gereinigt werden sollen, streicht man über der Tischkante aus, über die man vorher einen Lappen oder ein Staubtuch gelegt hat.

Ceran-Kochfeld
Ceranfelder reinigt man am besten nur mit Spülmittel, wenn sie handwarm oder kalt sind. Sie glänzen wieder, wenn man sie nach der Reinigung mit Glasreiniger bespritzt und trockenpoliert. Kratzer verschwinden durch das Einreiben mit Vaseline und anschließendes Polieren. Eingebrannte Verschmutzungen entfernt man mit sanfter Scheuermilch.

! Bei Ceran-Kochflächen ist darauf zu achten, dass kein Zucker oder Salz auf die heißen Flächen gelangt.

Chrom
• Chrom glänzt wieder, wenn man es mit Zitronensaft, flüssiger Gallseife, Petroleum oder Spiritus einreibt und mit einem weichen Tuch nachpoliert. Alternativ kann man auch etwas Mehl oder Kreidepulver auf einen weichen Lappen geben und damit polieren.

! Chrom verträgt keine Scheuerschwämme oder Scheuermittel.

Dielen
Ein Knarren der Dielen kann man beseitigen beziehungsweise verringern,

wenn Talkumpuder oder erwärmtes Leinöl in die Ritzen eingebracht wird.

Dosen

• Um festen Doseninhalt im Ganzen herauszubekommen, werden Deckel und Boden mit dem Dosenöffner entfernt, sodass der Inhalt von einer Seite herausgeschoben werden kann.
• Kleine Dosen, zum Beispiel Schuhcremedosen, die sich schwer öffnen lassen, rollt man hochkant hin und her.

Dübel

• Wenn sich ein Dübel in der Wand gelockert hat, bekommt man ihn wieder fest, indem man den Dübel entfernt, das vorhandene Loch aufbohrt, mit Gips ausfüllt und den Dübel in die noch weiche Masse neu einsetzt.
• Dübel entfernt man, indem ein Korkenzieher oder eine Schraube halbfest eingedreht und der Dübel damit herausgezogen wird.
• Man findet einen Dübel nach dem Tapezieren in der Wand wieder, wenn vor dem Aufkleben der Tapete ein Nagel oder ein Streichholz in den Dübel gesteckt wird, dessen Ende etwa 5 mm herausragt. Beim Aufstreichen der nassen Tapete stechen diese hervorstehenden Enden dann durch.

Duft

• Im Schrank erhält man einen angenehmen Duft, wenn man ein angefeuchtetes Löschblatt oder Taschentuch zwischen die Wäsche legt oder an einen Bügel hängt, das man mit Parfüm oder Duftöl beträufelt hat. Durch das Aufstellen einer fast leeren, offenen Parfümflasche im Schrank erhält man dasselbe Ergebnis. Man kann auch Duftseife in den Schrank legen

oder Duftkissen mit getrocknetem Lavendel aufhängen.

> ***tipp***
> *Lavendel hält gleichzeitig Motten fern.*

• In der Wohnung erhält man einen angenehmen Duft durch das Beträufeln von kalten Glühlampen mit Duftöl. Es duftet, wenn das Licht angeschaltet wird und die Lampe sich erwärmt. Parfümproben kann man hinter die Heizung klemmen. Alternativ gibt man ein paar Tropfen Fichtennadel- oder Lavendel-Rauchverzehrer-Konzentrat in den Heizungsverdunster oder den Rauchverzehrer.
• Duftkissen, die nicht mehr duften, tränkt man mit neuem Duftöl.

Echt dufte!
Rosmarinöl wirkt aktivierend und harmonisierend, Orangenöl beruhigt, Rosenholz steigert das Wohlbefinden, Lemongras erfrischt die Raumluft und fördert die Konzentration, Geranienöl wirkt aufmunternd und stimmt fröhlich.

Duschvorhang

• Ein Duschvorhang wird gereinigt, indem er mit Wannenspray besprüht wird, das Spray lässt man einwirken und braust es danach gut ab. Anschließend kann man den Vorhang noch trockenreiben.
• Hartnäckige Flecken auf hellen Vorhängen lassen sich durch das Waschen mit Salzwasser (3 Esslöffel Salz auf 1 Liter Wasser) entfernen. Anschließend mit klarem Wasser abspülen.
• Stockflecken entfernt man mit angefeuchtetem Natronpulver (Drogerie),

das man einreibt, etwa 30 Minuten ziehen lässt und anschließend mit klarem Wasser abspült.

• Der Duschvorhang glänzt wieder, wenn er mit Zitronensaft oder Essig abgerieben wird.

Duschwand

• Eine Duschwand aus Glas wird mit heißem Essigwasser (1 : 3) gereinigt und mit einem fusselfreien Tuch nachpoliert. Durch Abreiben mit Autopolitur und Nachpolieren erreicht man, dass das Wasser abperlt und Kalkstreifen vermieden werden.

• Strukturglas reinigt man mit einem angerührten Brei aus Essig und grobem Salz vor und wäscht dann mit klarem Wasser nach.

• Acrylflächen werden mit einem Acrylglas-Spezialreiniger oder mit Essigwasser (1 : 3) geputzt. Anschließend werden die Flächen mit klarem Wasser abgewaschen und mit einem weichen Tuch trocken gerieben.

Einfüllen

• Eine Flasche lässt sich schneller mit Hilfe eines Trichters befüllen, wenn dieser beim Einschütten leicht angehoben wird, da dadurch die Flaschenluft besser entweichen kann.

• Alternativ steckt man einen Zahnstocher zwischen Flaschenhals und Trichterschaft.

• Für Flaschen mit einer dünnen Halsöffnung, für die ein Trichter zu groß ist, kann man als Ersatztrichter eine Eierschalenhälfte verwenden: Säubern Sie dazu die Eierschalenhälfte und versehen Sie sie unten mit einem Loch.

• Zum Einfüllen von Mehl, Salz oder Zucker kann man auch einen Trichter aus Papier formen (siehe Abbildung), dessen Spitze man abschneidet.

Einmachglas

Ein Einmachglas, das sich nicht öffnen lässt, stellt man kurz mit dem Deckel nach unten ins heiße Wasser.

Elfenbein

Elfenbein wird wieder heller, wenn man es mit Zitronensaft, Spiritus oder Terpentin abreibt und sofort mit klarem Wasser abspült. Man kann vergilbtes Elfenbein auch in Wasserstoffperoxid legen und anschließend mit Wasser abspülen. Auch ein kurzes Bad in einer aufgelösten Gebissreinigertablette eignet sich gut, um Verfärbungen zu entfernen.

Email

Email ist ein Überzug, der unter anderem Metallteile vor Rosteinwirkung schützt. Ist dieser Emailüberzug (zum Beispiel an der Badewanne) beschädigt, besteht an dieser Stelle Rostge-

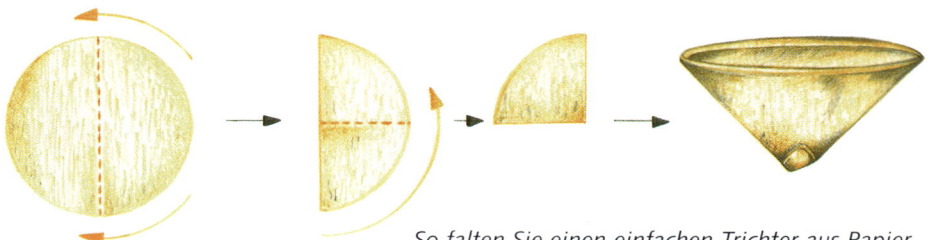

So falten Sie einen einfachen Trichter aus Papier.

fahr und sie sollte daher schnellstens repariert werden. Zunächst werden die Bruchränder mit Nassschleifpapier geglättet und die abgeschliffenen Stellen gründlich mit fettfreiem Benzin gereinigt. Nachdem sie getrocknet sind, wird Reparaturlack in dünnen Schichten entsprechend der vorhandenen Emailstärke aufgetragen. Jede Schicht muss gut durchtrocknen.

Energie sparen

Folgende Tipps und Ratschläge sollen dazu beitragen, im Haushalt möglichst auch mit der Energie zu haushalten und einen unnötigen Wasser- und Stromverbrauch zu vermeiden.

Viele der Tipps sind der Broschüre „Energie sparen im Haushalt" und dem Buch „Umweltbewusst leben" entnommen, die das Umweltbundesamt (UBA) in Berlin veröffentlicht hat. Darin sind weitere Informationen zum Thema Energie und umweltbewusstes Leben erhalten, dazu Adressen von Verbraucherzentralen und Umweltverbänden. Die Broschüre und das Buch können Sie kostenlos beim Umweltbundesamt anfordern (Anschrift siehe Seite 296). Die Broschüre „Ihr Verlustgeschäft – Energieräuber im Haushalt" können Sie ebenfalls beim Umweltbundesamt anfordern. Weitere Anschriften zu Energieberatung finden Sie auf Seite 297.

Kochen und Backen
• Gasherde kochen wesentlich umweltfreundlicher als Elektroherde.
• Topf- oder Pfannengröße sollten mit der Heizflächengröße übereinstimmen und der Topf nicht kleiner sein als die Kochplatte.
• Es sind möglichst Töpfe und Pfannen mit Edelstahlböden zu benutzen, wobei die Böden eben oder nach innen gewölbt sein sollten.
• Beim Kochen oder Braten sollte stets der passende Deckel auf Topf oder Pfanne gelegt werden; er sollte nicht schräg aufliegen.
• Beim Garen von Kartoffeln oder Gemüse verwendet man so wenig Wasser wie möglich (etwa 3 cm hoch).
• Schnellkochtöpfe (Dampfdrucktöpfe) sparen bis zu 50 % Energie und Zeit. Das lohnt sich vor allem bei Gerichten mit langer Garzeit.
• Häufiges „In-den-Topf-gucken" beim Kochen ist zu vermeiden.
• Die Restenergie der Elektrokochplatten kann man nutzen, um Spülwasser zu erwärmen.
• Vor dem Kochen sind Verschmutzungen von der Kochplatte zu entfernen, denn sie wirken isolierend und verbrauchen dadurch mehr Strom.
• Man spart Energie, wenn man immer größere Mengen kocht und etwas davon einfriert oder in kochend heiß ausgespülte Schraubgläser gibt. Fest zugedreht hält das Gekochte mehrere Tage.
• Es sollten nur kalkfreie Geräte und Gefäße benutzt werden, da Kalk ein schlechter Energieleiter ist.
• Stellt man in den Backofen gleichzeitig zum Braten einen Topf mit Wasser, kann man die Hitze nutzen, um Geschirrspülwasser zu erwärmen.
• Beim Backen können Sie auf das Vorheizen meist verzichten
• Beim Backen von Kuchen, Plätzchen und Brötchen kann man die Aufheiz- und Nachwärmephase mit nutzen.

• Man kann auch mehrere Teige oder Gerichte gleichzeitig im Backofen garen. Man sollte jedoch darauf achten, dass sich die Speisen ähneln und man Süßes beispielsweise nicht zusammen mit Knoblauch in den Ofen gibt.

Kühl- und Gefriergeräte
• Vorbereitete Speisen oder -reste werden erst in den Kühlschrank gestellt, wenn sie auf Zimmertemperatur abgekühlt sind.
• Lebensmittel sollten nur abgedeckt in den Kühlschrank gestellt und nur gut verpackt eingefroren werden, da das Wasser sonst im Gerät Reif bildet, was den Energieverbrauch erhöht.
• Kühl- und Gefriergeräte sollten möglichst in unbeheizten Räumen aufgestellt werden (Gefrierschränke beispielsweise im Keller), da sie sonst mehr Energie verbrauchen. Damit das Gerät seine Wärme gut abgeben kann, sollte das Lüftungsgitter mit den Kühlschlangen frei stehen. Bei Geräten ohne außen liegende Kühlschlangen sollte das Gerät so aufgestellt werden, dass die Luft an der Wärme abgebenden Wand des Gerätes vorbeistreichen kann.

tipp

Während des Jahresurlaubs kann auch der Kühlschrank auf kleinster Stufe laufen oder selbst Urlaub machen. Wird er abgeschalten, sollte die Tür offen bleiben, damit sich kein Schimmel bildet.

• Kühl- und Gefriergeräte sind auf die richtige Temperatur einzustellen. Eine Lagertemperatur im Kühlschrank von 10 °C und im Gefrierschrank von −18 °C reicht im Allgemeinen völlig aus. Bei tieferen Temperaturen braucht man nur entsprechend mehr Energie, um sie zu halten.
• Eine gute Übersicht im Kühl- oder Gefriergerät beugt langem Suchen vor und verhindert, dass die Türe zu lange geöffnet bleibt.
• Hat man im Haushalt ein Gefriergerät, kann man gegebenenfalls beim Kühlschrank auf das Tiefkühlfach verzichten, sodass er weniger Energie verbraucht.
• Die Gummidichtungen am Kühlschrankrahmen sollte man regelmäßig säubern und Talkumpuder aufbringen, so wird gut abgedichtet. Beschädigte Dichtungen sollte man sofort austauschen lassen.
• Gefriergeräte lässt man immer nur so lange wie nötig geöffnet.
• Gefriergeräte sind regelmäßig abzutauen, denn vereiste Kühlaggregate verbrauchen mehr Strom.

Haushalt
• Vor allem ältere Elektrogeräte, aber auch manche neuen Geräte verbrauchen viel Strom. Erkundigen Sie sich daher beim Kauf eines Elektrogerätes nach dessen Energieverbrauch. Die Geräte müssen mit einem Aufkleber versehen sein, die die Energieverbrauchsklasse kennzeichnet (Klassen A bis G; A steht für niedrigen und G für sehr hohen Verbrauch). Eine Liste zum Thema „Besonders sparsame Hausgeräte" können Sie beim Bund der Energieverbraucher erwerben (Anschrift siehe Seite 297).
• Energiesparlampen verbrauchen etwa 80 % weniger Strom als normale Glühlampen. Sie eignen sich für Stellen, an denen das Licht jeweils für

143

mehr als ein paar Minuten eingeschaltet bleibt. Vor dem Kauf sollte man sich daher genau überlegen, für welche Räume sich Energiesparlampen eignen.

• Elektronikgeräte wie Fernseher, Radios, Videorecorder, PC oder Drucker sollten wenn möglich nach Gebrauch immer ausgeschaltet und nicht längere Zeit, zum Beispiel nachts, auf Standby-Schaltung gehalten werden.

• Für Geräte mit Wahlmöglichkeit sollte der netzabhängige Betrieb dem Batteriebetrieb vorgezogen werden. Umweltfreundlicher und auf lange Sicht billiger als die herkömmlichen Batterien sind aufladbare Alkali-/Mangan-Batterien sowie Akkumulatoren. Manche Geräte wie Taschenrechner oder Uhren besitzen inzwischen sogar Solarzellen. Nähere Informationen bieten die Broschüre „Wiederaufladbar oder Ex und Hopp – mobile Stromversorgung in Kleingeräten" des Umweltbundesamtes (Anschrift siehe Seite 296).

• Beim Bügeln sollte man stufenweise vorgehen und mit der heißesten Stufe beginnen. Auch die Restwärme des Bügeleisens kann noch genutzt werden.

• Man sollte nicht für jede Reinigung den Staubsauger, sondern wenn möglich Besen oder Bürste benutzen.

Heizung und Wasser

• Duschen statt baden spart Energie und Wasser. Ein Vollbad kostet etwa dreimal so viel Energie und Wasser wie 6 Minuten duschen. Mit Duschunterbrecher, Sparduschkopf oder Durchflussbegrenzer kann man sogar noch mehr sparen.

• Moderne Fenster und Türen schließen sehr dicht und erfordern daher ein angepasstes Lüftungsverhalten. Besonders gute Luftqualität und gesundes Raumklima lassen sich durch eine effektive Stoßbelüftung der Wohn- und Schlafräume erzielen, die man drei- bis viermal täglich ausführt. Da hierbei Wände und Möbel ihre Temperatur halten, werden Wärmeverluste vermieden. Die Fenster werden dabei für etwa zehn Minuten ganz geöffnet. Bei ständig gekipptem Fenster heizt man nur die Straße.

• Man sollte Räume generell nicht überheizen, dabei ist jedoch das persönliche Wohlbefinden entscheidend.

• Die Heizung sollte nicht mit einem Vorhang verhängt oder mit Möbeln verstellt werden, denn sie halten Wärme zurück.

Wie warm wohnen?		
Raum	**Normtemperatur***	**Empfohlene Temperatur**
Wohnraum	20 °C	22 °C
Schlafraum	20 °C	16 °C
Kinderzimmer	20 °C	19 °C
Küche	20 °C	19 °C
Bad	24 °C	22 °C
Toilette	20 °C	20 °C
Treppe	10 °C	10 °C
Vorraum/Flur	15 °C	15 °C
*nach DIN 4701.T.2		

• Im Winter sollte die Heizung nie ganz abgestellt werden, es wird vielmehr kontinuierlich gering weitergeheizt.

• Im Winter werden nachts die Rollläden geschlossen, die Raumtemperatur abgesenkt und die Türen der beheizten Räume geschlossen.

• Heizkörper dürfen nicht mit mehreren oder dicken Farbschichten versehen werden, da Farbe isoliert und somit die Wärmeleistung eingeschränkt wird.

• Waschmaschinen sollten Sie möglichst immer voll beladen. Wenn möglich sollte man den Spargang verwenden. Für normal verschmutzte Wäsche genügen in aller Regel 60 °C. Dabei spart man gegenüber 95 °C etwa 30% Energie! Nur bei Baby- oder Krankenwäsche muss der Kochwaschgang benutzt werden.

• Wäschetrockner brauchen viel Strom! Benutzen Sie daher wenn möglich die Wäscheleine. Alternativ bietet sich ein 25-Watt-Ventilator an, den man so im Raum aufstellt, dass die Luft zwischen den Wäschestücken hindurchstreichen kann. Gut geschleuderte Wäsche ist so auch bereits nach einigen Stunden trocken, weich und glatt.

• Tropfende Wasserhähne sollte man so schnell wie möglich reparieren. Ein tropfender Wasserhahn (10 Tropfen pro Minute) verschwendet im Jahr mehr als 2000 Liter Wasser!

Eternit

Wird Eternit (zum Beispiel Blumenkästen) mit einem Grund- und Lackanstrich versehen, ist davon auszugehen, dass sich die Farbe nach kurzer Zeit wieder löst. Um das zu vermeiden, sollte Eternit vor dem Farbanstrich mit Tiefgrund oder Haftgrund (Baumarkt) behandelt werden.

Etiketten

• Etiketten auf Flaschen oder Einmachgläsern werden haltbar, abwaschbar und bleiben lesbar, wenn sie mit Klarlack oder Nagellack überstrichen werden.

• Reste von Etiketten lassen sich von glatten Oberflächen mit Nagellackentferner oder Waschbenzin entfernen.

Faserschreiber

Einen leer geschriebenen Faserschreiber kann man noch eine Zeit lang weiter verwenden, wenn man dem Filzeinsatz 3 bis 5 Tropfen Essig zugibt. Dazu wird mit einer Zange die obere Kappe abgezogen.

Federbetten siehe Betten

Feilen, Haspeln

• Bei Arbeiten an Weichmetallen oder feuchtem Holz setzen sich oft die Feil- oder Haspelzähne zu und verlieren somit ihre Griffigkeit. Um die Griffigkeit wieder zu erhalten, können diese Partikel mit einer Drahtbürste beseitigt werden.

• Nagelfeilen reinigt man von Hornpartikeln, indem man auf die Reibfläche einen Klebstreifen aufklebt, diesen fest andrückt und dann abzieht.

Fenster

• Die Dichtheit kann geprüft werden, indem ein Papierstreifen beim Schließen zwischen Fenster und Rahmen eingeklemmt wird. Lässt er sich leicht herausziehen, ist das Fenster undicht.

Weiterhin lässt sich die Dichtheit mit einer offenen Flamme (Kerze oder Feuerzeug) prüfen, indem man die Flamme am Fensterrahmen entlangführt; bei Undichte flackert die Flamme. Diese Stellen lassen sich mit selbstklebenden Schaumstoff- und Filzstreifen oder mit dauerelastischen Profil-Gummidichtungen (Baumarkt) abdichten.

• Eine klemmende Stelle am Fenster wird ermittelt, indem die Rahmenschenkel mit farbiger Kreide bestrichen, dann das Fenster geschlossen und wieder geöffnet wird. Anhand der

Schleifspur ist der Klemmbereich erkennbar. Das Klemmen wird gemindert beziehungsweise kurzfristig beseitigt, indem die klemmende Stelle mit Wachs oder Öl eingerieben wird. Als langfristige Lösung empfiehlt es sich, die Stelle mit einem Schwingschleifer, einer Feile, einem Haspel oder mit Sandpapier zu glätten.

• Löcher im Fensterrahmen kann man je nach Materialart mit Spachtelmasse für Holz beziehungsweise Kunststoff oder Kitt ausbessern.

• Reste von zerbrochenen Fensterscheiben werden vorsichtig beseitigt, ohne Absplitterungen zu verursachen und ohne dass man sich schneidet, indem man eine nasse Zeitung von beiden Seiten aufbringt und dann die Scheibenreste entfernt. Sicherheitshalber Arbeitshandschuhe benutzen.

• Beim Streichen von Fenster- und Glastürrahmen vermeidet man einen ungewollten Farbauftrag auf die Scheiben, indem man mit einem Klebestreifen den Glasbereich unmittelbar neben dem Rahmen abdeckt und diesen nach dem Antrocknen der Farbe abzieht.

Fenster putzen

• In der Regel reicht es schon aus, wenn das Fenster mit klarem, warmem Wasser mit einem Spritzer Spiritus abgewaschen, mit einem Tuch vorgetrocknet und mit einem fusselfreien Tuch oder Zeitungspapier nachpoliert wird.

• Bei stark verschmutzten Fenstern wäscht man mit warmem Seifenwasser vor und mit klarem

Wasser nach. Dann wird mit handelsüblichem Glasreiniger nachgeputzt. Streifen oder Schlieren entstehen, wenn das Fenster nicht ausreichend vorgereinigt wurde und in der Phase der Vorbehandlung von selbst getrocknet ist.

• Bei großen Fenstern, zum Beispiel einem Balkonfenster, empfiehlt es sich, nicht die gesamte Fläche auf einmal, sondern in Teilabschnitten vorzuwaschen, nachzuputzen und nachzupolieren. Mit einem Gummiwischer erleichtert man sich die Arbeit.

• Farbspritzer und trockener Fliegendreck auf der Fensterscheibe werden vorsichtig mit einer Rasierklinge abgehoben.

• Fenster werden besonders sauber und bei Regen perlt das Wasser besser ab, wenn sie mit Autopolitur eingerieben und danach gut poliert werden.

• Fensterscheiben nehmen den Schmutz nicht so leicht wieder an, wenn man in das letzte Spülwasser Glyzerin gibt.

• Die Reinigung von Dachfenstern ist oft problematisch. Man kann sich behelfen, indem man einfach bei Regen Spülmittel auf die Glasscheibe aufbringt – so wird der gröbste Schmutz vom Regen abgespült.

• Milchglasfenster reibt man mit heißem Essigwasser ab.

• Strukturglas reinigt man mit einem angerührten Brei aus Essig und grobem Salz vor und wäscht dann mit klarem Wasser nach.

• Fensterbänke und -rahmen reinigt man am besten mit einer Schmierseifenlösung. Flecken auf der Fensterbank werden mit einem mit verdünntem Spiritus getränkten Lappen beseitigt. Zum Reinigen von Fensterrahmen aus Kunststoff kann man eine Seifenlösung, gegebenenfalls unter Zugabe von 3 Esslöffeln Fleckensalz, verwenden.

Fensterleder
• Fensterleder wird nicht hart, wenn es nach dem Gebrauch gründlich mit Kernseifenlösung ausgespült oder in warmem Essigwasser durchgedrückt und an der Luft getrocknet wird.
• Fettige Fensterleder werden in einer Lösung aus Salmiakgeist und Wasser (1:2) eingeweicht, ausgewrungen und an der Luft getrocknet.

Fernseher
Fernsehgeräte sind oft Ursache von Wohnungsbränden, weil sie unsachgemäß betrieben und aufgestellt werden. In der Bedienungsanleitung sind in der Regel die entsprechenden Sicherheitsanforderungen vorgegeben.
• Das Gerät stellt man an einem Ort auf, wo die ausstrahlende Wärme entweichen kann und sich kein Hitzestau bildet. Es ist stets darauf zu achten, dass die Lüftungsschlitze an den Rückwänden immer frei bleiben. Sie sorgen für die Frischluftzufuhr in das Gerät und für die Ableitung der Warmluft aus dem Gerät. Es dürfen auch keine leicht brennbaren Materialien in unmittelbarer Nähe des Gerätes abgestellt werden.
❗ Stellen Sie keine mit Wasser gefüllten Gefäße wie beispielsweise eine Blumenvase auf das Gerät. Sie könnte umfallen und das einlaufende Wasser würde das Gerät zerstören.
• Nach Sendeschluss sollte man immer der Netzschalter ausschalten, denn bei Stand-by-Schaltung steht das Gerät weiterhin unter Spannung. Damit ist ein unkontrollierbares Restrisiko für einen Brand gegeben. Außerdem sind Stand-by-Schaltungen weniger umwelt- und energiefreundlich (siehe auch Bildschirm und Energie sparen).

Fett
• Fett, das auf festem Material heiß verschüttet wurde, deckt man sofort mit einem nassen Lappen ab. Dadurch erstarrt es und lässt sich mit einem Messer oder einem anderen scharfen Gegenstand gut ablösen.
• Fettreste, zum Beispiel Bratensoße oder Öl von eingelegten Ölsardinen, sollten nicht in den Ausguss oder in die Toilette geschüttet werden, da dadurch das Grundwasser verschmutzt wird. Besser ist es, die fettigen Reste mit saugfähigem Papier aufzunehmen und im Hausmüll zu entsorgen.

Filzläuse
• Filzläuse werden durch ein spezielles Bekämpfungsmittel (Apotheke) nach Vorschrift beseitigt. Alternativ kann man mit Petroleum oder Leinöl einreiben, das etwa eine Stunde einwirken muss. Anschließend mit Seifenwasser abwaschen und mit einem Spezialkamm (Nissenkamm) auskämmen (Behandlung nach zwei Tagen wiederholen).
• Erfolgreich ist das Abrasieren der Schamhaare, wonach die Stelle ebenfalls mit Leinöl eingerieben und nach etwa einer Stunde mit Seifenwasser abgewaschen wird. Ganz wichtig ist, dass die Läuse und die Nissen restlos entfernt sind (gegebenenfalls mit einer Lupe kontrollieren).
• Benutzte Unterwäsche, Nachtwäsche, Bettwäsche, Handtücher und

147

Kleidung so heiß wie möglich waschen oder reinigen lassen.

Filzstift siehe **Faserschreiber**

Flaschen
• Flaschen und Karaffen kann man von innen reinigen, indem man klein geschnittene, rohe Kartoffeln oder zerstoßene Eierschalen hineingibt, danach mit Essigwasser auffüllt, über Nacht stehen lässt, dann kräftig schüttelt, das Gefäß entleert und wenn nötig mit einer Flaschenbürste nachreinigt. Alternativ lässt man sie über Nacht mit einer Reinigungstablette für dritte Zähne stehen.
• Um zu vermeiden, dass Milchflaschen blind werden, spült man sie zuerst mit kaltem, dann mit warmem Wasser.
• Einen klemmenden Flaschenverschluss kann man vorsichtig mit einem Nussknacker aufdrehen.
• Damit Flaschen mit glatter Oberfläche, wie Shampoo-Flaschen, die man im Bad verwendet, nicht aus der Hand rutschen, kann man sie beispielsweise mit Gummibändern umwickeln.

Flaschen mit Inhalt, die mit einem Korken verschlossen sind, lagert man liegend; Flaschen mit Schraubverschluss werden stehend aufbewahrt.

Fliegen
• Der Zuflug von Fliegen in Haus oder Wohnung wird durch das Anbringen von Gaze-Rahmen in Fenstern (starre Anbringung) und Türen (schwenkbare Anbringung) verhindert.
• Weiterhin kann man einen Zuflug in Räume verringern, wenn man Durchzug schafft und die Gardinen mit Insektenspray besprüht.
   Es hilft auch das Aufstellen von flachen Tellern mit Lorbeeröl oder Essig.

Fliegenfänger erfüllen zwar auch ihren Zweck, sind jedoch oft unhygienisch und nicht unbedingt eine Zierde.

Fliesen
• Um einen Grauschleier zu vermeiden, werden Wandfliesen regelmäßig von Staub befreit, indem man von oben nach unten putzt. Zur Reinigung sollte zunächst Schmierseifenlösung (1 Teelöffel Schmierseife auf 1 Liter Wasser) verwendet werden. Anschließend wäscht man mit heißer Essigwasserlösung (1:3) nach. Zum Schluss werden die Fliesen mit klarem Wasser abgespült und mit einem weichen Tuch poliert.
• Hartnäckige Verschmutzungen, zum Beispiel Fettfilme oder Vergilbungen, sollten nicht mit Scheuermittel, sondern mit einer Mixtur aus Terpentin und einer Prise Salz vorbehandelt werden. Anschließend wäscht man die Fliesen mit Seifenlauge ab. Zur Reinigung der Fliesenfugen kann eine kleine Bürste oder ein Dampfreiniger verwendet werden.
• Fliesen werden glänzend, wenn man sie mit Wasser verdünnter Essigessenz (Essig zu Wasser 1:2) abwäscht. Alternativ kann man Shampoo statt Allzweckreiniger ins Putzwasser geben oder die Fliesen nach dem Trocknen mit Speiseöl oder Autowachs einreiben und nach einigen Minuten mit Küchenkrepp oder einem Tuch polieren. Dann perlen auch die Wassertropfen ab.
• Unglasierte Fliesen werden mit einem speziellen Steinpflegemittel (Baumarkt) geputzt.
• Damit die Fugen zwischen den Fliesen wieder weiß werden, kann man die gesamte Fliesenfläche mit Schlämmkreide oder einem Brei aus Backpulver und Wasser bestreichen, kurz einwirken lassen und anschließend wieder abspülen.
• Ist es notwendig, die Fugen zu erneuern, kann man sie mit einem Fugenreiniger (Baumarkt) auskratzen und anschließend neu verfugen.

Flusen
• Flusen, Tierhaare und Haare werden von Möbeln oder Teppichen entfernt, indem man einen alten feuchten Feinstrumpf zu einem Knäuel formt oder über die Hand zieht und damit über die Oberfläche streicht.
• Auf Kleidungsstücken oder Bezugsstoffen beseitigt man sie besser mit einem feuchten Schwamm oder einer Bürste.
• Vorbeugend können Gegenstände, die Flusen anziehen, mit Antistatikspray (Drogerie) eingesprüht werden.

Fressnapf
Der Fressnapf von Hund oder Katze rutscht nicht so leicht, wenn ein Gummiring von einem Einweckglas darunter geklebt wird.

Fruchtfliegen
Sie sammeln sich dort, wo Obst lagert oder anfängt zu gären. Um zu vermeiden, dass Frucht- oder Obstfliegen die Früchte befallen, legt man eine Gewürznelke zu dem Obst oder stellt ein kleines Gefäß mit Obstessig daneben. Dadurch bleibt das Obst selbst von den Fliegen verschont.

Fußmatte
• Ein Verrutschen von Fußmatten oder Badevorlagen wird vermieden, wenn eine Antirutschmatte (Teppichfachgeschäft), dünner Schaumgummi oder dünne Einmachringe darunter gelegt oder geklebt werden.
• Eine Fußmatte aus Stroh oder Bast wird sauber und fest, wenn sie nach dem Ausklopfen mit Salzwasser abge-

bürstet, getrocknet und noch einmal ausgeschüttelt wird.

Gardinenhalterung
• Gardinenringe oder -halter gleiten besser, wenn man die Gleitnut oder die Gardinenstange mit Wachs oder Paraffin (Kerzenreste) einreibt.
• Gardinenstangen aus Holz bekommen Glanz, wenn man sie mit einem mit Olivenöl oder Möbelpolitur beträufelten Tuch ringsherum abreibt.

Gefrierschrank
• Ein Gefrierschrank, der vereist ist, leistet weniger und verbraucht mehr Energie, deshalb sollte man ihn des Öfteren enteisen. Er vereist nicht so schnell, wenn die Wände mit Glyzerin oder Speiseöl dünn eingerieben werden. Die Eisschichten können beim Abtauen dann auch besser entfernt werden.
• Zum Reinigen wird der Gefrierschrank am besten im Winter abgetaut, weil man bei Außenkälte die Gelegenheit hat, die Speisen kurzfristig auf dem Balkon oder der Terrasse zwischenzulagern.
   Nach dem Reinigen sollte man den Gefrierschrank mit Sodalösung oder Essigwasser auswischen – das desinfiziert und verdrängt unangenehme Gerüche.
• Ab und zu sind die Gummidichtungen mit Talkum einzureiben.
• Siehe auch Kühlschrank und Energie sparen.

Geruch
• *Blumenwasser* riecht nicht modrig, wenn man etwas Zucker beifügt.
• *Thermoskannen* oder *Plastikbehälter* reinigt man und befreit sie von muffigem Geruch, indem man nach dem Spülen Natron oder Backpulver hineinfüllt, heißes Wasser dazugibt (nur zu 3/4 gefüllt, da Druck entsteht), einige Zeit stehen lässt und mit klarem, heißem Wasser auswäscht.
• *Farbgeruch* wird verringert, indem man mit Kochsalz gefüllte Schüsseln aufstellt.
• Gerüche von *Fisch* treten kaum auf, wenn man alles vorher, was mit Fisch in Berührung kommen wird, mit kaltem Wasser abwäscht. Dazu gehören beispielsweise Hände, Bretter oder Geschirr. Bei der Zubereitung von Kochfisch kann man ein in Essig getränktes Tuch zwischen Topf und Deckel bringen. Dabei ist das Tuch so am Deckel zu befestigen, dass jederzeit der Deckel abgehoben und das Gargut kontrolliert werden kann. Alternativ gibt man ein Stück Ingwer oder Zimt in das Kochwasser. Nach dem Essen wird wiederum alles mit kaltem Wasser abgespült, mit Salz, Essig oder Zitronensaft vorbehandelt und anschließend mit Spülmittel gereinigt.
• *Fisch-*, *Zwiebel-* und *Knoblauchgeruch* an Messern, Brettchen, Arbeitsfläche und den Händen verschwindet durch das Abspülen mit kaltem Wasser sowie durch Zahncreme, die eingerieben kurz einwirkt und dann abgewaschen wird.
• *Kochgerüche* werden gemindert, indem man einen feuchten Schwamm in der Küche auslegt.
• *Kohlgeruch* beim Kochen wird vermindert durch das Mitkochen von Kümmel oder hartem Brot.

- Bei *Katzengeruch* stellt man eine Schüssel mit Essigessenz an der Stelle auf, wo der Geruch am stärksten auftritt.
- Geruch von kaltem *Zigaretten*- und *Zigarrenrauch* in Wohnräumen wird durch sofortiges Lüften verringert. Man kann auch ein mit Essig gefülltes Schälchen aufstellen oder einen mit ein paar Tropfen Zitronenöl versehenen Wattebausch auslegen. Auch durch das Anbrennen von Kerzen oder Lorbeerblättern oder durch eine abgeriebene Muskatnuss wird der Geruch gemindert.
- Bei *Rauchgeruch* in der Kleidung hängt man diese zum Auslüften mit dem Kleiderbügel auf den Balkon oder ins Bad.
- Geruch im *Kleider*- oder *Wäscheschrank* wird verbessert, indem mit Parfüm oder Duftöl beträufelte Tücher, Duftkissen oder -seifen im Schrank ausgelegt werden.
- In *Polstermöbeln* verliert sich Geruch durch das Abreiben mit einem essiggetränkten Tuch.
- Im *Küchenschrank* beseitigt man unangenehmen Geruch mit einer Schale Frischmilch; sobald sie sauer geworden ist, hat sie den Geruch gebunden. Alternativ stellt man einen Tag lang eine offene Essigflasche hinein. Nach jedem Reinigen sollte man mit klarem Wasser, vermischt mit etwas Essig, nachwischen und anschließend ein Stück Vanillestange hineinlegen.
- Ein muffig riechender *Leder*- oder *Kunststoffkoffer* kann mit Essig ausgewischt werden, danach sollte man ihn einige Tage auslüften lassen.
- *Medikamentengeruch* vertreibt man mit Essigwasser, das man in Schalen aufstellt.

- *Mülleimer* bleiben geruchsfrei, wenn man den Boden mit Katzenstreu bedeckt. Abfallreste kleben nicht am Boden, wenn man einen Bogen Zeitungspapier und eine Mülltüte einlegt.
- *Ölgeruch* beim Braten wird vermindert, wenn man einen Petersilienzweig zugibt.
- *Schweißgeruch* in ungewaschenen Kleidungsstücken wird durch die Körperwärme wieder aufgewärmt und somit geruchsintensiv. Deshalb sollte man verschwitzte Kleidung nicht wieder anziehen, sondern besser waschen.
- *Toilettengeruch* kann durch das Abbrennen eines Streichholzes verringert werden.
- Geruch der *Toilettenbürste* vermeidet man, indem man den Boden des Bürstenhalters mit etwas Essigwasser oder den Resten einer duftenden Seife füllt.
- *Turnschuhe* kann man nach dem Sport über Nacht mit Katzenstreu füllen, um unangenehmen Geruch zu verringern.
- Einen angenehmen Duft erhält man in der *Wohnung*, wenn man zum Saugen ein paar Tropfen Parfüm in den Staubsaugerfilter träufelt. Alternativ stellt man eine Duftkerze auf oder gibt etwas Parfüm auf kalte Glühlampen – der Duft entfaltet sich, sobald man das Licht anmacht.

Geschenkpapier
- Man kann Geschenkpapier noch einmal verwenden, wenn man die Klebestreifen mit einem leicht erwärmten Bügeleisen überbügelt und löst.
- Zerknittertes Papier feuchtet man auf der Rückseite mit Sprühstärke

leicht an und bügelt es anschließend auf niedriger Stufe.

Geschirr
• Geschirr wird nach dem Spülen
im Geschirrspüler glänzend und
gleichzeitig die Maschine entkalkt, wenn für den Klarspül-
gang ein Gemisch aus Essigessenz und Wasser (1:1) oder
ausgedrückte Zitronenschalen
in den vorgesehenen Behälter
gegeben werden.
• Geschirr wird auch beim
Handspülen glänzend, wenn
man mit weniger Spülmittel und
dafür einem Schuss Essig oder
ein wenig Zitronensaft spült.
• Hartnäckige Flecken lassen sich
mit Salz, Essig, Zitrone, Natron
oder Backpulver entfernen. Danach mit heißem Wasser spülen.

Gips
• Gips rührt man am besten in einem
Gummibecher an, weil der sich zu-
sammendrücken und leichter reinigen
lässt. Dabei wird in der Regel immer
der Gips dem Wasser zugegeben. Je
nachdem, ob die Masse zu dünn oder
zu dick ist, gibt man noch Gips oder
Wasser dazu.
• Es empfiehlt sich, immer nur die
Menge anzurühren, die für die Verar-
beitung notwendig ist.
• Soll Gips länger verarbeitungsfähig
bleiben, gibt man dem Wasser etwas
Essig bei. Gibt man dagegen etwas
Salz zu, wird er schneller fest.

Gläser
• Gläser, die ineinandergestellt wurden
und sich nicht mehr lösen lassen, bekommt man wieder auseinander, indem man das untere Glas in sehr war-

mes Wasser stellt und in das obere
Glas kaltes Wasser füllt.
• Um beim Einfüllen von heißer Flüssigkeit in ein Glas- oder Porzellangefäß zu vermeiden, dass es platzt, legt
man unter das Gefäß ein nasses Tuch.
In das Glas kann man auch einen Löffel stellen und die heiße Flüssigkeit
über den Löffel laufen lassen. Man
vermeidet auch ein Platzen, wenn
man das Gefäß vorher mit warmem
Wasser anwärmt.

! Gläser dürfen auch in der Maschine nie heißer als 50 °C gespült werden.
• Wertvolle und dünnwandige Gläser
sollten nicht in der Spülmaschine oder
mit dem Schwamm oder Spültuch,
sondern mit einer weichen Bürste und
wenig Druck ausgewaschen werden.
• Biergläser sollten stets nach dem
Spülen mit klarem Wasser gut nach-

gespült werden, dann hält sich beim nächsten Bier die Schaumkrone besser.
• Gläser, die trüb geworden sind, glänzen wieder, wenn man in das Normalprogramm der Spülmaschine beziehungsweise ins Spülwasser Zitronensäurepulver (Drogerie) gibt. Beachten Sie zur Dosierung die Anweisung auf der Verpackung

Glaskette
Zum Reinigen von Ketten mit Glasperlen genügt manchmal schon klares Wasser. Alternativ reinigt man sie mit einem milden Seifenbad oder in Wasser mit etwas Zitronensäurepulver (Drogerie) und spült mit klarem Wasser nach. Man trocknet sie anschließend mit einem weichen Tuch ab und poliert mit sehr weichem Leder- oder Kunstledertuch.

Glassplitter
• Große Splitter nimmt man mit Handfeger und Schaufel auf, anschließend werden die kleineren Splitter mit dem Staubsauger gründlich nachgesaugt oder mit einem feuchten Wattebausch aufgenommen (Schutzhandschuhe verwenden!).
• Wurden Splitter mit einem Tuch beseitigt, sollte man das Tuch anschließend entsorgen, da man sich beim Auswringen durch die in dem Tuch haftenden Splitter sehr leicht verletzen kann.

Glastisch
• Kratzer auf Glastischen kann man mit Zahnpasta wegpolieren.
• Ein Glastisch wird wieder glänzend, wenn man ihn mit Zitronensaft kräftig abreibt, abtrocknet und mit einem weichen Tuch nachreibt.

Glastür
Türen aus Klarglas sind oft eine Gefahr für Kinder, da sie sich beim unbeabsichtigten Dagegenlaufen verletzen können. Um das auszuschließen, sollten vorbeugend in Augenhöhe der Kinder Klebestreifen oder Aufkleber mit Motiven angebracht werden.
• Siehe auch Fenster putzen.

Gobelin
Einen Gobelin reinigt man mit Kosmetik-Wattepads, die in heißes Kartoffelmehl getaucht wurden. Danach klopft man das Stück leicht aus.

Gold
• Mit durchsichtigen Edelsteinen verarbeiteter Goldschmuck wird nur mit milder warmer Schmierseifenlauge gereinigt und gut nachgespült.
• Gold glänzt wieder, wenn es etwa 15 Minuten lang in eine lauwarme Schmierseifenlauge oder in eine Lösung aus Essig und Salz eingeweicht und mit einer sehr weichen Bürste gereinigt wird. Anschließend wird es gründlich mit kaltem Wasser abgespült. Dann reibt man es vorsichtig mit einem Flanelltuch zwischen den Fingerspitzen trocken und poliert mit Wildleder nach.
• Glatte Ringe kann man auch mit Zahnpasta oder einer halben Zwiebel einreiben, einige Stunden wirken lassen, mit klarem Wasser nachspülen und anschließend mit einem weichen Tuch polieren.
• Alternativ kann man den Schmuck auch 10 Minuten in etwa 60 °C heißes Wasser mit einem Spritzer Spülmittel legen und dann mit weicher Bürste reinigen. Man spült ihn anschließend unter klarem Wasser ab, reibt ihn mit weichem Tuch zwischen

den Fingerspitzen trocken und poliert mit Wildleder.

• Man kann den Schmuck auch 15 Minuten in eine Lösung aus Wasser und Salmiakgeist (2:1) oder in ein Sprudelbad mit einer Reinigungstablette für Zahnprothesen einlegen. Danach reibt man ihn mit einer weichen Bürste ab, spült ihn unter warmem Wasser ab und poliert mit einem weichen Tuch.

• Wertvollen Schmuck kann man zum Reinigen auch zu einem Juwelier geben, der dann auch feststellt, ob etwas repariert werden muss.

Grillrost
• Ein Grillrost lässt sich leichter reinigen, wenn er vor dem Grillen mit Speiseöl eingerieben und nach der Benutzung einige Zeit in Seifenlauge eingeweicht wird.

• Man kann ihn auch im abgekühlten Zustand mit Backofen-Spray einsprühen, das man einige Stunden einwirken lässt und anschließend abwischt.

Gummihandschuhe
• Gummihandschuhe sollten nicht zu knapp sitzen, damit die Haut ein Luftpolster hat.

• Vor dem Gebrauch wird Talkumpuder hineingegeben, um die Lebensdauer zu verlängern.

• Nach der Arbeit können sie, noch übergestreift, mit Seifenwasser abgewaschen werden, dann vorsichtig ausgezogen und zum Trocknen aufgehängt werden.

Gummistiefel
• Gummistiefel fördern, oft getragen, den Schweißfuß. Um das weitgehend zu verhindern, wird der

Stiefel von innen mit Fußspray eingesprüht. Dabei den Stiefel mit der Sohle nach oben halten, die Spraydose in den Schaft einführen und den Fußbereich gründlich besprühen.

• Gummistiefel werden nicht so schnell brüchig, wenn sie nach dem Kauf und weiterhin regelmäßig von außen mit Glyzerin (Apotheke) eingerieben werden.

Haken
• Wenn sich ein Haken in der Wand gelockert hat, bekommt man ihn wieder fest, indem man das vorhandene Loch aufbohrt, einen Dübel setzt und den Haken einschlägt oder eindreht. Man kann das aufgebohrte Loch auch mit Gips ausfüllen und den Haken in die noch weiche Masse neu einsetzen.

• Auf glattem Untergrund erhalten Saughaken einen festeren und dauerhafteren Halt, wenn die Saugfläche vor dem Festdrücken mit etwas verquirltem Eiweiß bestrichen oder mit Haarspray besprüht wird.

Hartschalen-Koffer
Einen Hartschalen-Koffer, der Kratzer bekommen hat, kann man mit farbig abgestimmter Schuhcreme bearbeiten.

Hausapotheke
• Einige Medikamente und Hilfsmittel sollten in keiner Hausapotheke fehlen (siehe Übersicht).

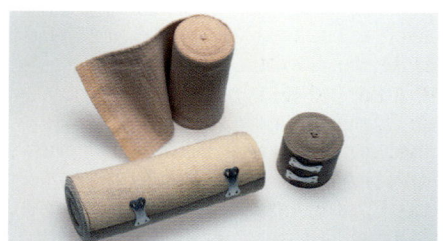

✓ Was gehört in die Hausapotheke? ✓

○ Individuelle Arzneimittel	○ Krankenpflegemittel
○ Erste-Hilfe-Anleitung	○ Leder- oder Gummifingerling
○ Aspirin	○ Magentropfen
○ Augenbadewanne	○ Mittel gegen Insektenstiche
○ Augenklappe	○ Mittel gegen Sodbrennen
○ Baldriantropfen	○ Mittel gegen Verstopfung
○ Beruhigungsdragees	○ Mullauflagen, Kompressen (steril)
○ Brandwundenkompressen	○ Mullbinden oder elastische
○ Desinfektionsmittel	Fixierbinden
○ Elastische Binden	○ Mundspatel
○ Erkältungsmittel und -salbe	○ Nasentropfen
○ Essigsaure Tonerde	○ Pflaster
○ Fieberthermometer	○ Pinzette
○ Fieberzäpfchen	○ Salbe zum Einreiben
○ Grippemittel	○ Schmerztabletten
○ Gummihandschuhe, steril	○ Sicherheitsnadeln
○ Halstabletten	○ Verbandspäckchen
○ Heftpflaster	○ Verbandsschere
○ Heizkissen oder Wärmflasche	○ Verbandstücher beziehungsweise
○ Hustensaft für Kinder	sauberes Leintuch
○ Hustentee	○ Verdünnter Alkohol für Umschläge
○ Hustentropfen	○ Watte
○ Johanniskrautöl	○ Wund- und Heilsalbe
○ Kamillentee	○ Wundpuder
○ Kohletabletten gegen Durchfall	○ Zellstoff

• Für persönliche Medikamente sollte man jedem Familienmitglied ein Fach einräumen und beschriften.

• Die Hausapotheke darf nicht zu einem Sammelsurium von halb verbrauchten oder abgelaufenen Arzneimitteln, verstaubtem Verbandszeug und angerosteten Scheren verkommen. Die Arznei-Beipackzettel sollten immer gemeinsam mit dem Arzneimittel aufbewahrt werden.

• Das Verfallsdatum der Medikamente sollte man ab und zu prüfen.

• Nicht mehr benötigte Mittel und Medikamente mit überfälligem Verfallsdatum werden in die Apotheke gebracht, falls die Entsorgung über den Hausmüll nicht erlaubt ist.

tipp

Kleben Sie eine Liste mit den wichtigsten Notfallnummern am besten gut sichtbar an die Tür des Apothekenschränkchens.

Der Standort der Hausapotheke sollte so gewählt werden, dass die Medikamente stets kühl und trocken lagern. Sie sollte schnell erreichbar, jedoch für Kinder nicht zugänglich sein.

Haushaltsbuch

Alle Ausgaben werden täglich festgehalten, so zum Beispiel für Getränke, Nahrungsmittel, Weiterbildung, Fahrtkosten, Reinigungsmittel, Bekleidung, Körperpflege, Friseur, technische und medizinische Aufwendungen und so weiter. Am Monatsende werden alle Ausgaben zusammengerechnet und ausgewertet.

Eine Ausgabenplanung ist jedoch erst nach längerem Führen des Haushaltsbuches möglich, da erst dann Erfahrungs- und Vergleichswerte vorliegen.

Mit dem Führen eines Haushaltsbuches bekommt man die Finanzen leichter in den Griff. Zunächst werden in einer Jahresübersicht alle Einnahmen (Gehalt, Urlaubs-, Weihnachtsgeld, Zinsen) erfasst. Mit den Eintragungen ins Haushaltsbuch beginnt man am jeweiligen Monatsanfang, um nach Abzug aller festen Kosten wie Miete, Strom, Heizung und Versicherungen das Restguthaben für sonstige Ausgaben zu ermitteln.

Heftpflaster

• Heftpflaster lässt sich gut und ohne Schmerzen entfernen, wenn man es beim Ablösen mit Wundbenzin oder ein paar Tropfen Öl anfeuchtet, 2 bis 3 Minuten einwirken lässt und dann abzieht. Kleberückstände werden ebenfalls mit Wundbenzin entfernt.

• Nicht klebendes Heftpflaster ist wieder kurzzeitig brauchbar, wenn es mit Alkohol oder Wundbenzin betupft wird.

Heizkörper

• Rippenheizkörper lassen sich zwischen den einzelnen Segmenten einfach mit einem feuchten Tuch reinigen, das um einen Kochlöffel gewickelt wird.

• Ein Heizkörper sollte nicht mit mehreren oder dicken Farbschichten versehen sein, da Farbe isoliert und somit die Wärmeleistung einschränkt.

• Die Wärme wird im Raum gehalten, wenn man hitzeabstrahlende Folie oder Styroporplatten hinter die Heizkörper installiert.

• Die Heizkörper sollten nicht mit einem Vorhang verhängt oder mit Möbeln verstellt werden, denn sie halten Wärme zurück.

• Siehe auch Energie sparen.

Herdplatte

• Wenn Milch, Nudel- oder Kartoffelwasser übergekocht sind, sollte die Flüssigkeit immer sofort mit einem feuchten Tuch von der heißen Herdplatte gewischt werden, damit sie nicht einbrennt.

• Eine eiserne Kochplatte kann leicht gereinigt werden, wenn sie noch lauwarm mit einer Paste aus Wasser und Salz abgewischt wird.

• Plastik, das versehentlich auf der Kochplatte geschmolzen ist, löst man nach dem Erkalten vorsichtig mit einem Messer ab und beseitigt die Rückstände anschließend mit Nagellackentferner.

> ⚠ Nagellackentferner ist leicht ent-
> flammbar.

• Siehe auch Ceran-Kochfeld.

Holzartikel
• Bretter, Bestecke, Schüsseln oder anderes Holzgeschirr sollten nicht in
warmes Wasser oder in den Geschirrspüler gelegt werden.
• Holzartikel werden nicht brüchig
und sehen besser aus, wenn sie ab
und an mit einem in Olivenöl getränkten Tuch abgerieben werden.
• Um eine Verfärbung wegzubekom-
men, können Holzbrettchen in eine
Mischung aus 1/2 bis 1 Esslöffel Zitronensäure (Drogerie) und 1 Tasse
heißem Wasser gelegt werden. Das
Gemisch lässt man etwa 15 Minuten
einwirken.
• Zum Vermeiden von Zwiebel- oder
Fischgeruch sind Holzbretter vor dem
Zwiebelschneiden oder dem Fischzube-
reiten mit klarem Wasser abzuspülen.

Holzkette
Es ist unangenehm, wenn eine Holz-
kette auf der Kleidung abfärbt. Man
kann sie auf der Rückseite mit einem
Bastellack beziehungsweise mit klarem
Nagellack bepinselt und trocknen lässt.
Den Vorgang mehrmals wiederholen.

Horn
• *Hornbestecke*, *Schmuc*k oder andere
Gegenstände aus Horn bewahrt man
am pfleglichsten in weiche Tücher gewickelt auf. Die Gegenstände dürfen
nur lauwarm, keinesfalls in heißem
Wasser gespült werden.
• Weist ein Gegenstand *Kratzer* auf,
schleift man die Oberfläche sorgfältig
mit Schleifschlamm (Bastelladen) ab
und reibt ihn mit Polierpaste für
Kunststoff ab.

• Hat ein *Brillengestell* aus Horn Kratzer bekommen, lässt man sie vom
Optiker beseitigen.

Jalousien
• *Kunststoff-Jalousien* laden sich weniger statisch auf und ziehen auch
nach dem Reinigen nicht sofort wieder Staub an, wenn man die einzelnen
Lamellen mit einem in etwas Weichspüler getränkten Tuch abwischt.
• *Holz-Jalousien*, die fest installiert
sind, reinigt man feucht mit Seifenwasser. Wenn man sie ab und an mit
Firnis oder Leinöl abreibt, vermeidet
man eine Rissbildung. Sie sehen dann
auch gleich wieder besser aus.

> *tipp*
>
> *Bei stark verstaubten Jalousien emp-
> fiehlt sich eine Vorreinigung mit dem
> Staubsauger: Die Lamellen in senkrech-
> te Stellung bringen und vorsichtig ab-
> saugen.*

Kachelofen
Um ein Reißen der Glasur zu vermeiden, werden glasurbeschichtete Ka-
chelöfen im kalten Zustand abgewaschen. Einen schönen Glanz erreicht
man, wenn man zum Nachpolieren
ein feuchtes Fensterleder verwendet.

Kakerlaken siehe Schaben

Kämme
• Zum Reinigen weicht man Kämme
zusammen mit Bürsten in Shampoo
ein oder seift sie mit Rasierschaum
ein, lässt kurz einwirken, bürstet sie
gegeneinander aus und spült gut ab.
• Ein Holzkamm wird mit warmem
Wasser und einer Handbürste gesäu-

bert, gut abgetrocknet und ab und zu mit einem Tropfen Leinöl (Drogerie) abgerieben. Das Öl lässt man einige Stunden einziehen, man muss es nicht abwaschen.

Kalkablagerungen

• Ablagerungen in Kaffeemaschine, Wasserkessel und Elektrokocher wirken gegenüber der Wärmezufuhr isolierend, sodass zum Aufkochen von Wasser mehr Energie verbraucht wird und die Leitungen verstopfen. Einer Kalkablagerung kann vorgebeugt werden
– durch das Mitkochen von 1 bis 3 Austernschalen,
– einem Stückchen Marmor, das man auf den Boden des Wassertanks legt,
– wenn in regelmäßigen Abständen eine Mischung aus Essigessenz und Wasser (1:1) in den Geräten aufgekocht wird.
Diese Vorgänge zwei- bis dreimal wiederholen, am Ende Wasser durchlau-

fen lassen beziehungsweise gut auswaschen.
• Stellt man eine Kalkablagerung an Waschbecken, Brausekopf, Wanne oder Toilette fest, weicht man den Kalk mit einem in Essig- oder Zitronensäure getränkten Tuch auf und kratzt dann die Ablagerungen vorsichtig ab. Gegebenenfalls ist der Vorgang mehrmals zu wiederholen.
• In der Waschmaschine kann dem Verkalken vorgebeugt werden, indem bei jedem Waschgang ein Schuss Essig zugegeben wird.

Kerzen

⚠️ Man sollte Kerzen im angezündeten Zustand nie unbeaufsichtigt lassen, denn sie stellen eine Brandgefahr dar.
• Das *Tropfen* einer Kerze kann man reduzieren, indem man sie vor Gebrauch in Salzwasser oder ins Gefrierfach legt.
• Kerzen brennen nicht so schnell ab und ein *Rußen* wird vermindert, wenn etwas Salz um den Docht gestreut wird und wenn der Docht eine Länge von etwa 1 cm hat.
• Dicke Kerzen gehen oft aus, wenn sich zu viel flüssiges Wachs im Dochtbereich ansammelt. Man gießt deshalb das überschüssige Wachs ab. Den Rand der Kerze des Öfteren abschneiden.
• Ist die Kerze für den vorgesehenen Kerzenständer zu dick, wird sie in heißes Wasser gehalten und der weich gewordene Teil in den Ständer gedrückt. Ebenso verfährt man, wenn eine Kerze im Kerzenständer nicht fest steht.
• Ist eine Kerze für den Ständer zu dünn, kann man das untere Ende der Kerze mit Klarsichtfolie umwickeln

oder etwas Knetmasse in den Ständer legen, worauf man die Kerze festdrückt.
• *Krumme Kerzen* taucht man in heißes Wasser und rollt sie anschließend auf einer glatten Fläche hin und her.
• Aus *Kerzenresten* kann man Duftkerzen herstellen, indem man die Reste erwärmt, Parfüm oder Aroma-Backöl zugibt und das flüssige Gemisch mit einem Docht in Behälter von Teelichtern gibt.
• Wachsreste werden aus einem Kerzenständer entfernt, indem man ihn mit heißem Wasser erwärmt und den Rest mit einem Korkenzieher herauszieht.
• *Wachsflecken* auf Möbeln hebt man zunächst mit einem flachen Gegenstand, zum Beispiel einem Messer, vorsichtig ab. Danach legt man saugfähiges Papier auf den Fleck und erwärmt mit dem Fön so lange, bis sich das Wachs verflüssigt hat und von dem Papier aufgenommen wird. Restflecken kann man mit Spülmittellauge, Speiseöl oder Möbelpolitur entfernen.

Kerzenanzünder
Kerzen in hohen, schmalen Behältern, wie zum Beispiel Windlichter, können auch mit einem Spaghetti angezündet werden. Das kommt vor allem bei Parties gut an.

Kerzenhalter
Kerzenhalter aus Messing oder Silber werden wieder sauber, wenn man sie mit dem Kopf nach unten auf ein mit Küchenpapier ausgelegtes Backblech etwa 5 Minuten bei 70 °C in den Backofen stellt. So schmelzen alte Wachsreste und werden vom Papier

aufgesogen. Man kann die Kerzenhalter auch etwa eine Stunde ins Gefrierfach legen. Anschließend bröckelt das Wachs fast von alleine ab.

Kissen siehe **Betten**

Klaviertasten
Die Tasten lassen sich gut mit Zahnpasta, Spiritus oder Wasserstoffsuperoxid und einem Wattebausch reinigen. Sie werden damit abgerieben, man lässt kurz einwirken und reibt mit einem trockenen Wattebausch nach.

Kleben, Klebstoffe
• Klebstoffe in Tuben und Plastikflaschen bleiben länger brauchbar, wenn sie kühl gelagert werden.
• Um ein Verstopfen der Düse zu vermeiden, empfiehlt es sich, vor dem Zuschrauben in die Düse einen entsprechend großen Nagel oder eine Nadel zu stecken.
• Glas, Porzellan und Steingut klebt man durch dünnes Auftragen von Epoxidharzkleber auf die Bruchflächen, die dann entsprechend der Bruchlinie angepasst und zusammengedrückt werden. Um dabei ein Verrutschen zu vermeiden beziehungsweise den Druck beizubehalten, empfiehlt es sich, die Teile mit einem Klebeband zu fixieren.
• Reste von Klebestreifen können mit etwas Aceton oder fettfreiem Nagellackentferner (Vorsicht, leicht entflammbar!) entfernt werden.

Kleinteile
• Kontaktlinsen, Schrauben oder andere Kleinteile, die heruntergefallen sind, kann man mit Hilfe eines Staubsaugers wiederfinden, indem über die Staubsaugerdüse beispielsweise ein

Perlonsöckchen gespannt wird. Damit wird der Fußboden abgesaugt, die gesuchten Teile bleiben an dem Strumpf hängen.
• Bei Metallteilen kann man einen Magneten verwenden, um die Teile einzusammeln.
• Um ein Herunterfallen von Kleinteilen zu vermeiden, werden sie auf ein auf der Arbeitsfläche ausgelegtes Klebeband oder Montageband (Papierwarengeschäft) gedrückt. Das hat auch den Vorteil, dass bei Reparaturen an einem Gegenstand mit vielen Kleinteilen die Einzelteile in der Reihenfolge, in der sie demontiert wurden, geordnet abgelegt werden können und somit der Zusammenbau erleichtert wird.

Klingelknopf
Um einem Kind, das noch nicht lesen kann, das Erkennen des richtigen Namensschildes am Klingelknopf zu vereinfachen, ist es hilfreich, das Schild mit einem farbigen Aufkleber zu versehen.

Kopfläuse
• Zur Bekämpfung von Kopfläusen reibt man das Haar üppig mit Rapsöl ein, zieht eine Duschhaube oder Plastiktüte über den Kopf und lässt 3 bis 4 Stunden einwirken. Danach wird das Haar gründlich mit Shampoo ausgewaschen, mit Essigwasser nachgespült und mit einem Spezialkamm (Nissenkamm) ausgekämmt. Die Behandlung ist nach 4 bis 5 Tagen zu wiederholen. Besonders wichtig ist es, dass alle Kontaktpersonen die Behandlung vorbeugend mitmachen. Helfen diese alternativen Mittel nicht, sollte man sich in der Apotheke beraten lassen.

• Verseuchte Haarbürsten, Kämme und Haarschmuck sollten weggeworfen werden. Benutzte Bettwäsche, Handtücher und Kleidung müssen unbedingt gewechselt werden. Die verseuchten Textilien sind bei mindestens 60 °C zu waschen. Am besten bringt man die Sachen aber zu einem Desinfektionsfachbetrieb.
• Nicht Waschbares wie Stofftiere kann man mit einem Bekämpfungsmittel (Apotheke) in einen Plastiksack stecken und etwa 4 Wochen möglichst warm lagern. So hungert man die Läuse aus. Polstermöbel kann man mit einem Bekämpfungsmittel absprühen (Apotheke). Stoffbezogene Autositze nicht vergessen!

Korallen
Echte Korallen werden gereinigt, indem man sie ein paar Minuten in lauwarmer, schwacher Sodalösung einweicht, sie vorsichtig mit Seifenschaum abbürstet und mit klarem Wasser abspült.

Korken
• Ein Korken lässt sich leichter aus der Flasche entfernen, wenn man heißes Wasser über den Flaschenhals laufen lässt.
• Ein Korken schließt luftdicht, wenn er vor Benutzung in etwas neutrales Speiseöl getaucht wird. So klebt er auch dann nicht im Flaschenhals fest, wenn die Flasche mit klebrigem Inhalt gefüllt ist.
• Alte Korken können als Griffe für Rasierklingen Verwendung finden, mit denen man dann Farbspritzer von Fensterscheiben entfernen oder Nähte auftrennen kann.
• Ein Korken lässt sich mit einem angefeuchteten Messer besser schneiden.

Kosmetik

⚠️ Make-up sollte man sofort aussortieren, wenn es seine Konsistenz verändert oder ranzig riecht.
• Normalerweise kann man Lippenstifte etwa zwei Jahre benutzen. Lippenstiftreste können noch genutzt werden, indem man sie mit einem kleinen Pinsel aufträgt.
• Augenbrauen- und Kajalstifte kann man auch als Lippenkonturenstift oder als Lidstrich verwenden.
• Die Stifte lassen sich besser anspitzen und sie brechen nicht so leicht ab, wenn sie vorher einige Zeit ins Gefrierfach gelegt werden.
• Zum Entfernen von Make-up kann man Rizinusöl oder Babyöl verwenden. Es ist preisgünstig, reizt die Haut nicht und trocknet sie auch nicht aus.
• Mascara sollte wegen Bakteriengefahr etwa alle drei Monate erneuert werden.
• Nagellack hält länger, wenn man ihn nicht sofort nach dem Baden aufbringt und wenn die Nägel sauber, trocken und fettfrei sind. Zunächst Unterlack und anschließend zügig eine Schicht Oberlack dünn mit langen Pinselstrichen auftragen, Überlack daraufgeben, nach jeder Lackschicht 15 Minuten warten. Danach sollten die Hände mindestens eine Stunde geschont werden.
• Zähflüssiger Lack wird wieder flüssiger, wenn die Flasche in heißes Wasser gestellt oder ein paar Tropfen Nagellackverdünner beigemischt werden. Es darf kein Nagellackentferner, sondern es muss Lackverdünner zum Verdünnen verwendet werden.
• Verschraubungen von Lackflaschen verkleben nicht, wenn bei neuen Flaschen dünn Vaseline auf das Gewinde und die Deckelinnenseite aufgetragen

wird. Flaschen, die sich nicht öffnen lassen, in heißes Wasser tauchen.
• Puder, Rouge und Lidschatten halten mindestens drei Jahre. Schwämmchen sollten möglichst oft gereinigt, ab und zu heiß gewaschen und an der Luft getrocknet werden.
• Shampoo lässt sich bei der Kopfwäsche sparsamer verwenden und ist schonender zu den Haaren, wenn man es verdünnt.
• Ein Haarteil aus Kunsthaar (Acryl) wäscht man mit mildem Shampoo, spült es gut aus und lässt es an der Luft trocknen. Dann kann man Lockenwickler aufdrehen, nur lauwarm föhnen oder lufttrocknen lassen.

Kristall

• Kristall darf man nicht heiß waschen. Es wird mit lauwarmem Wasser, dem ein Schuss Essig oder Spiritus zugegeben wurde, gereinigt. Man kann auch eine lauwarme Boraxlösung (1 Esslöffel auf 1 Liter Wasser) verwenden. Nach dem Spülen reibt man es mit fusselfreiem, weichem Tuch ab.
• Bruchstellen können mit Spezialkleber für Glas geklebt werden. Nach

dem Kleben sollte man das Stück einige Tage ruhen lassen und dann die Reste vorsichtig abkratzen.

• Bei der gründlichen Reinigung eines Kronleuchters werden einzelne Steine abgehängt, in warmes, sehr leichtes Seifenwasser gelegt, mit weichem Tuch gereinigt und mit klarem Wasser nachgespült. Danach gibt man die Steine noch kurz in ein Essig- oder Spiritusbad, trocknet sie mit einem fusselfreien Tuch ab und poliert sie nach.

Küchenschaben siehe **Schaben**

Kühlschrank

• Die ideale Temperatur für den Kühlschrank beträgt 8 bis 10 °C.

• Leicht Verderbliches, wie Fleisch oder Fisch, bewahrt man am besten an der Rückwand beziehungsweise im obersten Fach des Kühlschrankes auf, da dort die tiefsten Temperaturen sind. Tomaten, Gurken und Salat lagert man im Gemüsefach.

• Vorbereitete Speisen oder Speisereste werden erst in den Kühlschrank gestellt, wenn sie auf Zimmertemperatur abgekühlt sind.

• Ab und zu sind die Gummidichtungen mit Talkum einzureiben, wie auch bei Tiefkühltruhe und Gefrierschrank.

• Ein Kühlschrank, der vereist ist, leistet weniger und verbraucht mehr Energie, deshalb sollte man des Öfteren enteisen. Er vereist nicht so schnell, wenn die Wände mit Glyzerin oder Speiseöl dünn eingerieben werden. Die Eisschichten können beim Abtauen dann auch besser entfernt werden.

• Nach dem Reinigen sollte man den Kühlschrank mit Sodawasser-Lösung (1 Teelöffel Soda auf 1/2 Liter Wasser) oder mit Essigwasser (1:3) auswischen, das desinfiziert und verdrängt unangenehme Gerüche.

• Siehe auch Gefrierschrank und Energie sparen.

Kugelschreiber

Ist die Mine ausgetrocknet, kann man sie noch kurzzeitig verwenden, wenn sie einige Minuten in heißes Wasser gehalten wird.

Kunststoffbelag

• Zur Reinigung von Kunststoffbelägen ist Wasser mit einem Spritzer Spülmittel oder Universalreiniger oder ein wenig Schmierseife besonders geeignet.

• Spuren kann man vom Belag mit Glasreiniger oder Wasser, dem etwas Fleckensalz oder ein Schuss Salmiakgeist zugegeben wird, entfernen. Streifen von Schuhsohlen rubbelt man mit einem Radiergummi weg oder entfernt sie mit weichem Tuch und Terpentin oder Spiritus.

• Der Belag wird glänzend durch das Wischen mit Putzwasser, dem 1 bis 2 Verschlusskappen Weichspüler zugegeben werden. Man kann aber auch handelsüblichen Kunststoffreiniger oder farbloses Autowachs (Drogerie) verwenden.

❗ Wer einmal beginnt, PVC-Böden mit Selbstglanzmitteln aufzuwischen, muss bei diesen Produkten bleiben, denn sie nehmen dem Boden den Eigenglanz.

Kupfer

• Kupfergeräte glänzen wieder, wenn man sie mit feinem Scheuerpulver abreibt, danach kalt abwäscht und mit weichem Ledertuch nachpoliert. Man kann sie auch mit Magerquark gründlich einreiben, einige Stunden einwirken lassen und dann mit einem Schwamm und kaltem Wasser abwaschen. Sind dunkle Stellen geblieben, wird der gesamte Gegenstand nochmals eingerieben und der Vorgang wiederholt. Alternativ reibt man Kupfergegenstände mit Zitronensaft ab und spült mit Sodawasser nach.
• Vor dem Putzen von Türgriffen oder Namenschildern klebt man auf die umliegenden Flächen Kreppband, um diese nicht zu verschmutzen.
• Um den Glanz an Kupferteilen dauerhaft zu schützen, kann man sie mit Zaponlack (Baumarkt) überstreichen.
• Kupferstiche kann man auffrischen, indem man sie mit einer Lösung aus Salmiakgeist und Wasser (1:2) und einem weichen Schwamm abreibt und anschließend mit Essigwasser (1:1) nachwischt. Den Stich gut trocknen lassen.
• Bei Stockflecken auf dem Kupferstich in der Drogerie nachfragen.

Lamellentüren

Zum besseren Reinigen zwischen den Lamellen kann ein Lineal benutzt werden, um das ein feuchtes Staubtuch gelegt wird. Anschließend in der gleichen Weise mit Möbelpolitur nachbehandeln.

Lammfell

• Verschmutzungen aus Lammfell werden beseitigt und das Leder bleibt weich und geschmeidig, wenn es mit Haarshampoo gewaschen wird.

• Mit einem Teppichkamm kann man Lammfell glatt kämmen.

Lampenschirm

• Ein Lampenschirm aus *Stoff* wird gesäubert, indem man ihn mit dem Staubsauger absaugt oder mit einem Fusselroller bearbeitet.
• Ein Lampenschirm aus empfindlichem Material wie *Seide* sollte zum Reinigen mit einem in lauwarmem Essigwasser gut ausgewrungenen Lappen abgerieben werden, damit er sich nicht verfärbt.
• Ein Lampenschirm aus *Pergament* verschmutzt nicht so schnell und lässt sich besser reinigen, wenn man farblosen Lack aufträgt.

Linoleum

• Linoleumbelag bleibt geschmeidiger, wenn ab und zu eine Mischung aus Leinöl und Terpentinöl (2:1) aufgetragen wird.
• Flecken entfernt man mit Spezialseife, spült klar nach, reibt trocken, trägt dünn Bohnerwachs auf und poliert nach.
• Linoleum bleibt farbkräftiger, wenn man es ab und zu mit einer Mischung aus gleichen Teilen Milch und Wasser abwäscht.

Markise

• Zur Einlagerung im Winter werden zunächst eventuell vorhandene Flecken entfernt und sehr gut ausgetrocknet. Die Markise wird in der Kassette beziehungsweise unter einer speziellen Schutzhülle aufbewahrt.
• Vor dem ersten Ausfahren im Frühjahr sollte man die Gelenke der Markise mit etwas Fahrradöl oder Gleitspray versehen.
• Zum gründlichen Reinigen nimmt man die Markise von der Halterung

und wäscht sie auf dem Boden ausgerollt in lauwarmer Seifenlauge. Nach gründlichem Nachspülen mit klarem Wasser (zum Beispiel mit dem Gartenschlauch) und Trocknen wird sie imprägniert, indem man sie mit essigsaurer Tonerde bestreicht und glatt liegend oder aufgespannt trocknen lässt.

• Die Farben werden wieder aufgefrischt, indem man die Markise mit Essigwasser abschrubbt.

Marmor

• Marmorböden und -treppen putzt man mit warmem Wasser, in dem 1 bis 2 Esslöffel Neutralseife oder reine Schmierseife gut aufgelöst werden. Nach dem Putzen wird mit einem weichen Tuch nachgerieben.

• Marmor wird glänzend und unempfindlicher, wenn er nach der gründlichen Reinigung mit Babyöl, farbloser Schuhcreme oder klarem Bienenwachs eingerieben und nachpoliert wird.

⚠ Zur Reinigung keinen Essig oder Zitronensäure verwenden, denn Säure macht Marmor stumpf.

• *Nikotinflecken* bestreicht man mit einem Gemisch aus Salz und Zitrone, lässt es einwirken und wischt es anschließend mit klarem Wasser ab.

• *Tintenflecken* auf Marmor werden mit einer Lösung aus Salmiakgeist und Wasser (1:3) behandelt und mit klarem Wasser nachgewischt.

• *Rostflecken* auf weißem Marmor behandelt man mit einer Lösung aus 1 Teelöffel Kleesalz und 1/8 Liter Wasser und einem Wattepad.

Messer

• Man sollte Messer vor allem nach dem Schneiden von säurehaltigen Speisen wie zum Beispiel Obst sofort per Hand abspülen, sollte sie jedoch nicht mit einem kratzigen Gegenstand säubern.

• Als Schneideunterlage sind Kunststoff- oder Holzbretter zu verwenden.

• Messer und andere Geräte, die für die Zubereitung von Geflügel verwendet wurden, werden kochend heiß abgewaschen, um Salmonellenkeime zu vermeiden.

• Am schonendsten kann man Messer in einem Messerblock aufbewahren.

• Messer sind im Geschirrspüler so einzusortieren, dass die empfindlichen Schneiden nicht an Töpfe schlagen können.

• Messer sind scharf, wenn man fast ohne Druck die Haut einer Tomate durchschneiden kann. Sie haben einen leichteren und besseren Schnitt, wenn sie vorher angewärmt wurden.

• Messer sollten regelmäßig geschärft werden. Man kann sie entweder mit einem handelsüblichen Messerschärfer oder mit dem altbewährten Schleifstein behandeln. Auch Keramikflächen, zum Beispiel die unglasierte Unterseite einer Tasse oder eines

Steintopfes, der Rand eines Blumentopfes, eine ausgediente Keramiksicherung oder ein Ziegelstein eignen sich zum Messerschärfen.

ℹ️ Handelsübliche Messerschärfer hinterlassen oft mikroskopisch feine Kratzrillen. Durch das Nachbehandeln mit Schleifstein wird die Schnittqualität daher verbessert.

Messing
• Das Metall glänzt wieder, wenn man es ab und zu mit Nähmaschinenöl, mit einem Brei aus Salz und Essigessenz oder mit Zahncreme einreibt, einwirken lässt und anschließend mit einem weichen Tuch poliert.
• Man kann es auch mit Badreiniger oder Glasreiniger einsprühen und mit einem weichen Tuch polieren.
• Alternativ verwendet man Holzasche, das mit einigen Tropfen Salatöl gemischt wird. Man reibt die Mischung mit einem weichen Lappen ein und poliert mit einem sauberen Tuch nach.
• Bei starker Oxidation sind die oben genannten Anwendungen meist nicht mehr wirksam. Dann empfiehlt sich der Einsatz eines Spezialmittels (zum Beispiel flüssiger Stahlreiniger). Unlackierte Metalle, wie Türgriffe oder Namenschilder, poliert man ebenfalls mit Spezialmittel.
• Vor dem Putzen von Türgriffen oder Namenschildern klebt man auf die umliegenden Flächen Kreppband, um diese nicht zu verschmutzen.
• Um den Messingglanz dauerhaft zu schützen, kann man auch Zaponlack (Bauhaus) darüberstreichen.

Milben
Milben sind mit bloßem Auge nicht zu sehen. Sie nisten sich vorwiegend in Betten oder Teppichen ein und kön-

nen Allergien und andere Gesundheitsschäden verursachen.
• Um einem Milbenbefall vorzubeugen beziehungsweise vorhandene Milben zu beseitigen, ist es angebracht, dass man die Betten täglich gut durchlüftet und die Bezüge möglichst alle ein bis zwei Wochen bei 60 °C wäscht.
• Durch regelmäßiges Saugen werden Milben aus Teppichen und Auslegware entfernt.
• Plüschtiere wäscht man so warm wie möglich, stäubt sie mit entsprechendem Vertilgungsmittel ein, steckt sie dann in einen Plastikbeutel und lagert sie etwa 14 Tage lang kühl.
• In den Wintermonaten kann man frostige Tage nutzen, um die Betten und gegebenenfalls auch Teppiche durchfrieren zu lassen.

Möbel
Reinigung und Pflege
• Zum Bewegen schwerer Möbel legt man unter die Füße der Möbel eine Matte.
• Stühle und andere Möbel, die oft bewegt werden, zerkratzen nicht den Fußboden, wenn man an den Füßen Filzscheiben unterklebt.
• Zum täglichen Reinigen von Möbeln sollte ein antistatisches Staubtuch benutzt werden, mit dem in Richtung Holzmaserung gewischt wird.
• *Massivholz* kann mit Seifenlauge gereinigt werden. Nach dem Trocknen pflegt man mit Bienenwachs, Leinöl oder Naturharzöl (Baumarkt und Fachhandel). Man kann auch erwärmtes Bier, Babyöl oder Olivenöl verwenden. Die Oberfläche soll aber durch den Ölauftrag auf keinen Fall kleben. Zweimaliges Auffrischen pro Jahr genügt.

• Fingerabdrücke auf Holzmöbeln kann man beseitigen, indem man nach dem Behandeln mit Möbelpolitur etwas Stärkemehl daraufgibt, das man mit weichem Tuch verreibt.

• Möbelpolituren werden nur für lackiertes, versiegeltes Holz verwendet. Die billigste Politur ist Essig, mit der gleichen Menge Wasser vermischt.

• *Eichenmöbel* reibt man mit einem Tuch ab, das man in erwärmtes Bier getaucht und ausgewrungen hat. Danach kann man sie sparsam mit flüssigem Möbelwachs behandeln.

• Zum Reinigen von *Ebenholz* gibt man eine Mischung (5 Esslöffel Rotwein zu 1 Esslöffel Olivenöl) auf das Holz, reibt mit einem weichen Tuch ein und poliert nach.

• *Kunststoffmöbel* nur mit scheuermittelfreien Reinigern oder Spezial-Kunststoffmitteln und weichen Tüchern putzen.

• *Schleiflackmöbel* können mit einem Gemisch aus Schlämmkreide und Wasser oder mit Kernseifenwasser gereinigt werden. Die Möbel werden immer in einer Richtung damit eingerieben, mit klarem Wasser nachgewaschen und mit weichem Wildlederlappen nachpoliert.

• *Weiße Möbel* oder Türen kann man auch einfach mit Glasreiniger besprühen und abreiben.

• Der Dunstfilm, der durch das Kochen auf *Küchenmöbeln* entsteht, wird mit einem in Spiritus getränkten Tuch abgerieben. Fettige Fingerabdrücke entfernt man mit etwas Terpentin.

• Ritzen und Schnörkel von Möbeln kann man ohne viel Zeitaufwand reinigen, indem man sie mit einem Föhn abbläst. Sie können aber auch mit einer alten Zahnbürste gesäubert werden. Nach dem Reinigen kann man sie mit einem in Leinöl getränkten Tuch abwischen.

• Möbel aus *edlem Holz* können auch durch Auftragen von Vaseline mit einem weichen Tuch gepflegt werden. Antike oder mit Antik-Wachs behandelte Möbel mit einem Staubtuch abreiben, ab und zu mit Spezial-Bienenwachs (Baumarkt) polieren.

• *Korb- und Bambusmöbel* sollten nicht mit Wasser besprüht werden, weil sie dann fleckig werden. Man reinigt sie mit einer Staubbürste. Um ein Brüchigwerden zu vermeiden, bürstet man sie zweimal jährlich mit heißem Salzwasser ab (1 Esslöffel Salz auf 1 Liter Wasser), ohne nachzuspülen. Sie werden dann an einem warmen Ort getrocknet und anschließend mit Speiseöl oder Antikwachs (Möbelfachgeschäft) eingerieben, das man gut einziehen lässt. Sie können auch mit einer Mischung aus Terpentin und Leinöl (1:1) gereinigt und gepflegt werden. Korbmöbel glänzen, wenn man sie ab und zu mit lauwarmem Bier abreibt und mit weichem Lappen nachpoliert. Korbmöbel sollten nicht direkter Sonne ausgesetzt werden.

Korbstühle, die durchgesessen sind, werden wieder etwas straffer, wenn man sie mit einer Seifenlauge und einem Schuss Spiritus behandelt.

Den Winter über werden Korb- und Bambusmöbel in einem Abstellraum oder, falls sie auf dem Balkon oder der Terrasse bleiben, unter wasserdichter Plane aufbewahrt. Vorher sollten sie mit Antikwachs oder Speiseöl eingerieben werden und völlig trocken sein.

• Bei *Ledermöbeln* ist intensive Sonnenbestrahlung und ein Standort direkt neben der Heizung oder dem Kamin zu vermeiden. Glattledermöbel sind regelmäßig mit einem trockenen oder leicht feuchten Tuch abzuwischen. Leichte Verschmutzungen entfernt man mit einem Tuch oder Schwamm und warmem, klarem Wasser oder verwendet im Handel erhältlichen Leder-Reinigungsschaum und Imprägnierspray und behandelt von Naht zu Naht. Zum Trocknen keinen Föhn verwenden! Nach dem Trocknen Ledermilch oder -balsam dünn und ohne Druck auf die Möbel auftragen, mindestens sechs Stunden nicht benutzen. Statt Pflegemittel kann auch eine Körperlotion zur Pflege verwendet werden. Ebenso verfährt man nach der Heizperiode.

• *Anilinleder* kann mit einer Lösung aus Wasser und 20 % Spiritus gereinigt werden.

• *Naturbelassene Leder* reinigt man bei Bedarf vorsichtig mit leicht verdünnter, parfümfreier Naturseife und destilliertem oder abgekochtem Wasser. Es dürfen keine Seifenrückstände verbleiben.

• *Rauledermöbel* werden nur abgestaubt oder mit einem sauberen Bürstenvorsatz abgesaugt. Verdreckte oder blanke Stellen werden mit einer Raulederbürste, einem Wildlederstein oder einem Radiergummi leicht aufgeraut, danach mit Spezialspray imprägniert.

⚠ Bei Rauleder darf niemals Schaumreiniger, Lederreiniger oder Ledercreme verwendet werden.

• Siehe auch Flecken.

Kleine Reparaturen

• Kleine Risse und Löcher kann man mit passendem Holzkitt oder Holzpaste (Baumarkt) ausbessern.

• Kleine Kratzer reibt man mit einer Mischung aus gleichen Teilen reinen Weingeist, Salatöl und Leinöl ein, lässt einwirken und poliert mit einem weichen Lappen.

• Bei Kratzern auf *Mahagoni-Möbeln* hilft Jodtinktur.

• Wenn sich das Geflecht an Stuhl- oder Tischbeinen von *Korbmöbeln* abgelöst hat, kann man das jeweilige Stuhl- oder Tischbein mit Wasserglas oder Holzkleber einpinseln und dann das abgelöste Geflecht wieder darum wickeln. Um während der Trockenphase ein erneutes Abwickeln zu vermeiden, wird das Geflechtende mit einer Reißzwecke stabilisiert. Ein Festnageln des Geflechtes empfiehlt sich nicht, weil sich dann das Holz spalten könnte.

• Kratzer auf *Glattledermöbeln* können behandelt werden, indem man eine glyzerinhaltige Handcreme mit dem Finger in den Bereich der Kratzer einreibt (nicht bei Rauleder anwenden). Dunkler werdende Stellen verschwinden nach einigen Tagen.

Motten

• Kleiderschränke sollten zweimal im Jahr mit der Fugendüse ausgesaugt und mit Essigwasser ausgewischt werden.
• Um dem Befall vorzubeugen oder Motten zu vertreiben, ist ein Einbringen von Duftstoffen in die Schränke zu empfehlen. Die Auswahl ist groß: Lavendel, Kampfer, Waldmeister, getrocknete Orangen- und Zitronenschalen, Anis, Mistel, Zedernholz oder Zedernöl, Veilchen, Rosmarinnadeln, Rosen- oder Walnussblätter, Steinklee, Wermutöl, Scheinquitte, Rosskastanien, Pfeffer oder reine Kernseife.
• Man kann Motten auch fernhalten, indem man frisch gewaschene Gardinen leicht mit Insektenspray einsprüht.
• Damit Kleidungsstücke, Bettwäsche, Daunenkissen, Tischwäsche oder Plüschtiere bei der Aufbewahrung keine Motten anziehen, sollten sie vorher gründlich gereinigt, ausgeklopft und ins Licht gehängt werden. Danach steckt man sie in einen Mottensack oder umwickelt sie mit Zeitungspapier. Pelze bestreut man mit Pfeffer, denn bei Anti-Motten-Mitteln bleibt der Geruch haften.
• Befallene Kleidung klopft man aus und lässt sie reinigen.

• Zur Vorbeugung von Mottenbefall bei einem *Teppich* können Zeitungsbogen unter den Teppich gelegt werden.
• Teppiche behandelt man zur Bekämpfung von Motten mit einem Tuch, das in kochendes Salmiakwasser getaucht wurde. Damit wird der Teppich von der Rückseite belegt und mit sehr heißem Bügeleisen langsam darüber gebügelt. Alternativ bestäubt man den Teppich von oben und unten mit einem Insektenvernichtungsmittel.
• Gibt man einen Teppich in einen Reinigungsfachbetrieb, sollte man ihn mit einem speziellen Mittel gegen Motten behandeln (eulanisieren) lassen.

Mücken

Mücken in der Wohnung sind lästig und unangenehm – im Schlafzimmer können sie einen zur Verzweiflung treiben.
• Alternativ zu den handelsüblichen Mückensprays kann man Mücken aus der Wohnung fernhalten, wenn Blumentöpfe oder -kästen mit Lavendel, Salbei, Majoran, Melisse, Liebstöckl, Wermut, Beifuß, Bohnenkraut, Tomaten, Tabak, Knoblauch oder Zwiebeln bepflanzt und auf den Balkon oder das Fensterbrett gestellt werden. Auch eine Schale mit Essig oder Eukalyptusöl oder eine mit Gewürznelken gespickte Zitrone im Raum oder auf der Fensterbank halten Mücken fern.
• In Gegenden mit hoher Mückenbelastung sollte über der Schlafstätte ein

Moskitonetz aufgehängt werden. Im Freien kann man sich durch Einreiben mit Kampfer oder Essig gegen Stiche schützen. Die Zuführung von reichlich Vitamin B_1 (in Tablettenform oder besser durch Vitamin-B_1-haltige Nahrung wie Milch, Kartoffeln, Naturreis oder Weizenkleie) mindert das Stechverhalten der Mücken, da der Geruch, den der Körper dadurch annimmt, Mücken vertreibt.
• Ist man von einer Mücke gestochen worden, sollte man nicht kratzen, um eine Entzündung zu vermeiden. Die Wirkung eines Mückenstichs kann man lindern, indem man, wenn möglich, die Stichstelle aussaugt, die Stelle mit Essig oder feuchtem Salz einreibt und Eiswürfel, in ein Tuch eingewickelt, auf den Stich drückt. Auch das Einreiben der Stichstelle mit einer halbierten Zwiebel hilft.

Mülleimer
• Ein Verrutschen des Mülleimers kann man verhindern, indem man Korkenscheiben unterklebt.
• Der Eimer bleibt geruchfrei, wenn man den Boden mit Katzenstreu bedeckt. Abfallreste kleben nicht am Boden, wenn man einen Bogen Zeitungspapier und eine Mülltüte einlegt.

Nägel
• Nägel lassen sich leichter einschlagen, wenn man sie vorher in Öl oder Fett taucht beziehungsweise mit Seife oder Wachs einreibt.

• Möchte man vermeiden, dass beim Einschlagen eines Nagels in eine nicht tapezierte Wand Putz aus der Wand bröckelt, wird vorher Klebeband auf die Stelle geklebt.
• Nägel sind an der Wand oder auf einer hellen Tapete weniger zu sehen, wenn sie mit einem Tupfer Deckweiß oder flüssigem Tipp-Ex bepinselt werden.

tipp
Einen Holzdübel zum Einschlagen eines Nagels können Sie leicht aus einem Stückchen Holz schnitzen.

• Bekommt ein Nagel in einer Stein- oder Betonwand keinen Halt (beispielsweise zum Aufhängen kleiner Bilder), wird mit einer Schlagbohrmaschine ein Loch in die Wand gebohrt, ein Holzdübel hineingesteckt und in das Loch eingeschlagen. Somit findet der Nagel einen guten Halt.
• Soll ein Nagel in Holz geschlagen werden, empfiehlt es sich, vorher die Spitze etwas stumpf zu schlagen, um einen Spaltriss zu vermeiden.

Öl
Kleinere ausgelaufene Mengen Heizöl oder anderes Öl können mit saugfähigem Tuch oder Papier entfernt werden. Eine größere Öllache bestreut man mit Waschpulver, Sand oder Sägespänen, lässt es einziehen und kehrt oder saugt es auf.

169

Parkett

Parkett ist nur so lange schön, wie es gepflegt aussieht.

• Zur Behandlung von neu verlegtem Parkett verwendet man am besten das von der Herstellerfirma empfohlene Pflegemittel.

• Sand und loser Schmutz sind sofort vorsichtig mit dem Staubsauger zu entfernen, da sonst Kratzer entstehen können.

• Parkett wird nur feucht mit klarem Wasser, bei Bedarf unter Zusatz von einer halben Verschlusskappe Weichspüler-Konzentrat geputzt, nie jedoch mit Scheuerpulver.

• Beim Verschieben von Möbeln auf dem Parkett sollte man zum Schutz vor Kratzern immer Lappen unterlegen.

• Beschädigte Stellen sind mit Schmirgelpapier vorsichtig anzuschleifen – dabei immer in Richtung Maserung vorgehen. Bei geöltem Parkett trägt man dann mit weichem Tuch Pflegeöl auf.

Perlen

• Man sollte Perlenschmuck so oft wie möglich tragen, da die Perlen sonst ihren Glanz verlieren. Nach dem Tragen wird der Schmuck mit einem weichen Wolltuch abgewischt und getrennt von anderem Schmuck aufbewahrt. Beim Aufbewahren legt man ein paar Reiskörner dazu, um den schönen Schimmer zu erhalten.

• Perlen behalten ihren Schimmer, wenn Sie sie zusammen mit Salz in einen kleinen Stoffbeutel geben. Den Beutel bewegen Sie anschließend in einer Schüssel mit Wasser solange hin- und her, bis das Salz ausgespült ist. Nach der Behandlung lässt man die Perlen gut trocknen.

• Perlenschmuck, der vergilbt ist, wird kurz in erwärmten Weinessig gelegt und danach gut mit klarem Wasser abgespült.

• Bei starker Verschmutzung sollte die Reinigung und gegebenenfalls Neufädelung einem Juwelier überlassen werden.

❗ Bei Kontakt mit Haarspray und Parfüm können die Perlen Schaden nehmen.

Perlmutt

Perlmutt soll nicht mit Seife behandelt werden. Man reinigt es mit einem Brei aus Schlämmkreide oder legt es in eine Mischung von geriebenem Schwarzbrot und Weizenkleie.

Pfannen siehe **Töpfe**

Pinsel siehe **Anstreicharbeiten**

Plastikbehälter

• Wenn Plastikbehälter oder -flaschen Geruch angenommen haben, beseitigt man diesen, indem man sie zunächst mit Spülwasser auswäscht, mit Essigwasser nachwäscht und dann mit klarem Wasser spült.

• Alternativ füllt man heißes Wasser ein, gibt einen Teelöffel Backpulver dazu, schüttelt den Behälter und lässt ihn über Nacht stehen. Am nächsten Tag wird er entleert und gründlich ausgespült.

• Behälter aus Klarplastik sollte man nicht von selbst trocknen lassen, sondern sofort nach dem Spülen abtrocknen, damit sich keine Kalkflecken absetzen.

• Plastikflaschen mit engem Hals lässt man zur Reinigung über Nacht mit einer Reinigungstablette für dritte Zähne stehen. Danach gründlich spülen.

• Plastikflaschen mit Schraubverschluss kann man immer wieder verwenden, beispielsweise um Getränke zum Training oder zu einer Fahrradtour mitzunehmen.

Plastikschlauch

Ein Plastikschlauch kann leichter (zum Beispiel auf einen Wasserhahn) aufgezogen werden, wenn er am Ende von innen mit Öl oder Fett bestrichen wird. Ist eine Dehnung der Schlauchöffnung erforderlich, erwärmt man das Schlauchende in heißem Wasser und schiebt den Schlauch dann auf den Schlauchstutzen oder den Wasserhahn.

Plastikspielsachen

Man reinigt sie, indem man sie in warmes Wasser mit einem Schuss antibakteriellem Haushaltmittel taucht und einzeln abbürstet, mit klarem Wasser abbraust und auf einem Handtuch trocknet.

Polstermöbel

• Polstermöbel sollten mit der Spezialdüse des Staubsaugers möglichst einmal pro Woche abgesaugt werden. Verbleibende Haare und Flusen können aus den Ritzen mit einer mit Spiritus befeuchteten Bürste oder einem Schwamm entfernt werden. Als Alternative bietet sich auch eine Kunststoffbürste an, die man vorher an Kunstfaserstoff gerieben hat (Aufladungseffekt).
• Eine Reinigung erfolgt mit warmem Shampoo-

oder Essigwasser, das mit einem feuchten Schwamm aufgetragen und mit diesem der Stoff vorsichtig abgerieben wird. Danach sollte eventuell vorhandene Restfeuchtigkeit mit einem saugfähigen Tuch abgerieben werden.
• Florschattierungen kann man durch leichtes Anfeuchten des gesamten Polsterbezuges mit Essigwasser beheben.
• Bei Schmutzflecken auf Polstermöbeln mit Flachgewebe aus Baumwolle, Chemiefasern, Mohair, Wolle oder Synthetik schäumt man im Allgemeinen Trockenshampoo auf einem feuchten, ausgedrückten Schwamm auf, trägt diesen auf die Polster auf und bürstet dann mit weicher Bürste in Strichrichtung ab.
• Flecken auf Polstermöbelbezügen aus Seide, Leinen, Velours, Zellulosefasern oder Mikrofaservliesstoff sollten nur entsprechend der allgemeinen Hinweise im Kapitel „Flecken" beziehungsweise nach Angabe des Herstellers beseitigt werden.
• Abnehmbare Bezüge werden nach Vorschrift gewaschen.

• Restverschmutzungen oder Problemflecken sollte man von einem Fachmann für Polsterstoffe behandeln lassen.

Porzellanfiguren
• Die Reinigung von Porzellanfiguren erfordert den geringsten Zeitaufwand, wenn man sie mit einem Föhn abbläst.
• Um sie beim Spülen nicht zu beschädigen, spült man die Figuren vorsichtig von Hand. Das Spülbecken wird dazu vorher mit sauberen Tüchern ausgepolstert.
• Sengflecken auf Porzellangeschirr (zum Beispiel von ausgedrückten Zigaretten) reibt man mit einem nassen Korken ab, der vorher in Salz getaucht wurde.

Postsendungen
• Ein Verwischen von handschriftlichen Beschriftungen auf Briefumschlägen oder Paketaufklebern vermeidet man, indem man nichtwasserlösliche Marker oder Stifte verwendet. Man kann das Verwischen auch vermeiden, indem man über die getrocknete Schrift transparentes Klebeband klebt.
• Verschnürt man ein Paket mit feuchtem Bindfaden, hält es, nachdem der Faden getrocknet ist, besonders straff zusammen.

öko-tipp
Ein Paket mit zerbrechlichem Inhalt kann statt mit Styropor auch mit einer Füllung aus ungeschälten Erdnüssen oder ungezuckertem und ungebuttertem Popcorn ausgepolstert werden. Diese Füllung ist umweltfreundlich, originell und eine sicher nicht alltägliche Überraschung für den Empfänger.

Radiergummi
Radiergummi schmiert nicht, wenn man die blanke Fläche mit einer Nagelfeile oder mit weichem Sandpapier aufraut.

Rahmen siehe **Bilderrahmen**

Reibe
• Geraspeltes bleibt nicht so leicht in den Löchern der Reibe kleben, wenn man sie vor dem Benutzen mit etwas Speiseöl einreibt.
• Eine Verstopfung zwischen den Reibezähnen wird durch das Reiben eines Stück Würfelzuckers behoben.

Rost
• Werkzeug rostet nicht, wenn man in den Werkzeugkasten ein Stück Kreide einlegt, das man ab und zu erneuert.
• Entsprechend des Flächen- oder Tiefenbefalls wird Rost entweder mit einer Drahtbürste oder mit Sandpapier entfernt. Danach sollte die bearbeitete Stelle mit einem Rostentfernungs- beziehungsweise Rostschutzmittel (Baumarkt) nachbehandelt werden, das einige Zeit wirken muss und anschließend abgerieben wird.
Ersatzweise kann auch Cola oder ein leicht angefeuchtetes Tuch mit Zigarettenasche verwendet werden.

Säge
Die Schnittfläche einer Säge wird sauberer und das Sägen geht leichter, wenn die Sägeblattseiten vorher mit trockener Kernseife oder Wachs eingerieben werden.

Schaben

Diese unangenehmen Schädlinge bevorzugen feuchtwarme, dunkle Stellen wie in Ritzen, hinter Kühlschränken, Schränken und Heizungen.

• Bei geringem Befall kann man ein Gemisch aus Borax (Apotheke) und Puderzucker im Verhältnis 1:1 ausstreuen oder auf Bierdeckel am Boden auslegen.

• Sollten einfache Maßnahmen nicht erfolgreich sein, kann man auch Schabenbekämpfungsmittel aus der Apotheke verwenden. Bei sehr starkem Befall sollte ein Schädlingsbekämpfer mit der Vernichtung beauftragt werden.

Schirm

• Einen Schirm reinigt man im aufgespannten Zustand mit einem Gemisch aus Kernseife und Wasser oder mit einer Mischung aus Salmiakgeist und Wasser (1:2), spült ihn danach gut ab und lässt ihn aufgespannt trocknen.

• Er wird wieder wasserdicht, wenn man ihn im getrockneten und geöffneten Zustand mit essigsaurer Tonerde imprägniert oder mit Haarspray einsprüht.

• Die Farben von Sonnen- und Regenschirmen werden aufgefrischt, wenn man sie mit einem in Spiritus getränkten Schwamm abreibt.

Schnitzereien siehe Möbel

Schnürsenkel

• Wenn sich Schnürsenkel schlecht binden lassen und immer aufgehen, schafft man Abhilfe, indem man sie mit Haarspray besprüht.

• Senkel reißen nicht so schnell, wenn sie vor ihrer Verwendung in essigsaurer Tonerde getränkt wurden.

• Ausgefranste Enden taucht man in farblosen Nagellack oder Kleber, dreht sie spitz zwischen den Fingern und lässt sie trocknen.

• Senkel aus Naturleder bearbeitet man mit Schmirgelpapier, dadurch werden sie stumpfer und halten besser.

Schrauben

• Schrauben und Muttern lassen sich besser hinein- und herausdrehen, wenn sie vor dem Einschrauben mit Schmieröl und Grafitpulver eingefettet werden. Sie bleiben so auch rostfrei.

• Kleine Schräubchen, die man mit den Fingern schlecht fassen kann, nimmt man mit einer Spitzpinzette auf und setzt sie so auf das Gewindeloch.

• Holzschrauben halten dauerhaft, wenn man sie vor dem Eindrehen in Klebstoff taucht.

Schraubgläser

• Beim Aufschrauben des Deckels rutschen die Hände nicht, wenn man dazu Gummihandschuhe anzieht.

• Lässt ein Schraubglas sich nicht öffnen, beklopft man den Deckel ringsum mit einem Gegenstand, beispielsweise mit einem Messer- oder einem Schraubenziehergriff. Das gleiche Ergebnis erzielt man (auch bei Einmachgläsern), wenn man das Glas mit dem Deckel nach unten kurz ins heiße Wasser stellt oder heißes Wasser über den Deckel laufen lässt.

Schubladen

Schubladen gehen leichter auf und zu, wenn die Führungsflächen mit Wachs oder Kernseife eingerieben werden.

Schuhcreme

Schuhcreme, die fest geworden ist, wird wieder weich, wenn die Dose in heißes Wasser gestellt wird oder einige Tropfen Terpentinöl zugegeben werden.

Schuhe
• Um an Schuhen aus *glattem* und *genarbtem Leder* lange Freude zu haben, behandelt man sie vor dem ersten Tragen am besten mit natürlichen Wachsen oder Ölen oder mit farblosen Schuhpflegemitteln, die man über Nacht einwirken lässt. Am nächsten Tag werden die Schuhe blank geputzt. Melkfett eignet sich auch sehr gut als Schuhpflegemittel; es ist für alle Lederfarben verwendbar.
• Glanz kann auch ohne Schuhcreme erreicht werden, wenn die Schuhe mit etwas Handcreme oder Sonnencremeresten eingerieben und mit einem alten Feinstrumpf nachpoliert werden.
• Ab und zu macht man die Schuhe mit Imprägniermittel wasserabweisend.
• *Wasserränder* an Lederschuhen kann man mit einer aufgeschnittenen Zwiebel abreiben.
• Wasserränder an Schuhen mit Perlon- oder Nylonbezug werden mit lauwarmem Seifenwasser oder Spiritus beseitigt, danach werden die Schuhe mit weißem Papier ausgestopft und getrocknet (nicht auf der Heizung, da sie sonst leicht spröde werden).
• *Schneeränder* an glatten Lederschuhen lässt man gut durchtrocknen und reibt sie anschließend mit etwas Petroleum ab oder wäscht sie mit destilliertem Wasser (Drogerie) und Sattelseife (Reiterzubehörladen) ab. Danach werden die Schuhe mit Papier ausgestopft und getrocknet. Man sollte sie zum Trocknen jedoch nicht auf die Heizung legen, da durch die starke Wärmezufuhr das Material spröde wird. Zuletzt

werden die Schuhe eingecremt und imprägniert.
• Schneeränder an Velours- und Wildlederschuhen werden vorsichtig mit Feinwaschmittel und Fingerbürste abgeseift. Um den Flor aufzurichten, hält man die Schuhe über Dampf. Gut trocknen lassen, jedoch nicht auf der Heizung. Mit einem speziellen Pflegespray eingesprüht, werden sie wieder wasserabweisend und farbintensiv.
• Stiefel und Schuhe, die *Streusalzränder* bekommen haben, werden mit einer Lösung aus Wasser und Essig (1:1) behandelt.
• Zur Pflege von *Anilinlederschuhen* sollte man nur milde, fettfreie Pflegemittel oder vor dem ersten Tragen ein Imprägnierspray verwenden. Nicht stark reiben, da sich sonst Flecken bilden können.
• *Fettleder-* und *Waterproof-*Schuhe sind sparsam mit Sportlederfett oder Lederöl zu behandeln.
• Schrammen auf *weißen Schuhen* lassen sich mit flüssigem Korrekturlack überdecken.
• Kratzer auf *Goldschuhen* kann man mit weißer Zahnpasta einreiben, nachpolieren oder mit Dekorfilzstift oder Stoffmalfarbe übermalen.
• Für *Lackschuhe* darf keine normale Schuhcreme verwendet werden, da sie den Lack zerstört. Man kann sie aber mit Rizinusöl oder Lacklederöl einreiben beziehungsweise mit Spezial-Pflegemitteln behandeln. Stumpf gewordene Lackschuhe reibt man mit Milch ein, lässt diese einziehen und reibt die Lackschuhe dann gut ab. Helle Lackschuhe, die schwarze Striche bekommen haben, kann man mit einem feuchten Tuch und Schmierseife reinigen.

• *Leinenschuhe* und *Turn-schuhe* sollten vor dem ersten Tragen mit Wäschestärke, Haarlack oder Imprägnierspray behandelt werden; sie nehmen dann den Schmutz nicht so leicht an, lassen sich besser reinigen und sind außerdem wasserabweisend. Zum Reinigen verwendet man Teppichshampoo und Zahnbürste.

Alternativ steckt man sie in einen Kissenbezug und wäscht sie bei 30 °C in der Waschmaschine (nicht schleudern!). Anschließend stopft man sie mit Papier aus und lässt sie trocknen. Zuletzt mit handelsüblichem flüssigem Schuhweiß behandeln oder mit Wäschestärke, Haarlack oder Imprägnierspray einsprühen.

• *Brokatschuhe* kann man mit einem in Weingeist getauchten Tuch reinigen.

• *Samtschuhe* sollten nach dem Kauf und auch später ab und zu imprägniert werden. Der Schmutz wird mit speziellem Textil-Schaumreiniger entfernt, anschließend lässt man die Schuhe auf Schuhspannern trocknen.

• *Reptilleder-Schuhe* werden mit Lacklederöl oder einer Creme, die Bienenwachs oder Avocado-Öl enthält, eingefettet oder mit speziellem Pflegeschaum aus dem Fachhandel behandelt.

• *Stiefel* können ohne Stiefelspanner gespannt werden, wenn man statt dessen zusammengerollte Zeitungen verwendet. Stiefel kann man wasserfest machen, indem man sie mit Bienenwachs, Lederfett oder mit Lederimprägnier-Spray behandelt.

• *Velours-* und *Wildlederschuhe*, die nass geworden sind, muss man vor der Behandlung erst gründlich trocknen lassen. Dann werden Schmutz, Wasserflecken oder Ränder mit einer speziellen Bürste mit Kreppgumminoppen oder Borsten aus Nylon oder Kupferdraht, mit feinstem Sandpapier, Bimsstein oder mit einem sauberen Radiergummi entfernt.

• *Schweißbildung* in Schuhen wird verringert, wenn die Füße und der Innenbereich der Schuhe mit Fußspray oder Babypuder bestäubt werden. Sportschuhe kann man nach dem Sport über Nacht mit Katzenstreu füllen, um eventuell vorhandenen Geruch aus dem Schuh zu entfernen.

• Das Leder zu enger Schuhe weitet sich ein wenig, wenn man die Innenseiten der Schuhe mit reinem Alkohol (Apotheke) oder Spiritus benetzt. Danach zieht man die Schuhe an, damit sich das Oberleder ausdehnt und sie sich der Fußform anpassen.

• Bei Schuhen, deren Fersen drücken, klopft man den oberen Rand der hinteren Schuhkappen mit einem Hammer auf passender Unterlage weich.

• Schuhe, die an Füßen oder Strümpfen abfärben, besprüht man innen kräftig mit Imprägnier- oder Haarspray. Alternativ bepinselt man die

färbenden Partien mit farblosem Klar- oder Nagellack (macht jedoch das Leder etwas fest). Man kann sie auch mit Essig einreiben, um das Abfärben zu verhindern.
• Ledersohlen nehmen nicht so schnell Wasser auf, wenn sie mit Firnis oder Terpentin bestrichen werden. Neue Ledersohlen halten länger, wenn man sie neu und später ab und zu mit Leinöl einreibt, das einige Stunden einziehen sollte. Knarrende Ledersohlen werden elastisch, wenn man erwärmtes Leinöl oder Rizinusöl aufpinselt und einziehen lässt. Rutschige Ledersohlen raut man mit Schleifpapier auf.
• Schuhe rutschen auf Glatteis nicht, wenn unter die Sohlen und Absätze Filzstreifen oder Leukoplast geklebt wird.
• Korksohlen an Schuhen bröckeln nicht so leicht ab, wenn sie vor dem ersten Tragen mit farblosem Lack oder Nagellack bestrichen werden.
• Zieht man Seitenränder und Absätze mit Sohlenrandfarbe nach, sehen sie gleich wieder wie neu aus.
• Riemchen von Sandalen rutschen und reiben nicht mehr, wenn man sie innen mit dünnen selbstklebenden Schaumgummistreifen beklebt.
• Sommer- und Winterschuhe bewahrt man in der Saisonpause gut geputzt, eingecremt, mit Schuhspanner und möglichst im Schuhbeutel an einem trockenen Ort auf.

Schulterriemen
Riemen, zum Beispiel von Umhängetaschen, die von der Schulter rutschen, kann man an der Unterseite mit einem Streifen selbsthaftendem Schaumgummiband bekleben.

Schwamm
• Ein Badeschwamm wird wieder weich, wenn er in warmes Wasser gelegt wird, dem ein Schuss Essig beigefügt wurde.
• Ein brüchiger Naturschwamm wird wieder geschmeidig, wenn er über Nacht in Salzwasser gelegt wird (5 Esslöffel Salz auf 3 Liter Wasser). Anschließend gut ausspülen und trocknen.
• Einen Luffa-Badeschwamm legt man zur Reinigung einige Stunden in Sodawasser, dann wäscht man ihn in Seifen- oder Sodawasser aus.

Seidenblumen
• Seidenblumen reinigt man, indem man sie mit einem weichen Pinsel entstaubt oder lauwarm abduscht. Man kann sie auch einige Minuten mit einer Reinigungstablette für dritte Zähne in lauwarmes Wasser legen und danach kopfüber zum Trocknen aufhängen. Alternativ steckt man die Blumen in eine Tüte, bestreut sie mit Salz und schüttelt das Ganze. Das Salz bindet so den Schmutz.
• Seidenblumen, die zerknittert sind, richten sich über Wasserdampf wieder auf.

Silber
• Tafelsilber läuft nicht an, wenn man es hauchdünn mit Glyzerin einreibt, zur Aufbewahrung einzeln in Seidenpapier und dann in Alufolie wickelt oder ein Stück Kreide dazulegt.

tipp

Auf Silbergeschirr sollte kein Salzgebäck und auch keine Gerichte mit Eiern serviert werden, da dadurch Flecken auf dem Geschirr entstehen.

• Silber wird wieder glänzend, wenn man es auf Alufolie (glänzende Seite nach oben) in eine mit heißem Wasser gefüllte Plastikschüssel legt, eine Handvoll Salz zugibt, Silberschmuck oder -besteck hineinlegt und etwa eine halbe Stunde ziehen lässt, bis es glänzt. Anschließend abspülen und polieren.

• Alternativ bieten sich folgende Möglichkeiten:

– Man poliert mit einem feuchten Tuch und Papier- oder Zigarettenasche oder mit einer Mischung aus ausgepresster Zitrone und Zahncreme.

– Auch mit einem Brei aus Schlämmkreide und Brennspiritus kann man die Glanzqualität verbessern.

– Man gibt das Silber für etwa 15 Minuten in eine Lösung aus warmem Wasser und Salmiakgeist (2:1). Im Anschluss an die Behandlung wird mit einer weichen Bürste nachgerieben, unter warmem Wasser gründlich abgespült und mit weichem Wildledertuch poliert.

• Silber, das stark angelaufen ist, sollte man in ein spezielles Tauchbad (Drogerie) geben beziehungsweise mit Spezialtüchern aus dem Fachhandel pflegen.

• Mit Edelsteinen verarbeiteter Schmuck darf nur mit warmem Wasser gereinigt werden.

• Schmuck, der auf Kleidung und Haut dunkle Flecken hinterlässt, bestreicht man auf der Rückseite mit farblosem Lack oder Nagellack.

Silberfische

Diese Schädlinge bevorzugen feuchtwarme, dunkle Stellen wie beispielsweise Fliesen- und Wandritzen oder Abflüsse.

• Man hält sie fern durch das Abdichten und Austrocknen von Fugen und Ritzen. Auch das Aufstellen von Schälchen mit Lavendelöl oder das Verteilen von Essigessenz an Fugen und Ritzen vertreibt sie.

• Man vernichtet sie durch das Ausstreuen einer Mischung aus Puderzucker und Borax (Apotheke) im Verhältnis 1:1. Holzbrettchen, mit Honig oder Sirup beschmiert, wirken als Falle, das Ungeziefer bleibt daran hängen.

Speisemotten

• Speisemotten können in Mehl, Grieß, Reis oder anderen Lebensmitteln vorkommen. Deshalb sollten diese Nahrungsmittel regelmäßig auf Gespinste geprüft und bei Befall die gesamte Packung vernichtet werden.

• Vorbeugend gegen Befall sollten die Lebensmittel in gut schließenden Plastikdosen kühl und trocken aufbewahrt und eventuell ein Lorbeerblatt zugegeben werden. Weiterhin beugt man einem Befall durch regelmäßiges Säubern und Auswaschen der Schrankfächer mit Essigwasser vor.

Spiegel

• Alternativ zu herkömmlichem Fensterputzmittel kann auch eine Mischung aus destilliertem Wasser und Spiritus (1:1) mit einem Schuss Salmiakgeist hergestellt werden, die man in eine leere Sprühflasche füllt.

• Spiegel bleiben länger blank und laufen nicht so schnell an, wenn sie mit Autowachs eingerieben und danach blankpoliert werden.

• Ist ein Spiegel angelaufen, kann man ihn mit einem Föhn kurz abblasen.

Spinnweben

• Spinnweben werden so wie Staub immer zuerst von der Decke, dann an den Wänden von unten nach oben abgekehrt. Um mit den Spinnweben den Besen nicht zu verunreinigen beziehungsweise damit vom Besen keine Schmutzflecken an die Wand gelangen, kann man ein sauberes Tuch um den Besen wickeln. Man kehrt von unten nach oben, da so der Schmutz im Tuch bleibt.
• An schwer zugänglichen Stellen, beispielsweise hinter Schränken, werden Schmutz und Spinnweben mit Hilfe einer Schnur entfernt, an die mittig ein kleines Tuch geknotet wurde. Die Schnur wird von oben so in den Spalt zwischen Schrank und Wand gebracht, dass beidseitig die Schnurenden überragen. So kann sie von unten nach oben hin und hergezogen werden, wozu allerdings eine zweite Person erforderlich ist. Dabei ist darauf zu achten, dass die Länge der überragenden Schnurenden mindestens jeweils die halbe Schrankbreite haben muss.

Staubsauger

• Saugt der Staubsauger nicht mehr richtig, kann es daran liegen, dass der Schmutzbeutel voll oder das Saugrohr verstopft ist.
• Staubsaugertüten kann man noch einmal verwenden, wenn sie unten vorsichtig aufgeschnitten werden, der Inhalt entleert und die offene Stelle mit Klebestreifen verschlossen wird.

Staubtuch

• Ein Staubtuch nimmt Staub und Flusen besser auf, wenn es nach dem Auswaschen über Nacht in ein Was-ser-Glyzerin-Gemisch gelegt wird. Man kann es auch mit Kernseife auswaschen und trocknen lassen.
• Gibt man vor dem Staubwischen einen Tropfen ätherisches Öl auf das Tuch, verbreitet das einen angenehmen Duft im Raum.
• Sehr praktisch ist es, als Staubtuch einen ausgedienten Nylonstrumpf zu verwenden, da er sich statisch auflädt und den Staub anzieht.

Stempelkissen

Man kann ein fast leeres Stempelkissen bis zum nächsten Auffüllen noch benutzen, wenn man es einige Zeit umgekehrt hinlegt.

Stofftiere

Stofftiere und -puppen, die wegen ihrer Füllung nicht gewaschen werden dürfen, bestäubt man mit Stärkemehl oder Salz, lässt es einige Zeit einziehen und bürstet anschließend vorsichtig mit einer Kleiderbürste ab.

Tabak

Tabak, der trocken geworden ist, erhält den erforderlichen Feuchtigkeitsgrad zurück, wenn kleine Kartoffel- oder Apfelstückchen dazu gelegt werden.

Tablett

Gläser und Geschirr rutschen nicht, wenn ein feuchtes Tuch aufs Tablett gelegt wird.

Tapezieren

• Damit die Tapete später gut hält, sollte man vorher die Wandbeschaffenheit hinsichtlich der Saugfähigkeit testen, indem man mit einem Pinsel Wasser auf die Wand aufbringt. Perlt das Wasser ab, ist der Untergrund nur schwach saugend, was später zur Blasenbildung unter der Tapete führen kann.

• Handelt es sich um einen schwach saugenden Untergrund, sollte dieser vor dem Tapezieren mit Makulatur vorbehandelt werden. Färbt sich beim Wandtest die Stelle dunkel, ist von einem stark saugenden Untergrund auszugehen, was ein Ablösen der Tapete zur Folge haben könnte. Um dieses zu vermeiden, sollte die Wandfläche mit Tapeziergrund oder Tapetenleim vorbehandelt werden.

• Bevor man mit dem Tapezieren beginnt, sollten einige Vorarbeiten vorgenommen werden:

– Vor dem Tapezieren sollte generell die alte Tapete entfernt werden. Sie löst sich leichter, wenn man sie mit warmer Seifenlauge gut durchfeuchtet und die Lauge eine Zeit lang einwirken lässt. Danach wird die Tapete durch Abziehen oder mit dem Spachtel von der Wand gelöst. Tapeten mit wasserundurchlässiger Oberfläche sollten vorher mit einer Nadelwalze oder mit einer Drahtbürste aufgeraut werden.

– Ansetzen des Tapetenleims in einem Eimer oder einer Schüssel. Dabei ist zu beachten, dass das Leimpulver dem Wasser in kleinen Mengen. zugegeben und während des Einschüttens verrührt wird. Die angerührte Masse lässt man quellen und verdünnt sie bei Bedarf mit Wasser.

– Abdecken der im Raum vorhandenen Möbel und des Fußbodens.

– Beseitigen vorhandener Löcher, Risse und Unebenheiten.

– Abreiben eventuell vorhandener Stockfleckenflächen mit speziellen Präparaten gegen Stockflecken (Baumarkt). Nach dem Trocknen mit Alufolie überkleben, damit eventuell erneut auftretende Feuchtigkeit zurückgehalten wird. Auch kleine Wandrisse können mit Alufoliestreifen überklebt werden.

– Einstecken von Nägeln oder Streichhölzern in die Dübel, die wieder benutzt werden sollen, um diese nach dem Tapezieren wiederzufinden (siehe Dübel).

– Günstig für den Arbeitsablauf ist, wenn entsprechend dem Aufmaß so viele vorgeschnittene Bahnen wie möglich bereitgelegt werden. Da nicht immer mit einer gleichmäßigen Wandhöhe zu rechnen ist, empfiehlt es sich, das Längenaufmaß rundum an den Wandecken vorzunehmen. Das längste Höhenmaß bestimmt dann die Länge der einzelnen Bahnen.

• Beim Tapezieren werden die einzelnen Bahnen gut mit Leim eingeweicht (einstreichen), dann lassen sie sich besser und straffer verlegen. Um ein gleichmäßiges Auftragen des Leims auf die Bahn zu gewährleisten, ist die leimgetränkte Bürste immer mit etwas Abstand zur Oberkante beziehungsweise zu der bereits eingeleimten Fläche anzusetzen. So kann der Leim gleichmäßig nach beiden Richtungen verstrichen werden.

• Beim Anlegen der ersten Bahn muss man auf senkrechten Verlauf achten. Es empfiehlt sich daher, vorher mit einer Wasserwaage eine senkrechte Linie zu ziehen. Bei schiefer Decke lässt man die Bahn oben überstehen, zieht mit einem Bleistift entsprechend der

Deckenführung einen Strich und schneidet den überstehenden Teil mit einer Schere sofort ab. In gleicher Weise erfolgt das Anpassen an der Scheuerleiste. Um Blasen oder Falten zu vermeiden, ist die Tapezierbürste in Fischgräten-Streichbewegung auf der Bahn zu führen, also jeweils von der Mitte schräg nach unten. Sind nach dem Trocknen in den Bahnen Blasen oder Falten, werden diese einfach mit einer Rasierklinge aufgeschnitten, etwas aufgeklappt, mit Leim bestrichen und wieder festgedrückt.

• Raufaser- oder Strukturtapete, die mit einem Farbanstrich versehen werden soll, muss vorher gut getrocknet sein.

• Siehe auch Anstreicharbeiten.

Teppich

• Unter Teppichen und Brücken sollte wegen Rutschgefahr nicht gewachst oder gebohnert werden.

• Bei rutschenden Teppichen legt man eine Antirutschmatte, Schwammtücher, Vlies oder Schaumgummistreifen unter.

• Nach dem Staubsaugen wird gegebenenfalls eine Fleckenbehandlung

vorgenommen und der Teppich bei starker Verschmutzung mit einem Spezial-Waschsauger behandelt (zum Ausleihen im Reinigungsfachgeschäft oder Baumarkt). Dabei wird das verwendete Shampoo maschinell durch rotierende Bürsten in den Teppich eingerieben und sofort mit einem Wassersauger wieder abgesaugt. Shampoo-Rückstände werden anschließend mit einem Staubsauger entfernt. Die Reinigung ist intensiv, der Boden wird jedoch durchfeuchtet. Man sollte den Teppich daher erst gründlich trocknen lassen, bevor man ihn wieder betritt.

• Reinigt man den Teppich per Hand und verwendet dazu Trockenschaum, sollte der Schaum nur vorsichtig dosiert aufgetragen und Rückstände gründlich entfernt werden.

• Teppichfarben werden aufgefrischt, wenn der Teppich mehrmals im Jahr mit Bürste und einer Mischung aus Essigessenz und Wasser (1:3) in Strichrichtung abgebürstet wird.

• Durch Aufstreuen von feuchtem Salz, das man einige Zeit einwirken lässt und danach wieder absaugt, wird ebenfalls ein Säuberungs- und Auffrischungseffekt erzielt.

• Sehr gut bekommt es dem Teppich, wenn im Winter der Pulverschnee genutzt wird. Dazu wird der Teppich mit der Florseite nach unten auf den Schnee gelegt und gründlich geklopft.

• Die Reparatur eines Teppichs sollte man einem Fachmann überlassen.

• Teppichfransen liegen besser, wenn sie mit Stärkemittel behandelt werden und man sie mit einer Kunststoffhaarbürste glättet.

• Soll ein Teppich eingelagert werden, sollte er zunächst gründlich gereinigt werden. Zum Schutz gegen Motten oder anderem Ungeziefer bestreut man ihn mit Mottenmittel oder Pfeffer oder besprüht ihn mit Insektenvernichtungsmittel. Diese Behandlung ist allerdings nur bei Naturfasern nötig. Anschließend wird der Teppich mit Zeitungspapier belegt und zusammengerollt.

• Ein Strohteppich wird nicht brüchig und spröde, wenn man ihn ab und zu mit Salzwasser besprüht.

• Ein Kokosläufer hält länger, wenn er ab und an mit Sodawasser abgebürstet und gelegentlich mit einem Wäschesprenger befeuchtet wird. Zum Reinigen wird er mit Seifenlauge abgebürstet, der etwas Wasserstoffsuperoxid beigegeben wird und anschließend mit klarem Wasser behandelt.

Terrakotta

• Terrakottagefäße sollte man vor der Erstbenutzung und vor jedem Umtopfen innen und außen mit Öl einreiben und dieses einziehen lassen. Dadurch erhalten sie eine schöne Farbe. Gleichzeitig wird der Kalkansatz weitgehend vermieden. Kalkablagerungen lassen sich auf diese Weise später auch besser entfernen.

• Man kann Kalk aus Terrakottagefäßen entfernen, indem man ihn zunächst grob abkratzt, die dünneren Kalkränder mit einem Gemisch aus Essig und Wasser zu gleichen Teilen einstreicht und nach dem Trocknen mit Öl oder Fett abreibt.

Thermosflaschen

• Bei einer starken Verschmutzung, zum Beispiel bei Tee- und Kaffeerändern, bei der eine normale Reinigung keinen Erfolg bringt, wird die Kanne zu einem Drittel mit Weinessig gefüllt, mit heißem Wasser aufgefüllt und über Nacht stehen gelassen.

• Alternativ verwendet man warmes Wasser und gibt 2 bis 3 Gebissreinigungstabletten dazu, lässt über Nacht stehen und bürstet die Flasche dann mit einer speziellen Schaumstoffbürste aus. Mit klarem Wasser nachspülen.

Töpfe

• Töpfe und Pfannen aus *Edelstahl* werden vor dem ersten Gebrauch mit heißem Wasser und Spülmittel ausgekocht, danach mit klarem Wasser ausgespült und mit Speiseöl eingerieben. Edelstahl darf nicht mit starkem Scheuermittel, Stahlwolle oder der harten Seite eines Haushaltschwammes behandelt werden, da das Metall sonst Kratzer bekommt. Verkrustungen kann man mit einem essiggetränkten Tuch oder Schwamm aufweichen.

• Matt gewordener Edelstahl bekommt wieder Glanz, wenn er mit Zitronensäurepulver (Drogerie) behandelt wird. Man kann auch Kernseife oder rohe Kartoffelschalen, Metall- oder Allzweckreiniger verwenden. Alternativ kann man die Töpfe und Pfannen nach dem Abwaschen auch mit Zitronenschalen einreiben, anschließend spülen und trocken reiben, damit sie wieder glänzen.

• *Emailtöpfe* und *-pfannen* soll man niemals auskratzen. Um Kalkablagerungen zu verhindern, kann mit Spülmittel und einem Schuss Branntweinessig gespült werden. Man kann die Töpfe bei starker Verschmutzung auch

mit Waschpulver reinigen und ab und zu mit Essigwasser auskochen. Flecken mit Zitrone und Küchenkrepp entfernen. Nach dem Kochen beziehungsweise Braten sollte man den Topf zunächst abkühlen lassen, bevor man ihn reinigt, da das Email sonst eventuell springt.

> **tipp**
>
> *Salz wird zum Kochen erst zugegeben, wenn das Wasser schon kocht, damit das Salz nicht nach unten sinkt und den Topfboden angreift.*

• Töpfe und Pfannen aus *Gusseisen* sind vor dem ersten Gebrauch mit Essigwasser auszukochen beziehungs-

weise mit Fett zu erhitzen. Sie sollten nach dem Gebrauch möglichst nur etwas erhitzt, mit Salz und Küchenkrepp ausgewischt oder – wenn eine geschmacksintensive Speise darin zubereitet wurde – mit Wasser eingeweicht und mit klarem Wasser gespült werden. Anschließend ölt man sie leicht ein.

• *Teflonbeschichtete Töpfe* und *Pfannen* sollten vor der ersten Benutzung mit warmem Wasser und weichem Schwamm gereinigt, auf dem Herd kurz angewärmt und danach leicht eingeölt werden. Sie müssen immer schonend behandelt werden, da die Teflonbeschichtung gesundheitsschädigend ist, wenn sie zum Beispiel durch zu starkes Kratzen am Topfboden mit der Speise vermischt wird. Um ein Beschädigen dieser Schicht zu vermeiden, empfiehlt es sich, einen Pfannenwender aus Holz oder Kunststoff zu verwenden.

• Ein *Römertopf* wird vor dem ersten Gebrauch mit klarem warmem Wasser und einer Bürste gereinigt und vor jeder weiteren Benutzung Topf und Deckel etwa 10 Minuten lang kalt gewässert. Dadurch saugt sich der Ton mit der zum fettlosen Garen erforderlichen Feuchtigkeit voll und wird nicht porös und rissig. Nach der Benutzung wird der Topf mit mildem Spülmittel und Bürste gereinigt, nachgespült und getrocknet.

• Bei einem *Schnellkochtopf* ist darauf zu achten, dass der Dichtungsring nicht beschädigt und stets sauber ist und beim Ersteinsatz und nach jedem Reinigen leicht eingeölt wird.

• *Wasserkessel* und *Töpfe*, die Kalk angesetzt haben, kocht man so lange mit rohen Kartoffelschalen, bis sich der Kalk löst.

• Um Speiserückstände aus Töpfen zu entfernen, lässt man sie mit einem Reiniger-Tap für die Spülmaschine aufkochen und etwa 30 Minuten einwirken. Alternativ nimmt man heißes Sodawasser, ein Gemisch aus Backpulver und Wasser oder einen Spezialreiniger aus dem Fachhandel.

Toilette
• Um Kalkablagerungen und Verschmutzungen im Becken vorzubeugen, ist je nach Beanspruchung mindestens einmal wöchentlich der Abflussbereich gründlich zu reinigen. Ab und zu kann Reinigungsmittel für dritte Zähne, Soda oder Essig in den Abfluss gegeben werden, das man über Nacht wirken lässt. Oder man schrubbt das Becken mit Essig- oder Zitronensäure aus.
• Um Geruch an der Toilettenbürste zu vermeiden, füllt man auf den Boden des Bürstenhalters etwas Essigwasser oder die Reste einer duftenden Seife.

öko-tipp
Auf Sanitärreiniger und Beckensteine sollte man aus Umweltgründen weitgehend verzichten.

Trichter siehe **Einfüllen**

Tropfgeräusch
• Ein tropfender Wasserhahn kann einem ziemlich auf die Nerven gehen. Vorübergehende Abhilfe kann man schaffen, wenn man einen Lappen in das Becken oder die Wanne legt und somit das Tropfgeräusch abdämpft. Man kann auch einen Faden so um den Wasserauslauf des Hahnes binden, dass der Tropfen geräuschlos

über den Faden in das Becken abgeleitet wird.
• Selbstverständlich sollte der Schaden so schnell wie möglich repariert werden, um nicht unnötig Wasser zu verbrauchen.
• Siehe auch Energie sparen.

Tube
• Festklebende Tubenkappen lassen sich wieder öffnen, wenn sie für einige Minuten in heißes Wasser getaucht werden.
• Um den Inhalt restlos verbrauchen zu können, sollte man die Tube nach jedem Gebrauch auf den Kopf stellen. Zuletzt schneidet man die Tube unten auf und entnimmt so den Restinhalt.

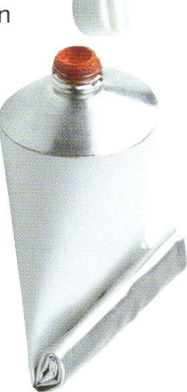

Türklinken
Um ein ungewolltes Öffnen von Türen durch Kleinkinder zu vermeiden, kann man die Türklinken abmontieren und nach oben stehend wieder anbringen, sodass sie von Kindern nicht erreicht, aber von Erwachsenen und älteren Geschwistern geöffnet werden können.

Türkranz
Er bekommt an der Haus- oder Wohnungstür einen festen Halt, wenn er an der Tür mit doppelseitigem Klebeband fixiert wird.

Türen
• Das Knarren oder Quietschen von Türen beseitigt man, indem man die Tür aushebt und die Scharniere mit Grafitpulver einstreicht.
• Lässt sich eine Tür nur schwer zuziehen, liegt die Ursache oft am Tür-

183

schnapper. Abhilfe schafft man hierbei, indem man die schräge Fläche des Türschnappers mit einer Bleistiftmine oder Grafit bestreicht, sodass eine bessere Gleitfähigkeit gegeben ist.

Türen, klemmende, siehe **Fenster**

Vasen

• Vasen, die nicht standfest sind, werden von innen mit Sand, Kieselsteinen oder Murmeln beschwert. Das wirkt in Glasvasen zudem sehr dekorativ.

• Kleine Risse und undichte Stellen werden dicht, wenn man sie mit farblosem Lack bestreicht (wenn möglich von innen, bei schmalem Hals von außen). Alternativ füllt man die Stellen mit Sekundenkleber. Den Vorgang einige Male wiederholen, gut trocknen lassen und die Vase kalt auswaschen. Man kann die Stelle auch mit einer Paste aus gepulvertem Bimsstein und Tischlerleim kitten. Anschließend lässt man die Vase einen Tag trocknen.

• Einer inneren Verschmutzung kann vorgebeugt werden, wenn bei jedem Wasserwechsel die Vase gründlich mit Seifenlauge und Flaschenbürste gesäubert wird. Haben sich bereits Schmutzränder gebildet, gibt es verschiedene Möglichkeiten, diese zu beseitigen:

– Mit einer Essig-Salz-Lösung (5 Esslöffel Essig auf 1 Teelöffel Salz) auffüllen und über

Nacht einwirken lassen, kräftig durchschütteln, ausschütten.

– Etwas Sand oder Reis in die Vase geben, Seifenlauge dazugeben und kräftig schütteln.

– Soda oder Gebissreiniger einfüllen, Wasser zugeben, über Nacht wirken lassen.

– Kleingeschnittene Kartoffeln und Essig einfüllen und gut durchschütteln, einige Zeit stehen lassen, nochmals durchschütteln, klarspülen.

– Vorgänge bei Bedarf wiederholen. Jeden Reinigungsvorgang mit Geschirrspüler und Flaschenbürste nachbehandeln.

Vogelfutter

Vogelfutter kann aus salzlosem Rindertalg mit Sonnenblumenkernen selbst hergestellt werden: Die Masse wird zu einer Kugel geknetet, mit langer Stopfnadel ein kräftiger Baumwollfaden durchgezogen und außer Reichweite von Katzen aufgehängt. Auch Melonen- und Kürbiskerne oder übriggebliebenes Schmalzgebäck (kein Salzgebäck!) lassen sich gut als Futter verwenden.

Vorhänge

Sie müssen nicht so oft gewaschen werden wie Stores, wenn sie ab und zu mit einem Staubsauger mit geringer Saugkraft abgesaugt werden. Hierzu spannt man vor die Saugöffnung eine Perlonsocke, damit nur der Staub und nicht der Vorhang angesaugt wird.

Wärmflasche

• Die Wärme hält sich länger in der Flasche, wenn dem Wasser etwas Weinessig und 1 Teelöffel Salz beigegeben wird.

• Zur Aufbewahrung sollte man die Wärmflasche mit etwas Glyzerin ausschwenken und außen damit dünn abreiben.

Waschbecken

• Gelbe Flecken und Ränder an Waschbecken oder Badewannen werden oft von tropfenden Wasserhähnen verursacht. Man beseitigt sie mit einem Brei aus Essig und Salz, den man auf die zu reinigenden Stellen aufträgt, einziehen lässt, nachreibt und abspült.
• Bei stumpfer Wanne oder Abriebstreifen (zum Beispiel von Gummi oder Aluminiumschüsseln) trägt man Autopolitur auf, lässt kurz einwirken und poliert mit sauberem Tuch nach.
• Kalkablagerungen in Wanne oder Waschbecken bearbeitet man mit einer Essigwasser-Lösung (1:1) und einem weichem Schwamm oder Tuch. Hartnäckige Flecken kann man mit flüssiger Gallseife einschäumen, einwirken lassen, abspülen und mit weichem Tuch abreiben.
• Eine stark verschmutzte Wanne reibt man mit einem Gemisch aus Wasserstoffsuperoxid, Weinstein-Pulver und etwas Wasser ein und spült sorgfältig. Bei Bedarf mehrmals wiederholen.
• Beim Befüllen der Badewanne mit heißem Wasser kommt es weniger zur Bildung von Wasserdampf, wenn zunächst kaltes Wasser in die Wanne gegeben, der Brausekopf ins Wasser gelegt und über diesen das heiße Wasser zugeführt wird.

Waschmaschine

• Kalkablagerungen an den Heizstäben und Seifenrückstände bilden sich weniger, wenn man regelmäßig handelsüblichen Kalkschutz, eine Tasse Es-sig oder einen Esslöffel Zitronensäurepulver (Drogerie) in die Weichspülkammer der Waschmaschine füllt und ein Waschgang damit durchläuft.
• Wenn in die Maschine nicht genug Wasser einläuft, sollte man prüfen, ob der Hahn eventuell nicht richtig aufgedreht, der Schlauch eingeknickt

tipp

Nach jeder Wäsche sollte man den Wasserzulauf abdrehen, den Stecker ziehen und die Tür der Waschmaschine zum Austrocknen offen lassen. Dadurch verschleißt auch der Gummi der Türdichtung nicht so schnell.

oder das Sieb des Einlaufschlauches verstopft ist.
• Siehe auch Energie sparen.

Wasserhahn

• Um ein Verkalken zu verhindern beziehungsweise zu beheben, umwickelt man den Hahn über Nacht mit einem Tuch, das in einer Mischung aus Essigessenz und Wasser (1:1) getränkt wurde.
• Kalkablagerungen zwischen Wasserhahn und Waschbecken können mit einer alten Zahnbürste oder einem Bindfaden, der entlang der Rundung hin- und hergezogen wird, beseitigt werden.
• Einen schwer zu drehenden Wasserhahn kann man mit Cola oder Speiseöl bepinseln und dieses über Nacht einwirken lassen.
• Tropft ein Wasserhahn, muss die Dichtung ausgetauscht werden (siehe auch Energie sparen und Tropfgeräusch).

Weihnachtsbaum
• Der Weihnachtsbaum hält sich länger, wenn man ihn nicht aus der Kälte direkt in das warme Zimmer bringt, sondern langsam akklimatisiert.
• Er darf nicht zu nah am Heizungkörper stehen. Man sollte einen Ständer mit Wasserfüllung verwenden oder den Baum gleich nach dem Kauf in eine Mischung aus Glyzerin und Wasser stellen (1 Tasse Glyzerin auf 5 Liter Wasser). Anschließend bestreicht man die Schnittstelle mit Siegellack.
• Eine andere Möglichkeit ist, den Baum in einen Eimer mit feuchtem Sand zu stellen.

Wespen
• Damit die Wespen die Gartenparty nicht stören, kann ein mit Cola oder Saft gefülltes Glas an einer etwas abgelegenen Stelle aufgestellt werden, sodass sich die Insekten dort sammeln.
• Um zu verhindern, dass Wespen ins Trinkglas gelangen, kann ein Bierdeckel aufgelegt werden. Man kann auch ein kleines Loch in den Deckel bohren, durch das dann ein Trinkhalm geschoben wird.
• Siehe auch Bienen.

Windlicht
Statt Deko-Sand kann man preisgünstiger auch Vogelsand in ein Windlicht einfüllen.

Wohnungsputz
Bewährt hat sich, beim Putzen in folgender Reihenfolge vorzugehen: Zuerst Schlafzimmer, Kinder-, Arbeits- und Wohnzimmer, zuletzt Küche, Flur, Balkon und Bad.
• Aus dem jeweils zu säubernden Raum werden zunächst störende Sachen wie Blumen oder Stühle herausgestellt, um Platzfreiheit zu schaffen.
• Schränke und Schubladen räumt man aus und reinigt sie mit einem feuchten Ledertuch.
• Spinnweben und Staub werden zuerst von der Decke, dann von den Wänden immer von unten nach oben abgekehrt, dazu ein sauberes Tuch um einen Besen binden. Man kehrt von unten nach oben, da so der Schmutz im Tuch verbleibt.
• Rippenheizkörper lassen sich einfacher reinigen mit einer Spezialbürste oder einem feuchten Tuch, das um einen Kochlöffel gewickelt wird. Bei Plattenheizkörpern kann gegebenenfalls die obere Abdeckung entfernt werden, um sie von innen zu reinigen.
• Zum Reinigen hinter Schränken kann man eine Schnur mit angeknotetem Tuch verwenden (siehe auch Spinnweben).
• Vor dem Staubsaugen sollten die Gardinen abgenommen, in die Waschmaschine getan und zwischenzeitlich gewaschen werden.

• Lampen und Gardinenleisten wischt man mit einem feuchten Tuch ab, Fensterrahmen erst von innen, dann von außen reinigen.
• Fenster putzen siehe dort.
• Die Teppiche werden, wenn möglich, geklopft und dann mit einem Essig-Wasser-Gemisch (1:10) aufgefrischt. Für stark verschmutzten Teppichboden beziehungsweise Auslegware kann man einen Dampfreiniger ausleihen (siehe auch Teppiche).
• Die Gardinen werden noch feucht wieder aufgehängt, damit sie sich gut aushängen.
• Regale, Tische und Ablageflächen wischt man mit einem Mikrofasertuch ab.
• Anschließend wird Glas und Porzellan gespült, zum Schluss Staub gewischt und alles wieder in das Zimmer geräumt, was man am Anfang entfernt hat.

Zahnbürste
• Um Keime am Bürstenkopf zu vermeiden, sollte die Zahnbürste stets mit dem Kopf nach oben in das Glas gestellt und bei Reisen nicht feucht im Kulturbeutel untergebracht werden.
• Man sollte vermeiden, dass die eigene Zahnbürste unmittelbar neben der Zahnbürste einer kranken Person steht, da es dadurch zur Übertragung von Krankheitserregern kommen kann.
• Das Zahnputzglas sollte des öfteren in einer Salzwasserlösung eingeweicht und ausgewaschen werden.

Dazu in das Glas oder den Becher 1 Teelöffel Kochsalz und warmes Wasser geben.

Zahnprothese
Sie verliert ihren unangenehmen Geruch und Geschmack, wenn sie für einige Stunden in ein Glas Wasser mit 1 Teelöffel Natron oder einer Reinigungstablette für dritte Zähne gelegt wird.

Zinn
• Zinn glänzt wieder, wenn es mit warmem Bier abgerieben wird. Zum Polieren kann ein ausgedienter Perlonstrumpf verwendet werden.
• Um Zinnglanz dauerhaft zu schützen, kann man auch Zaponlack (Baumarkt) darüberstreichen.

Kleidung und Wäschepflege

Beim Kauf von Kleidung sollte besonderes Augenmerk darauf gelegt werden, dass sie typgerecht ist und sich mit dem vorhandenen Kleidungsbestand kombinieren lässt. Wäschestücke, wie Bettwäsche, Handtücher oder Tischdecken sollten gut zur übrigen Raumgestaltung passen.

Ein weiterer wichtiger Aspekt ist die Material- und Pflegekennzeichnung. Im Trend liegt, was in die eigene Waschmaschine gesteckt werden kann. Man sollte keine Sachen kaufen, die weder waschbar sind noch gereinigt werden dürfen. Vorsicht ist geboten, wenn Hinweise angebracht sind wie „separat waschen", „Farbe blutet aus", „fade out" oder „keine lokale Fleckentfernung möglich". In diesem Fall sind die Textilien meistens nicht farbecht.

Beim Waschen, Bügeln und bei der Fleckentfernung sind unbedingt die Pflegehinweise des Herstellers zu beachten.

Um Platz im Kleiderschrank zu schaffen, empfiehlt es sich, die gesamte Kleidung einmal im Jahr durchzusehen. Dabei probiert man alles an, was im Schrank ist und trennt nach Kleidung, die man gern trägt und Kleidung, die man lange nicht getragen hat, die einem nicht mehr gefällt. Die Sachen, die man ger-

ne trägt, werden dann mit passenden Stücken wie Rock, Hose, Pulli oder Blazer, Gürtel, Schuhen, Schmuck, Tüchern oder Strümpfen kombiniert. Von den Kleidungsstücken, die man lange nicht getragen hat beziehungsweise die sich nicht kombinieren lassen, sollte man sich trennen, sie in die Kleidersammlung geben oder in Secondhand-Läden anbieten.

Zur Zeit nicht benötigte und nicht saisongerechte Kleidung kann in einem Zusatzschrank eingelagert werden (aus Textil oder Kunststoff, zusammensteckbar), der in einem trockenen, luftigen Keller, in einem Abstellraum oder auf dem Speicher aufgestellt wird. Zusätzlich kann die Kleidung mit einem Kleider- oder Mottensack geschützt werden.

❗ Die Kleidung sollte nie ungereinigt eingelagert werden, da so die Gefahr größer wird, dass sie von Motten oder Ungeziefer befallen wird.

Badesachen
Badekleidung, die man beim Baden im Salz- oder Chlorwasser getragen hat, sollte danach sofort mit klarem Wasser ausgewaschen werden, da Salz und Chlor dem Gewebe schaden.

Bettwäsche
• Bettwäsche dreht man vor dem Waschen auf links und säubert die Ecken und Nähte mit einer Bürste, um die Fusseln zu beseitigen. Linksseitig wird sie dann auch gewaschen, gebügelt und in den Schrank gelegt. Die Bezü-

ge können dann auch so zur Hand genommen und auf die Betten aufgezogen werden.
• Bettwäsche sollte vor dem ersten Gebrauch wegen eventueller Schadstoff-Rückstände gewaschen werden.

Blusen
Blusen rutschen nicht aus dem Rock- oder Hosenbund, wenn in den Bund von Rock beziehungsweise Hose ein Samtstreifen eingenäht wird.

Bügeln
• Wäsche bügelt sich feucht am besten, deshalb lässt man sie möglichst nicht ganz trocknen. Sollte die Wäsche auf der Leine zu trocken geworden sein, kann man sie auch direkt auf der Leine einsprengen.
• Eingesprengte Wäsche, die feucht bleiben soll, wickelt man zusammengerollt in ein feuchtes Tuch und stülpt eventuell eine Schüssel darüber.
• Anfallende Bügelwäsche bügelt man möglichst ohne längere Unterbrechungen, damit sie nicht noch einmal nachgefeuchtet werden muss und das Bügeleisen darüber hinaus energiesparend eingesetzt wird.
• Damit im Schrank kein muffiger Geruch entsteht, lässt man die gebügelte Wäsche etwa eine Stunde liegen, bevor sie in den Schrank einsortiert wird.

tipp
Duftende Bügelwäsche erhält man durch die Zugabe einiger Tropfen Lavendelöl oder Parfüm in das Dampfbügeleisen oder in den Wäschesprüher.

• Weitere Informationen finden Sie unter einzelnen Stichpunkten (Geruch, Energie sparen etc.).

Chenille
Kleidung aus Chenille wird mit Feinwaschmittel bei 30 °C mit der Hand oder im Schonwaschgang gewaschen, nur leicht ausgewrungen oder kurz angeschleudert, zum Trocknen in Form gezogen, auf Handtüchern liegend getrocknet und nicht gebügelt.

Chiffon
• Sehr feiner Stoff wie Chiffon verrutscht oft beim Nähen mit der Maschine. Man kann sich helfen, indem man einen etwa 5 cm breiten Streifen aus weißem Seidenpapier zwischen die Stofflagen legt und dann darübernäht. Anschließend wird das Papier wieder herausgezupft.
• Will man Chiffon bügeln, dreht man die Kleidung nach links, sodass die Oberseiten aufeinanderliegen und bügelt den Stoff mit niedrigster Stufe. Zum Bügeln muss immer ein feuchtes Tuch auf den Chiffon gelegt werden.

Cord
• Cord wird auf links gezogen gewaschen, dadurch bekommt er weniger Knitter. Er darf nicht geschleudert werden. Zum Aufhängen muss man ihn wieder auf rechts wenden und mit einer weichen Bürste mit dem Strich bürsten.
• Cord soll möglichst nicht gebügelt werden. Knitterfalten oder Druckstellen hält man linksseitig über Wasserdampf und schwenkt das Kleidungsstück hin und her. Danach hängt man es so auf, dass die feuchten Teile möglichst nicht aneinanderkommen.
• Man kann das Kleidungsstück zum Entfernen von Knitterfalten auch an feuchter Luft aushängen lassen, danach den Flor mit einer Kleiderbürste in Strichrichtung aufbürsten. Diese

Methode kann man auch anwenden, wenn die Kleidung im Regen durchnässt wurde.
• Sollte es doch einmal nötig sein, Cord zu bügeln, dreht man die Kleidung nach links, sodass die Oberseiten aufeinanderliegen und bügelt den Stoff straff gespannt mit niedrigster Stufe. Zum Bügeln muss immer ein feuchtes Tuch auf den Cord gelegt werden. Danach wird mit einer weichen Bürste gegen den Strich aufgebürstet.
• Dick wattierte Cordjacken sollte man besser in einem Reinigungsfachgeschäft behandeln lassen.

Crinkle
Das Stück wird vor dem Waschen in sich zusammengedreht und verknotet, dann separat in 30 °C warmem Wasser gewaschen. So zusammengedreht lässt man es auch trocknen. Crinkle wird nicht gebügelt.

Damast
Bett- und Tischwäsche aus weißem Damast wird vor dem Vergilben geschützt, wenn man es in Seidenpapier eingeschlagen in den Schrank legt.

Dauerfalte
Bei Hosen, Röcken oder Vorhängen, die verlängert werden sollen, ist es oft schwierig, die alten Falten beziehungsweise Knicke zu beseitigen. Legen Sie einfach die Stelle in ein Essig-Wasser-Gemisch (1:1) und bügeln sie dann feucht.

Daunenjacke
• Eine Daunenjacke wird mit einem Daunen-Spezialshampoo bei 30 °C in der Maschine oder in lauwarmem Wasser per Hand gewaschen.

! Es darf kein Weichspüler verwendet werden, da dieser die Daunen verklebt.
• Damit das Kleidungsstück schön flauschig bleibt, werden etwa 6 bis 8 weiße Tennisbälle mit in die Waschmaschine und in den Wäschetrockner gegeben. Der Bälle verhindern ein Verklumpen der Daunen.
• Trocknet man die Jacke im Freien, ist eine direkte Sonneneinstrahlung zu vermeiden, da die Daunen bei starker Wärmeeinwirkung brüchig werden.

Druckknopf
Ein Druckknopf schließt wieder besser, wenn man mit einem kleinen Hammer ganz leicht auf den Kopf des Druckknopf-Oberteiles schlägt. Alternativ kann man die beiden Klemmdrähtchen im Unterteil mit einer Nadel zur Knopfmitte hin biegen.

Duft
Handtücher oder Bettwäsche duften auch ohne Weichspüler frisch, wenn ein paar Tropfen Parfüm in den Wasserbehälter des Dampfbügeleisens gegeben oder auf ein Baumwolltuch getropft und dieses zwischen die Wäsche in den Trockner oder in den Wäscheschrank gelegt werden. Man kann auch ein Stück Duftseife zwischen die Wäschestücke in den Schrank legen oder eine geöffnete, fast leere Parfümflasche hineinstellen.

Einfärben siehe Färben

Farbechtheit
• Farbige Textilien sind getrennt zu waschen. Um ein Ausfärben beim Waschen weitgehend zu vermeiden, wird das Wäschestück vorher etwa eine Stunde in eine Essig-Salzwasser-

Lösung gelegt (1/2 Tasse Essig und 1 Esslöffel Salz auf 2 Liter Wasser) und danach ausgewaschen.
• Die erste Wäsche eines farbigen Kleidungsstückes sollte im Kaltwaschgang erfolgen.
• Unbeabsichtiges Ausbluten von schwarzen und farbigen Textilien kann man vermindern, wenn man sie per Hand mit der Innenseite nach außen solange in Salz- oder Essigwasser wäscht, bis sie keine Farbe mehr verlieren.
• Ursprünglich schwarze, aber bereits grau gewordene Textilien werden über Nacht in schwarzem Tee eingeweicht, anschließend nochmals mit kaltem Salz- oder Essigwasser gespült und mit klarem Wasser ausgewaschen.
• Siehe auch Flecken.

Färben
• Die Kleidung mit Textilfarbe nach der Anweisung auf der Packung in Textilfarbe-Bad einlegen. Beim Ausspülen und Fixieren sind unbedingt Gummihandschuhe zu tragen.
• Nach dem Färben wird die Kleidung in Fixierbad und Kochsalz gelegt, damit die Farbe nicht ausblutet.
• Benutzt man zum Färben die Waschmaschine, sollte man danach unbedingt zuerst dunkle Sachen waschen oder die Maschine mehrmals ohne Füllung durchspülen.

Flusen
Man kann Flusen von Kleidung mit einem Schwamm, einer Nylonbürste oder einer alten, zum Knäuel gebundenen Nylonstrumpfhose entfernen. Vorbeugend sprüht man Kleidungsstücke, die sich statisch aufladen und somit Flusen anziehen, mit Antistatikspray (Drogerie) ein.

Frottee
Frotteesachen werden auch ohne Weichspüler weich, wenn man sie in heiße Essig-Wasser-Lösung (1:5) legt und darin einige Stunden liegen lässt. Vor dem Trocknen werden sie gut ausgeschleudert.

Gardinen
• Gardinen sind bei maximal 30 °C im Schonwaschgang zu waschen und nicht zu schleudern.
• Vor dem Waschen sollten alle Metallteile der Gardine entfernt werden. Belässt man die Befestigungsteile beim Waschen an der Gardine, sollte, um ein Verheddern beziehungsweise Beschädigen der Gardine durch die Teile zu vermeiden, der Befestigungsbereich in einem Wäschenetz untergebracht werden.

⚠ Gardinen sollten niemals zusammen mit anderer Wäsche gewaschen werden.
• Stark vergilbte und verrauchte Gardinen kann man vor dem Waschen über Nacht in lauwarmes, stark konzentriertes Salzwasser einweichen, dem zusätzlich zum Waschmittel 1 bis 2 Esslöffel Essig oder ein Beutel Backpulver oder ein Schuss Zitronensaft zugegeben wird.

• Damit die Gardine nach dem Aufhängen einen besseren Fall hat, sollte dem letzten Spülwasser eine Verschlusskappe flüssige Stärke oder einige Esslöffel Zucker zugegeben werden.

• Sie sollte sofort nach dem Waschen und Abtropfen noch nass aufgehängt werden. Damit die Falten wieder gut fallen, werden sie am unteren Rand entsprechend gelegt und mit Wäscheklammern fixiert.

Gummiband
• Gummibänder zum Beispiel im Slip oder im Schlafanzug werden ersetzt, indem man das neue Band mit einer kleinen Sicherheitsnadel am Ende des alten befestigt. Beim Herausziehen des alten Gummibandes wird gleichzeitig das neue eingezogen.
• Ist eine Verbindung des alten mit dem neuen Band nicht möglich, weil ein Ende hineingerutscht ist, zieht man das alte Band heraus, befestigt am Ende des neuen Bandes eine kleine Sicherheitsnadel und fädelt diese durch den „Tunnel".

Hosen
• Hosen beulen an den Knien weniger aus, wenn man sie nach dem Waschen von innen mit Stärke einsprüht und überbügelt. Alternativ unterfüttert man die Hose mit Futterstoff.
• Hosen werden beim Bügeln glatter, der Bruch wird schärfer und Bügelglanz wird vermieden, wenn ein feuchtes Tuch (beispielsweise ein großes Taschentuch) aufgelegt und darüber gebügelt wird.

Hut
• Soll ein Hut längere Zeit nicht getragen werden, wird er mit Zeitungspapier ausgestopft und in einer Plastiktüte aufbewahrt.

• Ein Filzhut wird wasserabweisend und behält seine Form, wenn er ab und zu mit Imprägnierspray besprüht wird.
• Wurde ein Filzhut einmal dem Regen ausgesetzt, stopft man ihn mit weißem Krepppapier aus und lässt ihn trocknen. Anschließend werden vorhandene Wasserränder mit feinem Sandpapier (Bastelgeschäft, Baumarkt) vorsichtig abgerieben und mit einer weichen Bürste gegen den Strich aufgeraut.

Imprägnieren
• Ein Kleidungsstück wird wieder wasserabweisend, wenn man es nach dem Waschen in verdünnter (1:8) essigsaurer Tonerde (Drogerie) spült und nicht auswringt. Zur Verdünnung die Anweisungen auf der Verpackung beachten. Man hängt das Kleidungsstück nass auf einen Bügel, streicht oder zieht es glatt und lässt es so trocknen.
• Ist nur eine undichte Stelle vorhanden, kann man die Lösung auftragen oder mit einem Zerstäuber auf die Stelle aufsprühen.

Jeans
• Jeanssachen sind bei maximal 40 °C auf links gezogen zu waschen. Neue Jeans bleichen nicht so leicht aus, wenn sie vor dem ersten Tragen etwa eine Stunde in eine kalte Salzwasserlösung (1 Esslöffel Salz auf 2 Liter Wasser) oder in eine kalte Essigwasserlösung (1:3) gelegt werden; anschlie-

ßend das Stück im Kaltwaschgang waschen.
• Ausgebleichte Jeanskleidung wird farblich wieder aufgebessert, wenn sie mit neuen Jeanssachen zusammen gewaschen wird. Man kann ausgeblichene Jeanskleidung auch mit Textilfarbe (Drogerie) in der Waschmaschine nachfärben.

Kinderanorak
Möchte man einen lieb gewonnenen Kinderanorak, der zu klein geworden ist, nicht wegwerfen, kann er als Weste umgearbeitet werden, indem man die Ärmel abschneidet und umnäht.

Kinderhosen
• Hosen, die von den Kindern gern getragen und wegen eines Loches im Kniebereich aussortiert werden sollen, können durch das Aufbügeln beziehungsweise Aufnähen eines Stickers noch einmal „repariert" und gleichzeitig aufgepeppt werden.
• Löchern an den Knien kann man vorbeugen, indem man von innen Vlieseline (Kaufhaus, Kurzwaren) in den Kniebereich bügelt.
• Ausgediente Schulterpolster, die man in den Knien einnäht, können zusätzlich als Knieschützer fungieren.

Kinderkleidung
Kleidungsstücke mit einem nicht entfernbaren Fleck braucht man nicht auszusortieren, wenn man einen Sticker über dem Fleck aufbügelt oder mit Textilfarbe einen Buchstaben, eine Tierfigur oder ein anderes Motiv darübermalt.

Knitterfalten
• Knitter können oft ohne Bügeln entfernt werden, wenn man das Kleidungsstück mittels Sprühflasche mit

Wasser befeuchtet und es dann etwa eine Stunde lang aufhängt.
• Alternativ hängt man das Kleidungsstück über die mit etwas kochendem Wasser gefüllte Badewanne, dessen Dampf dann in den Stoff eindringt. Anschließend wird es möglichst im Freien getrocknet.

Knopflöcher siehe **Knöpfe**

Knöpfe
• Bei Kleidung, die man zur Reinigung gibt, sollte man die Knöpfe vorher mit Alufolie umwickeln, damit sie nicht matt werden oder ihre Farbe verlieren.
• Durch das Auftragen von farblosem Nagellack erhalten Knöpfe wieder eine glänzende Oberfläche.
• Ersatzknöpfe gehen nicht verloren, wenn man sie auf einen Faden aufreiht und im Nähkästchen lagert.
• Will man vermeiden, dass sich Knopflöcher an Strick und Wollsachen beim Waschen verziehen, näht man sie vorher mit groben Stichen zu.
• Knopfleisten kann man problemlos bügeln, indem man ein weiches Frotteetuch unterlegt und von links bügelt. Die Knöpfe drücken sich in den weichen Untergrund und stören so nicht beim Bügeln.

Kragen
Stark verschmutzte Kragen weicht man zunächst in heißes Natronwasser, Gallseife oder Haarshampoo ein,

bürstet sie leicht und wäscht anschließend wie gewohnt.

Krankenwäsche

Krankenwäsche gibt man am besten zur Wäscherei, denn sie enthält oft Keime, die durch das übliche Waschen nicht abgetötet werden.

Kunstlederkleidung

• Um Knitter in Kunstlederkleidung zu vermeiden, sollte man sie immer auf einen Bügel hängen.
• Kleine Flecken sind mit einem leicht feuchten Tuch und etwas Flüssigseife abzuwischen.
• Man kann die Kleidung auch in der Waschmaschine waschen, falls es laut Pflegeanleitung erlaubt ist. Normalerweise wäscht man sie mit wenig Feinwaschmittel. Dabei wird die Waschmaschine nur leicht bestückt und das Stück im Wollwaschgang gewaschen, damit das Kleidungsstück nicht knittert. Die Sachen werden nicht geschleudert, sondern im feuchten Zustand glattgezogen.
• Kunstlederkleidung sollten möglichst nicht gebügelt werden, wenn doch erforderlich, dann nur von links mit niedrigster Stufe.

• Siehe auch Lackleder, synthetisches.

! Bei der Pflege von Kleidung aus Leder, Kunstleder oder Lackleder sind unbedingt die Pflegehinweise des Herstellers zu beachten.

Lacklederkleidung

• Um Brüche oder Knitter zu vermeiden, sollte Kleidung aus Lackleder nicht zusammengelegt, sondern immer aufgehängt werden.
• Kleidung aus *echtem Lackleder* darf man nie selbst waschen, da durch Reiben und Drücken Risse entstehen und sich die Oberfläche lösen kann. Leichte Verschmutzungen entfernt man mit einem feuchten Tuch und behandelt sie mit speziellen Pflegemitteln oder Vaseline. Damit die Kleidung nicht brüchig wird, reibt man sie ab und zu vorbeugend mit warmer Milch oder Rizinus- beziehungsweise Salatöl ein und poliert anschließend mit einem angewärmtem Tuch.

! Bei Schuhen aus Lackleder darf man keine normalen Schuhpflegemittel verwenden, sie machen den Lack stumpf und zerstören ihn!

• Kleidung aus *synthetischem Lackleder* kann man auch im Schonwaschgang der Waschmaschine waschen, falls es laut Pflegeanleitung erlaubt ist. Dabei dreht man das Stück auf links und bewegt es in warmer Feinwaschmittellösung. Nicht auswringen, sondern nur glattziehen.

Lammfell

Leichte Verschmutzungen in Lammfell können mit einer Drahtbürste ausgebürstet oder mit einem grobzinkigen Kamm ausgekämmt werden. Das Leder des Fells wird weich und geschmeidig, wenn es mit Haarshampoo gewaschen wird.

Lederkleidung
- Lederkleidung lässt man möglichst in einem Reinigungsfachgeschäft reinigen und reparieren.
- Auf Leder darf kein Parfüm und Haarspray aufgebracht werden, weil es Flecken verursachen kann.
- Getrocknet wird Leder nur bei niedrigen Temperaturen. Nach völligem Trocknen wird es mit einem Spezialpflegefett leicht eingecremt.
- Ein Loch in Leder bessert man mit einem gleichfarbigen Lederflicken aus, den man zugeschnitten von links mit Spezial-Lederkleber gegenklebt.
- Das Futter einer *Lederjacke* kann man selbst reinigen, indem man mit einem Salmiakgeist-Wasser-Gemisch (1:2) oder mit einem in Spiritus getauchten Tuch den gesamten Futterstoff abwischt. Anschließend hängt man die Jacke mit dem Futter nach außen auf einen Bügel und lässt sie gut im Freien trocknen.
- Speckige Kragen an Lederjacken radiert man mit einem weißen Radiergummi ab, nachdem die Flecken völlig trocken sind.
- Färbt ein neues Kleidungsstück ab, kann man zunächst Ton-in-Ton-Kleidung dazu tragen, bis sich das Abfärben gegeben hat.
- *Nappaleder* ist vor dem ersten Tragen mit farblosem Lederspray einzusprühen, was man in Abständen wiederholt.

Leichter Schmutz lässt sich vorsichtig mit weichem Tuch und Feinwaschmittelschaum oder durch das Abreiben mit Essigwasser entfernen.
- *Glattes* und *genarbtes Leder* reibt man am besten mit einer speziellen Lederpflege oder Hautcreme mit 5 % Glyzerin-Anteil ein, oder man verwendet Lederspray und lässt es einige

Stunden einwirken. Ab und zu wird die Kleidung imprägniert. Glattleder wird wieder weich und elastisch, wenn man dünn Rizinusöl, Leinöl, Lederfett oder eine einfache Handcreme mit den Fingern aufträgt und sofort mit einem trockenen Tuch verreibt.
- *Lederhandschuhe aus Glattleder* sollten ab und zu mit Lederfett oder farbloser Schuhcreme eingecremt werden.

Sind sie einmal feucht geworden, stopft man sie am besten mit Seidenpapier aus und lässt sie so trocknen. Zum Reinigen werden die Handschuhe angezogen und mit Haarshampoo in Hände-Wasch-Bewegung gewaschen. Anschließend spült man sie gründlich aus. Zum Rückfetten gibt man einen Schuss Glyzerin ins letzte Spülwasser. Sind sie durch das Waschen hart geworden, knetet man sie einfach durch, bei Bedarf kann man sie vorher auch mit Glyzerin einreiben.
- Auf *Wildleder* lässt man Regenflecken erst gründlich trocknen. Dann wird mit einer Spezialbürste mit Gumminoppen, mit Kreppgummi oder mit einem trockenen Schwamm in Strichrichtung das Leder aufgeraut und anschließend mit Wildlederspray besprüht.

Kleine Schmutzflecken versucht man mit einem sauberen Radiergummi, einem feuchtem Fensterleder oder mit feinem Sandpapier zu entfernen. Danach werden die bearbeiteten Stellen mit einem Samttuch oder einer Velourslederbürste nachgeglättet.

Wildlederhandschuhe reinigt man mit Teppichschaum.

Leinen
Leinen sollte man von einem Reinigungsfachbetrieb behandeln lassen.

Wenn es die Pflegeanleitung zulässt, kann man es bei etwa 30 °C im Schonwaschgang waschen. Damit das Stück nicht zu sehr knittert, wird es nur mit wenigen Wäschestücken in die Maschine gegeben, anschließend tropfnass aufgehängt, glatt gestrichen und noch feucht gebügelt.

Miederwaren

• Für Miederwaren verwendet man Feinwaschmittel, jedoch keinen Weichspüler. Zum Waschen in der Waschmaschine steckt man sie in ein Wäschesäckchen und wäscht im Schonwaschgang. Alternativ weicht man sie in 30 °C warmem Wasser über Nacht mit Feinwaschmittel ein und drückt dann die Wäsche leicht aus.
• Gleichfarbige Slips und BHs sollten immer gemeinsam gewaschen werden, damit sie den gleichen Farbton behalten.
• Um vergilbte Miederwaren wieder aufzuhellen, kann man sie mit Entfärber oder einer warmen Boraxlösung (1 Esslöffel Borax auf 1 Liter Wasser) behandeln.

Mikrofasern

• Bei Mikrofasern sollte man unbedingt die Pflegeanweisungen auf dem Etikett beachten. Im Allgemeinen wäscht man sie in der Waschmaschine bei 30 °C.
• Bei Obstflecken, Kugelschreiber-Flecken oder ähnlich schwierigen Fällen sollte man Mikrofaserkleidung. besser in die Reinigung geben.
• Gebügelt werden sollte nicht heißer als auf Einstellung Seide (Stufe 2).

Nadeln

Hat man Nadeln im Nähkasten oder auf dem Boden verstreut, kann man

sie ganz leicht mit einem Magneten wieder einsammeln.

Pelz

• Pelz kann man durch das Bestreuen mit Talkumpuder reinigen, das über Nacht darauf belassen wird, danach leicht ausgeklopft und mit einer weichen Bürste ausgebürstet wird. Der Puder saugt Fettrückstände, Schmutz und Gerüche auf. Verfilzte Stellen kann man vorsichtig mit einem Pelzkamm oder einer Hundedrahtbürste behandeln.
• Durchnässten Pelz darf man nur bei gemäßigten Temperaturen, nicht jedoch in Heizungsnähe oder mit Heißluft trocknen. Nach dem Trocknen schüttelt man den Pelz auf und kämmt mit dem Pelzkamm durch.
• Ein langhaariges, zerdrücktes Pelzstück schüttelt man, klopft es leicht aus und kämmt es vorsichtig mit einem Pelzkamm aus.
• Zum Vorbeugen gegen Mottenbefall streut man am besten Pfeffer auf den Pelz, denn von Antimottenmitteln würde der Geruch anhaften.

Pflegesymbole

Die in der Übersicht auf Seite 197 angegebenen Symbole sollen helfen, Textilien und Kleidungsstücke beim Reinigen richtig zu behandeln. Meist sind die nötigen Symbole an der Textilie angegeben.

Plüsch

Plüsch richtet sich wieder auf, wenn man ihn mit einem feuchten Wolltuch bedeckt und warm darüberbügelt. Nach jedem Bügelstrich entfernt man das Tuch und bürstet den noch dampfenden Plüsch mit weicher Bürste gegen die Fasern.

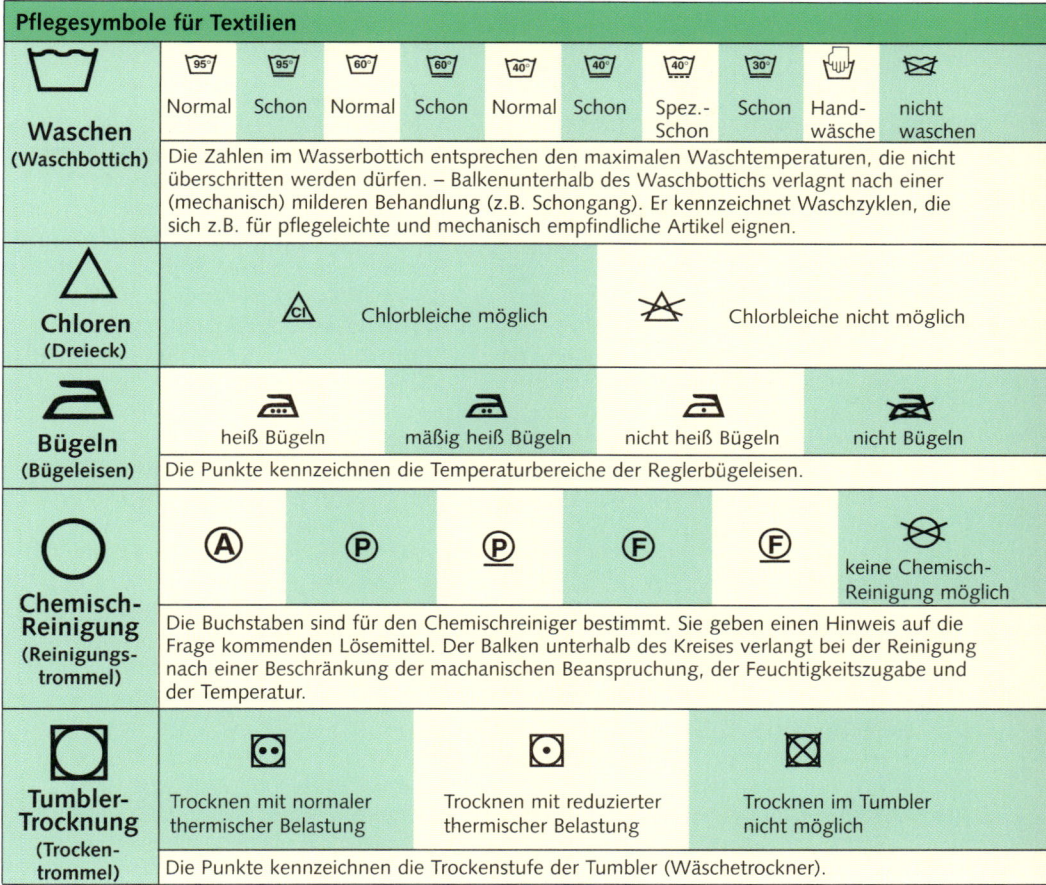

Pflegesymbole für Textilien										
Waschen (Waschbottich)	Normal	Schon	Normal	Schon	Normal	Schon	Spez.-Schon	Schon	Hand-wäsche	nicht waschen
	Die Zahlen im Wasserbottich entsprechen den maximalen Waschtemperaturen, die nicht überschritten werden dürfen. – Balkenunterhalb des Waschbottichs verlangt nach einer (mechanisch) milderen Behandlung (z.B. Schongang). Er kennzeichnet Waschzyklen, die sich z.B. für pflegeleichte und mechanisch empfindliche Artikel eignen.									
Chloren (Dreieck)			Chlorbleiche möglich				Chlorbleiche nicht möglich			
Bügeln (Bügeleisen)		heiß Bügeln		mäßig heiß Bügeln		nicht heiß Bügeln		nicht Bügeln		
	Die Punkte kennzeichnen die Temperaturbereiche der Reglerbügeleisen.									
Chemisch-Reinigung (Reinigungs-trommel)	(A)	(P)	(P)	(F)	(F)				keine Chemisch-Reinigung möglich	
	Die Buchstaben sind für den Chemischreiniger bestimmt. Sie geben einen Hinweis auf die Frage kommenden Lösemittel. Der Balken unterhalb des Kreises verlangt bei der Reinigung nach einer Beschränkung der machanischen Beanspruchung, der Feuchtigkeitszugabe und der Temperatur.									
Tumbler-Trocknung (Trocken-trommel)	Trocknen mit normaler thermischer Belastung		Trocknen mit reduzierter thermischer Belastung		Trocknen im Tumbler nicht möglich					
	Die Punkte kennzeichnen die Trockenstufe der Tumbler (Wäschetrockner).									

Reißverschluss

• Lässt ein Reißverschluss sich nicht mehr gleitend öffnen und schließen, reibt man ihn an beiden Seiten mit Seife oder mit Kerzenwachs in der entsprechenden Farbe ab. Bei dunklen Kleidungsstücken kann man auch eine Bleistiftmine (Grafit) verwenden.
• Hält ein Reißverschluss nicht, befestigt man am Zipper ein kleines Bändchen oder eine dünne Kordel. Nach dem Hochziehen des Verschlusses wird die Öse in den Hosenknopf ein-

gehängt und danach die Hose zugeknöpft.

Samt

• Samt aus *Baumwolle* sollte man immer in die Reinigung geben. Samt aus *Chemiefaser* kann im Feinwaschgang in der Maschine auf links gezogen gewaschen werden.
• Zum Entfernen von Druckstellen oder Knitterfalten kann man das Kleidungsstück linksseitig über Wasserdampf halten und hin- und her-

schwenken; danach den Flor mit einem Schwämmchen, das eventuell in Essigwasser getaucht wurde, mit dem Strich aufbürsten. Das hilft auch, wenn man in den Regen gekommen ist. Danach hängt man das Kleidungsstück so auf, dass die feuchten Teile möglichst nicht aneinander kleben.

• Samt soll möglichst nicht gebügelt werden. Sollte es doch einmal nötig sein, dreht man die Kleidung nach links, sodass Samt auf Samt straff liegt. Alternativ legt man ein feuchtes Molton- oder ein anderes feuchtes Tuch auf das Teil und bügelt es auf mittlerer Stufe. Anschließend mit einer weichen Bürste oder einem Schwamm gegen den Strich aufbürsten.

Satin

Satin ist ein schweres, seidenähnliches Gewebe mit glänzender Oberfläche. Er behält seinen Glanz nach der Wäsche, wenn man dem letzten Spülbad ein wenig Borax (Apotheke) beifügt. Auch durch das Bügeln wird Satin wieder glänzend.

Schwarze Kleidung

• Schwarze und andere empfindliche Sachen sollten immer auf weicher Unterlage und von links oder mit einem untergelegten feuchten Tuch gebügelt werden, da sie sonst glänzende Stellen bekommen.

• Hat schwarze Kleidung ihren Glanz verloren, wird sie mit heißem, schwarzem Kaffee angefeuchtet und von links gebügelt.

Seersucker

Diese Naturbaumwolle mit einer kräuseligen Struktur wird hauptsächlich für Bettwäsche verwendet. Das Material wird nicht gebügelt. Ist das Material

glatt geworden, hält man es über Wasserdampf, dann kräuselt es sich wieder.

Seide

• Kleidungsstücke aus Seide zum Waschen auf links drehen und von Hand bei 30 °C mit flüssigem Feinwaschmittel waschen, falls dem Pflegesymbol nichts anderes zu entnehmen ist. Antrocknen lassen und anschließend mäßig warm mit einem angefeuchteten und darüber gelegten Tuch bügeln.

• Bei Seide sollte man
– keinen Weichspüler und keine Stärke verwenden,
– nicht wringen, sondern das Kleidungsstück auf einem Handtuch oder Bügel in Form ziehen,
– das Kleidungsstück nicht in der prallen Sonne trocknen.

• Helle Seide wird wieder schön, wenn man als letztes Spülwasser eine Mischung aus Spiritus und Wasser (1:1) benutzt, in der etwas Würfelzucker aufgelöst wird.

• Seide, die Glanzstellen aufweist, legt man für etwa 15 Minuten in eine lauwarme Essigwasserlösung (4 Esslöffel farbloser Essig auf 1/2 Liter Wasser). Anschließend spült man gut aus und bügelt linksseitig noch leicht feucht.

• Seide verliert nicht ihren Glanz, wenn man dem letzten Spülgang 1 Esslöffel Zucker beigibt.

Spitze siehe Stickereien

Stickereien

• Mit Stickereien versehene Wäschestücke und Spitzendecken sollten nur per Handwäsche gewaschen, dann feucht in Form gezogen und nach dem Trocknen unter einem dünnen Tuch gebügelt werden. Beim Bügeln

wird das Bügeleisen nicht wie gewohnt hin- und hergeschoben, sondern nur kurz aufgedrückt, damit sich die feinen Fäden nicht verziehen.
• Stickereien behalten ihre plastische Struktur, wenn sie beim Bügeln von rechts auf eine weiche Unterlage, beispielsweise ein Frottiertuch, gelegt werden und darüber ein weiches Baumwolltuch gedeckt wird.
• Farbige Stickereien kann man auffrischen, indem man zwischen dem Wäschestück und dem Bügeleisen ein mit Essigwasser angefeuchtetes weiches Baumwolltuch legt.
• Spitzendecken bleiben gut in Form, wenn man 1 bis 2 Esslöffel Stärkemehl ins letzte Spülbad gibt. Kleine Spitzendeckchen heftet man am besten vor dem Waschen auf ein weißes Tuch, dann geraten sie nicht aus der Form und lassen sich leichter bügeln.
• Um runde oder ovale Decke nach dem Waschen wieder „in Form zu bringen", wird die Decke vor dem Waschen auf einer dicken, nichtfärbenden Decke ausgebreitet und auf dieser ringsum der Umfang mit Stichen markiert. Nach dem Waschen, Spülen und Stärken der Decke spannt man sie mit Stecknadeln auf die markierte Decke und lässt sie so völlig trocknen.

Stofftiere
Stofftiere und -puppen, die wegen ihrer Füllung nicht gewaschen werden dürfen, bestäubt man mit Stärkemehl oder Salz, lässt sie einige Zeit einziehen und bürstet sie dann vorsichtig mit einer Kleiderbürste ab.

Stretch
Stretchkleidung sollte immer per Hand oder im Schonwaschgang mit Fein-

waschmittel auf links gewendet gewaschen werden. Dabei verwendet man keinen Weichspüler, da er die typischen Eigenschaften dieses Materials beeinträchtigt. Stretchkleidung wird nur angeschleudert oder nach dem Waschen in einem Handtuch ausgedrückt, in Form gezogen und liegend getrocknet.

Stricken
Beim Stricken geraten verschiedene Wollknäuel nicht durcheinander, wenn sie in einen Karton gelegt werden, dessen Deckel mit Löchern versehen wird, durch die dann jeweils ein Knäuelfaden läuft.

Strümpfe
• Feinstrümpfe halten länger, wenn man sie vor dem ersten Tragen über Nacht feucht in einer Plastiktüte in den Gefrierschrank legt, dann völlig auftauen lässt und zum Trocknen aufhängt. Die Haltbarkeit der Strümpfe wird auch verlängert, wenn man dem

Waschwasser einen Schuss Glyzerin beigibt.

• Feinstrümpfe glänzen wieder, wenn sie nach dem Waschen mit Essigwasser gespült werden.

• Das Weiterlaufen einer Laufmasche kann vorerst gestoppt werden, wenn man diese mit Spucke anfeuchtet und mit Seife einreibt. Alternativ trägt man farblosen Nagellack oder Haarlack auf. Besser ist es natürlich, immer eine Ersatzstrumpfhose dabei zu haben.

• Weiße Strümpfe, die verfärbt sind, werden wieder weiß, wenn sie vor dem Waschen einige Zeit in eine Boraxlösung (Apotheke) gelegt werden oder beim Waschen etwas Salmiakgeist zugegeben wird.

• Schwarze Strümpfe behalten besser ihre Farbe, wenn man sie vor dem Waschen in einem warmen Salz-Essigwasser-Gemisch einweichen lässt (1 Teelöffel Salz und 2 Esslöffel Essig auf 1 Liter Wasser).

Taschentücher

Sie werden beim Waschen sauberer, wenn sie einen Tag vor der Wäsche in einem Salzwasserbad eingeweicht werden.

Tischdecken

• Tischdecken nehmen Flecken weniger an, wenn man sie nach dem Waschen stärkt.

• Runde und ovale Tischdecken behalten ihre Form, wenn sie von innen nach außen mit dem Fadenlauf gebügelt werden.

• Tischdecken, die selten benutzt werden, sollte man nach dem Bügeln mit der oberen Seite nach innen zusammenlegen, damit eventuell angeschmutzte Ränder unsichtbar sind.

• Siehe auch Damast und Stickereien.

Trocknen

• Hängt man ein Kleidungsstück im Freien zum Trocknen oder zum Auslüften mit Bügel auf die Leine, besteht die Gefahr, dass sich bei starkem Wind der Bügel ausklinkt und das Kleidungsstück zu Boden fällt. Um das zu verhindern, verwendet man zwei Kleiderbügel, deren Haken in entgegengesetzte Richtungen zeigen.

• Siehe auch Energie sparen.

öko-tipp

Es ist preisgünstiger, wenn möglich, statt des Trockners die Wäscheleine zu benutzen.

Velours

• Man kann Kleidung aus Veloursleder zum Entfernen von Druckstellen in feuchter Luft aushängen lassen, anschließend wird der Flor mit einer Kleiderbürste in Strichrichtung aufgebürstet. Das hilft auch, wenn das Material im Regen nass geworden ist.

• Velours sollte möglichst nicht gebügelt werden. Bei Knitterfalten oder Druckstellen hält man das Kleidungsstück linksseitig gewendet über Wasserdampf und schwenkt es hin und her. Anschließend hängt man es so auf, dass die feuchten Teile möglichst nicht aneinander geraten.

• Staub oder Fusseln entfernt man mit dem Staubsauger (geringste Saugstufe) oder einer Fusselrolle. Man kann den Stoff auch mit einem leicht feuchten Fensterleder abreiben.

Wäschesack

Ein Wäschesack eignet sich, um darin kleine oder empfindliche Wäschestücke in der Maschine zu waschen. Man kann ihn ganz einfach selbst aus ausgedienten, feinmaschigen Gardinen nähen und mit einer Schnur versehen.

Waschen

• Schmutzige Wäsche sollte nur völlig trocken und nicht in luftdichten Behältern aufbewahrt werden, da sie sonst Stockflecken bekommen kann. Vor dem Waschen wird sie nach hellen und dunklen Farbtönen geordnet und diese wiederum entsprechend der Pflegehinweise sortiert. Farbige Stücke können ausfärben und sind deshalb bei der ersten und eventuell auch bei weiteren Wäschen getrennt zu waschen.

• Sind an neu gekaufter Kleidung Etikettenvermerke, wie beispielsweise „separat waschen", „färbt aus", „bügelfrei" oder „hochveredelt", wurden dafür chemische Substanzen verwendet. Anhaftende Farb- und Imprägnierstoffe könnten bei sensibler Haut zu allergischen Reaktionen wie Juckreiz, Rötungen oder Ausschlag führen. Deshalb sollte neue Kleidung, die direkt auf der Haut getragen wird, vor dem ersten Tragen gewaschen werden.

• Taschen sollte man vor dem Waschen nach links ziehen, Knöpfe öffnen, Reißverschlüsse jedoch schließen.

! Flecken in der Kleidung behandelt man vor der Wäsche.

• Feine, farbige und bedruckte Textilien wäscht man mit Feinwaschmittel, lässt sie nicht in der Seifenlauge liegen und trocknet sie nicht in praller Sonne oder an der Heizung.

• Waschmittel mit Aufhellern oder Bleichmitteln und Weichspüler sollte man der Umwelt zuliebe nur selten verwenden.

• Verfärbte Weißwäsche behandelt man mit handelsüblichem Entfärber (Drogerie), oder alternativ kann man die Wäsche in frische Milch einweichen und darin so lange liegen lassen, bis die Milch sauer und dick ist. Dann mit klarem Wasser nachspülen und wie gewohnt waschen.

• Vergilbte Wäsche wird wieder hell, wenn man sie vor dem Waschen in Sodalösung einweicht (1 bis 2 Esslöffel auf 10 Liter Wasser). Alternativ mischt man dem für das Waschprogramm vorgesehenen Waschmittel entweder Fleckensalz (Drogerie), wie auf der Packung angegeben, oder ein Paket Backpulver bei.

• Man kann das Kleidungsstück auch in handelsüblichem Entfärber (Drogerie) einweichen und anschließend wie auf der Verpackung angegeben behandeln. Nach der Behandlung wäscht man es wie gewohnt mit Waschmittel. Bei Einsatz des Entfärbers sind unbedingt die Herstellerhinweise zu beachten.

tipp

Den Härtegrad Ihres Wassers können Sie bei Ihrem zuständigen Wasserwerk erfahren.

• Spitzen-BHs und -höschen, die trotz intensiver Behandlung den vergilbten Schleier beibehalten, müssen nicht aussortiert und können weiter getragen werden, wenn man sie mit entsprechender Textilfarbe (Drogerie) wieder aufpeppt.

• Wenn der Härtegrad des Wassers unter 3 liegt, braucht man um ein Drittel weniger Waschmittel.

Waschleder

• Bevor man Waschleder wäscht, sollte an einer verdeckten Stelle (zum Bei-

spiel einer Innennaht) mit dem Reinigungsmittel eine Farbechtheitsprobe durchgeführt werden.
• Waschleder wäscht man in Handwäsche separat mit Spezial-Pflegemittel (Fachhandel) und gibt Essig zur Waschlauge (1:10).
• Anschließend hängt man es auf einen Bügel und trocknet es bei Zimmertemperatur oder im Freien ohne direkte Sonneneinwirkung.

! Waschleder darf nicht gebügelt werden.

Weichspülen
• Weichspülen ist bei Kuschelwäsche angebracht, da es neben dem Wohlfühleffekt eine statische Aufladung vermindert, sodass die Wäsche weniger verschmutzt.
• Der gleiche Effekt kann jedoch auch umweltfreundlicher erzielt werden, wenn in die Weichspülkammer der Waschmaschine je 1 Esslöffel Babyöl und Zitronensaft oder 1 Esslöffel Babyöl und 1/2 Liter farbloser Essig gegeben wird.

Wolldecke
Wolldecken sollten nur lauwarm mit Wollwaschmittel gewaschen und nicht geschleudert werden. Anschließend hängt man sie tropfnass übers Eck auf, sodass das Wasser über die nach unten hängenden Zipfel ablaufen kann. Durch diese Art der Aufhängung wird ein Verziehen der Decke vermieden. Falls erforderlich, lockert man die Faser nach dem Trocknen mit einer weichen Haarbürste auf.

Wollkleidung
• Reine Schurwolle oder andere hochwertige Qualitäten wie Angora, Mohair, Kaschmir, Kamelhaar oder Lama-

haar werden vorsichtig per Hand kurz in lauwarmem Wasser mit flüssigem Haarkurbad beziehungsweise rückfettendem Waschmittel eingeweicht und in der Waschlauge durch mehrmaliges Ausdrücken gewaschen. Anschließend spült man sie mehrmals lauwarm und mischt dem letzten Spülwasser etwas Glyzerin (Apotheke) bei.
• Die Kleidungsstücke werden anschließend vorsichtig in einem Frotteetuch ausgedrückt. Sie trocknen am schonendsten, wenn man ein weißes Tuch zwischen Vorder- und Rückenteil sowie zwischen die Ärmel legt. Man trocknet die Stücke nicht in der Sonne oder auf der Heizung.
• Als „waschmaschinenfest" oder „superwash" gekennzeichnete Wollsachen können auch im Wollprogramm der Waschmaschine gewaschen werden. Um zu vermeiden, dass die Stücke in der Trommel aneinanderreiben, füllt man nur mit maximal 1 kg Wollwäsche. Die Stücke werden dazu vorher auf links gedreht und in ein ausgedientes Kopfkissen gesteckt, wobei man nur gleichfarbige Stücke miteinander wäscht. Zum Waschen ist maximal 30 °C warmes Wasser sowie unbedingt Spezial-Wollwaschmittel zu verwenden. Alternativ empfiehlt sich Haarshampoo mit einem Zusatz von Glyzerin (1 Esslöffel auf 10 Liter Wasser).
• Hartgewordene Wollstücke werden durch kräftiges Durchkneten etwas weicher. Wollsachen, die kratzen, legt man für etwa 30 Minuten in lauwarmes Wasser, dem vorher 2 Esslöffel Haarkur zugegeben wurden. Anschließend spült man das Kleidungsstück kurz aus, drückt es leicht aus und legt es auf ein Handtuch; später wird es nochmals kurz aufgelockert und in Form gezogen.

• Feine Härchen richten sich wieder auf, wenn man das Teil in einer Plastiktüte verpackt kurz ins Gefrierfach legt oder wenn man die Fasern mit lauwarmer Fönluft aufplustert und anschließend kräftig schüttelt.

tipp

Man sollte darauf achten, dass Waschwasser und Spülwasser die gleiche Temperatur haben, denn starker Temperaturunterschied macht Wolle hart. Da Wolle nicht ausgewrungen werden darf, werden die Kledungsstücke kurz in der Waschmaschine angeschleudert.

• Weiße Wollsachen vergilben nicht so schnell, wenn man pro Liter Waschwasser etwa 1 Teelöffel Borax (Apotheke) beimischt.
• Man muss Wollkleidung nicht unbedingt nach jedem Tragen waschen, oft hilft es schon, die Kleidung gut auszulüften.
• Glanzstellen entstehen bei bügelfähigen Stricksachen nicht, wenn man auf das Stück ein mit Essig angefeuchtetes Tuch legt und darauf bügelt (dämpft). Bei schwarzer Wollkleidung kann man die Glanzstellen auch mit kaltem Kaffee ausbürsten.
• Um Strickbündchen wieder Form zu geben, taucht man sie kurz in Wasser und lässt sie gut trocknen. Man kann auch auf der Innenseite ein paar Hutgummifäden einziehen.
• Knötchen, die an Stricksachen entstanden sind, kann man mit einem Fusselrasierer (Kaufhaus, Kurzwarenabteilung) entfernen. Dabei ist es wichtig, dass der zu bearbeitende Teil gestrafft ist.
• Woll- und Jerseykleidung sollte man möglichst liegend lagern und nicht auf einen Bügel hängen, da sie sich sonst ausdehnen kann.
• Wollhandschuhe wäscht man in lauwarmem Wasser mit der Hand und legt sie auf einen saugfähigen Untergrund zum Trocknen. Die Handschuhe werden wasserabweisend, wenn man sie nach dem Waschen etwa 10 Sekunden in essigsaure Tonerde legt.

Lebensmittel

Dieses Kapitel enthält Hinweise zu Einkauf, Lagerung und Eigenschaften von Lebensmitteln, Gewürzen und Getränken. Auch in diesem Bereich kann man mit einigem Wissen viel Zeit und Geld sparen und mit Hilfe einfacher Tricks und Lösungen unnötigen Ärger vermeiden. Oft sind die Ratschläge so einfach – man muss sie eben nur wissen!

Es ist günstig, den Einkauf anhand eines Einkaufszettels vorzunehmen, damit man nichts vergisst, Zeit spart und unkontrollierte Mehreinkäufe vermeidet. Wenn man immer die gleiche Einkaufsstätte aufsucht, ist es von Vorteil, die zum Kauf vorgesehenen Artikel entsprechend der Warenanordnung der Einkaufsstätte auf dem Ein-

kaufszettel zu notieren. Bei den Einkaufsvorbereitungen sollten auch Sonderangebote der Werbung berücksichtigt werden.

ℹ️ Bei Tiefkühlware sollte man darauf achten, dass sie sich in der Verpackung schütteln lässt. Klebt sie aneinander beziehungsweise an der Verpackung fest, ist sie angetaut.

Um zu vermeiden, dass die Tiefkühlware auf dem Heimweg antaut,

Mengen abmessen ohne Waage			
Lebensmittel	1 Tasse	1 gestrichener Teelöffel	1 gestrichener Esslöffel
Backpulver		3 g	
Fett, Butter	180 g	4 g	16 g
Grieß	140 g	4 g	10 g
Haferflocken	125 g	2 g	8 g
Kaffee, gemahlen		2 g	
Kakao	125 g	2 g	8 g
Mehl	125 g	2 g	8 g
Nüsse, gerieben		6 g	
Öl			9 ml
Reis	80 g	5 g	18 g
Salz		5 g	20 g
Stärke	125 g	2 g	8 g
Weinbrand			10 g
Zucker	180 g	4 g	13 g

ist es vorteilhaft, sie in einer Kühltasche zu transportieren. Man kann sie aber auch einfach in Zeitungspapier einwickeln.

Bei Konserven oder Bechern (Quark, Jogurt) ist darauf zu achten, dass deren Abdeckungen oder Deckel nicht gewölbt sind. In diesem Fall kann man

öko-tipp

Ökologisch erzeugte Lebensmittel werden über kurze Wege vertrieben. Sie sind daher meist frischer und schmecken besser. Außerdem sind sie gesünder, da sie tendenziell geringere Schadstoffrückstände aufweisen, denn der ökologische Landbau verzichtet auf chemisch-synthetische Pflanzenschutzmittel und Düngemittel. Mehr Informationen bietet die Broschüre "Umweltbewusst leben" vom Umweltbundesamt sowie die Arbeitsgemeinschaft Ökologischer Landbau (Anschriften siehe Seite 296).

Kleine Umrechnungshilfe		
Menge	**Milliliter (ml)**	**Centiliter (cl)**
1 Liter	1000 ml	100 cl
3/4 Liter	750 ml	75 cl
1/2 Liter	500 ml	50 cl
3/8 Liter	375 ml	37,5 cl
1/4 Liter	250 ml	25 cl
1/8 Liter	125 ml	12,5 cl
1/10 Liter	100 ml	10 cl
1 Esslöffel	10 ml	1 cl
1 Teelöffel	5 ml	0,5 cl
1 Wasserglas	200 ml	20 cl
1 Weißweinglas	150 ml	15 cl
1 Tasse, fast gefüllt	150 ml	15 cl
1 Tasse, klein	100 ml	10 cl
1 Schnapsglas	20 ml	2 cl

davon ausgehen, dass der Inhalt verdorben ist. Auf jeden Fall sollte das Verbrauchsdatum beachtet werden.

Zu Hause bewahrt man Neueinkäufe am besten hinter oder unter der älteren Ware im Küchen- oder Vorratsschrank auf. Leicht Verderbliches lagert man im Kühlschrank immer gut sichtbar, damit es nicht vergessen wird.

Ananas

• Ananas enthält das Enzym Bromelain. Es strafft das Bindegewebe, fördert die Körperentwässerung, macht schwere Mahlzeiten leichter verdaulich und regt die Verdauungssäfte an. Ananas hilft auch gegen Nervosität und depressive Verstimmungen.

• Ananas sind reif, wenn die Schuppenblätter der einzelnen Augen vertrocknet aussehen, diese sich ohne Probleme herausrupfen lassen und das Fruchtfleisch auf Fingerdruck etwas nachgibt.

Anis

Anis wird als Gewürz für Milch- und Süßspeisen, süßsaure Früchte, Kürbis, Gurken, Birnen, Backwaren, zu Salaten und für alkoholische Getränke verwendet.

Apfel

• Äpfel sind reich an B-Vitaminen, die der Körper für Nerven und Gehirn braucht. Darüber hinaus enthalten sie reichlich Vitamin C und Balaststoffe, die gut sind für den Knochenaufbau und den Darm aktiv halten.

• Äpfel haben unter der Schale die meisten Vitamine und Mineralien. Man sollte sie deshalb gut gewaschen mit der Schale verzehren.

• Äpfel sollten fest, knackig und ohne Druckstellen sein. Angefaulte oder schimmelige Äpfel sortiert man sofort aus.

• Die Lagerung sollte stets kühl, luftig und getrennt von anderem Obst oder Gemüse erfolgen, da Äpfel leicht Fremdgerüche annehmen und andererseits Äthylengas abgeben, das die Haltbarkeit von Obst und Gemüse verkürzt. Auch die Äpfel untereinander sollten sich nicht berühren.

tipp

Bratäpfel bleiben beim Braten glatter, wenn sie vorher mehrmals mit etwas Butter oder Maisöl bestrichen werden.

• Lagert man Äpfel im Keller, dann faulen sie nicht so schnell, wenn man ein Wassergefäß in der Nähe aufstellt.

• Leicht gerunzelte Exemplare taucht man kurz in kochend heißes Wasser, so bekommen sie wieder eine glatte Oberfläche.

• Geschnittene Äpfel verfärben nicht so schnell, wenn sie gleich nach dem Schneiden mit Zitronensaft beträufelt oder in kaltes Wasser mit einem Schuss Essig gelegt werden.

• Nicht mehr ganz frische Äpfel kann man zu Apfelmus verarbeiten, dabei sollten die gar gekochten Apfelstückchen erst nach dem Zerstampfen beziehungsweise Durchrühren gezuckert werden. Einen feineren Geschmack erhält das Mus durch Zugabe von Vanillezucker oder Zimt.

Apfelessig

Apfelessig enthält Vitamine, Mineralstoffe, Spurenelemente, bioaktive Substanzen und Pektin. Er regt den Fettstoffwechsel an, senkt schädliche Blutfettanteile und reinigt Magen und Darm. Auf nüchternen Magen getrunken wirkt er besonders verdauungsfördernd.

tipp

Rühren Sie 2 Esslöffel Apfelessig und 1 Esslöffel Honig in ein Glas nicht zu kaltes Wasser und trinken Sie es vor dem Frühstück.

Apfelsaft

Apfelsaft enthält viel Pektin, bindet Umweltgifte in unserem Körper und schleust sie aus. Darüber hinaus beugt er Arterienverkalkung vor, stärkt die Nerven und reguliert Blutdruck und Darmtätigkeit.

Artischocken

• Vor allem der Artischockensaft wirkt harntreibend und entschlackend. Er stärkt die Leber, fördert die Fettverdauung und hilft bei Völlegefühl.

• Sind die Köpfe rund und die Blüten-blätter der Artischocke grün bis grün-violett, dann ist der Blütenkern (das Herz) fleischig.
• Man sollte Artischocken nicht kau-fen, wenn sie bräunliche Blütenblätter aufweisen.

Auberginen

• Auberginen haben wenig Kalorien, sind dafür aber reich an Mineralstof-fen. Sie wirken verdauungsfördernd, entkrampfend, nervenstärkend und stoffwechselanregend.
• Auberginen sind bei 10 bis 13 °C etwa eine Woche lang haltbar, man sollte sie jedoch nicht im Kühlschrank lagern. Sie reifen bei Zimmertempera-tur nach. Legt man die ganzen Au-berginen vor dem Kochen etwa 15 Minuten in warmes Salzwasser, verlie-ren sie ihren bitteren Geschmack.
• Will man vermeiden, dass Aubergi-nen beim Braten viel Fett aufsaugen, legt man sie vorher auf Küchenpapier, salzt sie, lässt sie etwa 30 Minuten ziehen und tupft sie vor dem Braten trocken.

Avocados

• Avocados bringen zwar reichlich Ka-lorien, enthalten aber viel Eisen und ungesättigte Fettsäuren. Sie sind da-her gut fürs Herz, wirken beruhigend und blutdrucksenkend.
• Avocados sind reif, wenn sich die Schale mit dem Finger etwas drücken lässt beziehungsweise wenn man sie am Stielende mit einem Zahnstocher leicht einstechen kann.
• Man lagert Avocados am besten in Zeitungspapier eingewickelt bei Zim-mertemperatur. Sollen sie schneller rei-fen, legt man sie mit einem Apfel oder einer Banane zusammen.

Backpflaumen

Man legt die frischen Pflaumen auf ein mit Backfolie ausgelegtes Kuchen-blech und backt sie in der Röhre bei geringer Hitze. Den Geschmack kann man verfeinern beziehungsweise hart gewordene wieder aufweichen, indem man sie über Nacht in Cognac oder Rotwein einlegt.

tipp

Für Kinder kann man Backpflaumen geschmacklich aufwerten, indem man sie in Fruchtsaft einlegt.

Backpulver

• Die Qualität von Backpulver prüft man, indem eine Messerspitze davon in kaltes Wasser gegeben wird. Stei-gen langsam kleine Bläschen nach oben, ist es in Ordnung. Braust es stark, ist es bereits überlagert.
• Überlagertes Backpulver muss man jedoch nicht vernichten. Man kann es zum Aufhellen von Gardinen oder ver-gilbter Wäsche verwenden, aber auch zur Reinigung von Flecken auf Ge-schirr, Abflüssen oder Armaturen.

Bärlauch

• Bärlauch erhält man im Bioladen. Es hat die gleichen gesundheitsfördern-den Eigenschaften wie Knoblauch, hinterlässt aber keinen unangeneh-men Mund- und Schweißgeruch.
• Bärlauchsaft mit den gleichen Eigen-schaften wie das frische oder getrock-nete Kraut erhält man im Reformhaus.

Baldriantee

Baldriantee hilft gegen Unruhe, Ner-vosität und Einschlafstörungen. Dosie-ren Sie gemäß der Verpackungsanwei-sung.

Bananen

• Bananen enthalten viel Kalium und Vitamin B_6. Sie sind die ideale Zwischenmahlzeit, denn sie helfen gegen Heißhunger, Nervosität, Angst und depressive Verstimmungen. Aber Vorsicht! Mehr als eine Banane kann müde machen.

• Bananen sollte man nicht im Kühlschrank, sondern bei Zimmertemperatur aufbewahren, damit sie sich länger halten. Noch besser ist es, sie hängend in einem kühlen Raum zu lagern.

• Sollen Bananen schneller reifen, werden sie mit einer reifen Banane oder einem Apfel in eine Papiertüte gesteckt.

• Überreife Bananen kann man verwenden, indem man sie püriert, einfriert und mit etwas Milch und Zitronensaft als Nachtisch serviert.

Basilikum

• Basilikum ist ein Gewürz mit kräftigem Aroma und einem pfeffer- und lorbeerähnlichen Geschmack, der sich noch verstärkt, wenn man das Gewürz mitkocht. Es fördert die Verdauung und lindert Blähungen und Magenschmerzen.

• Als Tee zubereitet hilft Basilikum gegen Übelkeit und beruhigt die Nerven. Beachten Sie für die Zubereitung die Dosierungsanweisung auf der Verpackung.

Beeren

• Beerenfrüchte enthalten reichlich Vitalstoffe, vor allem Vitamin C, B-Vitamine, Mangan, Eisen, Magnesium, Kupfer und Fruchtsäuren.

• Wildwachsende Beeren, wie Brombeeren, Heidelbeeren, Walderdbeeren oder Preiselbeeren kann man selbst sammeln, das garantiert Vitamine kostenlos. Auch haben Wildbeeren meist mehr Aroma als kultivierte Arten.

• Aufbewahren sollte man die Beeren im Kühlschrank in einem Sieb, unter das eine Schüssel gestellt wird.

• Zum Einfrieren sollte man die Beeren zunächst einzeln auf ein Tablett legen, so im Gefrierschrank, wenn möglich im Schockgefrierfach, vorgefrieren und dann erst in Gefrierbeutel geben, so kleben sie nicht aneinander.

⚠️ Essen Sie Waldbeeren nach dem Pflücken nicht sofort, sondern waschen Sie sie vorher gut ab, da sonst die Gefahr einer Ansteckung mit dem Fuchsbandwurm besteht.

Beifuß

Das Gewürz eignet sich im frischen und getrockneten Zustand zum Würzen für fettige Fleisch- und Geflügelgerichte wie Schweine-, Hammel-, Enten- und Gänsebraten. Es wird zusammen mit der Speise gegart.

Blattsalat

• *Feldsalat* hilft bei Blasenentzündung, Blutarmut und Nervosität, schützt vor Infektionen und Entzündungen. Er hat von allen Salatsorten den höchsten Gehalt an Vitamin C und Beta-Karotin.

• *Kopfsalat* ist frisch, wenn die Schnittstellen hell und feucht sind. Die Qualität kann man mit sanftem Druck prüfen; je kompakter der Kopf, desto besser die Qualität. Braune und trockene Schnittstellen sind ein Zeichen dafür, dass die Ware nicht frisch ist.

• Die Lagerung zusammen mit Obst oder Tomaten ist nicht zu empfehlen, denn diese sondern Äthylen ab, das den Salat welken lässt. Man kann Salat in eine Plastiktüte geben, diese aufpusten, verknoten und im Gemüsefach des Kühlschrankes maximal 3 Tage aufbewahren. Auch kann er in ein feuchtes Küchentuch eingeschlagen werden. Alternativ schneidet man den Kopfsalat am Wurzelende über Kreuz ein und legt ihn auf einen Suppenteller mit kaltem Wasser, dem etwas Zitronensaft beigefügt wurde.

• Salat aus biologischem Anbau wäscht man in Salzwasser, um die Insekten daraus zu entfernen.

• Beim Waschen sollte man Blattsalate nie lange im Wasser liegen lassen, sondern sofort trockenschleudern, weil sie sonst Geschmack und Vitamine verlieren.

• Etwas angewelkter Blattsalat wird wieder frischer, wenn man ihn etwa drei Minuten in handwarmes Waschwasser mit 1 Teelöffel Zucker gibt und anschließend etwa 20 bis 30 Minuten in eiskaltes Wasser oder in Zitronenwasser legt.

• Die dunkelgrünen Außenblätter sollten mit verwertet werden, denn sie enthalten am meisten Vitamin C.

tipp

Die verdauungsfördernden und vitaminhaltigen Bestandteile wirken intensiver, wenn der Salat vor der Hauptmahlzeit gegessen wird.

Blumenkohl

• Blumenkohl ist von allen Kohlsorten die verträglichste.

• Die Frische von Blumenkohl erkennt man nicht an der Farbe, denn es gibt weiße und elfenbeinfarbene Arten, vielmehr sollte man auf den frischen Blumenkohlgeruch und feste Köpfe achten. Man sollte auch auf frisches Blattgrün achten.

• Im Gemüsefach des Kühlschrankes ist Blumenkohl eine Woche haltbar. Hat man keinen Platz im Kühlschrank, kann man den Blumenkohl auch mit dem Strunkende in eine mit Wasser gefüllte Schüssel stellen.

• Vor der Zubereitung legt man den ganzen Kopf in Salzwasser, damit eventuell vorhandenes Ungeziefer daraus entfernt wird.

tipp

Den unangenehmen Kochgeruch in der Küche kann man weitgehend vermeiden, wenn man ein Lorbeerblatt oder etwas Zwiebel mitkocht.

• Beim Kochen wird in der Regel der Kopf schneller gar als der Strunk. Um das zu vermeiden, schneidet man den Strunk vor dem Kochen kreuzweise ein.
• Blumenkohlspeisen schmecken würziger und der Vitamingehalt wird erhöht, wenn ein paar Blumenkohlblätter mitgekocht werden. Er bekommt eine hellere Farbe, wenn dem Kochwasser 1 Esslöffel Essig oder ein Schuss Milch zugegeben wird.

Bohnen
Bohnen gehören zu den Hülsenfrüchten. Sie liefern wertvolles Eiweiß und senken den Cholesterinspiegel.

! Rohe Bohnen und Bohnensprossen enthalten das giftige Phasin, das bereits in kleinen Mengen tödlich wirken kann. Grüne Bohnen und Feuerbohnen darf man daher nie roh, sondern nur gekocht verzehren (mindestens 15 Minuten kochen!). Bohnensprossen immer nur blanchiert verzehren.

Bohnenkraut
Bohnenkraut wird zum Würzen von Bohnengerichten und Salaten, Gemüse- und Kartoffelgerichten, Lammfleisch sowie in Kräutersoßen verwendet. Es wird bereits beim Garen zur Speise geben.

Brennnesseltee
Brennnesseltee entschlackt und regt den Stoffwechsel an. Er wirkt blutbildend und blutsäubernd, entwässernd, entschlackend und schleimlösend. Ebenfalls wirksam ist er bei Hautleiden, bei Erschöpfung, leichten Harnwegsinfektionen sowie bei rheumatischen Beschwerden. Darüber hinaus ist Brennnesseltee auch ein natürliches Mittel zur Gewichtsminderung. Die Anwendung und Dosierung erfolgt gemäß der Verpackungsanweisung.

Brokkoli
• Brokkoli enthält viel Karotin, Vitamin C und K, Eisen und Kalium.
• Beim Einkauf von Brokkoli sollte man darauf achten, dass er dunkelgrün, ohne welke Blätter oder Verfärbungen ist und die Blüten fest verschlossen sind. Gelbe, bereits aufgeblühte Röschen schmecken bitter.
• Im Kühlschrank kann Brokkoli etwa zwei Tage aufbewahrt werden.
• Die Stiele werden schneller gar, wenn man sie kreuzweise einschneidet.

• Brokkoli wird zarter, wenn er zunächst in wenig Wasser gar gekocht und dann erst in Butter oder Öl geschwenkt wird. Man sollte ihn nicht in Fett andünsten, da er dadurch zäh werden kann.

Brombeeren

• Brombeeren sind besonders bekömmlich, da sie den niedrigsten Fruchtsäuregehalt aller Obstarten haben. Sie gelten als nervenstärkend, fördern die Blutbildung, stärken die Bronchien, helfen bei trägem Darm, enthalten viel Kalzium und sind reich an den Vitaminen A, C und E.

• Brombeeren bewahrt man am besten im Obstfach des Kühlschrankes auf, nimmt sie jedoch zum Verzehr rechtzeitig heraus, da sie erst bei Raumtemperatur ihr volles Aroma entwickeln. Zum Waschen legt man sie in eine Schüssel mit Wasser und gießt dann das Wasser ab.

• Siehe auch Beeren.

Brot

• Nach Möglichkeit sollte man Brot und Brötchen ohne Konservierungsstoffe kaufen.

• Brot und Brötchen bleiben länger frisch, wenn man sie in einem Brotkasten, Steingut- oder Keramiktopf ohne Luftschlitze aufbewahrt und dazu in den Brotkasten mehrere rohe Kartoffelstückchen legt. Günstig ist auch, auf den Boden des Brotbehälters ein Gitter zu legen. Die Anschnittfläche des Brotes sollte man mit angefeuchtetem Butterbrotpapier abdecken.

• Ist Brot trotzdem einmal hart geworden, umwickelt man es mit einem feuchten Geschirrtuch, legt es einen Tag in den Kühlschrank, entfernt dann das Tuch und überbackt das Brot bei geringer Temperatur im Backofen oder in der Mikrowelle.

• Brötchen vom Vortag schmecken wieder wie frisch, wenn man sie mit etwas kaltem Wasser anfeuchtet und im Backofen oder in der Mikrowelle wieder aufbackt.

• Belegte Brote bleiben länger frisch, wenn man sie zwischen zwei frische, saubere, grüne Salatblätter legt und sie dann in Frischhaltebeuteln beziehungsweise Frischhaltedosen aufbewahrt.

• *Vollkornbrot* hat zwar genauso viele Kalorien wie Weißbrot, enthält darüber hinaus jedoch mehr Ballaststoffe und ist daher besser für die Verdauung.

• *Weißbrotreste* schneidet man in kleine Würfel, röstet sie in Butter goldbraun, friert sie ein und kann sie als Croutons verwenden.

Brühe

• Brühpulver klumpt nicht, wenn es vor Feuchtigkeit geschützt in einem luftdichten Gefäß aufbewahrt wird.

• Aus Knochen hergestellte Brühe würzt man erst nach dem Auskochen. Brühe bekommt einen würzigeren Geschmack, wenn man eine Zwiebelhälfte, die vorher an der Schnittfläche geröstet wurde, mitkocht.

• Die Brühe bleibt klar, wenn man ihr im noch heißen Zustand ein Eiweiß zugibt und dieses im geronnenen Zustand abschöpft.

• Zum Verdünnen von Brühe verwendet man nur kochendes Wasser, da sie sonst trüb werden kann.

• Zu scharf gewordene Brühe kann man durch die Zugabe einer geriebenen Möhre oder Kartoffel beziehungsweise durch Verdünnen mit Wasser mildern (nochmaliges Aufkochen erforderlich).

• Zu fettige Brühe wird entfettet, indem man nach der Abkühlung die obere Fettschicht abschöpft oder die Brühe durch ein Sieb schüttet.

tipp

Suppengrün sollte der Brühe erst kurz vor dem Anrichten zugegeben werden.

Butter siehe Fett

Cayennepfeffer

Cayennepfeffer besteht aus gemahlenen Chilis. Er ist aufgrund seiner Schärfe sehr sparsam beim Würzen von Suppen, Soßen, Eierspeisen und scharfen Mixgetränken zu verwenden.

Chicorée

• Chicorée enthält viel Vitamin B_1, B_2, Kalium, Kalzium, Phosphor und Eisen.

Er stärkt Nerven, Herz und Muskeln.

• Chicorée ist frisch, wenn die Schnittstellen hell und feucht sind. Er ist überlagert, wenn die Spitzen und Schnittstellen eine bräunliche Färbung aufweisen.

• Frischen Chicorée kann man im Gemüsefach des Kühlschrankes oder in ein feuchtes Tuch gewickelt etwa vier Tage aufbewahren.

tipp

Chicoréesalat schmeckt weniger bitter, wenn er mit einer Prise Zucker und einem Spritzer Zitronensaft verfeinert wird.

Chili

Chili gehört zur Paprikafamilie. Er wirkt durch seine Schärfe antibakteriell und macht Speisen dadurch länger genießbar. Je kleiner und reifer, um so schärfer ist er. Man sollte damit recht vorsichtig würzen.

Clementinen siehe Zitrusfrüchte

Croutons

Croutons kann man für Salate und Suppen selbst herstellen, indem man Toast oder Weißbrot würfelt und röstet. Man kann dazu auch älteres Weißbrot gut verwenden.

Curry

Curry wird je nach Herkunft unterschiedlich zusammengesetzt: aus den Gewürzen Pfeffer, Nelken, Piment, Muskat, Zimt, Paprika, Ingwer, Koriander, Kardamom und Kurkumawurzel. Man sollte es bei der Lagerung vor Licht schützen. Bei großer Hitzeeinwirkung wird es bitter, deshalb gibt man es erst zuletzt an die Speise.

Dill
• Dill wird zum Einlegen von Gurken und für Essigmarinaden als ganze Stängel verwendet. Fein gehackte Blätter sind besonders für Gurken- und Kopfsalat, Fischgerichte, Eierspeisen sowie für Suppen geeignet. Er wird erst nach dem Kochen den Speisen zugegeben.
• Frischen Dill fürs Garnieren sollte man vorher nicht waschen.
• Dill bleibt länger frisch, wenn man ihn in angefeuchtete Alufolie wickelt und dann ins Gemüsefach des Kühlschrankes legt.
• Dillspitzen besitzen das stärkste Aroma.

Dosenmilch
Dosenmilch hält sich in der geöffneten Dose länger, wenn die Öffnungen mit einem Klebestreifen verschlossen werden.

Eier
i Qualitätsunterschiede zwischen brauen und weißen Eiern gibt es nicht.
• Eier sind nach dem Legen etwa 28 Tage haltbar. Eine eventuelle Überlagerung von Eiern kann man prüfen, indem man sie in eine 10%ige Salzwasserlösung legt. Bleiben sie am Boden liegen, sind sie frisch. Je höher sie im Wasser steigen, desto älter sind sie. Schwimmt ein Ei oben, ist es verdorben und nicht mehr verwendbar.
• Bei der *Lagerung* werden sie in den Kühlschrank mit dem stumpfen Ende nach oben gelegt, weil der Dotter so mittig im Ei verbleibt.
• Eier sollte man nicht neben geruchsintensiven Lebensmitteln wie Zwiebeln, Knoblauch, Geräuchertem oder Käse aufbewahren, denn sie nehmen leicht Fremdgeruch und -geschmack an.
• Im Eierpack festgeklebte Eier kann man lösen, indem man sie mit dem Pack ins Wasser legt.
• Beim Entnehmen aus dem Eierpack rutschen Eier nicht so schnell aus den Fingern, wenn man die Finger vorher anfeuchtet.
• Man sollte Eier bei der Verwendung immer erst einzeln in eine Tasse aufschlagen, dadurch wird vermieden, dass schlechte Eier die noch verwendbaren verderben. Schlägt man ein Ei auf und das Dotter bleibt gewölbt und

hält das Eiweiß zusammen, ist es frisch. Ist ein aufgeschlagenes Ei wässrig und der Dotter zerfließt, ist es überlagert.

• Das vom Eiweiß getrennte Eigelb hält sich länger frisch, wenn man darüber kaltes Wasser oder Öl gibt.

• Hat man versehentlich gekochte und rohe Eier zusammengelegt, kann man sie wieder trennen, indem man sie auf einer Fläche um ihre Längsachse dreht. Ein gekochtes Ei dreht sich gleichmäßiger als ein rohes. Rohe Eier „eiern" schneller, da das flüssige Ei hin- und herschwappt.

Richtkochzeiten für Eier*	
Konsistenz	Kochzeit in Minuten
hart	8 bis 10
fest	6 bis 7
halbweich	5 bis 6
weich	4
sehr weich	2 bis 3
*Normalgröße, in bereits kochendem Wasser	

• Eier laufen beim Kochen nicht aus, wenn etwas Essig oder Öl in das Wasser gegeben wird. Ein Ei, dessen Schale leicht angeknackst ist, kann ohne auszulaufen gekocht werden, wenn es mit Alufolie umwickelt und dann ins kochende Wasser gegeben wird.

Beachten Sie: Frisch dem Kühlschrank entnommene Eier müssen jeweils etwa 1 Minute länger kochen.

• Eier lassen sich besser schälen, wenn sie nach dem Kochen mit kaltem Wasser abgeschreckt werden.

• Sollen Eier zum Dekorieren verwendet werden, kommt es darauf an, dass der Dotter mittig im Eiweiß erstarrt;

dazu bewegt man das Ei während des Kochens hin und her.

• Ein *Eierstich* gelingt besser, wenn man vor dem Verrühren pro Ei 1 Esslöffel Milch zugibt.

• Zum Herstellen von *Eischnee* muss Eiweiß von frischen Eier verwendet werden. Eiweiß lässt sich nur problemlos zu Eischnee schlagen, wenn es frei von Eigelb und Fettspuren ist.

• Eischnee wird besonders fest und bekommt mehr Volumen, wenn man am Schluss einige Tropfen Zitronensaft, eine kleine Prise Zucker oder etwas Speisestärke unter weiterem Schlagen zugibt. Eischnee ist zur sofortigen Weiterverarbeitung bestimmt, da er bei längerem Stehen zusammenfällt.

• *Rührei* wird lockerer und bekommt mehr Volumen, wenn man Milch (1 Esslöffel Milch pro Ei), Dosenmilch oder kohlensäurehaltiges Mineralwasser unterrührt.

Einfrieren siehe **Tiefgefrieren**

Einmachgut
Eingemachtes verdirbt nicht so leicht, wenn man die Gläser sofort nach dem Einkochen auf den Kopf stellt und im Dunkeln aufbewahrt.

Eintopf
• Aus Fleisch- und Gemüseresten kann man einen feinen Eintopf zaubern. Gibt man Speck hinzu, schmeckt der Eintopf noch herzhafter.

• Zum Einfrieren lässt man ihn nach dem Kochen abkühlen und füllt ihn anschließend portionsweise in Gefrierbeutel. Mit Speisestärke gebundene Eintöpfe kann man nicht einfrieren, denn nach dem Auftauen wird die Stärke wieder flüssig.

Eis

Speiseeis aus einer Packung lässt sich besser portionieren, wenn man das Messer, mit dem man es zerschneidet, vorher immer kurz in heißes Wasser taucht.

Eiswürfel

• Klare Eiswürfel erhält man, wenn man für die Herstellung abgekochtes Wasser verwendet.

tipp

Stellen Sie Eiswürfel zur Party nicht nur aus Wasser, sondern aus Getränken wie Wein, Cola oder Fruchtsaft her. Gibt man vor dem Einfrieren Weintrauben, Kirschen, Mandarinenspalten oder andere Fruchtstücke zu, sehen die Eiswürfel in den Drinks besonders hübsch aus und verdünnen diese nicht übermäßig.

• Als alternative Formen lassen sich auch Plastikeinsätze aus Konfektschachteln verwenden. Auch mit Lebensmittelfarbe behandeltes Wasser bringt Farbe in die Cocktaillandschaft!

Erdbeeren

• Erdbeeren schmecken wunderbar und enthalten darüber hinaus viel Vitamin C und Mineralstoffe. Beim Einkauf von Erdbeeren sollte darauf geachtet werden, dass man keine Früchte mit welken Blütenblät-

tern, sondern nur feste, rote Früchte kauft. Nach Möglichkeit sollten sie in einem Sieb, das auf einen Teller gestellt und mit einem Tuch abgedeckt wird, im Kühlschrank aufbewahrt werden.

• Zum Waschen taucht man sie nur kurz in kaltes Wasser, lässt sie abtropfen, tupft sie trocken und putzt sie anschließend.

• Erdbeeren können tiefgekühlt aufbewahrt werden (siehe Beeren).

Feldsalat siehe **Blattsalat**

Fenchel

• Fenchel enthält viel Beta-Karotin, die Vitamine C, E und K, Folsäure, Eisen, Phosphor, Kalium, Kalzium und Magnesium. Fenchel stärkt das Immunsystem. Folsäure ist für die Blutbildung wichtig.

• Beim Einkauf von Fenchel sollte man darauf achten, dass die Knollen weiß, fest und glänzend sind. Die Außenblätter sollen zartweiß und das Grün fest und saftig sein. Alte Fenchelknollen erkennt man an braunen Stellen. Fenchel kann man einen Tag im Kühlschrank aufbewahren.

• Die äußeren Fenchelschalen haben meistens zähe Fäden; um diese zu entfernen, schält man die Knolle ringsum dünn ab.

• Das Kraut kann auch zum Würzen von Salaten und Fischgerichten verwendet werden.

Fenchelsamen

• Fenchelsamen wirkt beruhigend auf die Verdauungsorgane bei Blähungen, Magen- und Darmverstimmung sowie bei Bronchialerkrankungen.

• Fenchelsamen hat einen intensiven Geschmack und sollte deshalb sparsam verwendet werden. Das Aroma entfaltet sich am besten, wenn man ihn in heißem Fett anschwitzt.

Fencheltee

• Fencheltee wirkt schleimlösend, er entkrampft die Bronchial- und Atemmuskeln. Bei Kleinkindern hilft er gegen Leibschmerzen.

• Man trinkt Fencheltee am wirkungsvollsten mit Honig. Bei Magenbeschwerden und Koliken wird er jedoch ungesüßt getrunken.

Fett

• Butter lässt sich besser schaumig rühren, wenn man sie etwa 1/2 Stunde vorher aus dem Kühlschrank nimmt.

• Die Bratfettmenge kann man besser dosieren, wenn das Fett in die heiße Pfanne gegeben wird. Es zerläuft dann schnell und man kann bei Bedarf noch etwas zugeben. Das Bratfett hat zum Anbraten die richtige Temperatur, wenn ein winziges Stück des Bratgutes, das man hineingibt, Bläschen an den Rändern bildet.

• Fettspritzer lassen sich beim Braten weitgehend vermeiden, wenn man eine Prise Salz in die Pfanne zugibt.

• Brennt Fett in der Pfanne, erstickt man es durch das Auflegen eines passenden Deckels.

⚠ **Nie Wasser auf brennendes Fett geben, sonst besteht Explosionsgefahr.**

• *Butterschmalz* eignet sich sehr gut zum Braten, vor allem auch für Kurzgebratenes, da es hoch erhitzbar ist.

• *Margarine* eignet sich zum Braten bei milder Hitze, beispielsweise für Pfannkuchen und Omeletts.

• *Kokos-* und *Palmkernfette* sind ideal zum Braten und Frittieren.

• *Schweine-* und *Gänseschmalz* ist gut erhitzbar und zum Beispiel für Kohlrouladen gut geeignet.

• *Fettabschnitte* von *Schinken* oder *Wurstreste* kann man kleingeschnitten als Bratgrundlage für Bratkartoffeln verwenden.

Fisch

• Beim Kauf eines ganzen Fisches muss man darauf achten, dass der Fisch klare, glänzende und pralle Augen hat, die leicht vorstehen. Außerdem sollten die Schuppen dicht aneinanderliegen und die Kiemen leuchtendrot sein.

Kaufen Sie nur solchen Fisch, der an der Fischtheke im Eis und nicht obenauf liegt.

• Lebende Fische dürfen nicht auf der Seite oder auf dem Rücken schwimmen; in diesem Fall sind sie verletzt oder krank. An warmen Tagen und bei längerem Heimweg sollte Fisch in einem Kühlbehälter transportiert werden. Fisch muss in einem mit Wasser gefüllten Topf zu Boden sinken; bleibt er oben, ist er verdorben.

• *Forellen* sind frisch, wenn sie sich in heißem Wasser leicht krümmen.
• *Karpfen* kauft man am besten geschlachtet und ausgenommen. Er schmeckt besser, wenn er einen Tag vor der Zubereitung in Bier eingelegt wird.
• *Salzheringe* entwässert man vor der Zubereitung, um den Salzgehalt zu verringern. Dazu legt man sie über Nacht in eine mit Wasser gefüllte Schüssel und stellt diese abgedeckt in den

Kühlschrank. Anschließend werden sie einige Stunden lang in Milch oder Buttermilch eingelegt, da sie dadurch mild und zarter werden. Man bewahrt sie stets kühl auf.
• Bei *Filets* sollte man den „Daumentest" machen: Das Fleisch muss fest und elastisch sein und der Fingerdruck darf keine Delle hinterlassen.
• *Tiefgefrorenen Frischfisch* sowie Krabben, Garnelen und Scampi kauft man meistens roh. Damit sie beim Kochen zart bleiben, sollte man sie vorher langsam im Kühlschrank auftauen lassen.
• *Frische Fische* werden unter kaltem, fließendem Wasser gesäubert, entschuppt, gegebenenfalls ausgenommen und die Flossen entfernt. Fische lassen sich leichter schuppen, wenn sie vorher kurz in Essig oder in heißes Wasser gelegt und sofort mit kaltem Wasser abgeschreckt werden. Ausgenommenen Fisch kann man in Gefrierdosen einfrieren (siehe Übersicht auf Seite 257).
• Um einem Zerfallen der Fische beim

Backen vorzubeugen, legt man sie unaufgetaut in die Pfanne. Alternativ gibt man sie vor der Zubereitung in Essigwasser (2 Esslöffel Essig auf 1 Liter Wasser) und paniert sie dann mit einem Ei und etwas Mehl oder mit geriebener Kokosnuss. Zum Panieren kann statt eines Eies auch Zitronensaft als Bindemittel verwendet werden.
• Fische werden beim Braten knusprig, wenn man etwas Salz in das Backfett streut. Damit der Schwanz nicht verbrennt, kann man eine dicke Kartoffelscheibe oder Alufolie darunterlegen. Fische lassen sich später leichter entgräten, wenn sie vor dem Garen mit einer Rouladennadel oder ähnlichem mehrfach in den Rückenbereich eingestochen und mit zerlassener Butter eingerieben werden.
• Fischfilets rollen sich beim Braten nicht so leicht zusammen, wenn sie vorher hautquer mit einem scharfen Messer eingeritzt werden. Sie sind gar, wenn man bei einem Einstich mit dem Messer an der dicksten Stelle keinen Widerstand spürt. Man salzt

und würzt erst vor dem Ende des Garens.
• Die weichen Gräten von kleinen Fischen wie Sardinen, Sprotten oder jungen Heringen können mitgegessen werden – sie enthalten knochenaufbauendes Kalzium.

Fleisch
• Nach dem Kauf muss Fleisch möglichst rasch kühl aufbewahrt werden. Temperaturen zwischen 2 und 4 °C sind dazu ideal. So bleibt die Ware bis zu zwei Tage frisch.
• Große Gefriergut-Fleischstücke lässt man im Kühlschrank auftauen, da hierbei der Auftauprozess gleichmäßiger verläuft. Beim Auftauen bei Zimmertemperatur besteht die Gefahr, dass die schon aufgetaute äußere Schicht bereits verdirbt, bevor das Stück innen aufgetaut ist.
• Auftauwasser darf man nicht ansammeln lassen, sondern muss es während des Auftauvorganges immer wegschütten (sonst besteht Salmonellengefahr!). Am besten legt man das Gefriergut auf ein Sieb oder Taugitter, das auf einen Untersatz gestellt wird, damit das Tauwasser abtropfen kann. Achtung! Aufgetautes Fleisch darf nicht wieder eingefroren werden.
• Fleisch lässt sich am besten in dünne Scheiben schneiden, würfeln oder schnetzeln, wenn man es im Gefrierschrank vorher kurz anfrieren lässt. Fleisch für Braten wird längs zur Faser geschnitten, fertiger Braten quer zur Faser.
• *Kurzbratstücke*, die man offen kauft, packt man zu Hause sofort aus und trocknet sie mit Küchenpapier ab. Danach stellt man sie in eine mit Folie abgedeckte Schüssel in den Kühlschrank. Die Stücke sollte man nicht in

tipp

Man braucht weniger Fett, wenn man das Fleisch vor dem Braten mit etwas Öl einreibt und in einer beschichteten Pfanne brät.

Alufolie oder dichte Plastikbehälter legen. Kurzbratstücke kann man auch angetaut braten und grillen.
• *Gulasch* schmeckt am besten, wenn Schweine- und Rindfleisch zu gleichen Teilen verwendet werden. Günstig ist es, zunächst das Rindfleisch, das meistens eine etwas längere Garzeit hat, in das heiße Fett zu geben und einige Minuten später das Schweinefleisch hinzuzufügen. Gulasch bekommt eine schöne Farbe und Würzung, wenn vor dem Anbraten ein wenig Salz zugefügt, der Braten leicht mit Mehl bestäubt und am Ende der Bratzeit dem Bratsud Paprikapulver und ganz wenig Zimt zugegeben wird. Gulaschreste können gut für Suppen verwenden werden.
• *Kotelett* und *Schnitzel* werden saftiger und lassen sich besser panieren, wenn sie vor der Zubereitung einige Zeit in Essigwasser (1:3) oder in Ananassaft gelegt werden. Das Essigwasser wird vor dem Braten wieder abgespült. Das Fleisch brät schneller durch, wenn man es mit einem Fleischhammer flach klopft. Man kann dazu die Koteletts oder Schnitzel in einen Frischhaltebeutel geben, um das Fleisch nicht zu zerstören.
Sie werden besonders zart, wenn man eine Messerspitze Backpulver mit den Gewürzen vermischt in das Fleisch einreibt.
• Um zu prüfen, ob die Pfanne die richtige Temperatur zum Braten hat, gibt man einen Wassertropfen hinein;

zischt er in der Pfanne, kann das Fleischstück hineingegeben werden.

• Spritzen wird vermindert, wenn dem Fett etwas Salz zugegeben wird, dafür kann man beim Würzen etwas weniger Salz verwenden.

• Panade haftet besser, wenn das Bratstück vor dem Braten mit Öl eingepinselt wird.

• Beim Kauf von *Lammfleisch* ist darauf zu achten, dass das Fleisch hell ist. *Hammelfleisch* dagegen ist dunkelrot und grobfasrig. Das Fleisch wird schmackhafter, wenn es vorher in Buttermilch oder Essigwasser (1:3) eingelegt wird.

• *Leber* lässt sich durch kurzes Einlegen in heißes Wasser leichter enthäuten. Sie schmeckt zarter, wenn sie vor der Zubereitung für etwa 2 Stunden in Milch, Dosenmilch oder Tomatensaft eingelegt wird. Sie wird immer erst nach dem Braten gesalzen, um ein Hartwerden zu vermeiden.

• *Nieren* vor dem Braten in kaltes Wasser legen und aufkochen lassen. Sie werden erst nach dem Braten gesalzen, damit sie nicht hart werden.

• *Gekochte Zunge* lässt sich besser häuten, wenn man sie nach dem Kochen kurz ins kalte Wasser legt.

• *Rouladenfleisch* ist preiswerter, wenn man es als ganzen Braten kauft. Das Fleisch lässt sich leicht angefroren gut auf der Brotschneidemaschine oder mit dem Sägemesser in dünne Scheiben schneiden.

Rouladen schmecken kräftiger, wenn die Innenseiten mit einem Messer einritzt werden, sodass der Gewürzgeschmack besser in das Fleisch eindringen kann. Mit Senf bestrichen werden sie noch schmackhafter.

Um ein Spritzen beim Einlegen in die Pfanne zu vermeiden, sollte man das Fleisch nach dem Waschen beziehungsweise nach dem Entnehmen aus der Marinade stets mit einem Krepptuch trockentupfen.

Zum Marinieren kann man Öl, Wein, Sojasoße oder Fruchtsaft verwenden und das Fleisch 2 bis 3 Stunden darin einlegen.

• *Braten* wird saftiger, wenn er vor dem Braten kurz in kochendes Wasser getaucht, abgetrocknet und anschließend in heißem Öl angebraten wird. Alternativ brät man ihn mit der fettigeren Seite nach oben an, damit das Fett in das Fleisch eindringen kann. Nach dem Anbraten wird ringsherum mit Flüssigkeit abgelöscht, die Kasserolle abgedeckt und der Braten in der Backröhre bei geringer Temperatur gegart.

Ganz und gar?
Ob das Fleisch gar ist, wird durch Drücken mit einem Kochlöffel geprüft: Lässt es sich leicht eindrücken und tritt roter Fleischsaft aus, ist es innen noch fast roh. Gibt es auf Druck federnd nach, ist es halb durchgebraten. Ein völlig durchgegarter Braten gibt beim Drücken nicht nach und bleibt fest.

• Damit das Fleisch während des Bratens zart bleibt, verwendet man zum Begießen heißes Wasser.

• Braten bis etwa 1500 g lassen sich energetisch günstiger in der Kasserolle auf dem Herd garen. Größere Braten sollten aber in der Backröhre gebraten werden.

• Nach dem Braten gibt man ihn auf einen vorgewärmten Teller, deckt ihn mit Alufolie zu oder wickelt ihn in Alufolie ein, damit er durchzieht und dabei warm bleibt.

• Zum Spicken schneidet man Speck in Streifen, bestreut sie mit Salz und legt sie kurze Zeit kühl. Fleisch wird immer im Faserlauf gespickt.

• Der Braten bekommt einen pikanten Geschmack durch das Einstreichen der Fettseite mit Zimt und eine zarte Kruste durch das Einpinseln mit Honig. Er bekommt einen würzigen Geschmack, wenn man im Bratfond ein Stück Zitronenschale oder Wacholderbeeren mitkocht.

• Ist der Braten angebrannt, kann man ihn noch retten, wenn die dunklen Stellen abgeschnitten werden und man den Braten weiterschmoren lässt.

• Ein nach dem Braten zähes Stück kann gerettet werden, indem man das Fleischstück in eine Würzsoße einlegt. Würzsoßen kann man beispielsweise aus Rotwein, Zwiebel, Pfefferkörnern und Lorbeer oder aus Essig, Zitronensaft, Knoblauch, Senf und Zwiebeln zubereiten.

• Bratenreste kann man gut auch als Brotbelag oder als Einlage für Brühe und Suppen verwenden.

• Bratenspieße lassen sich nach dem Braten leichter vom Fleisch lösen, wenn sie vorher mit Öl eingerieben wurden.

• *Suppenfleisch* wird zarter, wenn dem Kochwasser 1 Esslöffel Essig oder ein Stück Zitrone zugegeben wird.

• *Eisbein* ist besser verdaulich, wenn es vor der Zubereitung etwa einen Tag in Salzwasser oder Bier gelegt wird.

• *Grillgut* erhält ein gutes Aroma, wenn man gut abgehangenes Fleisch verwendet und es bereits am Vortag in Öl oder eine gut gewürzte Marinade einlegt. In die Holzkohle kann man Gewürze wie Knoblauchzehen, Wacholderbeeren, Lorbeerblätter, Rosmarin, Thymian oder Majoran geben.

Das Fleisch sollte man ab und zu mit Bier übergießen.

• *Fonduefleisch* (aus jedem Fleisch) wird besonders zart, wenn es einige Stunden in ein mit Cognac getränktes Tuch eingeschlagen wird. Um ein Verflüchtigen des Cognacs zu vermeiden, wird das Tuch mit Alu- oder Frischhaltefolie umwickelt. Das heiße Öl spritzt weniger, wenn man zu Beginn eine rohe, geschälte Kartoffel hineingibt, die man später wieder entfernt.

• *Hackfleisch* legt man zur kurzfristigen Aufbewahrung in den Kühlschrank und verzehrt es noch am Einkaufstag, gesalzen hält es einen Tag länger (Einfrieren siehe Seite 257).

• Es löst sich problemlos aus dem Einwickelpapier, wenn es vor dem Auswickeln kurze Zeit unter kaltes Wasser gehalten wird.

• Hackfleischteig wird lockerer, wenn man dem Hackfleisch ein eingeweichtes, gut ausgepresstes, zerkleinertes Brötchen vom Vortag untermengt. Statt mit Ei kann auch mit einer rohen geriebenen Kartoffel gebunden werden.

• Hackfleischmasse lässt sich besser zu Hackbraten, Frikadellen oder Bällchen formen, wenn man die Hände ab und zu mit kaltem Wasser anfeuchtet.

! Nur absolut frisches Hackfleisch darf eingefroren werden. Das Fleisch sollten Sie am besten vom Metzger erst direkt beim Kauf durchdrehen lassen, zu Hause schnellstens aus dem Papier nehmen und in Portionen in Gefrierbeutel oder -dosen geben. Drücken Sie das Hackfleisch im Gefrierbeutel flach, um es im Gefrierfach besser unterzubringen.

• *Geflügel* sollte nach dem Kauf sofort in den Kühlschrank gelegt und gut abgedeckt werden. Tiefgefrorenes Geflügel möglichst langsam, am besten im Kühlschrank in einem zugedeckten Gefäß mit Siebeinsatz, auftauen lassen, dann mit warmem (nicht heißem!) Wasser abspülen und schnell garen.

• Die Schenkel werden besonders zart und saftig, wenn sie etwa zwei Stunden in Buttermilch einlegt werden.

• Würziger wird jeder Geflügelbraten, wenn vor dem Braten Kräuter wie Majoran, Rosmarin oder Thymian in die Bauchöffnung gesteckt werden.

• Beim Braten von fettem Geflügel sollte Wasser in die Fett-Auffangpfanne des Backofens gegeben werden. Dadurch verbrennt das abtropfende Fett nicht auf der Pfanne, und außerdem wird das Fleisch zarter. Der Braten wird mit einem Spieß oder einer Gabel unterhalb der Keule eingestochen, damit das Fett besser abfließt.

tipp

Ein älteres Suppenhuhn wird weicher und schmeckt besser, wenn man es vor dem Kochen in Essig einlegt.

• Das Geflügel wird besonders knusprig, wenn es kurz vor Ende der Bratzeit mit Bier, Zucker- oder Honigwasser eingepinselt wird.

• Der *Gänsebraten* ist gar, wenn man mit einem Kochlöffel auf das Fleisch drückt und es dabei leicht federnd nachgibt, und wenn sich eine Backnadel leicht in eine Keule stechen lässt. Wenn der Braten nicht gar wird, transchiert man ihn am besten, deckt die Stücke mit Alufolie ab und schiebt ihn noch einmal in die Backröhre.

⚠️ Wegen der Salmonellengefahr muss Geflügel immer gut durchgegart werden.

• Gänsebraten, der zu dunkel geraten ist, legt man etwa 10 Minuten mit der Kruste nach unten in die Soße.

• Für eine kräftige *Geflügelsuppe* wird das Fleisch mit kaltem Wasser angesetzt. Legt man mehr Wert auf saftiges Fleisch, zum Beispiel für Geflügelsalat, gibt man das Fleisch in kochendes Wasser.

Gänseblümchen

Gänseblümchen sind essbar und können zum Beispiel zur Verfeinerung grünem Salat beigemischt werden.

Gemüse

• Gemüse enthält wertvolle Vitamine, sekundäre Pflanzenstoffe, Mineralien und Spurenelemente, Gemüse sollte daher so oft wie möglich auf dem Speiseplan stehen. Man kauft am besten der Jahreszeit entsprechend, dann ist es vitaminhaltiger und preisgünstiger. Umweltfreundlicher als abgepackte Ware ist lose Ware, möglichst aus ökologischem Anbau.

• Frisches Gemüse hat eine kräftige Farbe, ist fest und knackig. Sind die Blätter bereits in der Auslage entfernt, kann man davon ausgehen, dass es nicht mehr einwandfrei ist.

• Es sollte nur die Menge gekauft werden, wie für eine Mahlzeit vorgesehen ist. Wird jedoch eine kurzfristige Aufbewahrung notwendig, wird es in feuchtes Papier eingeschlagen und in das Gemüsefach des Kühlschrankes gelegt.

> ## tipp
>
> *Schütten Sie das Gemüsekochwasser nicht weg, Sie können es sehr gut zum Verfeinern für Soßen oder Suppen verwenden.*

• Gemüse aus biologischem Anbau wäscht man in Salz- oder Essigwasser, um Insekten, Raupen und Würmer zu entfernen.
• Gemüse wird gewaschen, nicht gewässert, und erst kurz vor dem Garen vorbereitet. Man gibt es in kochendes Wasser und lässt es gar ziehen. Am Ende der Garzeit gibt man vom selben Gemüse roh und fein gehackt etwas dazu. Die Vitamine bleiben weitgehend erhalten, wenn das Gemüse frisch zubereitet gegessen wird.

• Soll gekochtes Gemüse aufbewahrt werden, ist es während der Abkühlphase nicht abzudecken, da es sonst säuert.
• Gemüsesoße kann mit einer rohen, geriebenen Kartoffel oder mit Püreepulver angedickt werden.
• Tiefkühlgemüse hat meist eine bessere Qualität als Dosengemüse, da es bei optimaler Reife geerntet, schnellstens geputzt, blanchiert und tiefgefroren wird. Dadurch hat der Verbraucher weniger Zeit- und Energieaufwand.

Getränke
• Getränke, die man auf nüchternen Magen trinkt, werden vom Körper besser verwertet. In der Regel sollte man täglich 2 bis 3 Liter Flüssigkeit zu sich nehmen, um den Wasserhaushalt des Körpers zu regulieren. Das geschieht zum großen Teil auch über Obst und Gemüse, die zusätzliche Nährwerte haben. Besonders zu empfehlen sind mineral- und vitaminhaltige Getränke.
• Der Wasserhaushalt des Körpers kann durch Urin-Sichtproben kontrolliert werden. Als Faustregel gilt: Ist der Urin sehr hell oder farblos, hat der Körper ausreichend Flüssigkeit, ist er dunkelgelb, fehlt dem Körper Flüssigkeit.

Gewürze
• Gewürze im Gewürzschrank kann man alphabetisch ordnen, das hilft beim Auffinden.
• Bei den in der Übersicht aufgeführten Gewürzen handelt es sich um Alternativen zum Würzen der Speisen. Man kann die Gewürze entsprechend der eigenen Geschmacksvorstellung auswählen und variieren.

Welche Gewürze und Kräuter passen zu welchem Gericht ?	
Gericht	**Empfohlene Gewürze und Kräuter**
Beefsteak	Majoran, Zwiebel, Knoblauch, Kümmel, Pfeffer, Muskat, Oregano, Pfefferminze, Thymian, Senf, Gouda (gerieben)
Blattsalate	Estragon, Schnittlauch, Kresse, Basilikum, Borretsch, Liebstöckel, Minze, Pimpinelle, Rosmarin
Blumenkohl	Pfeffer, Muskat, Estragon
Bohnen, grüne	Bohnenkraut, Pfeffer, Schafgarbe, Borretsch
Bohnensuppe	Lorbeer, Majoran, Pfeffer, Thymian, Bohnenkraut, Basilikum, Estragon, Liebstöckel, Muskatnuss
Bratkartoffeln	Kümmel, Majoran, Thymian, Basilikum
Eierspeisen	Schnittlauch, Dill, Basilikum, Kresse, Salbei, Cayennepfeffer, Kapern, Majoran, Borretsch, Chili, Fenchel, Kerbel, Rosmarin
Ente	Beifuß, Pfeffer, Schafgarbe, Zimt (wenig!), Knoblauch, Salbei, Borretsch, Basilikum
Erbsen	Thymian, Rosmarin, Basilikum, Oregano, Chili
Erbsensuppe	Thymian, Zwiebel, Oregano, Basilikum, Chili, Majoran, Piment
Fisch, gebraten	Pfeffer, Chili, Rosmarin, Basilikum
Fischsuppe	Dill, Lorbeer, Muskat, Safran, Thymian, Kapern, Rosmarin
Fleischsuppe	Lorbeer, Pfeffer, Sellerie, Thymian, Zwiebel, Borretsch
Frikassee	Kapern, Muskat, Pfeffer (weiß), Dill, Kerbel, Basilikum
Gans	Beifuß, Estragon, Rosmarin, Thymian, Salbei, Majoran, Pfeffer, Ingwer, Basilikum
Gebäck, süßes	Gewürznelken, Ingwer, Anis, Kardamom, Muskatnuss, Zimt
Gemüsesuppe	Basilikum, Beifuß, Knoblauch, Majoran, Pfeffer, Sellerie, Zwiebel, Petersilie, Kümmel, Liebstöckel, Paprika, Lorbeer, Kerbel, Oregano
Grillspieß	Oregano, Pfeffer, Zwiebel, Majoran, Rosmarin
Gulasch	Knoblauch, Kümmel, Zimt (Prise), Paprika
Gurken, eingelegte	Dill, Basilikum, Estragon, Ingwer, Thymian
Hammel, gebraten	Knoblauch, Muskat, Piment, Ingwer, Lorbeer, Rosmarin, Salbei, Zimt, Kümmel, Thymian, Beifuß, Dill, Kerbel, Majoran, Estragon, Pfefferminze
Huhn	Majoran, Rosmarin, Curry, Borretsch, Basilikum, Dill, Knoblauch, Fenchel
Kalb, gebraten	Curry, Majoran, Paprika, Minze, Basilikum, Knoblauch, Oregano, Rosmarin, Salbei, Thymian

Welche Gewürze und Kräuter passen zu welchem Gericht ?	
Gericht	**Empfohlene Gewürze**
Kalbsragout	Curry, Knoblauch, Pfeffer, Zwiebel, Basilikum, Fenchel, Lorbeer
Kartoffelbrei	Muskat, Pfeffer
Kartoffelsuppe	Zwiebel, Basilikum, Kerbel, Dill, Kümmel, Majoran, Muskat, Pfeffer, Thymian, Liebstöckel, Petersilie, Schnittlauch, Lorbeer, Borretsch
Käse	Kümmel, Muskat (wenig!), Paprika, Pfeffer, Chili
Klöße	Muskat
Kohl	Basilikum, Knoblauch, Zwiebel, Chili, Curry, Ingwer, Borretsch, exotische Gewürze, Fenchel, Kümmel
Kohlrabi	Pfeffer, Muskat, Majoran, Schnittlauch
Lamm, gebraten	Pfeffer, Rosmarin, Oregano, Curry, Estragon, Dill, Ingwer, Kümmel, Pfefferminze
Linsen	Lorbeer, Thymian, Kardamom, Kümmel
Obstsalat	Ingwer, Kardamom, Vanille, Anis
Paella	Knoblauch, Paprika, Safran
Pilzsuppe	Kümmel, Rosmarin, Oregano, Petersilie
Pizza	Thymian, Basilikum, Knoblauch, Paprika, Oregano
Rind, gebraten oder gegrillt	Knoblauch, Lorbeer, Beifuß, Thymian, Cayennepfeffer, Pfeffer (grün), Kresse, Rosmarin, Basilikum, Muskat, Liebstöckel, Oregano, Paprika, Piment, Sellerie, Wacholder, Ingwer
Rotkohl	Nelken, Pfeffer, Essig, Äpfel, Wacholder
Sauerkraut	Lorbeer, Zwiebel, Kümmel, Wacholder, Pfefferkörner
Schwein, gebraten	Knoblauch, Basilikum, Beifuß, Lorbeer, Majoran, Nelken, Paprika, Pfeffer, Oregano, Rosmarin, Thymian, Zwiebel, Wacholder, Salbei, Fenchel, Chili, Petersilie, Bohnenkraut, Ingwer, Kümmel, Liebstöckel
Spinat	Muskat, Zwiebel, Knoblauch, Ingwer, Majoran
Süßspeisen	Muskatnuss, Ingwer, Anis, Kardamom, Vanille, Zimt
Tomaten	Thymian, Basilikum, Oregano
Tomatensuppe	Curry, Majoran, Rosmarin, Kerbel, Oregano, Schnittlauch, Basilikum, Thymian, Minze
Wild	Zwiebel, Basilikum, Lorbeer, Cayennepfeffer, Koriander, Pfeffer, Majoran, Rosmarin, Salbei, Schafgarbe, Wermut, Estragon, Gewürznelken, Thymian, Wacholder

Grüner Tee siehe **Tee, grüner**

Grünkohl
• Grünkohl enthält viel Vitamin A, B_2, C und Karotin, Magnesium und Eisen.
• Er schmeckt am besten und ist auch besser bekömmlich, wenn er beim ersten Frost noch auf dem Feld gestanden hat und die Blätter grün und knackig sind.

Grütze
• Grütze bildet beim Kochen keine Klumpen, wenn der Grieß mit Zucker gemischt und dann langsam unter ständigem Rühren dem Obstsaft zugegeben wird.
• Grütze wird wohlschmeckender und gesundheitlich wertvoller, wenn man nach dem Kochen ein paar rohe Früchte unterhebt.

Gurken, grüne
• Grüne Gurken enthalten Kalium, Eisen und Magnesium, die Vitamine B_1 und C, bauen Harnsäuredepots ab und säubern das Blut.
• Man lagert sie nicht im Kühlschrank, sondern besser bei 13 bis 15 °C in der Speisekammer oder einem kühlen Raum. In Folie gepackt bleiben sie bis zu zwei Wochen knackig.
• Sie werden von der Blüte zum Stielende hin geschält, da an den Stielenden Bitterstoffe enthalten sind.

Hagebuttentee
• Hagebuttentee liefert viel Vitamin C, erhöht die Abwehrkräfte und säubert das Blut.
• Hat man die Absicht, selbstgesammelte Früchte für Tee aufzubereiten, sind mehrere Vorarbeiten erforderlich. Zuerst müssen die Hagebutten gut getrocknet werden. Das Lufttrocknen

Gewürzgurken
• Gewürzgurken bleiben länger frisch, wenn in das geöffnete Glas ein kleines Stück Meerrettich gelegt wird.
• Gurken sollte man nicht mit der Hand aus dem Gefäß nehmen, da sonst der Rest schnell verderben kann.
• Den Gurkensud kann man zur Zubereitung von Kartoffelsalat und Nudelsalat verwenden.

Gewürz-Öl
Zum Herstellen von mediterranem Gewürz-Öl wird eine Knoblauchzehe geschält und halbiert, mit zwei roten Chilischoten und einigen Blättern Minze, Salbei, Oregano und Lorbeer in eine Flasche gegeben und mit 500 ml Sonnenblumen- oder Olivenöl aufgefüllt. Die Flasche wird verschlossen und im Kühlschrank aufbewahrt; das Öl ist etwa drei Monate haltbar.

Grapefruit siehe **Zitrusfrüchte**

ist zeit- und platzaufwendig und birgt die Gefahr der Fäulnisbildung. Schneller kann man sie bei geringer Wärmezufuhr auf dem Backblech im Backofen oder in der Mikrowelle trocknen.
• Nachdem die Früchte brechtrocken sind, kann man sie mit der Kaffeemühle zerkleinern.
• Wegen der feinen Härchen, die an den Früchten sitzen und die Schleimhäute stark reizen, muss das Getränk nach dem Aufguss durch ein besonders feines Sieb abgegossen werden.
• Teebeutel sollte man nicht nach dem ersten Aufguss entsorgen, da der Inhalt auch beim zweiten Aufguss für eine kleinere Menge Tee noch ergiebig ist. Mit etwas Zitronensaft kann man Geschmack und Vitamingehalt noch verbessern.

Hefe
• Hefe sollte kühl und trocken aufbewahrt werden, am besten in einem gut verschossenem Glas. Ob die Hefe noch frisch ist, lässt sich prüfen, indem man ein kleines Stück in heißes Wasser gibt. Wenn es zu Boden sinkt, ist die Hefe alt.

• Als Alternative kann man auch Trockenbackhefe verwenden. Sie löst sich schneller auf, wenn man sie mit 1 Teelöffel Zucker vermischt.

Heidelbeeren
• Heidelbeeren enthalten viel Karotin, Vitamin B_2 und Rutin. Sie sind gut für das Immunsystem und die Knochen, kräftigen die Blutgefäße, wirken blutbildend und bakterientötend, vor allem bei Entzündungen der Harnwege und des Darms. Sie können auch tiefgefroren werden (siehe Beeren).
• Zum Waschen legt man sie in eine Schüssel mit Wasser, gießt das Wasser ab und wiederholt den Vorgang zweimal. Dann entfernt man die Blätter und Stiele und lässt sie auf Küchenpapier trocknen.

Himbeeren
• Himbeeren enthalten die Vitamine A, B und C, Kalium, Kalzium, Eisen, Rutin, Phosphor und Salizylsäure. Ihre Inhaltsstoffe wirken entwässernd und straffend auf das Bindegewebe.
• Himbeeren werden nur verlesen, die schlechten Beeren aussortiert und das Ungeziefer entfernt. Himbeeren werden nicht gewaschen. Um ihre Haltbarkeit zu verlängern, sollte man sie in einem Sieb im Kühlschrank aufbewahren (Teller unterstellen).
• Sie können tiefgefroren werden (siehe Beeren).

Holunderbeeren
• Holunder enthält viel Eisen, Kalium sowie die Vitamine B_1, B_2, B_5 und B_6. Heißer Holundersaft mit Honig ist ein wirksames Mittel gegen Erkältungen.
• Die Beeren werden erst geerntet, wenn sie völlig ausgereift und schwarz sind.

❗ Holunderbeern dürfen nicht roh gegessen werden, denn die rohen Beeren und Kerne verursachen Übelkeit und Erbrechen. Erst bei gründlichem Erhitzen werden die Giftstoffe zerstört.

Honig
• Honig ist vitaminreich und enthält hochwertigen Fruchtzucker. Er ist ein bewährtes Hausmittel bei Erkältungen und wirkt beispielsweise bei Entzündungen im Rachenraum.
• Dunkler Waldhonig schmeckt im Allgemeinen intensiver als Blütenhonig.
• Man bewahrt ihn dunkel, kühl und gut verschlossen auf.
• Um fest gewordenen Honig aufzulösen, erwärmt man ihn in einem Wasserbad (maximal 40 bis 45 °C). Honig sollte nicht über 40 °C erhitzt werden, da sonst die Wirkstoffe zerfallen; man sollte ihn daher nicht in zu heißen Tee oder Milch geben.

Jogurt
• Jogurt liefert Kalzium und B-Vitamine und fördert die Verdauung. Am besten sollte man Markenkulturen mit überwiegend L(+) = rechtsdrehender Milchsäure kaufen.
• Stellt man Plastikbecher kopfüber in den Kühlschrank, wird eine Beschädigung des Deckels vermieden.
• Jogurt ist verdorben, wenn sich der Deckel nach oben wölbt.

Johannisbeeren
• Johannisbeeren enthalten viel Vitamin B und C sowie Kalium. Schwarze Johannisbeeren haben gegenüber den roten ein Mehrfaches an Vitamin C.
• Johannisbeeren sind frisch, wenn sie prall und glänzend aussehen.
• Man taucht sie zum Waschen in Wasser und lässt sie abtropfen.
• Einfach und schnell können Johannisbeeren mit einer Gabel von den Stielen abgestreift werden.
• Siehe auch Beeren.

Johanniskraut
• Johanniskraut wird seit alters her als wirksames Mittel gegen Gefühlsschwankungen und Depressionen eingesetzt. Es gibt innere Ruhe, vor allem morgens als Tee getrunken.
• Es hilft bei Wechseljahrbeschwerden, Rheuma und Gicht, leichten Depressionen, Schlafstörungen, Kopfschmerzen und nervöser Unruhe. Das Kraut hilft jedoch nicht bei organisch bedingten Nervenschmerzen.
• Man kann Johanniskraut auch in Form von Kapseln oder Saft einnehmen. Man sollte es aber nicht länger als 6 Wochen anwenden.

Käse
• Man kauft Käse am besten am Stück, damit er nicht so schnell austrocknet.
• Er wird bei einer Temperatur zwischen 12 und 16 °C aufbewahrt. Im

Kühlschrank muss er luftdicht gelagert werden, um ein Austrocknen zu vermeiden.

• Trocken gewordener Schnittkäse wird wieder weich, wenn er für kurze Zeit in Milch und danach zum Abtropfen auf ein Tuch gelegt wird.

• Zum Überbacken eignen sich Hartkäse wie Emmentaler, dazu wird er geriebenen und nach dem Backen oder kurz vor Backende aufgestreut. Nicht zum Überbacken geeignet sind Edamer, Gouda und Tilsiter.

> ### tipp
> *Käse bleibt an der Reibe weniger kleben, wenn sie vorher mit Öl eingefettet wird.*

Kaffee

• Das Aroma von Kaffee bleibt erhalten, wenn man ihn als geschlossene Packung im Gefrierschrank aufbewahrt. Vakuumverpackter Kaffee kann über ein Jahr außerhalb des Gefrierschrankes gelagert werden.

• Kaffee einer angebrochenen Packung verliert durch Feuchtigkeit, Licht und Sauerstoff schnell sein Aroma; daher sollte er in ein dicht schließendes Gefäß umgefüllt und gegebenenfalls im Kühlschrank aufbewahrt werden.

• Zum Aufbrühen sollte frisches, möglichst kalkfreies Wasser verwendet werden.

• Aufgebrüht mit etwas Kakao bekommt er einen feineren Geschmack. Eine Messerspitze Salz, in das Kaffeepulver gegeben, sorgt für eine bessere Aromaentfaltung.

• Damit Filtertüten beim Brühen nicht einreißen beziehungsweise umkippen, sind sie vor dem Einsetzen in den Kaffeefilter unten und an einer Seite umzuknicken und der Behälter an den Seiten anzufeuchten.

> ### tipp
> *Sommertipp: Gekochten Restkaffee nicht wegschütten, sondern in ein Schraubglas füllen, in den Kühlschrank stellen und später als Eiskaffee trinken. Tipp für durchzechte Nächte: Etwas Zitronensaft in den Kaffee gegeben hilft gegen Kopfschmerzen und Kater.*

Kakao
• Man bewahrt Kakao in gut verschlossenen Glas- oder Porzellandosen auf; in Blech- oder Pappdosen verliert er an Geschmack.
• Es bilden sich beim Kochen keine Klümpchen, wenn das Pulver mit etwas Zucker vermischt, dann mit etwas Wasser verrührt und anschließend in die kochende Milch eingerührt wird. Eine Hautbildung wird durch ständiges Rühren während des Kochens vermieden.

Kakaoglasur
Die Glasur kann aus Kakao, Puderzucker und Pflanzenfett selbst hergestellt werden: Man verrührt dazu 150 g Puderzucker mit 2 Esslöffeln heißem Wasser und gibt langsam 20 g zerlassenes Pflanzenfett unter ständigem Rühren zu.

Kamille
• Kamille wirkt schmerzlindernd und entzündungshemmend bei Magenschleimhaut- und Darmproblemen.
• Bei Erkältungs- und Infektionskrankheiten kann man Kamillendampfbäder anwenden. Bei Entzündungen des Mundes ist oft eine Spülung mit Kamillenaufguss wirksam. Dazu lässt man etwa 3 g Kamilleblüten auf einen Becher kochendes Wasser etwa 6 Minuten lang ziehen.

Karotten
• Karotten enthalten viel Vitamin A, B_1, B_2 und Folsäure, Beta-Karotin, Selen, Zink, Magnesium, Kalium, Kalzium, Natrium und Eisen. Sie sind wichtig für Herzfunktion, Kreislauf, Immunsystem und Sehschärfe.
• Man sollte nur feste, intensiv gefärbte Karotten mit frischen Blättern

kaufen und die Blätter beim Händler lassen.
• Eine längere Lagerung erfolgt am besten im Keller auf einem luftdurchlässigen Lattenrost ohne das Kraut, da das Grün den Karotten die Feuchtigkeit entzieht.
• Zum Putzen kann man statt eines Messers auch eine Gemüsebürste oder einen Topfkratzer benutzen. Ältere Karotten kann man auch schälen.
• Bei der Zubereitung als Rohkost gibt man immer ein wenig Fett oder Öl zu, damit verwertet der Körper die Inhaltsstoffe besser.
• Karotten behalten beim Kochen die rote Farbe und werden schneller weich, wenn man eine Messerspitze Natron oder 1 Teelöffel Zucker zugibt. Durch die Zugabe von etwas Apfelsaft beim Kochen werden sie schmackhafter.

Karottensaft
• Karottensaft enthält Beta-Karotin, das Haut und Schleimhäute gegen Infektionen schützt. Er wirkt entschlackend, blutbildend und verbessert die Sehkraft. Man sollte ihn in Verbindung mit ein wenig Öl aufnehmen, da dann die Inhaltsstoffe im Körper besser verwertet werden.

• Man kann ihn kaufen (Supermarkt, Reformhaus), aber auch selbst herstellen. Dazu werden die Karotten in der Küchenmaschine fein zerrieben. Die Masse wird dann auf ein nicht zu engmaschiges Tuch gegeben und mit der Hand ausgepresst. Diese Gewinnung des Saftes ist zwar ein wenig aufwändig, aber dafür erhält man naturreinen Saft ohne Zusatzstoffe. Die im Tuch verbleibende Karottenmasse kann man durch Zugabe von Rosinen, Apfelstückchen und Öl und bei Bedarf etwas Zucker als Rohkost aufbereiten.

Kartoffeln

• Kartoffeln enthalten lebenswichtige Mineralien wie Eisen, Selen, Mangan und Zink, aber auch viel Vitamin B, Kalium, Magnesium, Jod und Ballaststoffe, jedoch wenig Kalorien.
• Beim Kauf sollte man darauf achten, dass man nur feste Knollen ohne Verfärbungen und Keime mitnimmt. Bei neuen Kartoffeln am besten nur kleine Mengen einkaufen, da sie leichter verderben und sich nicht zum Einlagern eignen.
• Kartoffeln sind kühl, trocken, dunkel und in luftdurchlässigem Behältnis aufzubewahren. Um ein schnelles Keimen zu vermeiden, sollte man sie nicht mit Zwiebeln oder Äpfeln zusammen lagern.

tipp

Setzt man Kartoffeln gleich mit kochendem Wasser an, bleiben sie schnittfest.

Es gibt verschiedene Kartoffelsorten, die unterschiedlich verwendet werden können:
– Fest kochende Sorten sind stärkearm, dünnschalig und enthalten viel Feuchtigkeit, sie behalten beim Kochen ihre feste Struktur und sind besonders geeignet für Gratins, Brat-, Salz- und Pellkartoffeln sowie Salat.
– Vorwiegend fest kochende Sorten haben eine mittelfeste, leicht mehlige Struktur und sind universell einsetzbar. Sie eignen sich besonders als Beilage für Gerichte mit viel Soße.
– Mehlig kochende Sorten sind stärkereich, ideal für Eintopfgerichte, Pürees, Klöße, Reibekuchen, Rösti und als Ofenkartoffeln. Bei anderen Gar-Methoden trocknen sie jedoch leicht aus und zerfallen.

• Welke Kartoffeln werden wieder frischer, wenn man sie einige Minuten in Eiswasser legt.
• Grüne Stellen, Augen und Keime stets beim Schälen entfernen, da sie das Gift Solanin enthalten.
• Rohe, geschälte Kartoffeln sollte man sofort ins Wasser legen, damit sie

nicht braun werden. Danach rasch weiterverarbeiten.

• Kocht man Kartoffeln als *Pellkartoffeln*, bleiben die Mineralstoffe und Vitamine weitgehend erhalten. Man sollte sie zum Kochen möglichst nicht zerschneiden, da sonst die wertvollen Inhaltsstoffe verlorengehen.

• Pellkartoffeln lassen sich für Kartoffelsalat besser pellen und schneiden, wenn man sie nach dem Abgießen erst im geschlossenen Topf abkühlen lässt. Alternativ gibt man dem Wasser etwa 1 Teelöffel Speiseöl oder Margarine zu. Oder man schreckt sie nach dem Abgießen kurz kalt ab.

• Gibt man beim Kochen 1 Teelöffel Kümmel, 1 Lorbeerblatt, Dill oder Majoran zu, erhalten Pellkartoffeln einen besonderen Geschmack.

• Gekochte Kartoffeln kann man länger warm halten, wenn man den Topf mit einem Tuch abdeckt und den Deckel darübergibt.

• Angebrannte, noch nicht ganz gare *Salzkartoffeln* hebt man vorsichtig in einen neuen Topf um, schneidet die angebrannten Stellen ab, setzt sie mit frischem heißem Wasser auf und lässt sie darin gar kochen.

• *Kartoffelbrei* wird leicht und locker, wenn man ein rohes Ei unterhebt. Er kann fertig zubereitet im Gefrierbeutel im Gefrierschrank aufbewahrt werden.

• *Klöße* aus gekochten Kartoffeln gelingen besser, wenn die Kartoffeln schon am Tage vorher gekocht werden.

• Kartoffelklöße können roh oder gegart im Gefrierbeutel im Gefrierschrank aufbewahrt werden.

• *Kloßreste* ergeben eine zusätzliche und sehr schmackhafte Mahlzeit, wenn sie in Scheiben geschnitten, mit Butterschmalz oder Margarine goldgelb gebacken und mit Heidelbeer- oder Preiselbeerkompott oder mit Zucker und Zimt gereicht werden.

• *Kartoffelpuffer* werden lockerer, wenn dem Teig etwas Backpulver, Zwieback oder Semmelbrösel beigegeben wird. Will man sie nicht fettig haben, kann man sie in einem beschichteten Waffeleisen backen.

• *Kartoffelsaft* (Reformhaus) wirkt magenberuhigend und hilft gegen Kater.

Kerbel
• Kerbel kurbelt den Stoffwechsel an und senkt den Blutdruck.
• Er hat einen anisartigen Geschmack und wird wie Petersilie verwendet. Man verwendet ihn auch gern zum Garnieren.
• Kerbel wird erst kurz vor dem Anrichten zu dem Gericht gegeben.

Kirschen
• Die Haut der Kirschen muss glatt und fest, trocken, sauber und glänzend sein. Je dunkler die Kirsche ist, desto aromatischer schmeckt sie.
• Kirschen essen soll gegen Kopfschmerzen helfen.

Kleingebäck
• Gebäck lässt sich nach dem Backen vom Blech leichter lösen, wenn es zum Backen auf Backpapier gelegt wurde oder wenn man das Blech nach dem Backen auf ein feuchtes Tuch stellt.
• *Hartes Gebäck*, zum Beispiel Pfefferkuchen, Makronen oder Lebkuchen,

bewahrt man luftig und kühl in einem Tontopf, in einer Holzkiste oder einem Pappkarton auf und legt einen tadellosen Apfel oder eine Apfelsine dazu.

• *Weiches Gebäck* wie Mürbegebäck sollte in einer mit Pergament ausgelegten Blech- oder Kunststoffdose aufbewahrt werden. Es bleibt weich, wenn man einen tadellosen Apfel oder eine angeschnittene Möhre dazu legt.

> ## tipp
> *Immer mal wieder kontrollieren.*

• Hartgewordene Kekse werden wieder weich, wenn man sie in eine Dose legt und ein feuchtes Tuch darüberspannt. Oder man legt sie in einer Blechdose auf ein paar Scheiben Brot, durch deren Feuchtigkeit das Gebäck wieder weich wird.

Klementinen siehe **Zitrusfrüchte**

Knäckebrot
Knäckebrot ist für den kleinen Hunger zu empfehlen. Es enthält die Vitamine B und E, Magnesium und Eisen und kräftigt Herz und Blutgefäße.

Knoblauch
• Knoblauch schützt vor Thrombosen, Infarkt, Arteriosklerose und Darminfektionen. Er lindert Bronchitis, kurbelt die Fettverbrennung an, fördert die Durchblutung der Gefäße und Organe, senkt erhöhten Blutdruck und den Cholesterinspiegel. Außerdem wirkt er gegen Verdauungsstörungen, aktiviert die Immunabwehr, hat antibakterielle Eigenschaften und bewahrt die Nahrung vor dem Verderben. Es lohnt sich also, Knoblauch regelmäßig zu verwenden.

• Die Zwiebeln sind frisch, wenn die Häute zwischen den einzelnen Zehen in der Knolle leicht rosa sind.
• Junger frischer Knoblauch ist milder als älterer.
• Knoblauch schmeckt milder und macht weniger Mundgeruch, wenn man den grünen Sproß heraustrennt. Auch wenn man den Knoblauch mit etwas Salz hackt, riecht und schmeckt er milder.
• Knoblauchzehen können in einen Gefrierbeutel gefüllt im Gefrierschrank aufbewahrt werden.
• Knoblauch lässt sich leichter schälen, wenn man die Zehen vorher 10 Minuten in kaltes Wasser gelegt hat.
• Knoblauch hat ein Vielfaches an Würzkraft als die Zwiebel. Frisch gepresst oder fein gehackt kommt seine Würzeigenschaft besonders zum Tragen. Er eignet sich für Fleisch- und Kohlspeisen, für Geflügel oder Spinat.
• Legt man Knoblauch geschält in ein verschraubbares Glas mit Salatöl, hält er sich länger. Das Öl nimmt den Knoblauchgeschmack an und hat damit ebenfalls Würzkraft.
• Um Knoblauchzehen nach dem Braten wieder aus dem Topf nehmen zu können, steckt man sie alle zusammen auf einen Holzzahnstocher, lässt sie im heißen Fett goldbraun werden und nimmt sie anschließend am Spieß wieder heraus. Bleiben die Zehen zu lange im Fett, schmecken sie bitter.
• Knoblauch hinterlässt leider einen unangenehmen Mundgeruch, der aber durch

das anschließende Trinken von Milch oder Buttermilch mit einem Spritzer Zitrone und reichlich gehackter Petersilie gemindert werden kann.
• Hände und Arbeitsfläche reinigt man am besten mit einer halben Zitrone.
• Gekeimten Knoblauch sollte man wegwerfen, denn er schmeckt nicht mehr.

Knoblauchöl
• Knoblauchöl ist geeignet für Salate und kräftige Soßen.

Selbst gemachtes Knoblauchöl
Man kann Knoblauchöl selbst aus 1/2 Liter Olivenöl und 10 jungen Knoblauchzehen herstellen:
Das Olivenöl ist bis knapp unter den Rand eines völlig sauberen Glasgefäßes aufzugießen und das Gefäß gut zu verschließen. Man lässt es zwei Wochen am sonnigen Fenster ziehen, schüttelt es täglich, seiht das fertige Öl ab und füllt es in gereinigte Flaschen um. Das Öl ist im Kühlschrank etwa drei Monate haltbar.
Noch eine Variante: 8 Knoblauchzehen schälen und halbieren. Mit 2 Teelöffeln Thymian in eine Flasche geben, mit 500 ml Sonnenblumen- oder Olivenöl auffüllen. Die Flasche mit einem Tuch verschließen.

Kohl
• Kohl enthält viel Karotin, die Vitamine B_6, C und E und K sowie Eisen, Mangan, Magnesium und Zink. Er schützt vor Infektionen und hilft bei Magengeschwüren.
• Sommer-Weißkohl hat einen lockeren grünen Kopf, Herbst-Weißkohl einen festen gelblich-weißen Kopf. Wirsing hat einen sehr lockeren, nach oben geöffneten Kopf, die krausen Blätter dürfen nicht welk sein. Er schützt vor

Arteriosklerose und Infektionen, regt die Darmtätigkeit an, hilft bei Sodbrennen und senkt Cholesterin. Weißkohl sollte beim Kauf keinen Frostschaden haben, den man an braunen, schlierigen Außenblättern erkennt.
• Die Blätter lassen sich leichter lösen, wenn der Kohlkopf kurz in kochendes Wasser gelegt wird, dadurch werden auch die Blätter geschmeidiger und lassen sich besser verarbeiten, zum Beispiel zu Kohlrouladen.
• Weißkohl schmeckt weicher und wird bekömmlicher, wenn man eine Kartoffel mitkocht.
• Fett macht das Aroma von Kohlgerichten intensiver.

Kohlrabi
• Kohlrabi enthält Vitamin C und Karotin, Magnesium, Kalzium, Eisen, Phosphor und Jod. Er kräftigt die Fingernägel, lindert Zahnfleischbluten und Paradontose und regt die Nieren- und Gallenfunktion an.
• Das Gemüse ist zart, wenn es ein kurzes Laubherz hat. Beim Kauf sollte man auf frisches Blattgrün achten. Im Gemüsefach des Kühlschrankes ist Kohlrabi etwa eine Woche haltbar.
• Zart-violette Kohlrabi sind auch geschmacklich zarter als weiße. Runde Kohlrabi sind zarter als längliche.
• Man sollte Kohlrabi im Ganzen kochen und dann erst in Scheiben schneiden, so bleibt das Aroma besser erhalten und man kann die holzigen Stellen besser entfernen.
• Er schmeckt milder, wenn man zum Kochen halb Wasser und halb Milch verwendet.
• Die Blätter kann man frisch und kleingehackt als Würze und Geschmacksverbesserung für Salate oder Gemüse verwenden.

Kokosnuss

• Eine Schüttelprobe zeigt, wie reif die Kokosnuss ist. Milch in der Nuss ist ein Zeichen dafür, dass sie ganz frisch ist und das Fruchtfleisch saftig. Gluckert es nicht mehr, kann man davon ausgehen, dass keine Milch mehr in der Nuss und das Fruchtfleisch fest und weniger saftig ist.

• Die harte Schale kann auch ohne großen Kraftaufwand vom Fruchtfleisch gelöst werden: Zunächst wird die Fruchtmilch entfernt, indem man zwei Augen der Nuss aufsticht, damit die Milch auslaufen kann. Dann einfach die Nuss in den 200 °C heißen Backofen legen und so lange darin lassen, bis die Schale platzt, anschließend Fruchtfleisch herauslösen.

• Geriebenes Fruchtfleisch kann auch für Fruchtsalate oder als Panade von Fleisch und Fisch verwendet werden.

Konserven

• Konservendosen sind oft nicht einwandfrei sauber und sollten deshalb vor dem Öffnen immer erst mit heißem Wasser abgespült oder mit einem Lappen abgewaschen werden.

• Nach dem Öffnen sollten Dosen stets entleert werden, da der Inhalt sonst den Blechgeschmack annehmen und schneller verderben kann.

tipp

Um festen Inhalt im Ganzen herauszubekommen, können Deckel und Boden mit dem Dosenöffner entfernt und der Inhalt von einer Seite herausgeschoben werden.

Koriander

• Koriander ist hilfreich gegen Erkältungsbeschwerden und Halsschmerzen, bei Magenkrämpfen und Blähungen.

• Es wird als Gewürz für Pfefferkuchen, Tomatengerichte, Gurkensalat und Quark verwendet.

• Koriander, der nicht in der Speise verbleiben soll, gibt man in ein Tee-Ei und hängt dieses in den Kochtopf. Nach Ende der Garzeit kann es problemlos entfernt werden.

Kräuter

Kräuter sind eine unerlässliche Zugabe für Speisen und mit ihren Vitaminen und Mineralstoffen wichtig für unsere Ernährung. Sie enthalten unter anderem ätherische Öle, die das Immunsystem stärken und entzündungshemmend wirken. Man kann sie frisch, getrocknet oder tiefgefroren verwenden.

Man kann Kräuter natürlich auch selbst sammeln oder anbauen. Dazu sollte die Saisonzeit genutzt und die gesammelten Kräuter bevorratet werden. Man sollte jedoch nicht an Straßenrändern oder in der Nähe von Industrieanlagen sammeln, da die Kräuter dort stärker durch Umweltgifte belastet sein könnten. Als günstigste Sammelzeit empfiehlt sich frühmorgens oder abends. Sammeln Sie jedoch nie in der prallen Sonne, da vor allem bei Heilpflanzen mit ätherischem Ölanteil, wie Minze, Melisse oder Kamille durch die Sonneneinstrahlung die Intensität und Wirksamkeit reduziert wird.

! Sammeln Sie nur Pflanzen, über deren Aussehen und Wirkung Sie genau Bescheid wissen.

• Günstig ist das Anlegen eines *Kräutergartens*, hierzu eignen sich auch Blumenkästen. So hat man immer frische Gewürzkräuter zur Hand. Beim Schneiden ist darauf zu achten, dass immer ein paar Blätter an der Pflanze verbleiben, damit die Kräuter wieder nachwachsen können. Kräuter werden nicht gedüngt, da sie sonst ihr Aroma verlieren.

• Damit gepflückte beziehungsweise gekaufte Kräuter nicht zu schnell welken, werden sie in ein mit Wasser gefülltes Glas gestellt und kühl aufbewahrt. Kräuter wie Dill, Petersilie und Schnittlauch bleiben auch länger frisch, wenn man sie in angefeuchtete Alufolie wickelt und dann ins Gemüsefach des Kühlschrankes legt. Zerkleinerte Kräuter kann man in ein Glas geben und mit Öl bis etwa einen Finger breit über den Kräutern auffüllen.

• Zum *Trocknen* kann man sie gebündelt an einem sonnenfreien, trockenen, staubfreien Platz aufhängen. Pulvertrocken wird dann jedes Gewürzkraut einzeln fein zerrieben. Die Aufbewahrung der getrockneten Kräuter sollte in dichtschließenden, dunklen Gläsern erfolgen (beispielsweise in leeren Brühe-Gläsern). Entsprechend des Inhaltes werden die Gläser beschriftet.

• *Frische Kräuter* spült man nur kurz ab. Lässt man sie lange im Wasser liegen, werden die empfindlichen Mineralien und Vitamine entzogen. Man sollte sie nie zu fein schneiden, da sonst ihr typischer Geschmack verloren geht. Auch sollte man sie möglichst nicht auf Holzbrettchen hacken, weil das Holz den Saft aufsaugt, besser ist eine Unterlage aus Porzellan oder Kunststoff.

• *Tiefgefrorene* frische *Kräuter* haben gegenüber getrockneten Kräutern den Vorteil, dass sie weniger Geschmacks- und Vitaminverlust haben. Zum Tiefgefrieren wäscht man die Kräuter, tupft sie trocken und friert sie mit den Stielen in Eiswürfelschalen, Alufolie oder Gefrierbeutel ein. Man kann sie aber auch schneiden und portionsweise in kleine Gefrierdosen, Filmdosen oder die Plastikdose aus Überraschungseiern füllen.

Kräuterbutter

Man kann Kräuterbutter selbst herstellen, indem man frische Kräuter, zum Beispiel Estragon, Schnittlauch, Zitronenmelisse und Basilikum, wäscht, trockentupft, hackt, eventuell etwas frischgepressten Knoblauch zugibt und dann alles mit einer Gabel unter weiche Butter knetet.

Kräuteressig

Kräuteressig kann man ganz einfach selbst herstellen: 200 g frische grüne Kräuter, wie Rosmarin, Salbei oder Dill, Majoran, Thymian und Basilikum, drei geschälte Schalotten, Kresse und ganze Estragonzweige im Mörser leicht zerstoßen, alles in eine gereinigte Flasche oder ein Einmachglas geben, Weiß- oder Apfelessig in einem Topf erwärmen und über die Kräuter und Schalotten gießen. Das Glas bis etwa zwei Fingerbreit unter die Öffnung auffüllen und gut verschließen. Dann lässt man den Essig zwei Wochen am sonnigen Fenster ziehen, schüttelt täglich und seiht ihn dann durch ein Mulltuch oder Sieb ab. Der fertige Essig wird in gut gereinigte Glasflaschen gefüllt, dekorative frische Kräuter zugegeben und kühl und dunkel aufbewahrt. Der Essig ist gekühlt mindestens 6 Monate haltbar.

tipp

Besser dosieren kann man Essig mit einem Schnapsgießer.

235

Kräuteröl

Man kann beispielsweise Peperoni-Kräuteröl leicht selbst herstellen. Dazu werden getrocknete oder frische Pfefferschoten auf- und kleingeschnitten, die Kerne zusammen mit den Schoten in ein völlig sauberes Glasgefäß mit Verschluss gegeben. Man füllt mit Olivenöl bis knapp unter den Rand auf, das Gefäß wird gut verschlossen. Anschließend lässt man es zwei Wochen am sonnigen Fenster ziehen und schüttelt täglich. Das fertige Öl seiht man ab und füllt es in gereinigte Flaschen.

Das Kräuteröl ist für feurig-scharfe Gerichte geeignet. Es hält sich je nach Zutaten mehrere Monate.

Kresse

• Kresse fördert die Stoffwechselfunktionen und verbessert das Allgemeinbefinden.
• Kresse eignet sich sehr gut zur Vervollständigung von Eiergerichten. Werden die Blätter welk, verlieren sie ihr Aroma, deshalb sollte man Kresse immer im feuchten Beet kaufen und möglichst in etwas Wasser stehend im Kühlschrank aufbewahren. Man kann Kresse auch ganz leicht selbst ziehen, in sogenannten Kresseigeln, auf die man lediglich etwas Wasser und den Kressesamen gibt.

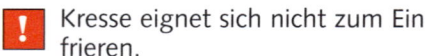

! Kresse eignet sich nicht zum Einfrieren.

Kuchen

• Kuchen wird besonders locker, wenn man Buttermilch statt Milch verwendet und während des Backens eine feuerfeste Schale mit Wasser in den Ofen stellt.
• Der Kuchen klebt nicht fest und bekommt einen leichten Kokosgeschmack, wenn man die Kuchenform statt mit Semmelbröseln mit Kokosflocken ausstreut.
• Möchte man probieren, ob der Kuchen gar ist, steckt man ein Holzstäbchen in den Teig und zieht es gleich wieder heraus. Er ist durchgebacken, wenn kein Teigrest mehr daran kleben bleibt. Bei Hefeteig wird diese Garprobe nicht gemacht, weil er durch den Luftzug leicht zusammenfallen kann.
• Soll der Kuchen nicht zu stark bräunen, deckt man ihn beim Backen mit Pergamentpapier ab.
• Kuchen lässt sich leichter stürzen, wenn die Form einige Minuten in kaltes Wasser gestellt oder mit einem nassen, mehrmals zu erneuernden Tuch umlegt wird.
• Um einen etwas angebrannten Kuchen noch zu verwenden, können die verbrannten Stellen mit dem Reibeisen abgeschabt werden. Danach kann er mit

einer Schokoladen- beziehungsweise Zuckerglasur bezogen oder dick mit Puderzucker bestreut werden.
• Trockener Kuchen schmeckt wieder frisch, wenn er mit Milch bestrichen kurz aufgebacken wird. Oder man sticht mit einer Stricknadel Löcher hinein und träufelt etwas Orangensaft darauf.
• *Napfkuchen* trocknet nicht so leicht aus, wenn er in einem geschlossenen Porzellan- oder Steingutgefäß oder in Frischhaltefolie gewickelt aufbewahrt wird.
• Gebackenen *Rührkuchen* kann man auch einfrieren.
• *Obstkuchen* wird besonders saftig, wenn man ihn kurz vor dem Einschieben in den Ofen mit einem gefetteten Pergamentpapier abdeckt (Fettseite auf den Kuchen), das kurz vor Ende der Backzeit entfernt wird. Erst nach dem Abkühlen wird der Kuchen mit Zucker bestreut.
• *Käsekuchen* fällt nicht so stark zusammen, wenn man ihn für 20 bis 25 Minuten im abgeschalteten Backofen abkühlen lässt.

Kümmel
• Kümmel wirkt verdauungsfördernd und hilft gegen Blähungen und Magenschmerzen.
• Er wird im Geschmack intensiver, wenn man ihn vor Gebrauch zerkleinert. Man gibt ihn bereits beim Garen zur Speise.

Kürbis
Kürbis enthält viel Beta-Karotin, Kalium und Phosphor; er schwemmt überflüssiges Wasser aus dem Körper. Der Duft soll vor allem Frauen sexuell erregen. Beim Kauf sollte man darauf achten, dass er keine Druckstellen aufweist.

Lakritze
Lakritze kann den Mineralstoffhaushalt unseres Körpers durch den Inhaltsstoff Glycyrrhizin durcheinanderbringen. Schwangere, Zuckerkranke, Herz-Kreislauf-Kranke und Hochdruckpatienten sollten deshalb auf Lakritze-Produkte verzichten, sonst drohen Wassereinlagerungen im Gewebe und ein zu hoher Blutdruck.

Lauch siehe Porree

Lavendel
• Lavendel hilft als Tee bei Migräne und Schlaflosigkeit. Er beseitigt Übelkeit und Blähungen und lindert Beschwerden bei Erkältungskrankheiten.
• Frischen Lavendel kann man bei Verrenkungen und Quetschungen in Form eines Wickels verwenden, im getrockneten Zustand bringt er frischen Duft in den Wäscheschrank.

Leitungswasser
• Leitungswasser enthält lebenswichtige Mineralstoffe und Fluorid und ist oft besser als stilles Mineralwasser ohne Kohlensäure.
• Leitungswasser kann in Deutschland fast überall bedenkenlos getrunken werden, vor allem, wenn es nicht aus Flusswasser, sondern aus Grundwasser gewonnen wird (fragen Sie Ihr zuständiges Gesundheitsamt oder Ihr Wasserwerk).

! Vorsicht ist geboten, wenn die Rohrleitungen aus Blei sind oder es sich um Kupferrohre handelt, die vor nicht länger als einem halben Jahr eingebaut wurden. Aufpassen sollte man auch, wenn das Wasser in landwirtschaftlich stark genutzten Gebieten aus dem hauseigenen Brunnen verwendet wird.

Liebstöckel
• Liebstöckel ist ein Gewürz mit starkem Aroma. Es wird bereits beim Garen zur Speise gegeben. Es eignet sich zum Beispiel gut für Suppen (siehe Tabelle Seite 223 und 224).
• Als Tee verwendet ist es harntreibend, krampflösend, anregend und potenzfördernd.

Limettenöl
Um Limettenöl selbst herzustellen, benötigt man 1 1/2 in Scheiben geschnittene Limetten, ein völlig sauberes Glasgefäß mit Verschluss und 500 ml Keimöl. Die Schale der (unbehandelten) Limette wird gut gewaschen und die Scheiben in das Gefäß gefüllt. Das Öl wird bis knapp unter den Rand des Gefäßes aufgegossen und das Gefäß gut verschlossen. Man lässt etwa 2 Wochen an einem hellen Ort ziehen und schüttelt es täglich. Das fertige Öl seiht man ab. Das Öl eignet sich besonders für *Rucolasalat*, aber auch zum Braten von Fisch oder für die Herstellung von Majonäse. Es hält sich mehrere Monate.

Lindenblütentee
Lindenblütentee hilft bei Erkältungs- und Infektionskrankheiten, rheumatischen Beschwerden, Bluthochdruck und Schlaflosigkeit. Er entschlackt und entwässert den Körper durch seine

schweißtreibende Eigenschaft, ist krampflösend und beruhigt die Nerven.

Linsen
Linsen liefern wertvolles Eiweiß und Vitamin B_1. Sie müssen nicht, wie oft beschrieben, über Nacht in kaltem Wasser eingeweicht werden, da sie auch so in etwa 30 Minuten gar sind. Um das Garwerden nicht zu verzögern, sollte man jedoch kein Salz, Essig oder Zitronensaft ins Kochwasser geben.

tipp

Linsen schmecken noch besser, wenn man das fertige Gericht mit etwas Senf abschmeckt.

Litschis
Unter der rotbraunen warzigen Schale sitzt das perlmuttartig schimmernde, saftige Fruchtfleisch. Der Geschmack liegt irgendwo zwischen Trauben und Kirschen. Zum Schälen drückt man die Frucht solange ein, bis sie bricht, sie wird anschließend geschält wie ein gekochtes Ei. Die geschälten Litschis halbiert man mit einem Messer und löst den kleinen, nicht essbaren Kern heraus.

Löwenzahn
• Blätter und Wurzeln des Löwenzahn kann man als Tee verwenden. Er senkt hohe Cholesterinwerte im Blut, entschlackt und reguliert den Stoffwechsel, hilft bei Verdauungsstörungen und Erschöpfung und wirkt harntreibend.
• Löwenzahnblätter kann man auch selbst sammeln, wegen der Schadstoffbelastung jedoch besser nicht an befahrenen Straßen. Sie sind schmackhaft als Beigabe zum Salat.

Lorbeer
• Lorbeerblättern sagt man die Stärkung der Abwehrkraft nach.
• Sie werden bereits beim Garen zur Speise gegeben. Auch als Einlegegewürz für Sauerkraut, Sauerbraten, Wildgerichte oder Heringe werden Lorbeerblätter gern verwendet.

Mais
• Mais enthält Vitamin A und E sowie Kalium und Magnesium. Mais fördert die Verdauung und Vitalität.
• Gekochte Maiskolben mit Butter, Salz und Pfeffer sind eine gesunde Zwischenmahlzeit.

Mandarinen siehe Zitrusfrüchte

Mandeln
• Mandeln lassen sich leicht häuten, wenn man sie vorher mit kochendem Wasser überbrüht, sie einige Minuten stehen lässt und dann mit kaltem Wasser abschreckt.
• Man kann trockene Mandeln zum Häuten aber auch kurze Zeit leicht im Backofen erhitzen. Man gibt sie dann auf ein Tuch und reibt sie aneinander.

Mango
Die Frucht ist reif, wenn die Schale auf Fingerdruck nachgibt. Sie ist überreif, wenn sie dunkle Flecken aufweist.

Mangold
• Das Gemüse ist reich an Beta-Karotin, Eisen, Kalzium, Magnesium und Zink.
• Beim *Blattmangold* werden die Blätter verwendet, er eignet sich gut als Salat.
• *Stielmangold* eignet sich zu Gemüse; es können auch die Stiele mit verarbeitet werden. Mangold schmeckt

ähnlich wie Spinat, jedoch kräftiger. 1 Esslöffel Milch oder Sahne mildert den herben Geschmack.
• Er bleibt länger frisch (mindestens zwei Tage), wenn er in ein nasses Tuch eingewickelt und hinten in den Kühlschrank gelegt wird.

Majonäse
• Möchte man Majonäse selbst herstellen, nimmt man die Eier eine Stunde vorher aus dem Kühlschrank, denn die Majonäse gelingt besser, wenn Eier und Öl dieselbe Temperatur haben.
• Die Majonäse wird fester, wenn eine gekochte, kalte Kartoffel hineingerieben wird. Ist sie zu fest, wird sie nach Bedarf mit Milch verdünnt.

Meerrettich
Meerrettich ist frisch, wenn er fest ist. Frisch geriebener Meerrettich wird nicht so schnell dunkel, wenn man ihn mit etwas Zitronensaft beträufelt. Er kann auch mit ein wenig Zucker verfeinert werden.

Mehl
Mehl sollte in luftdicht geschlossenen Gefäßen aufbewahrt werden, denn in Tüten kann es Feuchtigkeit und Fremdgerüche annehmen. Legt man ein Lorbeerblatt mit in das Gefäß, ist das Mehl vor Mehlmotten sicher.

Mehlschwitze

Mehlschwitze kann auch ohne Fett zubereitet werden, wenn man das Mehl erst goldgelb röstet und danach Gemüsekochwasser oder Brühe zugibt. Um ein Klumpen zu vermeiden, gibt man Brühe, Milch oder Sahne immer kalt zu.

Melone

• Melonen enthalten die Vitamine B, C und E sowie Beta-Karotin, Zink, Mangan und Kalium. Die Inhaltsstoffe regulieren Blutdruck und Stoffwechsel, sind gut für Haut und Haare und unterstützen das Herz-Kreislauf-System.
• Melonen schmecken nur ausgereift. Sie sind reif, wenn die Samen beim Schütteln im Inneren rasseln (Wassermelonen) beziehungsweise wenn sie aromatisch duften und auf leichten Fingerdruck am Blütenansatz nachgeben (Honig-, Netzmelonen). Auf Fingerklopfen sollten sie hohl klingen.
• Melonen schmecken nur, wenn sie gut gekühlt serviert werden, deshalb kühlt man sie etwa eine halbe Stunde vor dem Essen.
• Die Lagerung erfolgt bei mäßiger Zimmertemperatur. Angeschnittene Melonen bewahrt man im Kühlschrank auf, wobei man die Schnittflächen mit Klarsichtfolie abdeckt.

Milch

• Frische, naturbelassene Kuhmilch enthält fast alle wichtigen Aufbaustoffe für den Körper wie Kalzium und die Vitamine A, B_2, B_6, B_{12} und D. Milch ist wichtig für Knochen- und Zahnaufbau, Muskelaufbau, Blutgerinnung, Sehkraft, Nerven und Haut.
• In konservierter, pasteurisierter und gekochter Milch ist nur noch ein Teil

dieser lebenswichtigen Stoffe enthalten. H-Milch ist länger haltbar, solange die Tüte geschlossen ist, geöffnet hält sie nur so lange wie Frischmilch.
• Für alle Fälle kann man Milchpulver im Haus haben, um bei Bedarf daraus Milch herzustellen.
• Milch kocht nicht so leicht über, wenn man den inneren Rand des Topfes mit etwas Butter bestreicht. Ein Anbrennen von Milch kann man verhindern, indem man den Topf vorher mit kaltem Wasser ausspült und diesen nicht abtrocknet. Man kann den Topf auch innen vorher mit einem Tropfen Öl einreiben.
• Angebrannte Milch füllt man sofort in einen kalten Topf um, gibt eine Prise Vanillezucker zu, verrührt sie und kocht sie kurz auf.
• Milch bildet nach dem Aufkochen keine Haut, wenn man sie kurz mit einem Eiswürfel abschreckt.

Mineralwasser

• Mineralwasser enthält Chlorid, Kalium, Natrium, Kalzium, Eisen, Magnesium, Phosphor, Zink, Jodid und Fluorid, und zwar je nach Quelle in sehr unterschiedlichen Mengen. Je nach Kohlensäuregehalt regt es die Magensäure mehr oder weniger stark an.

---

tipp

Achten Sie beim Vergleich verschiedener Mineralwasser auf die Mengenangaben. Manchmal werden die Inhaltsstoffe in Gramm (g), manchmal auch in Milligramm (mg) angegeben.

• Sporttreibende sollten Mineralwasser mit hohem Magnesiumgehalt trinken. Bei Bluthochdruck ist ein natrium- und chloridarmes Wasser empfehlenswert. Kohlensäurehaltige Mineralwasser sind bei Magenbeschwerden ungeeignet.

1 Glas Mineralwasser mit 1 Esslöffel Apfelessig und 1 Teelöffel Honig gemischt wirkt erfrischend und verdauungsfördernd.

Minztee

Man kann einen Tee aus Pfefferminze oder Krauser Minze (Wasserminze) zubereiten. Er wirkt beruhigend, hilft gegen Kopfschmerzen, ist krampflösend bei Magenverstimmungen, Gallen- und Leberleiden, fördert die Produktion von Gallensäure und den Gallenfluss und ist wirksam bei Magenschleimhaut-Entzündung und Entzündungen des Dünndarms sowie bei Krämpfen und Blähungen.

Möhren siehe Karotten

Müsli

Müsli enthält neben Ballaststoffen viel Magnesium, Eisen, Kupfer und Zink und hilft gegen zu hohen Cholesterinspiegel, hohen Blutdruck und Darmträgheit. Noch besser verdaulich ist es, wenn man es am Abend vorher einweicht.

Muskat

• Frisch geriebene Muskatnuss ist intensiver als Muskatpulver. Besonders fein ist das Gewürz zu Klößen, Fisch, Reis, Lamm, Kartoffelbrei, Gemüse oder Nudelgerichten, aber auch Weihnachtsgebäck.
• Muskatnuss darf nicht mitkochen, sondern wird erst nach dem Kochen zugegeben, da sonst das Essen bitter wird.

Nelken

• Das Gewürz wird im Ganzen verwendet für Rotkohl, Sauerkraut, Wild oder Schweinebraten, fein gemahlen für Weihnachtsgebäck, Glühwein und Punsch. In den Speisen werden die Nelken mitgekocht, weil sie dann ihr Aroma am besten abgeben.
• In kandierter Form können Nelken gegen Reiseübelkeit helfen.
• Nelken kann man auch als Notbehelf gegen Zahnschmerzen verwenden, die durch Karies oder eine herausgefallene Plombe verursacht werden. Dazu wird einfach eine Gewürznelke auf das Loch gelegt und darauf gebissen.

Nudeln

• Teigwaren werden pikanter, wenn man dem Kochwasser statt Salz einen Brühwürfel zugibt.
• Vollkornnudeln enthalten viele Ballaststoffe und fördern daher die Verdauung.

Nüsse

• Nüsse haben viele Kalorien, Haselnüsse und Mandeln jedoch weniger als andere Nüsse.
• Man bewahrt Nüsse kühl, trocken und lichtgeschützt auf.
• *Gemahlene Nüsse* sollte man schnell verbrauchen, wenn sie nicht vakuumverpackt sind. An Nüssen können sich nämlich Schimmelpilze bilden, die gesundheitsschädlich sind. Schon bei Verdacht auf Schimmel an der Schale oder auf dem Kern sollte man die Nüsse wegwerfen.
• Die Haut von *Haselnüssen* lässt sich leichter entfernen, wenn man sie kurz in kochendes Wasser gibt.
• *Paranüsse* lassen sich leichter knacken, wenn man sie vorher einfriert.

Obst

• Es ist zu empfehlen, in der Saison einheimisches Obst zu kaufen, denn es enthält in der Regel mehr Vitamine und weniger Schadstoffe als Treibhausware oder unreif geerntetes Importobst. Informationen hierzu liefern Verbraucherzentralen, die Arbeitsgemeinschaft Ökologischer Landbau oder der Auswertungs- und Informationsdienst für Ernährung, Landwirtschaft und Forsten e.V. (aid, Anschriften siehe Seite 296 und 297).

• Obst lagert man an einem kühlen, dunklen und trockenen Ort, getrennt von Gemüse, da Obst leicht fremde Gerüche annimmt. Auf Stroh gelagert hält es sich länger.

! Angefaultes und angeschimmeltes Obst unbedingt wegwerfen, da es gesundheitliche Schäden verursachen kann. Das Herausschneiden schimmeliger Stellen nützt nichts, da sich die Pilzgifte bereits unsichtbar in der ganzen Frucht verbreitet haben können.

• Obstsalat verfärbt sich nicht, wenn gefrorene Früchte untergemischt, Zitronensaft zugegeben und der Salat bis zum Servieren in den Kühlschrank gestellt wird.

• Möchte man Obst kochen, gibt man es sofort in heißes Wasser, so schließen sich die Poren schnell und das Obst laugt nicht so sehr aus.

Oliven

Eingelegte Oliven halten ein paar Tage, wenn sie mit dem Sud bedeckt sind und obenauf eine dünne Zitronenscheibe gelegt wird.

Olivenöl

• Olivenöl enthält die gesunden, einfach und mehrfach ungesättigten Fettsäuren, die vor Herz-Kreislauf-Erkrankungen und einem zu hohen Cholesterinspiegel schützen.

• Es wird gern für Salate und mariniertes Gemüse verwendet.

• Olivenöl sollte an einem dunklen Ort in einer dunklen Flasche lagern. Wenn man es bei mäßiger Temperatur aufbewahrt, ist eine genauere Dosierung möglich als bei Öl, das im Kühlschrank steht, da im Kühlschrank aufbewahrtes Öl zäh und flockig wird.

• Nimmt man morgens 1 Esslöffel Olivenöl mit etwas Zitronensaft ein, wirkt es abführend.

Öl

• Öl lagert man an einem dunklen Ort bei mäßiger Temperatur, am besten im Fach der Kühlschranktür. Es bleibt klar und flüssig, wenn in die Flasche eine Prise Salz zugegeben wird.

• Zum Anbraten hat es die richtige Temperatur, wenn es bei schräg gehaltener Pfanne in dünnen Bahnen über den Pfannenboden fließt. Es lässt sich sparsamer und sauberer dosieren, wenn man die Flasche mit einem Schnapsausgießer versieht.
• Günstig ist es, Öl in kleinen Flaschen zu kaufen, da manche Öle nicht lange lagerfähig sind.
• Man sollte Öl möglichst nicht umfüllen, weil sonst Sauerstoff hineingelangt, der es schneller ranzig werden lässt.
• Für frische Salate und zum Verfeinern von Gemüse ist Walnuss-, Mandel- und kaltgepresstes Rapsöl gut geeignet, Olivenöl ist gut geeignet für Salate und zum Dünsten und Schmoren, weniger gut zum Braten.
• Siehe auch Fett.

Orangen siehe **Zitrusfrüchte**

Panade
• Man kann Paniermehl selbst herstellen, indem man übriggebliebene Salzstangen und -brezeln in der Kaffeemühle, mit dem Nudelholz oder dem Mixer zerkleinert oder alte Brötchen auf der Reibe reibt.
• Damit Reste von fetthaltigen Panaden, wie von Kokosflocken und Nüssen, nicht ranzig werden, kann man sie im gut verschlossenen Gefrierbeutel einfrieren.

Paprika
Das Gewürz verwendet man zu Käse-, Fleisch- und Quarkgerichten sowie zu Pizzen. Entsprechend der Geschmacksrichtung verwendet man eine edelsüße oder scharfe Sorte (Rosenpaprika).
! Paprika darf man nicht in siedendes Fett geben oder mitgrillen, weil es dann bitter schmeckt.

Paprikaschoten
• Paprikaschoten sind reich an Beta-Karotin, den Vitaminen B_6, C, E und Folsäure sowie an Antioxidanzien. Roter Paprika enthält wesentlich mehr Vitamin C als grüner.
• Roh als Zugabe zum Salat oder zum Butterbrot gegessen, werden die Vitamine dem Körper vollständig zugeführt und besonders gut verwertet.
• Paprikaschoten sind bei 10 bis 12 °C etwa eine Woche haltbar.
• Schält man die Schoten oder überbrüht sie mit heißem Wasser, sind sie bekömmlicher.

Pastinaken
• Pastinaken gehören zur Familie der Doldengewächse. Sie enthalten Beta-Karotinoide und Bioflavonoide, die krebsvorbeugend und zellschützend wirken. Die enthaltenen ätherischen Öle wirken verdauungsfördernd und schleimlösend. Sie schmecken würziger als Karotten und sind gesundheitlich besonders wertvoll.
• Pastinaken lassen sich wie Karotten zubereiten und schmecken als Salat, als Gemüse, in Eintöpfen und überbacken.
• Beim Kauf von Pastinaken sollte man darauf achten, dass sie höchstens 20 cm lang sind. Sind sie größer, schmecken sie fade.

Petersilie
• Petersilie enthält viel Vitamin C und hilft gegen Erkältung.
• Petersilie gibt es als krause und glatte Sorte. Die glatte Sorte ist geschmacklich intensiver und vitaminreicher.
• Petersilie passt in Salate, Suppen, Marinaden und Soßen zu Fleisch, Fisch, Gemüse, Eintöpfen und Eiergerichten.

• Petersilie wird nur mit warmem Wasser gewaschen, sonst verliert sie Saft und Aroma. Man hackt sie mit einem großen Messer oder Wiegemesser.

• Petersilie verdirbt, wenn man sie zusammen mit Äpfeln oder Tomaten aufbewahrt. Welk gewordene Petersilie wird wieder frischer, wenn sie in lauwarmes Wasser gelegt wird.

• Zu Speisen und Salaten gibt man sie möglichst in frischem, feingehacktem Zustand, und zwar erst dann, wenn die Speise bald verzehrt wird, da Petersilie an den Speisen schnell säuert.

• Petersilienwurzeln und -stängel können bei Fleisch- und Knochenbrühen, Soßen, Eintöpfen und Fischgerichten mitgekocht werden.

• Petersilie bleibt im Kühlschrank oder in ein Wasserglas gestellt etwa zwei Tage lang frisch. Man kann sie auch länger frisch halten, wenn man sie in angefeuchtete Alufolie wickelt und dann ins Gemüsefach des Kühlschrankes legt. Zerkleinerte Petersilie kann man in ein Glas geben und mit Öl bis etwa einen Fingerbreit über der Petersilie auffüllen.

• Zum Einfrieren wird Petersilie gewaschen und in einen luftdichten Beutel gegeben.

Pfannkuchen

• Pfannkuchen werden besonders locker und fein, wenn der Teig
– mit etwa 2/3 kohlensäurehaltigem Mineralwasser und etwa 1/3 Milch,
– mit einer Prise Backpulver,
– mit ein wenig Magerquark oder
– mit einem Schuss Bier zubereitet wird.

• Pfannkuchenreste kann man zerkleinern und sofort oder tiefgekühlt später als Suppeneinlage verwenden.

Pfeffer

• Pfeffer wird vorwiegend für Lamm, Kalb, Fisch, Geflügel oder Kaninchen, für Ragouts, Tatar, Steaks, Frikassee, für Eier, Blumenkohl oder Pilze verwendet.

• Für helle Gerichte und Soßen wird der etwas mildere weiße Pfeffer bevorzugt, für dunkle der schärfere schwarze Pfeffer. Roten Pfeffer verwendet man für exotische Gerichte. Bunter Pfeffer enthält weiße, schwarze und grüne Körner und ist besonders dekorativ bei Salaten und Gemüse.

tipp

Pfeffer bleibt im Pfefferstreuer locker und geschmacksintensiver, wenn ein paar ungemahlene Pfefferkörner zugegeben werden.

• Pfeffer kauft man am besten ungemahlen und zerkleinert ihn selbst mit Pfeffermühle oder Mörser. Pulverisierter Pfeffer verliert schneller an Aroma.

• Pfefferkörner, die nicht in der Speise verbleiben sollen, gibt man in ein Tee-Ei, hängt dieses in den Kochtopf und entfernt es nach Ende der Garzeit.

• Bei Erkältungen ist es hilfreich, alle vier Stunden ein paar grüne Pfefferkörner zu kauen.

Pfefferminztee
Pfefferminztee wirkt entkrampfend, hilft bei Aufregung, Magen- und Darmproblemen, Blähungen, Brechreiz und Sodbrennen. Ohne Zuckerzusatz ist er besonders durstlöschend.

Pfirsiche
• Früchte, die roh gegessen werden sollen, reibt man mit einem rauhen, sauberen Tuch ab.
• Möchte man Pfirsiche häuten, sollte man sie vorher in einem Sieb oder Durchschlag über Wasserdampf halten oder kurz in kochendes Wasser tauchen, dann abschrecken und erkalten lassen.
• Sind sie noch nicht ganz reif und sollen nachreifen, kann man sie zusammen mit einem Apfel in eine Papiertüte geben. Die Tüte sollte man mehrfach einstechen, um Schimmelbefall zu vermeiden.

Pilze
• Pilze bleiben im Gemüsefach des Kühlschrankes bis zu drei Tage frisch, verlieren aber schnell an Aroma.
• Man darf Pilze nicht zusammen mit Zwiebeln oder Obst lagern.
• Pilze kann man mit dem Pinsel reinigen oder mit einem feuchten Tuch oder einem kleinen Schaumgummi-Schwamm abreiben.
• Stark verschmutzte Pilze wäscht man nur kurz unter fließendem Wasser mit einem Schwamm oder Tuch. Stiele kann man je nach Art mit verwenden oder trocknen.
• Legt man sie nach dem Putzen in Essigwasser oder beträufelt sie

mit Zitronensaft, behalten sie ihre Farbe.
• Pilze lassen sich gut mit einem Eierschneider in Scheiben schneiden. In dünne Scheiben geschnitten geben sie mehr Aroma.
• Um den Wohlgeschmack und die wertvollen Eiweißstoffe zu erhalten, werden Pilze besser gedünstet; Wasser macht sie zäh.
• Man salzt Pilze erst nach dem Garen, sonst werden sie zäh oder bitter.
• Pilzgerichte kann man einen Tag ohne Bedenken aufbewahren, wenn die Reste schnell abgekühlt in einem nichtmetallischen Gefäß in den Kühlschrank gestellt werden und beim Aufwärmen auf eine hohe Erhitzung geachtet wird.
• *Getrocknete Pilze* machen Bratensoßen schmackhafter und lassen sich zu einer Pilzsoße oder -suppe verarbeiten.
• *Tiefgefrorene Pilze* gibt man zum Zubereiten unaufgetaut direkt in eine Pfanne oder einen Topf.

Pizza
• Kalorienreiche Zutaten auf Pizzas können ersetzt werden durch Pepperonis, Zwiebeln, Artischockenherzen, Brokkoli, Tomaten, Spinat oder anderes Gemüse.
• Pizza wird schmackhaft durch das Würzen mit Oregano und Knoblauch.
• Sie wird knusprig und der Belag bleibt saftig, wenn man sie bei nicht zu starker Hitze backt.

Pommes frites
Pommes frites werden knuspriger und saugen nicht so viel Fett auf, wenn dem Fritierfett 1 Teelöffel Essig zugegeben wird.

Porree

• Porree (Lauch) enthält sehr viel Beta-Karotin und Vitamin B_6. Er baut die Darmflora auf und stärkt die Knochen.
• Beim Kauf sollte man auf sattglänzende, feste Stangen achten. Der untere Teil der Stangen muss weiß und nach oben hin dunkelgrün sein. Das Grün kann man mit verwenden.
• Lauch ist im Gemüsefach sieben Tage haltbar, beschädigte Stellen schimmeln jedoch schon nach einigen Stunden.
• Pflanzt man ein abgeschnittenes Wurzelstück in einen Topf, kann dies ausschlagen und als Suppengrün verwendet werden.

Pudding

• Beim Puddingkochen vermeidet man ein Anbrennen, wenn man den Topf mit kaltem Wasser ausspült, bevor man die Milch eingießt.
• Pudding wird besonders locker, wenn 1 bis 2 steifgeschlagene Eiweiß untergehoben werden. Geschmacklich kann man ihn auch durch das Unterheben von ein wenig Eierlikör verfeinern.
• Pudding bildet keine Haut, wenn man
   – sofort nach dem Kochen Zucker daraufstreut,
   – ihn durch ein Sieb streicht,
   – ihn mit Klarsichtfolie bedeckt oder
   – ihn bis zum Erkalten ständig rührt.

Puderzucker

Ist einmal kein Puderzucker im Haus, kann er aus normalem Zucker mit Hilfe der Kaffeemühle selbst hergestellt werden. Man kann den Zucker auch einfach dünn auf den Küchentisch streuen und mit dem Nudelholz darüberrollen.

Quark

• Quark sollte in einem gut verschließbaren Kunststoffbehälter aufbewahrt werden. Lagert man die Packung kopfüber, wird die dünne Abdeckung geschützt und schnelles Verderben vermieden.
• Er kann gewürzt oder ungewürzt im Gefrierschrank aufbewahrt werden.

Radieschen

• Radieschen sind reich an Kalium, das gut für Blutdruck und Nerven ist. Außerdem enthalten sie Folsäure, die blutdrucksenkend wirkt, sowie reichlich Vitamine.
• Beim Kauf sollte das Laub frisch und die Radieschen fest sein. Ältere Radieschen haben gelbes, welkes oder vertrocknetes Laub. Wenn die Radieschen auf Druck nachgeben, sind sie pelzig.
• Sie welken nicht so schnell, wenn man sie mit den Blättern nach unten ins Wasser stellt.
• Am besten ist es, man entfernt gleich nach dem Kauf das Kraut, wäscht die Radieschen, trocknet sie ab und lagert sie in einem Plastikbeutel im Gemüsefach des Kühlschrankes.

Reis

• Damit Reis gut aufquellen kann, nimmt man 250 ml Flüssigkeit zu 100 g Reis.
• Reis bleibt locker und kocht nicht über, wenn man etwas Öl oder Margarine ins Kochwasser gibt.
• Er schmeckt besser, wenn man ihn in würziger Fleischbrühe statt in purem Wasser kocht. Reis kann auch statt mit Salz mit einer ganzen, mit Nelken gespickten Zwiebel gekocht werden.

• Reisreste bewahrt man im Kühlschrank oder im Gefrierschrank auf und kann sie bei Bedarf für Suppe verwenden.
• Man kann Reis wieder aufwärmen ohne dass er anbrennt, wenn er in einen Gefrierbeutel gefüllt ins kochende Wasser gehängt wird.
• Milchreis brennt nicht an, wenn man ihn zunächst etwa 3 Minuten in leicht gesalzenem Wasser vorkocht, das Wasser abgießt, dann die Milch zufügt, aufkocht und ausquellen lässt. Er wird lockerer und schmackhafter, wenn man sofort nach dem Kochen etwas Eischnee unterhebt.

Rettich
• Rettich enthält mehr Vitamin C als die Zitrone und ist somit ideal zur Erkältungsvorbeugung. Er senkt den Cholesterinspiegel und stärkt das Immunsystem, wirkt günstig auf Leber- und Gallenfunktion und stärkt die Bronchien.
• Rettich hält sich länger, wenn er mit dem Kraut nach unten in Wasser gestellt wird.
• Helle Sorten schmecken milder als der dunkle Winterrettich.
• Siehe auch Radieschen.

Rhabarber
• Rhabarber entzieht dem Körper Kalzium, deshalb sollte er immer mit Sahne, Milch, Vanilleeis oder Pudding serviert werden.
• Man sollte nur zarte, rote, feste Stangen kaufen. Grüne Stangen sind saurer als rote. Man nutzt nur die glatten, fleischigen Blattstiele.

Rosenkohl
• Rosenkohl enthält viel Vitamin B und C.

• Man kauft beziehungsweise erntet ihn am besten nach dem ersten Frost, dann ist er schmackhafter und bekömmlicher. Die Köpfe sollen walnussgroß, verschlossen und die äußeren Blätter nicht welk sein.
• Etwas Milch im Kochwasser mildert den Kohlgeschmack. Rosenkohl sollte erst nach dem Kochen gesalzen werden, damit er nicht grau wird.
• Er kann geschmacklich durch das Mitkochen von Maronen oder Walnüssen verfeinert werden.

Rosinen
Rosinen werden wieder weich, wenn man sie in Zitronensaft legt.

Rosmarin
Es entspannt, wenn man beim Baden Rosmarinzweige in das Badewasser hängt.

Rosmarintee
Rosmarintee regt den Kreislauf an, hilft gegen Sodbrennen, bei Ermüdbarkeit und Abgespanntheit.

Rote Bete
• Rote Bete fördert die Bildung roter Blutkörperchen, stärkt das Immunsystem, enthält Vitamin C, Kalzium und Eisen.
• Rote-Bete-Saft hat die gleichen Eigenschaften wie das Gemüse.
• Rote Bete verliert nicht so viel Saft, wenn man sie erst nach dem Kochen schält.
• Gibt man Essig ins Kochwasser, wird verhindert, dass der rote Saft beim Pellen die Hände färbt.

> **tipp**
>
> *Die jungen Blätter lassen sich wie Spinat verarbeiten.*

Rotkohl
• Rotkohl enthält viel Vitamin C.
• Beim Kauf von Rotkohl sollte man darauf achten, dass er eng anliegende, knackige Blätter hat. Er ist nicht mehr frisch, wenn an den Köpfen braune oder schwarze Stellen erkennbar sind und sich die Blätter kräuseln.
• Zum Würzen kann man gewürfelte Pfirsiche, Apfelstücke, Nektarinen oder 1 Esslöffel Kirschmarmelade verwenden.
• In Rotkohl, der versalzen ist, gibt man 2 bis 3 Äpfel, in Scheiben geschnitten, oder eine geriebene Kartoffel.
• Rotkohlreste und vorgekochten Rotkohl kann man in einen Gefrierbeutel füllen, abkühlen lassen und im Gefrierschrank bis zur nächsten Verwendung aufbewahren.

Sahne, saure
Saure Sahne kann aus Milch mit etwas Zitronensaft selbst hergestellt werden. Man kann sie durch Jogurt ersetzen.

Salbei
• Salbei fördert die Verdauung bei fetten Fleischspeisen, bei Schweine-, Kalb- und Lammfleisch.
• Er ist geeignet für Füllungen, zum Beispiel in Gänse- und Entenbraten. Auch bei gedünstetem und gekochtem Fisch, bei Eierspeisen oder in heller Kräutersoße kann Salbei verwendet werden.
• Salbei entfaltet sein Aroma am besten, wenn man es mitschmort.

Salbeitee
• Salbeitee tut gute Dienste bei Erkältungen sowie bei übermäßiger Schweißabsonderung und Nachtschweiß.
• Kinder unter 12 Jahren sollten den Tee nicht trinken.
• Bei Halsschmerzen und Entzündungen der Mund- und Rachenschleimhaut kann man den Tee auch zum Gurgeln verwenden.

Salz
• Salz klumpt nicht im Salzstreuer, wenn einige Reiskörner dazu gegeben

werden. Im Vorratsglas kann man das Klumpen verhindern, wenn man ein Stück Löschpapier mit hineingibt.
• Feucht und klumpig gewordenes Salz gibt man kurz in die Mikrowelle oder in eine warme Pfanne.

tipp

Gibt man Salz erst am Ende des Kochvorganges an Gemüse, benötigt man eine kleinere Menge.

• Das Fett in der Pfanne spritzt weniger, wenn man beim Braten etwas Salz mit hineingibt.

! Bei Neigung zu Bluthochdruck und Wasseransammlung im Körper sollte so wenig wie möglich Salz für die Speisen verwendet werden. Es kann ersetzt werden durch Gewürze und Kräuter, kochsalzarme Hefepaste oder Hefeextrakt.

Sauerampfer
Sauerampfer wirkt blutreinigend. Er kann verwendet werden für Suppen, Salate oder zu Spinat.

Sauerkraut
• Sauerkraut enthält sehr viel Vitamin C. Es stärkt die Abwehrkräfte, verbessert die Darmfunktion, baut Cholesterin ab, sorgt für gesunde Knochen und Zähne und ist wichtig für die Blutbildung. Sauerkrautsaft hat die gleichen Eigenschaften.
• Sauerkraut bekommt ein gutes Aroma, wenn man beim Kochen ein Lorbeerblatt und ein paar Wacholderbeeren oder kurz vor Ende der Garzeit einige gedämpfte Äpfel und eine gedünstete Knoblauchzehe zugibt.
• Schmeckt es zu scharf, kann die Schärfe durch das Fertigkochen mit geriebenen oder in Scheiben geschnitteten Kartoffeln gemildert werden.

Saure Sahne siehe **Sahne**

Schafgarbentee
Schafgarbentee hilft bei Kopfschmerzen und Hitzewallungen, bei Appetitlosigkeit und Verdauungsproblemen, nächtlichen Wadenkrämpfen, zu starker Monatsblutung und Blutarmut und gegen Spulwürmer. Außerdem regt er die Tätigkeit der Nieren an.

Schimmel
• Von Schimmel befallende Lebensmittel sind gesundheitsgefährdend, deshalb sind sie zu vernichten. Es genügt nicht, nur die schimmeligen Stellen auszuschneiden, da sich die Pilzsporen im Lebensmittel verteilen können.
• Die Behälter, in denen die mit Schimmel befallenen Lebensmittel aufbewahrt wurden, werden gut mit Spülmittellauge gereinigt und dann mit Essigwasser ausgewischt und getrocknet.

Schinken
• Roher Schinken bleibt am Stück länger haltbar, wenn man ihn luftig in einem Leinenbeutel bei etwa 10 °C aufhängt.
• In Scheiben geschnittener Schinken sollte nur in Pergament oder Frischhaltefolie, jedoch nicht in Alufolie, im Kühlschrank aufbewahrt werden. Er sollte einige Zeit vor dem Verzehr herausgenommen werden, damit er sein Aroma entfalten kann.
• Schinken, der trocken geworden ist, kann kleingeschnitten als Beigabe für Suppen, Rührei oder Braten Verwendung finden.

Schlagsahne

• Frische Schlagsahne kann man erst am 4. Tag nach ihrer Herstellung aufschlagen. Die Sahne zusammen mit Rührschüssel und -besen am kühlsten Ort im Kühlschrank lagern, aus dem Kühlschrank nehmen und sofort schlagen. Im Sommer geht man dazu am besten in einen kühlen Raum.
• Zucker, Puderzucker oder Vanillezucker erst zugeben, wenn die Sahne steif ist. Nur auf Stufe 2 schlagen, sonst kommt zu wenig Luft unter die Sahne, sie bekommt kein Volumen und wird nicht fest. Sie wird auch ergiebiger und leichter steif, wenn ein Eiweiß mitgeschlagen wird.
• Schlagsahne fällt nicht so leicht zusammen, wenn etwas flüssige Gelatine eingerührt wird.

Schnittlauch

• Schnittlauch enthält vor allem viel Vitamin C. Er regt den Appetit an. Man kauft nur feste, dunkelgrüne Halme. Im Kräuterbeet gedeiht er im Schatten am besten.
• Schnittlauch passt gut zu grünen Salaten, gekochtem Fleisch, Eiern, Quark, Käse, Majonäse, Suppen und Soßen. Auch auf dem Butterbrot ist er lecker.
• Um die Vitamine nicht zu zerstören, gibt man Schnittlauch erst kurz vor dem Servieren an das Gericht.
• Man zerschneidet Schnittlauch mit einem Messer oder besser mit einer scharfen Schere in kleine Röllchen.
• Schnittlauch bleibt länger frisch, wenn man ihn in angefeuchtete Alufolie wickelt und dann ins Gemüsefach des Kühlschrankes gibt. Zerkleinerten Schnittlauch kann man in ein Glas geben und mit Öl bis zu einem Fingerbreit über dem Schnittlauch auffüllen.

Schokoladenglasur siehe **Kakaoglasur**

Schorle

Schorle aus Mineralwasser und Apfelsaft ist ein optimales Sportlergetränk und auch beim Wandern zu empfehlen. Es enthält wichtige Mineralstoffe wie Natrium und Magnesium, das gegen Muskelkrämpfe wirkt. Und der Fruchtzucker bringt die nötige Energie.

Power-Getränk für Sportler
2 bis 3 unbehandelte Zitronen, 4 Esslöffel Honig und eine Flasche Mineralwasser – mehr brauchen Sie dazu nicht!
Die Schale der Zitronen wird abgerieben. Die abgeriebenen Früchte werden halbiert und ausgepresst. Der ausgepresste Zitronensaft, der Schalenabrieb und der Honig werden in einen Krug gegeben und etwa 1/2 Stunde stehen gelassen. Anschließend gibt man das Mineralwasser dazu und verrührt das Ganze. Prost!

Schwarzer Tee siehe **Tee, schwarzer**

Schwarzwurzeln

• Schwarzwurzeln enthalten Bitterstoffe, die den Gallenfluss anregen.
• Beim Kauf von Schwarzwurzeln sollte man darauf achten, dass die Wurzeln ungewaschen, glatt und gerade sind.

tipp
Schwarzwurzeln sollten mit Haushaltshandschuhen oder in einer Schüssel mit Wasser und einem Schuss Essig geschält werden, damit der Saft die Hände nicht verfärbt.

• Im Kühlschrank kann man sie etwa eine Woche aufbewahren. Blanchiert

man sie und friert sie dann ein, kann man sie etwa sechs Monate im Gefrierschrank lagern.
• Die Schale von Schwarzwurzeln lässt sich besser abziehen, wenn man die Schwarzwurzeln vorher mit kochendem Wasser übergießt.
• Schwarzwurzeln werden nicht braun, wenn man sie nach dem Putzen in Essigwasser legt.

Sekt
• Man sollte keinen überlagerten Sekt kaufen, denn im Gegensatz zu Wein wird er durch Lagerung nicht besser. Er sollte kühl und dunkel gelagert werden. Sektflaschen mit Kunststoff-Verschluss lagert man stehend, Flaschen mit Korken dagegen liegend. Angebrochene Flaschen verschließt man fest.

tipp

Als Gläser werden hohe, schmale, dünnwandige Tulpen oder schlanke Flöten benutzt, die sich nach oben weiten. Man schenkt langsam ein und füllt die Gläser nur zu zwei Drittel des Buketts, weil es nur dann einen schönen Klang beim Anstoßen gibt.

• Sekt sprudelt wieder, wenn man eine Rosine in die Flasche gibt.
• Sekt serviert man gut gekühlt bei 8 bis 10 °C.
• Zur Sektkultur gehört der von außen beschlagene Kühler mit Eiswürfeln. Nach dem Lösen des Sicherungsdrahtes heißt es aufpassen, damit der Korken nicht davonschießt, da durch die Kohlensäure der Inhalt unter Druck steht. Häufig muss man mit sanftem Drehen nachhelfen, bis er sich aus der Flasche löst.

Sellerie
• Sellerie enthält viel Vitamin B_6, fördert die Nierentätigkeit, säubert das Blut, wirkt entwässernd und anregend. Selleriesaft hat die gleichen Eigenschaften.
• Sellerieblätter kann man verwenden, indem man sie trocknet und als Gewürz für Lammbraten, Fleisch- und Gemüsesuppen verwendet.

Senfkörner
• Senfkörner entfalten ihr Aroma erst mit Wasser und sind zum Einlegen von Gurken, Sauerbraten oder Heringen und für Salatsoßen und Gemüsesuppen geeignet. Gelbe Senfkörner sind milder als schwarze.

Soße
• Damit Soßen oder Suppen nicht *klumpen*, gibt man die benötigte Menge Grieß oder Mehl erst allmählich zu. Man kann sie auch beim Einrühren durch einen Trichter laufen lassen.
• Klumpen lassen sich vermeiden, wenn man 1 Teelöffel Speisestärke mit 1/4 Liter kaltem Wasser glatt rührt und in die kochende Flüssigkeit gibt. Klumpige Soße schlägt man mit dem Schneebesen kräftig durch, und gibt sie anschließend mehrmals durch ein Sieb.
• Auf der Soße bildet sich keine Haut, wenn im heißen Zustand ein paar Butterflöckchen darauf gegeben werden.
• Als *Soßenbinder* kann man auch hartgewordenes, geriebenes Schwarz- oder Mischbrot verwenden.
• Soße, die *zu dick* geraten ist, wird am besten mit Weiß- oder Rotwein beziehungsweise mit Brühe oder Milch verdünnt, das verfeinert auch den Geschmack.

• Soße, die *zu dünn* ist, lässt man einkochen, bis sie die richtige Konsistenz
hat oder man bindet sie mit angerühr-
tem Kartoffelpüree-Pulver, Stärkemehl
oder Soßenpulver.
• Soße, die *zu fett* ist, lässt man erkalten
und schöpft dann das Fett ab. Dazu
gießt man die Soße in ein schmales, ho-
hes Glas. Das Fett steigt beim Erkalten
nach oben und kann so abgeschöpft
werden. Man kann die Soße auch durch
ein feines Sieb laufen lassen.
• Soße, die zu *scharf gewürzt* oder
versalzen ist, wird milder durch die
Zugabe einer rohen, geschälten Kartoffel oder durch das Strecken mit
Wein, Milch, Sahne oder Wasser. Man
kann verhindern, dass die Sahne bei
der Zugabe gerinnt, wenn man sie
vorher mit Kartoffelmehl oder Mehl
verquirlt.
• *Kalorienarm* wird eine Soße, die
man aus gedünstetem Gemüse her-
stellt, das mit etwas Wasser püriert
und mit Salz, Oregano oder Thymian
gewürzt wird. Man kann sie statt mit
Sahne auch mit Jogurt verfeinern, der
entsprechend der Geschmacksrichtung
vorher pikant gewürzt wurde.
• Soße kann *geschmacklich verfeinert*
werden, zum Beispiel mit einer Prise
Pulverkaffee, Apfelscheiben, getrock-

neten Orangenschalen, Pilzen, die im
Bratfond mitgedünstet werden, einge-
brocktem Pumpernickel, der der Soße
zudem eine schöne, dunkle Farbe
gibt, oder Frischkäse, den man am
Ende in die Soße quirlt.
• *Soßenreste* soll man nicht abdecken,
da sie leicht säuern.
• Soßenreste mit Fleisch können in
einem Behälter oder Gefrierbeutel,
ohne Fleisch am besten in einer
Eiswürfelschale oder einem Eiswürfelbeutel eingefroren werden.
• *Salatsoße* wird würziger, wenn die
Schüssel vor dem Anrichten mit einer
halbierten Knoblauchzehe ausgerieben
wird.
• Man kann Soße *einfrieren*, wenn sie
nach dem Kochen abgekühlt und danach portionsweise in Gefrierbeutel
gefüllt wird.
❗ Mit Speisestärke gebundene
Soße kann man nicht einfrieren,
denn nach dem Auftauen wird die
Stärke wieder flüssig.

Spargel
• Spargel enthält Enzyme und Mineralien, die Vitamine A, B und C, Folsäure, Aminosäuren, Kalium, Aspara-
ginsäure, und Glutathion. Er wirkt entwässernd. Grüner Spargel enthält
mehr Vitamine als weißer. Auf über-
mäßigen Spargelgenuss sollten Menschen mit Gicht und erhöhter
Harnsäure jedoch besser verzichten,
da er Purin enthält.
• Beim Kauf von Spargel sollte man
auf eine feuchte Schale und weiße,
geschlossene Köpfe achten. Die Stangen sollten gerade, fest und frei von
Faulstellen sein. Spargel ist minder-
wertig, wenn die Schnittenden
trocken, ausgefranst, verhärtet, gespalten oder verfärbt sind.

i Beim Kauf kann man einen Frischetest machen: Bei einem Druck mit dem Fingernagel in die Schnittfläche tritt bei frischem Spargel Saft aus.
• Spargel hält sich bis zu drei Tagen frisch, wenn er in ein mit Essig- oder Salzwasser getränktes Tuch gewickelt und in einer Plastiktüte im Gemüsefach des Kühlschrankes aufbewahrt wird.

tipp

Spargeldosen nie auf die Kopffläche stellen, da sonst die Köpfe beschädigt werden können.

• Nicht mehr ganz frischen Spargel sollte man vor dem Schälen mindestens eine Stunde ins kalte Wasser legen.
• Spargel wird immer vom Kopf aus nach unten geschält und das holzige Ende abgeschnitten. Der Spargel ist so gründlich zu schälen, dass alle harten Fasern entfernt sind. Die Stangen werden in reichlich Wasser unter Zugabe von 2 Teelöffeln Butter etwa 15 bis 20 Minuten gekocht.
• Man kann Spargel einfrieren, indem man ihn schält und portionsweise in Gefrierbeutel legt. Zur Zubereitung wird er einfach unaufgetaut im leicht gesalzenen Wasser gedämpft.

Speck

• Speck lässt sich besser schneiden, wenn man ihn vorher 15 Minuten in den Tiefkühlschrank legt.
• Speckscheiben bleiben beim Braten flach, wenn sie vorher kühl gelagert oder in kaltes Wasser oder Essigwasser getaucht, abgetupft, an der Breitseite angeritzt und langsam erhitzt werden.

Spinat

• Spinat enthält viel Folsäure, die für die Blutbildung wichtig ist, die Vitamine A, B_6 und K sowie Magnesium. Spinat enthält aber auch Oxalsäure, die bei regelmäßigem und übermäßigem Verzehr von Spinat für Nierenkranke schädigend sein kann (Arzt befragen). Die schädliche Wirkung der Oxalsäure wird gemindert, wenn bei der Zubereitung des Spinats ein wenig Sahne oder Milch beigegeben wird.
• Man kann Spinat nach dem Verlesen und Waschen einen Tag unbeschadet aufbewahren, wenn man ihn in ein feuchtes Tuch einschlägt und im Gemüsefach des Kühlschrankes lagert.
• Man kann ihn auch in eine Plastiktüte geben, diese aufblasen, zubinden und in den Kühlschrank legen.
• Spinat behält seine grüne Farbe, wenn eine Prise Natron mit ins Kochwasser gegeben wird.

Die Information, dass man Spinat nicht wieder aufwärmen darf, stammt aus der Zeit, als es noch keine Kühlschränke gab. Das im Spinat enthaltene Nitrat wandelt sich bei Zimmertemperaturlagerung, aber auch bei erneuter Wärmezufuhr in das gesundheitsschädigende Nitrit um. Spinat darf daher nicht über Stunden warmgehalten werden. Besser (vor allem auch schmackhafter) ist es, immer nur kleine Portionen zu kochen und sofort zu servieren.

• Man kann Spinat wieder aufwärmen, wenn man ihn nach dem Kochen schnell abkühlt und dann sofort in den Kühlschrank stellt. Der Genuss eines einmal aufgewärmten Spinatgerichtes ist für Erwachsene unbedenklich. Kindern sollte man jedoch keinen aufgewärmten Spinat geben.

Stachelbeeren
• Stachelbeeren enthalten viel Kalium, Kalzium, Eisen und Phosphor. Sie regen die Blutbildung und Leber-Galle-Funktion an, wirken entgiftend und entzündungshemmend in den Verdauungs- und Harnwegen. Die enthaltenen Polyphenole verbessern die Nährstoffversorgung der Gefäße.
• Zum Waschen legt man Stachelbeeren in eine Schüssel mit Wasser und gießt dann das Wasser ab. Danach entfernt man den Stängelrest und den Blütenansatz.

Steckrüben
Beim Kauf von Steckrüber sollte man darauf achten, dass sie keine Risse in der Schale haben, denn dann kann man davon ausgehen, dass das Fruchtfleisch holzig ist.

Suppen siehe Soßen

Suppengrün
• Abgepacktes Suppengrün ist oft nicht frisch. Am besten, man stellt es

sich selbst zusammen: Aus frischem Knollen- oder Stangensellerie, Möhren, Petersilienwurzel und Lauch.

tipp

Nutzen Sie die Saisonzeit, um Vorräte zu sammeln, die Sie grob geschnitten einfrieren.

Tee
• Kräutertees, die aus Kraut, Blättern und Blüten bestehen, sollte man grundsätzlich mit heißem Wasser übergießen und etwa 10 Minuten abgedeckt ziehen lassen.
• Tees aus Wurzeln, Hölzern und Rinden setzt man in Kaltwasser an, bringt ihn zum Sieden und lässt ihn anschließend etwa 10 Minuten köcheln.
• Tee aus der Apotheke ist wirksamer als Beuteltee. Die Zusammensetzung des Tees findet man auf der Packung. Die Zubereitungshinweise werden meist von der Apotheke gegeben.

Tee, grüner
Grüner Tee enthält die Vitamine A, B und C sowie die Mineralstoffe Kalium, Kalzium, Magnesium, Zink und Fluor. Das ebenso enthaltene Koffein wirkt anregend. Außerdem begünstigt er die Entschlackung des Körpers, senkt den Blutdruck und Cholesterinspiegel, stärkt das Immunsystem und reduziert das Herzinfarkt- und Schlaganfallrisiko. Die Dosierung erfolgt gemäß der Verpackungsanweisung.

Tee, schwarzer
• Schwarzer Tee enthält Kalium und Fluorid, stärkt den Zahnschmelz und wirkt entwässernd. Er macht munter oder müde, je nachdem, wie lange er zieht:

• Zieht der Tee bis zu 2 1/2 Minuten, wird den Teeblättern hauptsächlich das Teein entzogen. Es wirkt belebend auf den Organismus und macht munter. Die anregende Wirkung hält länger an als bei Kaffee.
• Zieht der Tee länger als 2 1/2 Minuten, werden die Gerbsäuren des Tannins frei, die beruhigend auf den Organismus wirken, man wird müde.
❗ Je länger der Tee zieht, um so bitterer wird er. Die Tagesmenge sollte 12 g nicht überschreiten, das entspricht etwa 8 Tassen.

Teig
• Teig, der Backpulver enthält, verliert bei langem Stehen seine Triebkraft. Deshalb sollte man ihn möglichst schnell in den Ofen geben.
• Tiefgefrorenen Teig lässt man bei Zimmertemperatur auftauen.
• *Rührteig* wird besonders locker, wenn man das Eidotter schaumig schlägt und erst dann die anderen Zutaten zugibt oder einen Löffel Essig oder Mineralwasser zusetzt.
• Hat man kein Backpulver im Haus, können statt dessen auch 3 bis 4 Esslöffel Rum verwendet werden.
• *Knetteig* sollte nur so lange geknetet werden, bis er glatt ist; zu langes Kneten macht ihn schmierig.
• Teig klebt beim Kneten nicht an den Händen, wenn diese vorher mit Öl eingerieben werden, das kann während des Knetvorganges mehrmals wiederholt werden.
• Damit eine Teigschüssel während des Knetens nicht hin- und herrutscht, stellt man sie auf ein nasses Tuch.
• Der Teig lässt sich schließlich leicht ausrollen und klebt nicht am Nudelholz fest, wenn der Teig und das Nudelholz reichlich mit Mehl bestreut

werden. Ist er sehr dünn ausgerollt, bleibt der Teig manchmal am Nudelholz hängen und reißt auf. Um das zu vermeiden, legt man auf die Teigfläche eine Plastikfolie und rollt mit dem bemehlten Nudelholz darüber. Damit erreicht man eine gleichmäßige Teigdicke.
• *Hefeteig* wird lockerer, wenn man 1 bis 2 geschälte, feingeriebene Pellkartoffeln zugibt oder statt Milch Mineralwasser, Bier, Jogurt oder Buttermilch verwendet.
• Die Hefe darf nicht direkt mit Butter, Margarine, Salz oder Eigelb in Berührung kommen, da diese Zutaten die Triebkraft der Hefe hemmen. Daher zuerst Hefe mit etwas warmer Milch mischen, dann die übrigen Zutaten dazurühren. Man lässt den Hefeteig an einem warmen Ort treiben, oder auch im warmen Wasserbad.
• *Mürbeteig* bekommt mit ein wenig Eierlikör eine schöne Farbe.

tipp

Napfkuchen fällt beim Backen nicht so leicht zusammen, wenn man den Teig vor dem Backen im Abstand von etwa 5 cm mit ein paar kurzen Spagettistücken spickt. Die Spagetti sollten vorher eingefettet werden, damit sie nicht festbacken.

Thymian
• Thymian reinigt die Luftwege.
• Thymian wird vor allem verwendet für Bratkartoffeln, Linsengerichte und Suppen, eingelegte Gurken, Soßen und Marinaden, Gemüse, Salate, in Griebenfett, Rohkost, Brot, Pizza und Tomatenspeisen, Fisch, Wurst und Pasteten. In Verbindung mit Majoran nimmt man ihn auch zu Gerichten

mit Leber und Pilzen sowie für Rind-, Hammel-, Wildbraten und Geflügel. Die französische Küche verwendet dieses Gewürz fast zu allen Gerichten.

• Die Würzkraft von getrockneten Blättern ist stärker als die von frischen. Thymian entfaltet sein Aroma am besten, wenn man ihn mitschmort.

Thymiantee

Tee aus Thymianblättern wirkt krampflösend und schleimlösend, reizstillend, keimhemmend, er lindert Keuchhusten, hilft bei Magen-Darm-Grippe, ist wirksam bei krampfartigen Schmerzen und Harnwegsentzündungen. Als Badezusatz hilft er bei der Heilung von Wunden und Verbrennungen, bei gereizten Nerven und Rheumaschmerzen.

Tiefgefrieren

• Das Tiefgefrieren ist zum Haltbarmachen von Lebensmitteln die schonendste Methode, da hierfür keine Konservierungsstoffe verwendet werden; der Geschmack und die gesunden Inhaltsstoffe bleiben weitgehend erhalten.

! Es dürfen nur einwandfreie Lebensmittel eingefroren werden.

• Frisches Obst und Gemüse ist vorher gründlich zu putzen, zu waschen, portionsgerecht zu zerkleinern und gegebenenfalls zu blanchieren.

• Frisches Fleisch und Fisch sind zu waschen, zu portionieren, mit Küchenpapier trocken zu tupfen und bei Bedarf zu würzen. Bei Fleisch sollte man die Fettränder entfernen, denn je fetter das Fleisch, desto kürzer ist dessen Haltbarkeit. Zwischen die einzelnen Portionen legt man Frischhaltefolie, um ein Zusammenkleben zu vermeiden. Vorbereitete Gerichte zum

Einfrieren gart man nicht ganz fertig, da sie bei der Zubereitung erneut erhitzt werden. Man verpackt in Tiefkühlbeutel und friert so schnell wie möglich ein.

• Es empfiehlt sich, mit einem wasserfesten Stift oder mittels Etiketten auf der Verpackung den Inhalt sowie Stückzahl, Menge und Einfrierdatum zu benennen.

• Über den Inhalt des Gefrierschrankes kann gleichzeitig eine Liste geführt werden, in der vermerkt wird, wann die Lebensmittel eingefroren wurden und in welchem Fach sie sich befin-

tipp

Fällt der Strom kurzzeitig aus, hält man die Gerätetür unbedingt geschlossen. Wird das Gerät voraussichtlich mehr als 24 Stunden ausfallen, sollte die Gefrierware jedoch ausgelagert werden.

den. Die Übersicht sollte außerhalb des Gefrierschrankes angebracht sein, um ein längeres Öffnen des Gerätes zu vermeiden.

Das kann nicht eingefroren werden: Ganze rohe und gekochte Eier, Majonäse, grüne Gurken, Blattsalate, Radieschen, Rettich, Äpfel, Bananen, Birnen, Melonen, helle Süßkirschen, Weintrauben, Avocados, gekochte Kartoffeln, Kaviar, Gebäck mit Guss, Jogurt, Sauermilch, Rote Grütze, mit Speisestärke angedickte Speisen, Sülze, mit Gelatine, Eischnee oder Sahne zubereitete Cremes.

Tiefkühlkost (TK)

• Tiefkühlkost hat eine gute Qualität. Obst und Gemüse wird bei optimaler Reife geerntet, schnellstens geputzt und tiefgefroren. Durch diese industriellen Vorbereitungen hat der Verbraucher keine Abfälle und weniger Zeit- und Energieaufwand.
• Tiefkühlkost sollte erst am Schluss des Einkaufs-Rundganges entnommen werden. Beschädigte und/oder vereiste Verpackungen sollten nicht gekauft werden.
• Gekaufte Tiefkühlware, auch Fertiggerichte, sollten für den Heimtransport in eine Tiefkühltasche gelegt oder in Zeitungspapier gewickelt und zu Hause sofort in den Gefrierschrank gelegt werden. Hierzu genügt auch ein 3-Sterne-Fach im Kühlschrank. Während frisches Gemüse schon nach etwa drei Tagen Vitamine verloren hat, gehen die Vitamine bei der Tiefkühlkost mit zunehmender Lagerzeit verloren (siehe Übersicht).
• Man sollte nur die Menge auftauen, die für die weitere Verarbeitung und Zubereitung vorgesehen ist.

Wie lange sind Lebensmittel durchschnittlich haltbar (bei –18 bis –24 °C)?

Lebensmittel	Haltbarkeit in Monaten
Aprikosen	10
Bratwurst	1–2
Brot	3–4
Ente	4
Erdbeeren	3
Fasan	4
Fisch wie Aal, Hering, Heilbutt, Lachs, Makrele, Sprotten	3–4
Fisch wie Dorsch, Hecht, Schleie, Scholle, Seehecht, Seelachs	5–7
Fleisch, gekocht	4–6
Gans	4
Gemüse	8
Gulasch	3–6
Hackfleisch, fett	2–3
Hähnchen	10
Hammelfleisch	9
Hirsch	12
Hülsenfrüche	8
Kalb	8
Käse	2–4
Kirschen	3
Kochfleisch	10–12
Kuchen	3–4
Pfirsiche	10
Pilze	8
Rindfleisch	10–12
Schweinefilet	6
Schweinekotelett	6
Tatar	4
Wurst, frisch	6

Richtig verpacken vor dem Einfrieren	
Geeignete Verpackungen	**beispielsweise für**
Tiefkühldosen (stapelbar)	Kochwurst, Fleisch, gegarten Fisch, Früchte
Gefrierkochbeutel	Suppe, Eintopf, Gulasch (die Gerichte können so gleich mit dem Beutel im Wasserbad erhitzt werden)
Eiswürfelbeutel	Weinreste und Säfte zum Kühlen von Getränken, Soßenfond
Eiswürfelschalen, Minidosen, Jogurtbecher	Weinreste und Säfte zum Kühlen von Getränken, gehackte Kräuter
Aluminium-Allzweckbehälter	Kuchen und Fertiggerichte (sie können mit der Form gebacken oder erwärmt werden)
Alufolie	Räucherfisch, Käse im Stück, Geflügel, größere Fleischstücke, belegte Brote

! Auf- oder angetaute Lebensmittel nicht erneut einfrieren.
• Fertiggerichte können meist direkt unaufgetaut in kochendem Wasser, in heißem Fett, in der Mikrowelle oder im Backofen zubereitet werden.

Toastbrot
Man bewahrt Toastbrot am besten im Gefrierschrank auf und toastet nur die Bedarfsmenge.

Tomaten
• Tomaten haben eine ganze Menge gesundheitsfördernder Eigenschaften: Sie sind verdauungs- und appetitfördernd, senken den Blutdruck, entwässern, beschleunigen die Zellerneuerung, bremsen das Altern der Hirnzellen, sind wichtig für die Knochen, gut für die Augen, halten die Haut straff und die Haare kräftig und sie stärken das Immunsystem.
• Am gesündesten ist die Tomate, wenn sie gekocht oder zerkleinert wird und etwas Fett enthält, also als Soße, Saft, Suppe oder Ketchup.
• Freilandtomaten haben ein starkes Aroma. *Runde Tomaten* sind sehr aromatisch und eignen sich gut zum Schmoren und Füllen. *Flaschentomaten* haben ein festes Fruchtfleisch und lassen sich gut zu Tomatenmark, als Soßengewürz und zum Einlegen verwenden. *Kirschtomaten* haben einen aromatischen, leicht süßlichen Geschmack und sind für Salate und zum Garnieren bestens geeignet.
• Tomaten sollten innerhalb einer Woche verbraucht werden.
• Die ideale Lagertemperatur liegt bei etwa 10 °C, am besten im Keller, nicht im Kühlschrank. Man sollte sie nicht zusammen mit anderem Gemüse lagern, da dieses sonst schnell verdirbt.
• Tomaten, die weich geworden sind, werden wieder fester, wenn man sie für etwa 15 Minuten in kaltes Wasser legt.
• Will man den Reifeprozess vorantreiben, legt man sie mit Äpfeln zusam-

men. Blasse oder grüne Tomaten reifen auch auf der Fensterbank nach.
• Tomaten lassen sich besser häuten, wenn man sie oben kreuzweise einritzt und die Stielansätze herausschneidet, sie danach kurz in kochendes Wasser taucht und mit kaltem Wasser abschreckt.
• Tomaten, die gefüllt werden sollen, höhlt man mit einem Teelöffel oder Ausstecher aus, die ausgeschabten Kerne samt Fruchtwasser können für eine Soße verwendet werden.
• Weich gewordene Tomaten kann man häuten, pürieren, einfrieren und später für Soßen verwenden.

Tomatenmark
Angebrochenes Tomatenmark aus der Dose hält etwa zehn Tage im Kühlschrank, wenn man es in ein Glas- oder Porzellangefäß umfüllt und ein paar Tropfen Öl oder etwas Salz zugibt.

Torte
• Eine *Torte* lässt sich einfacher und glatt in Stücke schneiden, wenn man das Messer während des Schneidens ab und zu in heißes Wasser taucht.
• Ein *Tortenboden*, der gefüllt werden soll, wird nach dem Erkalten waagerecht geschnitten, indem um den Rand ein Zwirnsfaden gespannt wird,

der vorn überkreuzt und straff zugezogen wird. Vor dem Belegen beziehungsweise Auftragen des Belags bestreicht man den Tortenboden mit Eiweiß oder bestreut ihn mit Sahnesteif, damit er nicht durchweicht.
• *Glasur*, die zu fest geraten ist, kann mit ein paar Spritzern Zitronensaft verdünnt werden.

Vanille
• Vanille fördert die Verdauung, regt die Nieren an und stärkt die Abwehrkräfte gegen Pilzinfektionen.
• Vanille kauft man am besten als Schote und zerkleinert sie selbst in der Pfeffermühle oder im Mörser.
• Vanille ist geeignet zum Würzen von Kuchen, Süßspeisen, süßen und herzhaften Soßen sowie zur Eiszubereitung.
• Vanillestangen in Milch aufgekocht, ergibt ein aromatisches Getränk.

Wacholder
• Wacholder stärkt die Abwehrkräfte und verhindert Blähungen.
• Man verwendet ihn meist als Gewürz für Lamm- und Schweinebraten, zu Wildgerichten, Weiß-, Rot- und Sauerkraut. Die Beeren werden bereits beim Garen zur Speise gegeben.

Wein
Wein und Gesundheit. Wein in Maßen getrunken wirkt gesundheitsfördernd, da er die Aufnahme von schnell resorbierbaren Kohlenhydraten, wie Zucker im Blut, verlangsamt, den Stoffwechsel anregt und das Hungergefühl reduziert. Ein tägliches Glas Rotwein (1/4 Liter), der möglichst im Eichenfass gelagert wurde, kann das Herzinfarkt- und Schlaganfallrisiko senken. Wein zum Essen getrunken,

259

Welcher Wein passt zu welchem Gericht?	
Gerichte	**Empfohlene Weine**
Vorspeisen, Kalbs- und Hühnergerichte, warme Käsegerichte, Fisch, Meeresfrüchte	Trockener Weißwein
Gebäck, Dessert, Obst	Süßer Weißwein
Schweine-, Lammfleisch, Schinkengerichte, Pute	Trockener Rotwein
Kalb- und Schweinefleisch, Hähnchen, kalte Platten	Trockener Roséwein
Gans, Ente, Wild, Rindfleisch, Wild, Käse	Schwerer Rotwein

schützt vor schädlichen Bakterien in Magen und Darm.

Lagerung. Wein sollte man etwa 10 Tage vor dem Trinken kaufen. Nach dem Transport sollte der Wein einige Tage ruhen. Man lagert ihn liegend, damit der Korken umspült wird und nicht austrocknet. Als Lagerort empfiehlt sich ein dunkler, gut belüfteter Keller, bei einer Luftfeuchtigkeit von 50 bis 70 % und einer Temperatur von 8 bis 12 °C.

Lagerzeiten. Qualitätsweine mit geringer Säure halten 1 bis 4 Jahre, Tafel- und Landweine 1 bis 2 Jahre. Kabinettweine haben einen geringen Alkoholgehalt und sind somit nur bis zu 2 Jahre haltbar. Trockene Prädikatweine sind bis zu 7 Jahre haltbar. Beeren-Auslesen und Trockenbeeren-Auslesen haben eine noch längere Lebensdauer. Nähere Einzelheiten zur Lagerung,

Kaltgestellt oder nicht?	
Wein	**Trinktemperatur**
Kräftige Weißweine (Riesling, Spätlese)	10 bis 12 °C
Weiß- und Roséwein (je süßer, desto kühler)	6 bis 12 °C
Leichte Rotweine	etwa 12 °C
Kräftige Rotweine (je jünger, desto kühler)	16 bis 18 °C
Schwere Rotweine (Bordeaux, Barolo)	18 bis 20 °C
Süße Weine	12 bis 14 °C

Haltbarkeit und den Eigenschaften kann man beim Weinhandel oder in einem Fachgeschäft erfragen.

Weintrauben

• Weintrauben enthalten außer Vitaminen reichlich Kalium und Salizylsäure, die den Cholesterinspiegel senkt, sowie Eisen, das blutbildend wirkt. Traubensaft hilft gegen Darmträgheit und Fieber.

• Beim Kauf von Weintrauben sollte man darauf achten, dass sie fest am

tipp

Weinreste kann man in eine Eiswürfelschale oder in Eiswürfelbeutel füllen, im Gefrierschrank einfrieren und später zur Soßenverfeinerung verwenden. Sauren Wein kann man als Essig verwenden.

Stiel sitzen, lose Traube sind überreif. Je kräftiger die Farbe ist, umso süßer sind sie. Gelbe Tupfen sind kein Mangel.
• Weintrauben halten sich bei trockener Lagerung 1 bis 2 Tage.

Wermuttee
Man verwendet Wermuttee bei leichten krampfartigen Magen-Darm- und Leberleiden, bei Völlegefühl und Blähungen. Er hilft auch bei Migräne.

Wurst
• Lagert man Wurst in Kunststoffbehältern oder Klarsichtfolie, schwitzt sie nicht so schnell, wenn man zwei rohe Nudeln mit hineingibt. Wurst trocknet nicht so schnell aus, wenn die Schnittfläche mit Margarine, Fett oder Butter bestrichen oder an der Schnittfläche mit Frischhaltefolie abgedeckt wird.
• *Kochwurst* kann im Gefrierschrank aufbewahrt werden, Salami (Dauerwurst) nicht, da sie austrocknet beziehungsweise sich das Fett absetzt.
• *Bockwürste* aus dem Glas oder der Dose erwärmt man am besten in der eigenen Lake, dadurch behalten sie ihren würzigen Geschmack. Bockwürste, die nicht am gleichen Tage verzehrt werden, belässt man in der eigenen Lake oder legt sie in leicht gesalzenes Wasser. Die Flüssigkeit soll die Würstchen vollständig bedecken, um eine Qualitätseinbuße zu vermeiden.
• Beim Grillen platzen Bockwürste nicht, wenn man sie vorher überbrüht, abtrocknet und mit Öl bestreicht oder mit dem Messer mehrmals quer einritzt.
• *Bratwurst* platzt nicht so leicht, wenn man sie vor der Zubereitung kurz in kalte Milch oder in siedendes

Wasser legt, danach mit einer Nadel an mehreren Stellen anstich und bei Mittelhitze brät. Sie wird knuspriger, wenn sie vor dem Braten etwa 10 Minuten in heißes Wasser gelegt, abgetrocknet und anschließend in Mehl gewälzt wird. Eine halbierte oder geviertelte Zwiebel mit in die Pfanne gegeben, verhindert das Schwarzwerden des Bratfettes.
• Man kann Bratwurst ungebraten oder gebraten im Gefrierschrank im Folienbeutel aufbewahren.

Zimt
• Das Gewürz schützt vor Magengeschwüren, reguliert den Blutzucker, vertreibt Blähungen, schützt vor Darminfektionen und beugt durch seine blutverdünnende Wirkung Herzinfarkt und Schlaganfall vor. Außerdem wird Zimt eine erotisierende Wirkung zugeschrieben
• Zimt wird verwendet für Obstsuppen, Milchgerichte, Gebäck, Glasuren, Süßspeisen, Kompotte, Heißgetränke wie Glühwein oder für Liköre. Eine kleine Prise an Fleischgerichten gibt eine besondere Note.
• Zimtstangen kauft man am besten ungemahlen und zerkleinert sie selbst in der Pfeffermühle oder dem Mörser.

261

Zitronen

• Zitronen enthalten viel Vitamin C (mehr als Limetten). Zitronensaft fördert die Verdauung und stärkt das Immunsystem.

• Zitronen sollten gelb, kleinporig und dünnschalig sein, denn dann haben sie mehr Fruchtsaft als größere mit dicker Schale.

• Die Aufbewahrung sollte im Obstfach des Kühlschrankes erfolgen. Man nimmt sie einige Zeit vor Gebrauch heraus, da sie erst bei Zimmertemperatur ihr volles Aroma und ihre Saftigkeit entfalten. Zitronen geben auch mehr Saft, wenn man sie vor dem Entsaften in heißes Wasser legt, unter leichtem Druck mit der Hand auf dem Tisch hin und her rollt oder kurz in der Mikrowelle erwärmt.

• *Geteilte Zitronen* halten sich länger, wenn sie mit der Schnittfläche nach unten in eine dick mit Zucker bestreute oder mit Essig befeuchtete Untertasse gelegt werden.

• *Zitronensaft* kauft man besser in kleinen Flaschen. Größere Mengen füllt man in kleinere Fläschchen um, da bei jedem Öffnen Sauerstoff zugeführt wird und der Saft dadurch schneller verdirbt.

• *Zitronen-* oder *Orangenschalen* eignen sich gemischt mit Zucker gut für Süßspeisen, Kuchen und Fruchtgetränke. Man wäscht oder bürstet die Frucht vor dem Abreiben warm ab. Die Schale von ausgepressten, unbehandelten Zitronen kann man als Vorrat zum Würzen auch einfrieren.

Zitrusfrüchte

• Zitrusfrüchte enthalten besonders viel Vitamin C. Zitrusfrüchte müssen nicht immer eine glatte und straffe Schale haben. Auch eine locker sitzende Schale muss kein Zeichen dafür sein, dass die Frucht eingetrocknet und strohig ist. Lässt sich jedoch die Schale verschieben, kann man von Überlagerung ausgehen.

• Die Haltbarkeit der Früchte wird durch das Einwickeln in Seidenpapier verlängert.

• Wenn sich die Früchte mühsam schälen lassen, legt man sie kurz in heißes Wasser.

• Die Früchte schmecken süßer, wenn man sie ein paar Stunden in die Nähe einer Heizung legt.

• Man kann die weiße weiche Haut unter der Schale ruhig mitessen, denn sie enthält Rutin, einen vitaminähnlichen Stoff.

• Die Schalen der Zitrusfrüchte kann man auch zum Würzen verwenden, indem man die Frucht wäscht, die Schalen in Spalten schneidet, die weiße Innenhaut entfernt und im offenen Backofen trocknet. Vor Gebrauch weicht man sie 24 Stunden ein.

• Fein gehackt oder gerieben kann man das Gewürz zu Torten, Weihnachtsgebäck oder zu Wildbraten verwenden.

Zucchini

Kleine, feste und junge Zucchinis schmecken am besten, sie haben

mehr Aroma als große Früchte. Große, ausgereifte Früchte sollte man schälen.

Zwiebeln
• Zwiebeln wirken schleimlösend, regen den Darm an und fördern die Wundheilung.
• Zwiebeln sollten beim Kauf unbeschädigt, sauber und trocken sein.
• Frühlingszwiebeln sollten nicht mit einem Gummi oder Band eingeschnürt werden. Schalotten sind die edelsten Zwiebeln, sie eignen sich roh für feine Salate, mitgedünstet für Fisch- und Fleischgerichte, für Gemüse und Suppen.
• Zwiebeln bewahrt man kühl aber frostfrei in einem Netz hängend oder lose in einem Keramiktopf auf, jedoch nicht in einem Plastikbeutel. Angefaulte Zwiebeln sind nicht mehr verwendbar. Bei nicht zu stark ausgetriebenen Zwiebeln kann man die Zwiebel selbst, aber auch das Lauch verwenden. Eine stark ausgetriebene Zwiebel ist meistens vertrocknet, das Lauch kann man jedoch noch verwenden.
• Zwiebeln treiben nicht aus und halten länger frisch, wenn
– die Keimspitzen kurz über eine Flamme gehalten werden,

– ein getrocknetes Brötchen dazugelegt wird oder
– sie im Gemüsefach des Kühlschrankes aufbewahrt werden.
• Angeschnittene Zwiebeln bleiben länger frisch, wenn die Schnittfläche auf eine Salzschicht gelegt oder die halbe Zwiebel in Frischhaltefolie eingewickelt wird.
• Zwiebeln lassen sich leichter schälen, wenn man sie vorher etwa 10 Minuten in kaltes Wasser legt.
• Ohne Tränen kann man sie schälen, wenn man
– sie unter Wasser in einer Schüssel schneidet
– sie vorher mindestens 30 Minuten in den Kühlschrank legt
– sie vorher heiß abwäscht
– während des Schneidens Brot kaut oder
– wenn dabei durch die Nase und nicht durch den Mund geatmet wird.
• Die Hände nehmen den Geruch nicht so an, wenn man sie vor dem Zwiebelschneiden kalt abspült.
• Soll die Zwiebel milder schmecken, würfelt man sie und übergießt sie dann in einem Sieb mit heißem Wasser.
• Zwiebelringe werden braun und knusprig, wenn man sie vor dem Braten in etwas Mehl wälzt.
• Bei fertig angemachtem Salat sollten die gehackten Zwiebeln erst kurz vor dem Servieren untergemischt werden, damit sich der Salat länger hält.
• Salate nehmen den Zwiebelgeschmack besser auf, wenn die Zwiebel nicht geschnitten, sondern gerieben zugegeben wird.
• Für Rumpsteaks kann man Zwiebeln vor dem Dünsten mit kochendem Wasser überbrühen, etwas ziehen lassen und danach über einem Sieb abtropfen lassen.

Pflanzen

Pflanzen in der Wohnung und im Büro bieten nicht nur schöne Gestaltungsmöglichkeiten, sondern beeinflussen auch das Raumklima positiv. Sie wirken gegen Stress und fördern das Wohlbefinden. Durch das Verdunsten des Gießwassers über die Blätter wird die Raumluftfeuchtigkeit erhöht, was ebenfalls das allgemeine Wohlbefinden steigert. Außerdem nehmen Grünpflanzen Kohlendioxid aus der Luft auf und geben dafür Sauerstoff ab. Einige von ihnen filtern sogar Formaldehyd oder Elektrosmog aus der Raumluft.

Ein farbenfrohes Blühen auf dem Balkon, auf der Terrasse, auf dem Dachgarten, vor dem Fenster und neben dem Hauseingang ist ein Zeichen gehobener Wohnkultur. In Fachbüchern gibt es dazu eine große Auswahl an Anregungen zur Gestaltung für jede Jahreszeit.

! Noch ein Hinweis: Bei den aufgeführten Blumen und Pflanzen handelt es sich meist nur um allgemeine Hinweise zu den einzelnen Gattungen. Zur spezifischen Pflege bei Arten und Sorten sollte man sich im Fachhandel beraten lassen.

Alpenveilchen

• Diese Pflanze sollte kühl stehen (12 bis 15 °C). Die Knolle ist an der Oberseite sehr nässeempfindlich und fault leicht. Die Knolle muss daher trocken bleiben. Das Alpenveilchen wird regelmäßig aber mäßig stets von unten in den Übertopf gegossen und wöchent-lich gedüngt. Abgestorbene Blätter und Blüten zupft man drehend aus, sodass keine Ansatzstellen der Stiele an den Knollen verbleiben, die leicht faulen können.
• Abgeblühte Pflanzen können ab Mitte Mai an einen schattigen Ort auf den Balkon gesetzt werden, im September holt man sie ins Zimmer.
• Für einen Strauß zupft man die Blüten aus der Pflanze. Dann spaltet man die Stiele mit einem Messer etwa 4 cm auf oder sticht mit einer Nadel mehrmals ein.
• Man sollte Alpenveilchenblüten nicht besprühen.

Azalee

• Diese Zimmerpflanze blüht besonders fleißig, wenn man die austreibenden hellgrünen Laubtriebe direkt neben den jungen Blütenknospen abknipst. Sie darf nicht in warmer Heizungsluft oder in direkter Sonne stehen. Für Azaleen verwendet man Erde mit niedrigem pH-Wert und kalkarmes Wasser zum Gießen. Alle zwei Wochen sollten sie Spezialdünger erhalten.
• Angetrocknete Azaleen werden im Wasserbad wieder frisch. Dazu wird ein Eimer mit Wasser gefüllt, der Topf ganz hineingetaucht und erst wieder herausgenommen, wenn keine Luftblasen mehr aufsteigen.

Begonie

• Verwelkte Blüten und Blätter sind zu entfernen. Während des Wachstums gießt man reichlich, vermeidet jedoch

Staunässe. Großblumige Sorten können durch Stäbe stabilisiert und daran festgebunden werden.
• Ab August werden Knollenbegonien weniger gegossen, und ab September lässt man das Laub welken. Die Knollen können den Winter hindurch gelagert werden und im zeitigen Frühling kann man sie neu antreiben.
• Bei Elatior-Begonien lohnt sich nach dem Abblühen eine weitere Kultur nicht mehr.

Blattläuse

• Sie entstehen und vermehren sich auf den Pflanzen vorwiegend bei zu warmer und trockner Luft und ungenügender oder falscher Pflege. Man kann dem Befall vorbeugen, indem man überreichliches Düngen mit Stickstoff vermeidet.
• Zur Vorbeugung kann man auch Knoblauchzehen in die Erde stecken, Lavendel anpflanzen oder Nistkästen für Vögel aufstellen. Man kann Blattläuse vertreiben, indem man sie, wenn es nur wenige sind, mit einem Stäbchen abstreift. Robuste Pflanzen spritzt man mit einem kräftigen Wasserstrahl ab. Verlauste Triebspitzen verzweigungswilliger Pflanzen sollten abgeschnitten werden. Außerdem hilft es, die Pflanzen mit einem frischen, abgekühlten Sud abzuspritzen, zum Beispiel aus Brennnesselblättern, Salbei, Holunderblättern, Wermuttee, schwarzem Tee oder Kaffee. Auch hilft es, Zündhölzer mit dem Kopf in die Blumenerde zu stecken.

❗ An Bubikopf und Pflanzen mit behaarten Blättern wie Usambaraveilchen, Gloxinien oder Kolumee darf man diese Methode nicht anwenden, weil deren Blätter bei Feuchtigkeit faulen.

• Bei hartnäckigen Fällen eine Lösung aus 20 g Schmierseife, 10 ml Brennspiritus, 1 Liter warmem Wasser herstellen und auf die gesamte Pflanze sprühen.
• Jede Behandlung ist nach jeweils zwei Tagen zu wiederholen.
• Blattläuse werden auch durch Marienkäfer, Schwebfliegen, Florfliegen oder Räuberische Gallmücken (Gärtnereifachhandel) vernichtet, die man auf die befallenen Pflanzen setzt.

Blattpflanzen

• Staub entfernt man bei glatten Blättern mit einem feuchten Schwamm oder einem Federwedel; bei pelzigen oder behaarten Blättern mit einem trockenen Pinsel.

❗ Einige Pflanzen wie zum Beispiel der Geweihfarn sehen aus wie „verstaubt", benötigen aber diese arteigene „Auflage".

• Blätter mit glatter Oberfläche bekommen einen schönen Glanz, wenn man sie mit einem in Bier oder einer Mischung aus Wasser und abgekochter, kalter Milch (1:1) oder mit einem in Glyzerin getränkten Wattebausch abreibt.
• Geknickte Pflanzenteile können weiter wachsen, wenn man sie mit einem Stab und Bastfasern schient.
• Man sollte die glattblättrigen Pflanzen ab und zu abduschen. Um dabei ein Durchnässen der Topferde zu vermeiden, wird der Topf mit einer eingeschnittenen Plastiktüte oder Alufolie abgedeckt und die Pflanze zum Abduschen schräg gehalten.
• Bei Sommerregen kann man viele Pflanzen ins Freie bringen; der warme Regen tut ihnen besonders gut.
• Im Winter sollte man darauf achten, dass Pflanzen nicht mit ihren Blattspit-

zen an einfach verglasten Fensterscheiben stehen, weil sie an den kalten Scheiben erfrieren könnten.
• Im Frühjahr nach den Eisheiligen kann man viele Pflanzen ins Freie bringen, sie sollten aber zunächst im Halbschatten bis Schatten stehen.

Blütenzweige
Blühende Zweige sind auch im Winter möglich. Um zu den Weihnachtsfeiertagen blühende Zweige zu haben, schneidet man am 4. Dezember (am Namenstag der heiligen Barbara) Seidelbast-, Flieder-, Jasmin-, Kastanien-, Kirsch- oder Forsythienzweige ab und stellt sie in eine Vase mit angewärmtem Wasser, nachdem man die Stielenden großzügig schräg angeschnitten hat. Oder man taucht die Stiele etwa 30 Sekunden in kochendes Wasser und stellt sie anschließend sofort in kaltes Wasser. Die Zweige werden zunächst in einen kühleren Raum gestellt. Aufgenommenes und verdunstetes Vasenwasser wird durch Zugießen ersetzt.
   Zweige blühen schneller auf, wenn man dem Wasser ein Gemisch aus Salmiakgeist und Wasser zufügt (1 Esslöffel Salmiakgeist auf 1 Liter Wasser).

Christrose
• Die Stiele der frisch geschnittenen Christrosen werden im unteren Drittel 2 bis 3 cm tief mit dem Messer gespalten oder mit einer Nähnadel ringsherum eingestochen und dann sofort ins Wasser gestellt.
Auch sollte man darauf achten, dass die Blumen aus dem Garten nicht gleich ins warme Zimmer gestellt werden, um sie keinem zu starken Temperaturwechsel auszusetzen.
• Christrosen, die schlapp geworden sind, können sich noch einmal stabilisieren, wenn man die Stielenden unter Wasser schräg nachschneidet und einritzt. Zusätzlich werden sie etwa 10 Sekunden in heißes Wasser gehalten. Dadurch gerinnt der austretende Pflanzensaft und verhindert somit das Verstopfen der wasserführenden Bahnen. Danach wickelt man die Blumen straff in Seiden- oder Zeitungspapier, gibt sie in lauwarmes Wasser und stellt sie einige Stunden kühl, am besten über Nacht.

Chrysantheme
• Man taucht die Stiele der abgeschnittenen Blumen kurz in kochendes Wasser und stellt sie dann in kaltes Wasser. Man kann sie auch über einer offenen Flamme ansengen, ehe sie in die Vase gestellt werden.
• Man sollte Chrysanthemen nicht besprühen, da sonst die Blätter braun und welk werden.

Düngen
Pflanzen brauchen vor allem während der Wachstums- und Blühphase regelmäßig Dünger.
• Neben handelsüblichem Dünger kann man zum Düngen auch Alternativen

verwenden, wie Waschwasser und kaltes Kochwasser von Gemüse oder Kartoffeln, abgestandenes Mineralwasser, Kaffeesatz, Tee, Bierreste, einen Sud aus Brennnesseln, zerkleinerte Eier- oder Muschelschalen. Die Dosierung hängt dabei immer von der Pflanze ab.

<table><tr><td>!</td><td>Eier- und Muschelschalen sind nicht für Pflanzen geeignet, die</td></tr></table>

niedrige Kalkgehalte brauchen, wie Azaleen, Kamelien oder Zitrusbäumchen.
• Nach dem Gießen ist das durchgelaufene Gießwasser aus dem Untersetzer beziehungsweise Übertopf zu entfernen.

Erde
• Erde ist voller Leben, sie sollte in regelmäßigen Zeitabständen gut aufgelockert werden, um eine Durchlüftung zu gewährleisten. Man sollte sie jedoch nie zu nass halten.
• Topferde schimmelt nicht, wenn man obenauf eine Schicht Sand oder Vogelsand gibt.
• Erde von Maulwurfshügeln eignet sich sehr gut zum Untermischen in die handelsübliche Blumenerde.
• Erde bleibt lockerer und hält auch die Feuchtigkeit länger, wenn etwas Seramis untergemischt wird.

Erdflöhe
Erdflöhe bekämpft man durch das Einstecken von Streichholzköpfen in die Erde.

Erika
Die Pflanzen eignen sich gut zur Balkonbepflanzung mit naturhaftem Charakter. Man verwendet dazu normale Blumenerde, die man 5:1 mit Sand mischt. Eriken sollten halbschattig stehen und wenig gegossen werden.

Farne
• Farne bevorzugen einen kühlen, halbschattigen, feuchten Platz und sind somit besonders für die Badgestaltung gut geeignet.

• Als Faustregel gilt: Je zarter die Blätter, desto höher muss die Luftfeuchtigkeit sein, besonders viel davon braucht der Frauenhaarfarn.
• Man stellt die Pflanze so auf, dass sie keiner Zugluft ausgesetzt ist. Die Erde sollte locker sein und die Feuchtigkeit gut halten.
• Zum Gießen eignet sich am besten abgestandenes Wasser (vergleiche Gießen). Farne mögen es auch, wenn dem Gießwasser ab und zu ein Schuss Milch zugegeben wird. Sie sind im Frühjahr und Sommer so zu gießen, dass der Ballen nicht austrocknet. Im Herbst und Winter wird weniger gegossen.

Flammendes Käthchen
Diese Zimmerpflanze ist sehr pflegeleicht. Im Winter genügt es, sie einmal pro Woche zu gießen, ab und zu mit einem Mineralwasserrest. Düngen ist unnötig, wenn die Pflanze nach der Blüte fortgeworfen wird. Andernfalls reicht die halbe Düngerdosis, die sonst üblicherweise verabreicht wird. Wichtig ist ein heller Standort. Nach dem Abblühen werden die Stängel über dem ersten Blattpaar abgeschnitten und die Pflanze in einen etwas größeren Topf gegeben.

Fleißiges Lieschen
Die Erde sollte immer feucht sein, aber Staunässe ist zu vermeiden. Bei trockenem Wetter besprüht man die Pflanze so, dass nicht die pralle Sonne die Blätter verbrennt und dass das Wasser vor dem Abend abtrocknen kann.

Flieder
• Flieder stellt man in die Vase, nachdem man die Rinde an den Stielenden

einige Zentimeter abgeschält, die Enden großzügig schräg angeschnitten oder mit einem Hammer leicht geklopft hat.

• Man kann die Stiele auch etwa 30 Sekunden in kochendes Wasser tauchen und anschließend sofort in kaltes Wasser stellen. Auch angewelkter Flieder erholt sich so wieder.

• Flieder möglichst kühl stellen und alle Blätter und unreifen Knospen entfernen.

Freesie

Freesien lieben kaltes Wasser, das mindestens alle zwei Tage gewechselt werden muss. Die Stiele werden nicht bei jedem Wasserwechsel angeschnitten und keinesfalls die Blüten besprüht.

Frostschutz

• Bei Topf- und Kübelpflanzen, die auf dem Balkon überwintern, sind vor allem die Wurzeln und frostempfindliche Partien (zum Beispiel Veredlungsstellen bei Rosen) vor Frostschäden zu schützen. Dazu stellt man die Gefäße auf eine Holz- oder Styroporplatte. Als Seitenschutz empfiehlt sich die Verkleidung der Gefäße mit Styropor, das in entsprechende Streifen geschnitten, rund um den Kübel gestellt und mit einem Klebeband oder Strick zusammengehalten wird. Die Verkleidung sollte mindestens 10 cm über den Gefäßrand ragen.

• Als weitere Möglichkeit der Frostschutz-Verkleidung kann man Isoliermaterial (Baumarkt) verwenden, das man von außen mit Kokosfasermatte oder Luftpolsterfolie schützt. Das Material wickelt man um die Gefäße und sichert es durch Klebeband, eine starke Schnur oder einen Strick.

• An frostfreien Tagen werden die trockenen Pflanzen gegossen.

Fuchsie

Die Pflanze liebt im Sommer einen halbschattigen, windstillen Platz. Sie braucht eine Erdmischung von Laub-, Mist- und Rasenerde und wird des öfteren gedüngt. Sie blüht bis in den Winter hinein.

Gerbera

Bei Gerbera wird das Wasser schnell trüb und ist daher täglich zu wechseln. Stellt man die Blumen in eine Glasvase, denkt man vielleicht leichter an das Wasserwechseln.

Gießen

• Ob Topfpflanzen Wasser brauchen, prüft man am besten mit den Fingern. Bleibt etwas Erde hängen, hat die Erde noch genügend Feuchtigkeit.

• Zum Gießen verwendet man abgestandenes, sauberes Wasser, am besten Regenwasser. Abgestandenes Wasser ist kalkarm, da sich der Kalk nach unten abgesetzt hat. Daher sollte man beim Gießen darauf achten, dass die untere Wasserschicht sich nicht wieder mit dem oberen Bereich vermischt beziehungsweise nicht zum Gießen verwendet wird.

tipp

Nicht erst gießen, wenn die Pflanzen die ersten Welkerscheinungen zeigen.

• Gießzeitpunkt: Zimmerpflanzen sollten am besten am frühen Morgen oder abends gegossen werden. Pflanzen, die auf dem Balkon oder der Terrasse stehen, sollten nicht bei hohen Außentemperaturen und starker Sonneneinstrahlung gegossen werden. Das Gießen sollte dann morgens und abends erfolgen. An sonnenlosen Tagen genügt ein einmaliges Gießen am Abend.

• Im Herbst und Winter wird weniger gegossen.

• Staunässe, die sich im Untersatz sammelt, ist wieder zu entfernen, da dadurch die Wurzeln keine Luft bekommen und verfaulen können (siehe auch Staunässe). Alpenveilchen und Usambaraveilchen gießt man jedoch nur in den Untersatz.

• Zwischendurch tut den Pflanzen ein Tauchbad gut: Dazu einen Eimer mit Wasser füllen, etwas Flüssigdünger zugeben und den Topf eintauchen, bis keine Blasen mehr aufsteigen.

❗ Diese Methode nicht bei Pflanzen mit weichen, behaarten Blättern anwenden.

tipp

Bei längerer Abwesenheit (zum Beispiel während des Urlaubs) sollten die Pflanzen nicht in der Sonne stehen, wenn während dieser Zeit ein Gießen nicht möglich ist.

• Wenn während längerer Abwesenheit niemand das Gießen übernehmen kann, gibt es für die Wasserversorgung der Pflanzen verschiedene Möglichkeiten. Wie lange die einzelnen Bewässerungsmethoden funktionieren, hängt von der Größe und von der Art der Pflanze ab.

– Die Badewanne oder ein anderes großes Gefäß wird mit saugfähigem Material oder Bewässerungsvlies (Gartencenter) ausgelegt. Dieses wird gut eingenässt und die Pflanzen daraufgestellt.

– Eine Plastikflasche wird mit Wasser gefüllt, in den Schraubverschluss verteilt Löcher (2 bis 3 mm) gebohrt und kopfüber neben der Pflanze in die Erde gesteckt.

– Es wird eine Schüssel, ein Eimer oder saubere Flaschen mit Wasser gefüllt, erhöht neben die Pflanzen gestellt und zu den einzelnen Kästen und Töpfen Wollfäden oder gut wassersaugende Stoffstreifen geführt. Dabei die Enden der einzelnen Fäden oder Streifen in dem Wasserspender beschweren und die anderen Enden in die Erde eingraben. Der Stoff saugt dabei das Wasser an und gibt es an die Blumenerde weiter.

– Man gießt die Pflanze gut, steckt Stützstäbe in den Topf, zieht eine Klarsichttüte darüber und verschließt diese am Topf dicht mit Klebeband. So kann die Feuchtigkeit nicht so schnell entweichen.

– Man bedeckt die Topfoberfläche mit Moos und gießt noch einmal kräftig.

– Die Pflanzen sollten während der Abwesenheit im Freien möglichst an schattiger Stelle aufgestellt werden. Pflanzen, die im Hause stehen, sollten hell, aber nicht in praller Sonne platziert werden.

Gladiole
Gladiolen lieben kaltes Wasser, das mindestens aller zwei Tage gewechselt werden muss. Die Stiele werden nicht bei jedem Wasserwechsel angeschnitten.

Glockenblume
Sie gedeiht am besten in einem Topf, in den zunächst eine dünne Schicht Kiesel oder Blähton (Gartencenter) gegeben wird, darauf ein Erde-Sand-Gemisch (1:3) oder mit Seramis (Fach-

handel) vermischte Erde. Die Glockenblume sollte hell stehen.

Gloxinie

Gloxinien brauchen einen hellen, aber nicht sonnigen Standort, im Sommer kann man sie auch ins regengeschützte Freie stellen. Sie sollen mit weichem, abgestandenem Wasser regelmäßig gegossen und einmal wöchentlich gedüngt werden. Die Blätter vertragen kein Wasser.

Gummibaum

• Der Gummibaum darf nicht zu nass und nicht zu trocken stehen, am besten bei 10 bis 15 °C, ohne Zugluft und ohne direkte Sonneneinstrahlung. Der Standort sollte nach Möglichkeit unverändert bleiben.
• Während des Wachstums sollte er reichlich gegossen, jedoch nur mäßig gedüngt werden. Zur Düngung kann ab und zu eine Spalt- oder Aspirintablette in die Erde gesteckt werden. Vom Herbst an wird das Gießen eingeschränkt, im Winter wird er gerade nur feucht gehalten.

Hortensie

Die Pflanze mag Halbschatten und keine direkte Sonne. Sie wird mit kalkarmem Wasser gegossen. Bei schlaffen Blüten gibt man in das Wasser etwas Flüssigdünger. Welke Blüten kann man abschneiden. Bei Hortensien, die als Schnittblumen genutzt werden sollen, sind die Blätter bis zum Blütenansatz zu entfernen, die Stielenden 1 bis 2 Minuten in kochendes Wasser zu halten, das versiegelt die Leitungsbahnen und tötet Keime ab. Dabei die Blüten vor dem aufsteigenden Wasserdampf schützen. Hortensien sind aber auch getrocknet sehr malerisch.

Kaktus

Kakteen werden mit enthärtetem Wasser gegossen und nur, wenn die Erde schon trocken ist. Von Frühjahr bis Herbst gibt man Spezialdünger. Wenn sich bei Blattkakteen (zum Beispiel beim Weihnachtsstern) Knospen bilden, sollte man sie nicht mehr drehen. Kakteen sind vor Lichtmangel und Zugluft zu schützen, sonst verlieren sie Blüten. Im Winter sollten die meisten KakteeArten kühl stehen (etwa 10 °C), damit sie im nächsten Jahr wieder blühen.

Kamelie

Die Kamelie sollte einen hellen, kühlen und luftigen Standort haben, wo sie jedoch keiner Zugluft ausgesetzt ist. Beim täglichen Besprühen der Blätter und Knospen sollte man die Blüten abdecken, damit sie nicht nass werden. Gegossen wird nur mit kalkarmem Wasser.

Küchenkräuter

• Die Pflanzen kann man in einem Blumenkasten oder -topf selbst ziehen. Dabei sollten nur solche Kräuter zusammen in einen Kasten kommen, die von der Erdbeschaffenheit, Sonnenverträglichkeit und dem Wasserbedarf her ähnlich sind, zum Beispiel Zitronenmelisse, Basilikum und Oregano oder Petersilie und Schnittlauch. Werden Gemüsezwiebeln oder Knoblauchzehen in einen Blumentopf gesetzt, kann man das Grün davon ernten.
• Kräuter sollte man nicht düngen, da sie sonst ihr Aroma verlieren können.
• Kresse kann man in flache Schalen, beispielsweise auch in Styroporschalen, säen. Man legt eine durchfeuch-

tete Watteschicht hinein, bestreut sie dicht mit Samen und stellt die Schale an einen hellen Platz.
• Beim Schneiden müssen die Grundblättchen zum Nachwachsen erhalten bleiben.

Maiglöckchen
Maiglöckchen sollten immer alleine in der Vase stehen, weil sich ihr giftiger Pflanzensaft nicht mit anderen Blumen verträgt.

Mehltau
Bei Mehltaubefall sollten Sie sich im Fachhandel erkundigen oder die befallenen Pflanzen entsorgen.

tipp

> Mohn sollte man nicht mit Lilien zusammen in die Vase stellen, da die Lilien durch den abgegebenen Pflanzensaft der Mohnblumen schneller welken.

Mohn
Mohn als Schnittblume hält länger, wenn das Auslaufen des in den Stielen befindlichen klebrigen, milchigen Saftes verhindert wird. Das erreicht man, indem die Stielenden etwa 2 Minuten lang in kochendes Wasser getaucht oder an der Schnittfläche kurz angesengt werden.

Narzisse
• Narzissen als Schnittblumen halten länger, wenn das Auslaufen des sich in den Stielen befindlichen klebrigen, milchigen Saftes verhindert wird, indem die Stielenden kurz in heißes Wasser getaucht werden.
• Narzissen mit noch geschlossenen Knospen blühen schneller auf, wenn die Knospenhäutchen mit einer Nagelschere aufgeschnitten und die Häutchen abgezupft werden.
• Bevor man Narzissen mit anderen Blumen in eine Vase stellt, schneidet man sie an und lässt sie für einen Tag allein in einer Vase stehen, damit sie ihren Schleim absondern.

Nelke
• An einem Nelkenstrauß hat man länger Freude, wenn man ein paar Spritzer Zitronensaft oder Essig und etwa 1 Teelöffel Zucker in die Vase gibt und ihn in einen kalten Raum stellt.
• Man sollte Nelken nicht zusammen mit Rosen ins Wasser stellen, da sie sich nicht vertragen und schneller welken.
• Nelkenblätter sollten vom Stiel entfernt werden, da die Blumen dann länger halten

tipp

> Wasser mit Zuckerzusatz wird schneller trübe oder zieht leichter Bakterien und Pilze an. Dieses Wasser sollte man daher häufiger wechseln.

Oleander
• Von Mai bis September liebt er einen sonnigen, warmen Platz auf der Terrasse oder dem Balkon. Steht die Pflanze das ganze Jahr über im Zimmer, blüht sie nicht. Im Sommer wird

reichlich, im Winter sparsamer gegossen, jedoch darf die Erde nie austrocknen.

• Während des Wachstums sollte wöchentlich gedüngt und reichlich gegossen werden.

• Zum Überwintern werden kahle und zu lange Triebe ausgeschnitten. Blütentriebe, die sich noch im Herbst bilden, werden nicht entfernt. Zum Überwintern ist ein heller, kühler, luftiger Raum mit 3 bis 10 °C am günstigsten.

! Oleander ist in allen Pflanzenteilen sehr giftig.

Orchidee

Diese edlen Blumen halten länger, wenn man sie unter Wasser anschneidet und in eine Vase mit lauwarmem Wasser stellt. Dem Wasser sollte kein Frischhaltemittel beigegeben werden. Die Orchideen sind vor Zugluft, trockener Wärme und schwankenden Temperaturen zu schützen. Die Pflanzen müssen besprüht werden um die für Orchideen erforderliche Luftfeuchtigkeit zu erzielen. Abgeschnittene Orchideenblüten dürfen allerdings nicht besprüht werden.

Pelargonie

• Pelargonien lieben einen sonnigen bis halbschattigen Standort. In der Wachstumszeit wird reichlich gegossen, jedoch ist Staunässe unbedingt zu vermeiden. Verblühtes ist regelmäßig zu entfernen, die alten Blütendolden sind stets mit Stiel an der Stielansatzstelle sauber auszubrechen.

• Für die Pflanzen, die den Sommer über in Kübeln und Töpfen standen, beginnt mit den ersten Frosttagen die Zeit der Überwinterung. Sie werden in den Keller gebracht oder ins Treppen-

haus gestellt. Der ideale Überwinterungsraum hat Temperaturen von 4 bis 10 °C, ist hell und gut durchlüftet. Man sollte die Spitzen jetzt leicht kürzen und weniger gießen.

• Überwinterte Pflanzen werden im März aus den Gefäßen genommen, in denen sie überwintert haben, auf etwa 6 cm zurückgeschnitten und in frische Erde umgesetzt. Damit sie dann schon ab Mai blühen, stellt man sie an einen hellen, frostfreien Platz, beginnt mit dem Gießen und Düngen, bevor man sie schließlich in Balkonkästen setzt.

Petunie

Die Pflanzen sollten möglichst einen windgeschützten Standort haben. Sie benötigen viel Wasser, jedoch ist Staunässe zu vermeiden. Die welken Blüten und Blätter sind regelmäßig zu entfernen.

Primel

Bei dieser Pflanze gießt man in den Untersatz, wöchentlich kann gedüngt werden. Jedoch wird in der Ruhezeit wenig gegossen und nicht gedüngt. Verwelkte Blüten und trockene Blätter sind auszuzupfen.

Rose

• Die schräg geschnittenen Stiele stellt man sofort in kühles Wasser. Die Stacheln werden nur so weit entfernt, wie die Stiele im Wasser stehen. Die Stielenden einen Tag nach dem Erstschnitt neu anschneiden.

• Auch ist es vorteilhaft, öfter etwas warmes Wasser in die Vase zu geben. Man sollte Rosen mit festen Blütenblättern jeden Tag besprühen.

• Damit sie frisch bleiben (zum Beispiel zum Verschenken), kann man sie

in feuchtes Papier wickeln und in einen halb mit Wasser gefüllten Eimer stellen, dem man etwa 2 Esslöffel Zucker beigibt.
• Rosenblätter dürfen nie im Wasser stehen, da die freigesetzen Öle die Rosen welken lassen.
• Man stellt Rosen nicht mit Reseda zusammen in eine Vase, da deren Ausscheidungen die Rosen vorzeitig welken lassen.

Saatgut
• Samen von Kräutern oder Sommerblumen kann man in Kunststoffverpackungen (zum Beispiel von Speiseeis, Salat oder ähnlichem) aussäen. Die Saat wird leicht in die Erde eingedrückt und mit feuchter Watte abgedeckt, die dann auch ständig feucht zu halten ist. Nach erfolgter Keimung wird die Watte abgenommen. Für die Aufzucht von vielen Arten von Keimlingen, zum Beispiel Kresse, eignen sich auch Eierschalenhälften sehr gut, die mit Erde gefüllt werden. Werden dann die Pflänzchen herausgenommen, um sie umzutopfen, zerkrümelt man die Eierschalen einfach, somit wird zusätzlich wertvoller Kalkdünger gewonnen. Auch Styroporschalen eignen sich für die Anzucht.
• Die Aufzucht kann auch in Eierpacks erfolgen. Mit einem Löffel lassen sich die Pflänzchen gut herausheben oder auch mit den Eierpacks zusammen einpflanzen, weil sie mit der Zeit verrotten.

Schmierläuse
• Schmier- oder Wollläuse lassen sich mit einem feuchten Tuch oder Wattestäbchen entfernen und mit Pflanzenspray behandeln.
• Alternativ verwendet man eine Lösung aus 1 Teelöffel Schmierseife und

1 Esslöffel Spiritus auf 1 Liter lauwarmem Wasser, füllt die Mischung in eine Sprühflasche und besprüht damit die Pflanzen.
• Man kann auch Pflanzenschutzmittel mit Paraffinöl verwenden.
• Da die Schädlingsbekämpfungsmittel auf den Pflanzen Rückstände hinterlassen, sollten die Pflanzen am nächsten Tag mit klarem Wasser abgeduscht oder abgesprüht werden.
• Bei weichen, behaarten Blättern, wie zum Beispiel bei Usambaraveilchen, ist eine Wasserbehandlung nicht ratsam. Entweder man entfernt die Schädlinge manuell, oder man entsorgt die Pflanze bei starkem Befall.
• Biologisch kann man Schmierläuse auch mit verschiedenen räuberischen Nützlingen bekämpfen. Lassen Sie sich dazu im Gärtnereifachhandel beraten.

Schnittblumen
Um den Welkprozess an Schnittblumen zu verzögern, sollte Folgendes beachtet werden:
• Blumenstiele schon beim Kauf in feuchtes Papier wickeln lassen, wenn ein längerer Weg ansteht. Bevor man sie zu Hause in die Vase stellt, schneidet man die Stiele mit scharfem Messer etwa 2 cm schräg an. Es ist stets eine ausreichend große Vase zu benutzen.
• Blumenwasser sollte Zimmertemperatur haben. 1 Esslöffel Essig oder ein Stückchen Holzkohle in der Vase schützt vor Fäulnisbakterien.
• Damit das Wasser länger sauber bleibt und sich keine Fäulnisbakterien bilden, sollten keine Blätter im Wasser schwimmen.
• Beim Wasserwechsel werden welke Blüten und Blätter entfernt und die

Stiele unter Wasser mit scharfem Messer angeschrägt.

• Blumen, die am frühen Morgen geerntet werden, halten länger als die, die man während der Mittagszeit oder am Nachmittag schneidet.

• Schnittblumen bleiben länger frisch, wenn man entsprechende Zusätze ins Wasser gibt, zum Beispiel handelsübliches Frischhaltemittel oder alternativ Essig, Zucker, Soda, Kochsalz, ein Stückchen Holzkohle oder eine zerriebene Aspirintablette (1 Tablette auf 1 Liter Wasser). Die jeweilige Dosierung richtet sich nach der Pflanze und nach der Größe der Vase. Man kann die Blumen auch in Mineralwasser stellen.

• Bei Blumen, bei denen eine längere Zeit bis zur Übergabe oder bis zur Versorgung mit Wasser vergeht, ist es notwendig, Voraussetzungen zu schaffen, dass sie nicht beschädigt werden und frisch das Ziel erreichen. Kauft man die Blumen in einem Blumengeschäft, sollte man den Floristen über die längere Transportzeit informieren, sodass er sie entsprechend verpacken kann.

• Blumen sollten nicht neben Obst stehen, weil Obst Äthylengas ausströmt, das die Blumen welken lässt.

• Schneidet man die Blumen selbst, wickelt man die Stiele nach dem Beschneiden in nasse Watte oder Papier.

• Blumen, die schnell ihre Köpfe hängen lassen oder abgebrochen sind, kann man etwa 1 cm unter der Blüte abschneiden und in eine mit Wasser gefüllte Glasschale oder in ein kleines Glas geben.

Sonnenblume

Sonnenblumen halten in der Vase länger, wenn man nach dem Schneiden die Blätter von den Stielen entfernt, diese dann kurz in kochend heißes Wasser stellt oder die Stielenden kurz über eine offene Flamme hält. Sie halten auch länger, wenn man alle überflüssigen Knospen entfernt und dem Wasser einen Spritzer Spüli zumischt. Dadurch erhöht sich die Wasserspannung und die Pflanze kann das Wasser leichter aufnehmen.

Spinnmilben

• Die Pflanze, die von Spinnmilben befallen wurde, muss jetzt eher kühl, schattig und feuchter gestellt werden. Sie wird zunächst kräftig abgebraust, stark befallene Blätter sollte man entfernen. Anschließend sollte man sie öfter mit weichem, lauwarmem Wasser abduschen.

• Man kann sie auch mit einer Lösung aus 1 Teelöffel Schmierseife auf 1 Liter lauwarmes Wasser besprühen und mit einem durchsichtigen Plastikbeutel überziehen, der einige Tage übergestülpt bleibt.

• Eine weitere Möglichkeit der Bekämpfung ist, Streichhölzer mit dem Kopf direkt neben die Pflanze in die Erde zu stecken.
• Zur biologischen Bekämpfung haben sich auch Raubmilben bewährt, die im Fachhandel erhältlich sind.
• Siehe auch Blattläuse.

Staunässe
• Stauwasser unterhalb des Pflanzgefäßes oder im Übertopf verhindert eine Durchlüftung des Wurzelballens, was ein Faulen der Wurzeln oder eine Übersäuerung der Erde zur Folge haben kann. Daher ist unbedingt darauf zu achten, dass nach dem Gießen das Gefäß nicht im Stauwasser stehen bleibt.
• Zum Vorbeugen gegen Staunässe sollte das Gefäß nicht unmittelbar auf dem Fußboden (zum Beispiel auf dem Balkon), auf einem Untersatz oder in einem Übertopf stehen.Vielmehr sollte zwischen dem Pflanzgefäß und der Aufstellfläche ein Stauwasser- und Luftzirkulationsraum geschaffen werden, beispielsweise durch das Unterlegen von rostfreiem Gitter- oder Profilmaterial. Auch darf der Übertopf den Blumentopf nicht zu eng umschließen, da die Pflanzen sonst zu wenig Luft bekommen.
• Siehe auch Umtopfen.

Stiefmütterchen
Den Topf mit Stiefmütterchen stellt man halbsonnig. Die Erde sollte man nicht austrocknen lassen. Einmal monatlich streut man Spezialdünger, zum Beispiel Hornspäne (Gartencenter), um jede Pflanze.

Tannenzweige
• Man schneidet die Zweige schräg an, stellt sie 24 Stunden mit den

Schnittflächen ins Wasser, verschließt sie danach mit Siegellack (Papierwarengeschäft) oder Alleskleber.
• Ein Gesteck oder andere Arrangements mit Zweigen sollten täglich mit Wasser besprüht werden.
❗ Viele Accessoires wie Früchte, Papierdeko, Glitzersterne, Bänder oder Baumpilze leiden, wenn sie nass werden.

Trauermücken
Bei Befall der Pflanzen mit Trauermücken sollte weniger gegossen werden. Dem Gießwasser setzt man Nematoden (Fadenwürmer, erhältlich im Gärtnereifachbetrieb) zu.

Trockenblumen
• Sollen Trockenblumen aus frischen Blumen hergestellt werden, gibt man dem Vasenwasser etwas Glyzerin zu, lässt die Blumen zwei Tage darin stehen und hängt sie danach kopfüber an einem warmen, trockenen und dunklen Ort zum Trocknen auf.
• Dazu bindet man die Blumen an den Stielen mit einem Gummiband zusammen und hängt sie so auf, dass zwischen den einzelnen Sträußen immer etwas Platz gelassen wird.
• Man kann Trockenblumen auch mit einem Spezialsalz (Bastelladen) nach Anleitung aufbereiten.
• Alternativ gibt man Blüten zum Trocknen in eine Blechdose mit Deckel, in die man etwas Waschpulver oder Muschelsand einfüllt. Darauf legt man die Blüten, bestreut sie vorsichtig ganz mit Waschpulver oder

Muschelsand und schließt den Deckel. Das Trocknen dauert etwa vier bis sechs Tage.
• Eine einfache Art, Trockensträuße leicht zu entstauben, ist das Abblasen mit dem Fön auf schwacher Stufe.
• Damit die Farben von Trockenblumen nicht verblassen, werden sie mit farblosem Lack oder Haarspray übersprüht.
• Um verblasste Farben wieder aufzufrischen, kann man Essigwasser im Verhältnis 1:2 in eine Sprühflasche geben und den Strauß damit besprühen.
• Ein Gewürzstrauß duftet wieder, wann man ihn kurz über Wasserdampf hält.

> ### tipp
>
> *Wenn Sie getrocknete Floralien mit Wasser behandeln, sollten Sie dafür sorgen, dass sie zügig wieder abtrocknen können – sonst fangen sie an zu faulen.*

Tulpe

Das Vasenwasser sollte bei Tulpen nicht komplett ausgewechselt, sondern nur nachgegossen werden. Tulpen mögen es auch, wenn man sie ab und zu besprüht.

Umtopfen

• Diese Arbeit sollte grundätzlich bei den meisten Pflanzen im Frühjahr

durchgeführt werden, blühende Pflanzen sollte man aber möglichst nicht stören. Pflanzen, die im Winter blühen, kann man im Herbst umtopfen.
• Umtopfen sollte man allerspätestens, wenn das Substrat beziehungsweise die Erde so alt und verbraucht ist, dass das Gießwasser nicht mehr richtig aufgenommen wird oder wenn die Pflanze deutliche Mangelerscheinungen zeigt.
• Je nach Wuchsstärke der betreffenden Pflanzenart sollte beim ersten Umtopfen kleinerer Pflanzen ein Gefäß gewählt werden, das einen 2 bis 5 cm größeren Durchmesser als das vorhergehende hat. Bei großen Pflanzen sollte das neue Gefäß rundum etwa 2,5 cm mehr Raum bieten, als der Ballen einnehmen würde. Das Gefäß sollte jedoch nicht zu groß sein, da sonst die Wurzeln schneller wachsen als der obere Pflanzenteil.
• Junge Kakteen werden alle zwei Jahre, ältere alle drei Jahre umgetopft. Um sich beim Herausheben oder Einsetzen des Kaktus an den Dornen nicht zu verletzen und um die Pflanze nicht zu beschädigen, kann bei kleineren Pflanzen eine Pinzette oder Gebäckzange zur Hilfe genommen werden.

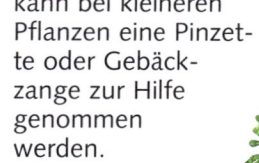

Bei größeren Pflanzen sollten Finger-Arbeitshandschuhe getragen werden.
• Für Kakteen gibt es Spezialerde. Man kann aber auch normale Erde verwenden, die man mit Sand und kleinen Tonscherben mischt.

> **tipp**
>
> *Fest sitzende Pflanzen dürfen nicht mit Gewalt aus dem Topf herausgezogen werden, besser ist es, den Tontopf zu zerschlagen. Weichplastiktöpfe drückt man von außen solange rundum, bis sich der Ballen gelockert hat.*

• Vor der Neueinpflanzung sollten gebrauchte Kästen und Töpfe von innen und außen gesäubert werden. Kalkspuren werden entfernt, indem der Kalk zunächst grob abgekratzt wird und die Gefäße anschließend mit Essigwasser (1:2) oder Entkalkerlösung (gemäß Packungsbeilage mit Wasser verdünnt) behandelt werden. Neue Tongefäße werden vorher gut durchwässert.
• Bevor frische Erde aufgefüllt wird, sollte erst eine Dränageschicht geschaffen werden, um Staunässe zu verhindern. Dazu legt man über die Abzugslöcher des neuen Blumentopfes gewölbte Tonscherben oder Muscheln. Darauf gibt man eine Schicht Kieselsteine, Blähton (Gartencenter) oder Styroporschnipsel und darüber einen entsprechend zugeschnittener Vliesstreifen (Gartencenter). An-

> **tipp**
>
> *Füllen Sie die Gefäße nicht bis zum obersten Rand mit Erde, damit sie beim Gießen nicht über den Rand geschwemmt wird.*

schließend füllt man eine Schicht Blumenerde auf und setzt die vorher gründlich gewässerten Pflanzen ein, füllt rundherum mit Erde auf, drückt sie fest und gießt vorsichtig.
• Siehe auch Erde.

Usambaraveilchen
Die Pflanze ist immer in den Topf oder Untersetzer zu gießen, weil die Blätter und austreibenden Knospen kein Wasser vertragen. Sie ist einfach zu vermehren, indem man einige Blätter abschneidet, die Stängel in einen kleinen Topf mit Erde steckt und etwa alle vier Tage gießt.

Veilchen
An Veilchen, die man als Strauß gebunden in die Vase stellt, hat man länger Freude – einzeln knicken sie leichter ab.

Weihnachtsstern
Der beste Standort für die Pflanze ist hell und temperiert zwischen 15 und 20 °C. Weihnachtssterne vertragen weder Austrocknen noch Staunässe. Man gießt daher regelmäßig mit lauwarmem Wasser und düngt einmal wöchentlich.

Weiße Fliege
• Die Weiße Fliege vermehrt sich vor allem im Wintergarten, aber auch an Balkonpflanzen. Zunächst wird die befallene Pflanze kräftig abgeduscht. Bei einem geringen Schädlingsbefall genügt oft ein einmaliges Einsprühen mit einer Lösung aus 1 Teelöffel Schmierseife und 1 Esslöffel Spiritus auf 1 Liter lauwarmes Wasser.
• Im Wintergarten kann die Weiße Fliege auch gut mit Schlupfwespen bekämpft werden, die im Fachhandel erhältlich sind.

277

Wollläuse siehe **Schmierläuse**

Yucca
• Die Yucca wird im Sommer reichlich gegossen, jedoch lässt man sie zwischendurch ab und zu austrocknen.
• Bricht ein Ast ab, ritzt man unter der Bruchstelle die Rinde quer ein, sodass an dieser Stelle ein neuer Trieb wachsen kann.

Zierspargel
Im Sommer gießt man reichlich. Etwa alle zwei Wochen durchwässert man die Blumenerde, indem man den Topf in ein Wasserbad taucht.

Zitrusbäumchen
• Zitrusbäumchen, zum Beispiel Orange, Zitrone, Pampelmuse oder Mandarine, können aus Kernen selbst gezogen werden. Man steckt dazu drei bis vier Kerne etwa 2 bis 3 cm tief in Blumenerde. Zunächst stellt man den Topf an einen warmen, dunklen Platz. Nach etwa 14 Tagen treiben die ersten grünen Blätter. Gegossen wird mit kalkarmem Wasser.
• Zitrusbäumchen halten, ähnlich wie Lavendel, lästige Insekten ab.

Selbsthilfe beim Auto

Häufig sucht man bereits wegen kleinen Nachbesserungen, Wartungs- oder Pflegearbeiten am Fahrzeug eine Werkstatt auf, weil man der Meinung ist, die Kenntnisse dafür nicht zu haben. Neben den anfallenden Kosten erfordert das Aufsuchen einer Werkstatt aber auch oft ziemlich viel Zeit. Es lohnt sich also, kleine Nachbesserungen beziehungsweise Wartungs- oder Pflegearbeiten, bei denen nur wenige Fachkenntnisse erforderlich sind, selbst auszuführen. Ob Sie es glauben oder nicht – auch bei Pannen und Ausfällen ist oft Selbsthilfe möglich.

Alufelgen

Alufelgen werten das Auto optisch auf. Damit sich die Investition lohnt und sie auch wirklich lange gut aussehen, sollte man auf schonenden Umgang und sorgfältige Pflege achten. Aluminium ist ein weiches Material, das leicht zerkratzt. Deshalb sollte eine Berührung mit dem Bordstein vermieden werden. Eine besondere Gefährdung für das Material besteht in den Wintermonaten durch Salzeinwirkung (Tausalz), die eine Oxidation bewirkt, wodurch die Oberfläche grau und glanzlos wird. Daher sollten die Felgen möglichst nach jeder Salzeinwirkung sobald wie möglich mit klarem Wasser abgespült werden. Um einem Laugenfraß vorzubeugen, kann man die Felgen auch regelmäßig mit Spezialwachs (Fachhandel) behandeln oder notfalls etwas Öl auftragen.

Armaturenbrett-Beleuchtung

Das Auswechseln ausgefallener Armaturenlampen ist recht aufwendig und kostspielig. Daher sollte bei trüben oder verregneten Tagesfahrten, bei denen mit Licht gefahren werden muss, die Armaturenbrett-Beleuchtung ausgeschaltet beziehungsweise auf die schwach leuchtende Position geschaltet werden, um die Lebensdauer der Lampen zu verlängern. Bei manchen Autotypen und auch bei älteren Fahrzeugen sind bei Dunkelheit wegen der unzureichenden Ausleuchtung die Bedienungselemente am Armaturenbrett schlecht zu sehen. Diesen Umstand kann man ändern, indem man eine handelsübliche Leselampe (Autohaus) mit Matt- und Volllicht verwendet, die ihre Stromzufuhr über den Zigarettenanzünder erhält.

Auspuffgase

• An der Farbe der Auspuffgase von Benzinmotoren kann man erkennen, ob der Motor in Ordnung oder schadhaft ist. Bei heller Färbung kann man davon ausgehen, dass er richtig eingestellt ist, wenig Öl verbraucht und wenig verschlissen ist. Blaue Färbung ist fast im-

öko-tipp

Auspuffgase sind gesundheits- und umweltschädigend. Daher sollte der Motor in Garagen, Parkhäusern, aber auch im Freien nicht länger als nötig laufen.

mer ein Zeichen für einen stark verschlissenen Motor oder einen nicht richtig eingestellten Vergaser, was sich auch in hohem Ölverbrauch zeigt.
• Bei Dieselmotoren erkennt man den Verschleiß an stark rußenden Auspuffgasen und einem hohen Ölverbrauch.

Batterie
• Um das Auto ohne Probleme starten zu können, ist eine gute Betriebsfunktion der Batterie erforderlich. Daher sollte schon beim Kauf auf die Wahl einer leistungsstarken Batterie, das heißt auf eine hohe Ampèrestundenzahl, geachtet werden. Nach dem Einbau und während des Betriebes sind Pflege und Wartung der Batterie Voraussetzung für eine lange Lebensdauer. Es sollte stets darauf geachtet werden, dass die Kontaktpole korrosionsfrei bleiben.
• Sollten sich durch Oxidationsprozesse weiße oder grüne Ablagerungen gebildet haben, sind diese sofort zu entfernen. Dazu sind die Anschlüsse von den Pol-Kontakten zu lösen und anschließend die Anschlussklemmen und Pole mit einer Drahtbürste zu reinigen. Ist eine Reinigung mit einer Drahtbürste nicht möglich, so kann mit grobem Sandpapier oder mit einem Messer die Korrosionsschicht am Pol beziehungsweise innerhalb der Klemme beseitigt werden. Anschließend ist auf die Pole Kontaktfett (Fachhandel) dünn aufzutragen, die Klemmen polgerecht aufzusetzen und festzuziehen.
• Bei nicht wartungsfreien Batterien ist ab und zu der Säure-Flüssigkeits-Stand zu kontrollieren. Dazu werden die Schraubkappen gelöst und die

Höhe des Flüssigkeitsstandes geprüft. Ist kein Flüssigkeitsspiegel erkennbar, wird in die einzelnen Zellen destilliertes Wasser, etwa 0,5 cm über die Bleiplatten, nachgefüllt.

⚠️ Keinesfalls darf zum Auffüllen der Batterie normales Leitungswasser verwendet werden.
• Die Batterie bleibt in den Wintermonaten leistungsstark, wenn sie an der Unterfläche und an den Seitenflächen mit Isoliermaterial gegen Kälte isoliert wird.
• Zeigt sich eine Leistungsschwäche der Batterie, empfiehlt sich das Aufladen entweder mit einem handelsüblichen Ladegerät zu Hause oder an einer Tankstelle.
• Bei Selbstladung der Batterie ist darauf zu achten, dass diese dazu in einen belüfteten Raum und auf einen säurefesten Untergrund gestellt wird. Die Schraubkappen werden ganz herausgedreht, der Flüssigkeitsstand kontrolliert und bei Bedarf mit destilliertem Wasser aufgefüllt. Nun wird die Plusklemme des Ladegerätes auf den Pluspol und die Minusklemme auf den Minuspol geklemmt. Da die handelsüblichen Ladegeräte den Ladestrom

zur Batterie automatisch regulieren, kann der Ladevorgang beispielsweise auch über Nacht erfolgen.

• Der bei der Benutzung des Fahrzeuges geregelte Entlade- und Ladevorgang der Batterie sollte auch dann erfolgen, wenn das Fahrzeug über eine länger Zeit nicht benutzt wird, beispielsweise in den Wintermonaten. Dazu ist die Batterie zunächst bei geringer Wattzahl zu entladen, beispielsweise indem man die Leselampe in Betrieb lässt. Anschließend wird die Batterie abgeklemmt oder ausgebaut und mit dem Ladegerät auf kleinster Stufe wieder geladen.

Dieser Entlade- und Ladevorgang sollte während der Standzeit mehrmals wiederholt werden. Die Arbeit ist erforderlich, da sich sonst während der Standzeit auf dem Boden der Batterie Elektrolytlösung absetzt, was die Leistungsfähigkeit der Batterie einschränkt.

Dichtungsgummis

Dichtungsgummis dichten Türen, Kofferraum und Fenster so ab, dass von außen kein Wasser oder Zugluft in den Innenraum gelangen kann. Darüber hinaus dämpfen sie Schließ- und Reibungsgeräusche.

tipp

Es empfiehlt sich, bei extremer Kälte die Dichtungen und den daran anpressenden Türbereich trocken zu reiben, um bei einer längeren Abstellzeit ein Anfrieren zu vermeiden.

• Damit sie diese Funktion stets optimal und langfristig erfüllen, nicht porös und undicht werden beziehungsweise sich keine Feuchtigkeit

absetzen kann, sollten sie ab und zu mit Hirschfett oder Talkum behandelt werden.

• An Tagen mit Minustemperatur sollte auf eine Autowäsche verzichtet werden, da die zwischen den Dichtungen eindringende Feuchtigkeit gefriert und beim Öffnen der Tür die Dichtungen beschädigt werden können.

Ersatzteile

Viel Geld kann man sparen, wenn Ersatzteile zum Selbsteinbau oder auch zum Einbau in der Werkstatt bei einer Autoverwertungsfirma gekauft werden. Achten Sie aber vor allem beim Kauf von gebrauchten Ersatzteilen auf das richtige Modell oder die entsprechenden Alternativmodelle.

Glühkerzen siehe Zündkerzen

Lackpflege

• Ein neues Auto sollte in den ersten Monaten nicht in der Waschanlage gewaschen werden, sondern manuell, denn die Borsten können auf dem frischen Lack Spuren hinterlassen.

• Besonders im Winter ist an frostfreien Tagen eine regelmäßige Wagenwäsche vorzunehmen, da das streusalzhaltige Schmelzwasser für Lack, Kotflügel-Innenseiten und Unterboden schädigend wirkt. Vor der Wäsche sind die Türschlösser mit Leukoplast zuzukleben, damit kein Wasser eindringt und sie bei Frost nicht einfrieren. Bei extremer Kälte sollte auf eine Wagenwäsche verzichtet werden. Ist eine Wäsche jedoch unumgänglich, ist unbedingt auf ein gutes Nachtrocknen zu achten, vor allem sind Feuchtigkeitsrückstände an Dichtungsgummis und Hohlräumen zu beseitigen, da sie sonst an- oder zufrieren.

• Zur *manuellen Wäsche*, die an einer öffentlichen Waschanlage erfolgen sollte, empfiehlt sich Schmierseife (etwa 2 Esslöffel auf 1 Eimer warmes Wasser), da deren Fettanteile Konservierungseigenschaften haben und somit den Lack beziehungsweise unzugängliche korrosionsgefährdete Stellen gegen Rost schützen. Nach kurzer Einwirkungszeit wird mit einem feuchten Tuch der vorhandene Grauschleier von Scheiben und Lackflächen entfernt und anschließend nachpoliert.

• *Teerflecken* lassen sich leichter beseitigen, wenn man Margarine, Butter oder Leinöl aufträgt, das Fett etwa 3 Minuten einwirken lässt und anschließend mit weichem Tuch oder Küchenkrepp abreibt. Dann wird bei Bedarf noch einmal nachbehandelt. Man kann auch speziellen Teerentferner (Autofachhandel) verwenden.

• Durch *Insekten* hervorgerufene Flecken sollten auf den lackierten Teilen, Scheiben und Leuchten nicht trocken abgerieben werden, da die Stellen leicht verkratzen.

Besser ist es, eine mit Seifenlauge getränkte Zeitung oder ein Tuch aufzulegen, etwa 5 Minuten einwirken zu lassen, die Zeitung oder das Tuch anschließend wieder abzuziehen und die Stelle mit einem feuchten Tuch abzuwischen. Falls nötig wiederholt man die Behandlung oder entfernt den Restdreck bei der nächsten Autowäsche.

Für Motorhaube und Stoßstange gibt es spezielle Insekten-Entfernungsmittel, die man nach kurzer Einwirkungszeit mit reichlich Wasser entfernt.

• *Vogelkot* verursacht auf dem Autolack ätzende Flecken. Deshalb sollte er sofort gründlich mit Wasser abgewaschen werden.

• *Lackbeschädigungen* können Ursache für ansetzenden Karrosserierost sein. Daher ist es wichtig, selbst kleinere Lackschäden möglichst sofort auszubessern. Dazu wird ein dem Farbton entsprechender Lackstift oder Wachsstift (Fachhandel) gemäß den Herstellerhinweisen verwendet.

• Ist bereits ein *Rostansatz* erkennbar (zum Beispiel eine Blase im Lack), ist der Lack an dieser Stelle mit Sandpapier zu beseitigen und das Blech mit einem Glasfiberpinsel (Fachhandel) rostfrei zu machen. Danach sollte die bearbeitete Stelle mit einem Rostentfernungs- beziehungsweise Rostschutzmittel (Baumarkt) nachbehandelt werden, das einige Zeit einwirken muss. Nach dem Trocknen wird mit einem Tuch die abgesetzte Oxidationsschicht entfernt. Als Rostentfernungs- beziehungsweise Rostschutzmittel kann ersatzweise auch Cola verwendet werden.

Nun trägt man ein Grundierungsmittel dünn auf und lässt es gut trocknen. Darauf wird Spachtelmasse aufgezogen, die man ebenfalls gut trocknen lässt. Zum Schluss wird die Reparaturstelle mit einem dem Farbton entsprechenden Farbstift oder -spray behandelt.

Luftfilter

Ursache eines höheren Benzinverbrauches oder einer Leistungsverminderung des Fahrzeuges kann ein verschmutzter Luftfilter sein. Er ist in einem Blechgehäuse im Motorraum untergebracht und mit einem starken Luftzufuhr-Schlauch versehen.

Zum Herausnehmen des Luftfilters sind die Halterungen des Gehäusedeckels zu lösen und der Deckel abzunehmen. Der verschmutzte Filter wird entnommen und durch einen typengleichen neuen ersetzt. Anschließend wird der Gehäusedeckel wieder aufgesetzt.

Ist gerade kein neuer Filter vorhanden, kann als Notlösung der verschmutzte Luftfilter nach dem Ausbauen durch Ausklopfen gereinigt und somit kurzfristig wieder einsatzfähig gemacht werden.

Motorüberhitzung

Eine Ursache für die Überhitzung des Motors ist zu wenig beziehungsweise nicht ausreichend gekühltes Kühlwasser.

Vor allem bei hoher Außentemperatur und bei Staufahrt wird das Wasser im Kühler durch den fehlenden Fahrtwind nicht auf die erforderliche Temperatur herabgekühlt. Bei einem defekten Kühlergebläse-Regler kann es dadurch zu einer Überhitzung des Kühlwassers kommen. Durch den Überdruck, der durch die Dampfbildung entsteht, können die Anschlussschläuche beschädigt werden und Kühlwasser auslaufen.

• In diesem Fall ist sofort anzuhalten, der Motor abzuschalten und die Motorhaube zu öffnen, damit die im Motorraum angesammelte Hitze entweichen kann.

• Ein schnelleres Abkühlen wird erreicht, wenn bei laufendem Motor das Heizungssystem angeschaltet wird, da dadurch ein erweiterter Wasserumlauf und somit ein größerer Kühleffekt erzielt wird.

! Erst nach der Abkühlung des Motors beziehungsweise nach Absinken des Druckes den Kühlwasser-Einfüllbehälter aufschrauben und das Kühlwasser nachfüllen!

• Stellt man einen Riss in einem Anschlussschlauch fest, kann dieser durch großzügiges Umwickeln mit Isolierband provisorisch abgedichtet werden, um zur nächsten Werkstatt fahren zu können.

Orientierung

• Ist man mit dem Auto in fremden Gegenden unterwegs, empfiehlt sich die Mitnahme eines Navigationsgerätes.

• Parkt man sein Fahrzeug in einer fremden Stadt oder in einem Parkhaus-Komplex, sollte man sich den Straßennamen oder ein Umgebungsmerkmal notieren, um das Fahrzeug problemlos wiederzufinden.

Ölfleck

Öl, das bei der Ölnachfüllung auf den Erdbereich oder auf den Garagenboden gelangt, ist sofort zu beseitigen, da Öl im Erdbereich die Umwelt belastet und Beton schädigt.

• Einen *kleineren Ölfleck* nimmt man einfach mit einem saugfähigen Lappen oder Papier auf.

Bei einem *größeren Ölauslauf* wird ausreichend saugfähiges Material, wie Waschpulver, Sägespäne, Sägemehl, Sand oder Katzenstreu aufgestreut

---

tipp

Kühlwasser sollte bei jeder längeren Fahrt mitgeführt werden. Es empfiehlt sich, immer eine Flasche im Auto zu deponieren – möglichst so verstaut, dass sie beim Fahren nicht hin- und herrollt, aber trotzdem leicht zu erreichen ist.

oder untergemischt. Ist das Öl durch das Streugut aufgenommen, wird es erst zusammengekehrt, der Rest aufgesaugt und entsprechend der angefallenen Menge dem Haus- oder Sondermüll zugeführt.

Ölstand

• Die richtige Füllmenge und Schmierfähigkeit des Öls haben Einfluss auf die Laufleistung des Motors. Daher ist es wichtig, den Ölstand regelmäßig zu prüfen und einen turnusmäßigen Ölwechsel (je nach Fahrzeugtyp etwa alle 10 bis 15 Tkm) vornehmen zu lassen.
• Der Ölstand sollte nicht bei laufendem Motor oder gleich nach dem Abstellen geprüft werden, sondern erst nach Abkühlen des Motors. Zum Messen wird der Ölstab herausgezogen, mit einem weichem Tuch abgewischt, anschließend ganz eingeführt, danach erneut herausgezogen und der Ölstand abgelesen. Ist der Ölstand im Bereich des Eichstriches „max", ist ausreichend Öl vorhanden. Ist er im Bereich „min" oder darunter, so ist bis an die Maximalskala heran Öl nachzufüllen. Die Kontrolle über die eingefüllte Ölmenge erfolgt wie oben angegeben, aber wiederum erst nach einer Weile, da sich das eingefüllte Öl erst absetzen muss.

Pannenhilfe

• Um bei Pannen möglichst schnell reagieren zu können empfiehlt es sich, bestimmte Werkzeuge, Ersatzteile und Hilfsmittel im Auto mitzuführen:
‣ ein Satz Glühlampen
‣ Zündkerzen
‣ Ersatzrad
‣ Wagenheber
‣ Warndreieck
‣ Abschleppseil
‣ Überbrückungskabel
‣ gefüllter Wasserkanister
‣ Zündkerzenschlüssel
‣ Schraubendreher
‣ gängiges Schraubenschlüssel-Sortiment
‣ Messer
‣ Allzweckzange
‣ als Hilfsmittel Draht oder Strick
‣ Isolierband
‣ Kontaktspray
• Als Schutz gegen Schmutz empfehlen sich Handschuhe, ein Kittel, eine alte Decke und Putzlappen. Falls möglich, sollte auch immer ein gefüllter 5-l-Kraftstoffkanister mitgeführt werden.
• Zum eigenen Schutz und um von anderen Verkehrsteilnehmern rechtzeitig gesehen zu werden, ist das Tragen einer Sicherheitsweste während der Pannenbeseitigung ratsam.

Rangierhilfe

Beim Unterstellen eines Fahrzeuges in kleinere Garagen kann man oft den Abstand zur Rückwand oder zu den Seitenwänden nicht genau einschätzen. Um eine Beschädigung des Fahrzeuges zu vermeiden, fährt man das Fahrzeug gegebenenfalls mit Einweisung in die optimale Stellung. Anschließend wird ein an einer Schnur befestigter Tennis- oder Tischtennisball an der Decke so befestigt, dass beim Einparken der Ball an die Windschutzscheibe stößt – so weiß man in Zukunft, wann der richtige Standort erreicht ist.

Reifen

• Ein gutes *Profil* und der stets richtige *Reifendruck* erhöhen die Fahrsicherheit. Regelmäßig die Profilstärke zu kontrollieren und den vorgegebenen Reifendruck (auch am Ersatzrad) zu überprüfen, gehört zu den Pflichten jedes Autofahrers. Den für das jeweilige Fahrzeug empfohlenen Reifendruck kann man an einem Aufkleber ablesen, der entweder an der Innenseite der Tankklappe, an den Türholmen oder an der Klappe des Handschuhfaches angebracht ist. Die Profilstärke wird immer an der ersichtlich am stärksten abgefahrenen Stelle gemessen, meistens ist das der Außenbereich der Lauffläche. Dazu hält man einen Meterstab oder einen im Fachhandel gekauften Profilmesser zwischen die Profilwulstung.

i Richtwert für die Profilstärke: Beträgt die Profilstärke mehr als 3 mm, kann mit den Reifen noch einige Zeit gefahren werden. Bei 3 mm und darunter sollte in absehbarer Zeit ein Wechsel erfolgen. Maximal 1,6 mm sind vom Gesetzgeber vorgegeben.

• Im Zusammenhang mit der Reifendruckprüfung sollten die Reifen auch auf äußere *Beschädigungen* wie eingefahrene Fremdkörper (Nagel, Schraube oder ähnliches), Einschnitte, Risse oder Blasenaufwürfe geprüft werden. Wird eine Beschädigung festgestellt, ist der Reifen sofort auszuwechseln. Bei Einschnitten, Rissen

oder Blasen ist der Reifen zu verschrotten. Kleinere Beschädigungen, zum Beispiel durch einen Nagel oder eine Schraube, kann man in der Werkstatt reparieren lassen
• Bei einem Rundum-Radwechsel, zum Beispiel beim Austausch der Sommer- gegen die Winterreifen, sollte der bisherige Achsensitz der einzelnen Räder gekennzeichnet werden, (vorne rechts = VR, hinten links = HL usw.). Bei der Rückbestückung sollte dann auf den Diagonalwechsel der einzelnen Räder geachtet werden: Das vorher vorne links montierte Rad wird dazu auf die hintere Achse rechts aufgeschraubt und umgekehrt. Damit wird ein gleichmäßiger Abrieb erreicht.

Haben die Reifen ein Fischgrätenprofil, ist darauf zu achten, dass die Winkelspitzen immer in Laufrichtung zeigen. Zeigen die Winkelsspitzen entgegen der Laufrichtung, erhöht sich der Geräuschpegel beim Fahren. Außerdem wird damit die durch das Profil erzeugte Wasser-Verdrängung nach hinten aufgehoben.

• Ein *Ersatzrad* muss nicht unbedingt mit einem Neureifen bestückt sein, sollte aber der übrigen Bestückung (Winter- oder Sommerreifen) entsprechen.

Hat man ein Notrad als Ersatzrad (bei einigen Fahrzeugtypen in der Grundausstattung), sind unbedingt die Herstellerhinweise zu beachten. Diese Hinweise beziehen sich unter anderem auf den zu beachtenden Reifendruck, die Montage, Fahrweise und Nutzungsdauer.

• Demontierte Räder sind mit leicht erhöhtem Luftdruck nur liegend aufgestapelt und möglichst dunkel einzulagern. Dabei ist es günstig, wenn das untere Rad nicht unmittelbar auf dem Fußboden aufliegt, sondern durch das Unterlegen von Brettern oder Balken Bodenfreiheit hat.

• Sind Reifen an den Außen- oder Innenseiten besonders stark abgefahren, kann von einer falschen *Spureinstellung* ausgegangen werden. Eine Behebung kann nur in der Werkstatt erfolgen.

• *Ventilkappen* lassen sich bei der Überprüfung des Reifendruckes oft schwer abschrauben und verursachen noch zudem schmutzige Finger. Leichter und schmutzfreier geht es mit dem im Fachhandel erhältlichen Kappendreher.

Scheiben

• Mit ein paar Spritzern Essig im Behälter für die Scheibenwaschanlage erreicht man den gleichen Reinigungseffekt wie mit Spezialreiniger.

• Die Scheiben werden besonders sauber und bei Regen perlt das Wasser besser ab, wenn sie mit Autopolitur eingerieben und danach gut poliert werden.

• Klare Scheiben werden vorübergehend auch bei Regen und defekter Wischanlage durch das Auftragen von Cola erreicht, da dadurch ein die Sicht nehmender Tropfeneffekt vermieden wird.

• Hartnäckiger *Fliegenschmutz* wird mit Spiritus oder nass mit einem Fliegenvlies oder einem Schwamm abgerieben.

• Scheiben bleiben bei Frost klar, wenn man sie abends außen mit einer halbierten Zwiebel oder mit einem in einer Salzwasserlösung getränkten Tuch einreibt (1 Teelöffel Salz auf 5 Esslöffel Wasser). Gegen Schnee und Eis werden die Scheiben auch geschützt, wenn beim Abstellen des Wagens eine entsprechend zugeschnittene Wellpappe unter die Scheibenwischer geklemmt wird.

• Zum *Entfernen von Eis* sollten keine Metallgegenstände oder heißes Wasser, sondern Plastik-Eiskratzer und Enteisungsspray Verwendung finden; notfalls geht es auch mit einer Telefon- oder Kreditkarte. Alle Scheiben sind vor Fahrtantritt sauber zu machen.

• Hat man den Wagen in der Waschanlage mit Heißwachs behandeln lassen, sind die Scheiben unbedingt mit Fensterputzmittel nachzuwaschen.

• *Ablagerungen* von Feuchtigkeit, Nikotin und Staub an den Innenseiten der Scheiben beseitigt man durch Vorwäsche mit warmem Wasser und wäscht anschließend mit Fensterputzmittel und Küchenkrepp nach.

• Bei *kleinen Defekten*, die durch Steinschlag entstanden sind, ist eine Reparatur durch einen Fachbetrieb preisgünstiger als ein Neueinbau.

Scheibenwischer

• Um zu verhindern, dass die Gummilippen des Wischers Schlieren auf den Scheiben hinterlassen, sollte man sie bei jeder Waschaktion mit Schwamm oder Lederlappen reinigen. Verkrusteter Dreck kann die Lebensdauer des Wischers stark verkürzen. Als Reinigungsmittel verwendet man einige Tropfen Scheibenwaschmittel oder Geschirrspülmittel.

• Nach der Autowäsche mit Heißwachs sind klebrige Wachsreste von Scheibe und Gummi zu entfernen.

tipp

Man sollte den Motor möglichst nicht bei eingeschalteten Scheibenwischern ausschalten. Sie gehen meist nicht in die Ausgangsposition zurück, sondern bleiben quer zur Scheibe stehen. Bei erneutem Anlassen des Motors reiben die Wischer auf der trockenen Scheibe, was den Gummis nicht guttut.

Spritzdüse

Ist die Düse an der Waschanlage des Autos verstopft, kann die Verstopfung mit einer Nadel oder Büroklammer behoben werden. Damit kann auch die Spritzrichtung der Düse eingestellt werden.

Startprobleme

Die Ursache für Startprobleme kann eine entladene oder defekte Batterie, aber auch ein Kontaktfehler sein.

• Eine schadhafte *Kontaktverbindung* zwischen Kabelklemmen und den Batteriepolen unterbricht die Stromzufuhr zu den Verbrauchern wie Anlasser und Beleuchtung. Zur Überprüfung und zur Beseitigung schadhafter Verbindungen sind die Kontaktklemmen an den Batteriepolen zu lösen und die Pole und Klemmen-Innenseiten mit Drahtbürste, Sandpapier oder Messer zu reinigen. Anschließend werden die Klemmen wieder befestigt und ein Startversuch vorgenommen. Ist der Start erfolglos, kann man von einer völlig leeren Batterie ausgehen.

• Ob die *Batterie leer* oder defekt ist, erkennt man daran, dass der Anlasser kraftlos und mit geringer Drehzahl arbeitet. Man kann dies auch überprüfen, indem man vor dem Anlassen das Radio einschaltet und anschließend startet. Wird dabei die Beleuchtung dunkel oder verschwindet der Ton, ist mit Sicherheit davon auszugehen, dass die Batterie entladen ist oder ein Kontaktfehler vorliegt.

• Ist man in Zeitdruck und der Wagen wird dringend benötigt, sollte man sich durch ein anderes Auto Starthilfe geben lassen. Voraussetzung dafür ist ein Überbrückungskabel. Ist eine private Hilfe nicht möglich, sollte der Pannendienst angefordert werden. Auch ein Taxi kann zur Hilfe gerufen werden: Man ruft die Taxi-Zentrale an, die einen Wagen vorbeischickt, bei Bedarf auch mit Überbrückungskabel. War die Starthilfe erfolgreich, darf der Motor nicht sofort wieder abgeschaltet werden. Durch den Leerlaufbetrieb beziehungsweise während der anschließenden Fahrt wird die Batterie über die Lichtmaschine wieder aufgeladen. Dabei sollten nach Möglichkeit Stromabnehmer wie Scheinwerfer, Radio, Scheibenheizung oder Armaturenbeleuchtung ausgeschaltet bleiben. Bei nur geringer Laufzeit des Motors und zusätzlicher Nutzung von Stromabnehmern ist davon auszugehen, dass die aufgenommene Batterieleistung für einen Neustart noch nicht ausreicht und gegebenenfalls erneut fremdgestartet werden muss. Um das zu vermeiden, sollte die Batterie wenn möglich bei stehendem Fahrzeug aufgeladen werden.

• Siehe auch Batterie und Zündkerzen.

Steinschlag

Lackbeschädigungen zum Beispiel durch Steinschlag, die bis aufs Blech gehen, werden zunächst mit einem Radierstift mit Metall- oder Glasfaser (Fachhandel) von Rost befreit, anschließend müssen die Stellen grundiert und mit Lack gefüllt werden. Dazu ver-

287

wendet man einen Lackstift oder besser einen feinen Marderhaarpinsel, mit dem man den Lack aufträgt.

Stoßstange
Weist eine Stoßstange aus schwarzem Kunststoff Kratzer auf, lassen sich diese mit schwarzer Schuhcreme kaschieren.

Türschloss
Klemmt ein Türschloss, kann man Grafitpulver oder Nähmaschinenöl in die Schlüsselmulde geben und einige Male hin- und herdrehen. Grafitpulver bekommt man im Baumarkt in einem Kunststofffläschchen mit Spritzdüse.

tipp

Ein Enteiser im Handschuhfach nützt im Notfall gar nichts. Deshalb behält man ihn beim Aussteigen am besten bei sich.

Unfall

Unkenntnis und falsches Verhalten im Zusammenhang mit einem Unfall kann teuer werden. Um einen Schaden so weit wie möglich zu begrenzen, ist einiges zu beachten:
• Bei jedem Unfall, gleich welcher Art, unbedingt sofort anhalten.
• Die Unfallstelle durch Warndreieck oder Warnblinkleuchte sichern.
• Bei geringfügigen Schäden sollte die Unfallstelle geräumt und das beziehungsweise die Unfallfahrzeuge nicht verkehrsbehindernd abgestellt werden.

Unfallaufnahmeset

▸ *Fotoapparat*
▸ *Bandmaß*
▸ *Stift*
▸ *Schreibblock*

• Bevor die persönlichen und Fahrzeugdaten sowie Angaben zur Versicherungsgesellschaft ausgetauscht werden, sind die durch den Unfall entstandenen Schäden falls möglich zu fotografieren. Auch vom Gesamtfahrzeug des Unfallgegners sind Fotos zu machen, damit von diesem später nicht bereits vorhandene oder noch eintretende Schäden dem Unfall zugeordnet werden können.
• Weiterhin sollten auch Fotos von den Schäden am eigenen Fahrzeug sowie Fotos und Skizzen von der Unfallstelle und dem unmittelbaren Umgebungsbereich gemacht werden, da diese Nachweise im Streitfall von Bedeutung sein können.
• Daher ist es günstig, ein Unfallaufnahme-Set im Fahrzeug zu haben, um bei Bedarf eine exakte Beweissicherung vorlegen zu können.
• Bei Unfällen mit Personenschaden ist umgehend der Notarzt zu verständigen, erste Hilfe zu leisten und in jedem Fall die Polizei zur Unfallaufnahme heranzuziehen.
• Auf keinen Fall darf die Unfallstelle verlassen werden, bevor der Unfallhergang und die Formalitäten mit dem Unfallgegner beziehungsweise dem Geschädigten geklärt sind. Dies trifft auch bei der Beschädigung eines abgestellten Fahrzeuges oder einer sonstigen Sachbeschädigung zu.

Unterstellen siehe **Rangierhilfe**

Zündkerzen

Wenn der Wagen schlecht anspringt, nicht richtig zieht oder stottert, kann hierfür eine verbrauchte oder verschmutzte Zündkerze die Ursache sein (bei Dieselfahrzeugen die Glühkerzen).
• Zum Überprüfen werden die Zündkerzenstecker abgezogen und die Kerzen mit dem Kerzenschlüssel entgegen dem Uhrzeigersinn herausgedreht. Die Kerzen sind auf Verschmutzung oder Verbrauch der Elektroden zu prüfen. Sind sie stark verkohlt oder ist eine Ablagerung zwischen den Elektroden zu erkennen, so wird die Reinigung mit einer Drahtbürste, Sandpapier oder einem Lappen vorgenommen. Die Ablagerung zwischen den Elektroden kann mit einem Messer oder einer Nagelfeile beseitigt werden.

• Ist ein starker Verschleiß der Elektroden zu erkennen, so ist die jeweilige Zünd- beziehungsweise Glühkerze durch eine neue zu ersetzen.

• Beim Einschrauben der Kerzen ist unbedingt darauf zu achten, dass diese nicht verkantet oder mit Gewalt eingedreht werden, da dadurch das Innengewinde am Motorblock be-schädigt werden kann. Besser ist es, die Kerze zunächst mit der Hand leicht einzudrehen und dann mit dem Schlüssel festzuziehen.

• Ein Wechsel der Glühkerzen bei einem Dieselfahrzeug ist für den Laien komplizierter und sollte deshalb in einer Werkstatt durchgeführt werden.

Urlaubs- und Reisevorbereitungen

Endlich Urlaub! Wer freut sich nach längerer Alltagsbelastung nicht darauf, einmal gründlich auszuspannen, eine Weile die Seele baumeln zu lassen und den Kopf mit anderen Eindrücken und Erlebnissen zu füllen. Man wählt ein Reiseziel entsprechend den persönlichen Bedürfnissen und Interessen und je nach der körperlichen Verfassung.

tipp

Achten Sie darauf, dass Sie nötige Impfungen früh genug durchführen lassen. Zwischen manchen Impfungen muss einige Zeit liegen. Manchmal beginnt der Impfschutz auch erst eine Zeit nach der Impfung.

Steht einmal das Urlaubsziel fest, beginnen meistens schon die Vorbereitungen: Man bucht, vervollständigt alle notwendigen Papiere, kauft entsprechende Kleidung und informiert sich über die Gegebenheiten am Urlaubsort.
Die folgende Checkliste soll die Urlaubsvorbereitungen erleichtern. Die Hinweise sollen dazu beitragen, dass nicht auch die Urlaubsvorbereitungen in Stress ausarten, sondern dass man vielmehr in Ruhe das Haus verlässt

tipp

Ein Visum sollte man frühzeitig beantragen. Je nach Reiseziel dauert die Bearbeitung manchmal längere Zeit.

und auch die Reise und der Aufenthalt am Urlaubsort problemlos verlaufen.

Wie packe ich meinen Koffer richtig?

• Zwei kleinere Koffer sind günstiger als ein großer, denn sie lassen sich besser transportieren.
• Sind Zwischenübernachtungen auf längeren Reisen vorgesehen, ist es vorteilhaft, einen gesonderten kleinen Koffer mit den hierfür benötigten Dingen zu packen.
• Die Kleidungsstücke sollten so auf die Koffer verteilt werden, dass, falls ein Koffer abhanden kommt oder erst später am Urlaubsort eintrifft, ein Satz komplette Kleidung zur Verfügung steht.
• Die schweren Teile wie Schuhe sollten im Koffer immer nach unten gelegt werden.

tipp

Achten Sie beim Packen auf die Gepäck-Gewichtsgrenze bei Flugreisen.

• Damit Hosen nicht zerknittern, legt man sie zuerst wechselseitig mit dem Bund an die linke und rechte Kofferwand; dabei lässt man die Hosenbeine über den Kofferrand hängen. Jacken und Sakkos werden mit dem Revers nach unten auf die Hosen gelegt, die Ärmel über Kreuz nach hinten ge-

Checkliste für den Urlaub

✓ **Was steht an? Erledigt?**

Reisebüro

○ Einreisebestimmungen des Reiselandes erfragen

○ Reiseunterlagen bezahlen und abholen

Behörden

○ Gegebenenfalls Visum beantragen (Auswärtiges Amt, Botschaft)

Arztbesuch

○ Gesundheitscheck machen lassen, die nötigen Schutzimpfungen vornehmen lassen

○ Medikamente verschreiben lassen

Versicherungsträger

○ Auslands-Krankenschein beantragen

○ Automobilclub, gegebenenfalls auch den des Auslands herausfinden

○ Kranken- und Reiseversicherung abschließen

Bank

○ Travellerschecks beantragen

○ etwas Bargeld tauschen

○ erfragen, ob persönliche Kreditkarten im Urlaubsland akzeptiert werden

○ informieren, ob Geldumtausch zu Hause oder im Urlaubsland günstiger ist

○ Banksafe für wichtige Papiere und Wertgegenstände mieten

Sonstiges

○ Gültigkeit der Ausweispapiere prüfen

○ Reisepapiere und Tickets kopieren

○ Zeitungen abbestellen oder Nachlieferung veranlassen

○ Nachsende- bzw. Postlagerungsauftrag stellen

○ Haustiere unterbringen

Regeln

○ An- und Abfahrt zum und vom Flughafen beziehungsweise Bahnhof abstimmen

○ Garten- und Balkonpflege organisieren

○ Hausordnung (z.B. Treppe, Schneeräumen) organisieren

○ Briefkasten leeren lassen

○ Urlaubsadresse, Zweitschlüssel zur Wohnung und ggf. Telefonnummer (z.B. des Handys) hinterlassen

Bereitlegen

- ○ Unterkunftsbestätigung
- ○ Kreditkarten, Reisepapiere, Bargeld, Reiseschecks
- ○ Pass, Personalausweis, Visum
- ○ Führerschein (ggf. für Leihfahrzeug im Ausland)
- ○ Impfpass
- ○ 2 Passfotos (ggf. für Ersatzpapiere)
- ○ Tickets und Platzkarten
- ○ Liste mit den wichtigsten Telefonnummern (zum Sperren der Kreditkarten, des Handys u.ä. Auch die Telefonnummer des Nachbarn sollte dabei sein)
- ○ die kopierten Papiere und Tickets (getrennt von den anderen Papieren mitführen)
- ○ Kofferanhänger ausfüllen
- ○ Handy und Ladegerät
- ○ Reiseführer
- ○ Wörterbuch
- ○ Urlaubslektüre
- ○ Adressbuch
- ○ Fernglas
- ○ Foto-, Videoausrüstung, Filme, Batterien
- ○ Reiseapotheke, Sonnenschutzmittel
- ○ Reisewecker
- ○ Zwischenstecker (Ausland)
- ○ Taschenmesser, Taschenlampe
- ○ Nähzeug
- ○ die für den Urlaub benötigte Ausrüstung (z.B. Bade- und Strandsachen)

Letzte Handgriffe

- ○ Reisekleidung, möglichst in „Zwiebeltechnik" anziehen (so kann man unterwegs auf Temperaturschwankungen reagieren)
- Pflanzen gießen
- ○ Mülleimer entleeren
- ○ Warmwasserboiler ausschalten
- ○ Antennenstecker herausziehen und elektrische Geräte von der Stromzufuhr trennen (außer Tiefkühltruhe, Gefrierschrank, sicherheitstechnische Anlagen u.ä.)
- ○ Türen und Fenster schließen und verriegeln
- ○ Kofferschlüssel einstecken
- ○ Licht ausschalten
- ○ Alarmanlage einschalten

schlagen und die Rockschöße zunächst auch über den Kofferrand hängen gelassen.

• Leichte Kleidung wie Blusen oder Textilien, die leicht knittern, kommen obenauf, bei Bedarf wird Seidenpapier dazwischengelegt.

Auch bei Reisen in südliche Regionen ist warme Kleidung für kühle Stunden einzupacken.

• Socken, Unterwäsche oder Taschentücher sollten zum Füllen von Hohlräumen verwendet werden.
• Zum Schluss werden alle über den Kofferrand hängenden Hosenbeine und Rockschöße darüber geschlagen.
• Behälter mit Flüssigkeiten (zum Beispiel Nagellack) gesondert in Plastiktüten verstauen und diese gut abgepolstert in die Kosmetikbox stellen.
• Kosmetikartikel, aber auch Shampoo, in kleine Probefläschchen und -dosen gefüllt, spart Platz und Gewicht im Gepäck.
• Schmuck nimmt man besser ins Handgepäck.

Nur keine Hektik – hat man etwas vergessen, kann es meist am Urlaubsort nachgekauft werden.

Ins Handgepäck gehören:
▶ Ticket
▶ Reisepass
▶ Impfzeugnis
▶ Schmuck
▶ T-Shirt
▶ Strickjacke oder Pullover
▶ kleines Handtuch
▶ Papiertaschentücher

▶ Tabletten oder kandierter Ingwer gegen Reiseübelkeit
Achtung: Diese Mittel sollten Schwangere nicht ohne ärztliche Beratung nehmen!
▶ wichtige Medikamente (vor allem für chronisch Kranke)
▶ Kosmetik für unterwegs
▶ Lese- und Sonnenbrillle
▶ Reiseliteratur
▶ Kofferschlüssel stets doppelt (getrennt aufbewahren)

Reiseapotheke
• Vor allem, wenn man eine Reise in wärmere Länder antritt, sollte darauf geachtet werden, dass die Medikamente kühl und trocken aufbewahrt werden.

✓ Was gehört in die Reiseapotheke?
○ Mittel und Geräte zur chronischen und ständigen Behandlung
○ Mittel gegen Reisekrankheit
○ Kreislauftropfen
○ Beruhigungsdragees
○ Schmerzmittel
○ Augentropfen
○ Lippenherpes-Creme
○ Mittel gegen Erkältung, Nasentropfen
○ Mittel gegen Übelkeit, Durchfall und Verstopfung
○ Mittel gegen Magenübersäuerung und Sodbrennen
○ Heftpflaster (bei Badeurlaub wasserfestes)
○ Elastische Binden
○ Schere, Pinzette
○ Wund- und Desinfektionsmittel
○ Salbe oder Gel gegen Prellungen

• Medikamente, die ständig eingenommen werden müssen, und Mittel gegen Reisekrankheit (Apotheke) führt man im Handgepäck mit.

tipp

Diabetiker und andere chronisch Kranke sollten ein Attest in englischer Sprache mitführen.

Urlaub mit dem Auto

• Das Auto sollte rechtzeitig und ohne Hektik gepackt werden, am besten bereits am Tag vor der Abreise. So kann man stressfrei und ausgeruht starten. Nach Möglichkeit sollte man bekannte Staustrecken meiden.
• Bei der Fahrzeitplanung sind regelmäßige Erholungspausen zu berücksichtigen, die man auch zur Bewegung nutzen kann.

✓ Was ist zu tun? Erledigt?

Erledigen

○ Grüne Versicherungskarte besorgen, wenn erforderlich

○ Europaschild anbringen, wenn für das Urlaubsland erforderlich

○ Inspektion durchführen

○ Inhalt der Autoapotheke prüfen (siehe Reiseapotheke)

Mitführen

○ Führerschein und Fahrzeugschein (nicht im Auto aufbewahren)

○ Unterlagen des Automobilclubs

○ Personalausweis oder Reisepass (griffbereit!)

○ Aktuelle Straßenkarten

○ Reserve-Autoschlüssel (an sicherer Stelle außerhalb des Fahrzeuges aufbewahren)

○ Taschenlampe

○ Sonnenbrille

○ Leichte, vitaminreiche und energiespendende Kost sowie erfrischende Getränke

○ Kleine Mülltüte für Abfälle

○ Reiseapotheke (muss leicht erreichbar sein!)

○ Ersatzteile und Hilfsmittel für Pannen (siehe auch Pannenhilfe, Seite 284)

○ Unfall-Aufnahme-Set (siehe Seite 289)

Verzeichnisse

Literatur

ASLETT, D.: Stainbuster's Bible. Penguin Books, 1990.

BÜHLER, M.: Umweltbewußt haushalten. Midena-Verlag, Rombach-Aarau 1990.

COLDITZ, G. und R. VILLIGER: Umweltbewußt leben. Midena-Verlag, Küttingen-Aarau 1991.

HELOISE: All-new hints from Heloise: A household guide for the '90s. Perigee Books, New York 1989.

KENT, C.: 2000 praktische Tips für den ganzen Haushalt. Bertelsmann Club, Rheda-Wiedenbrück 1997.

LEEB, O.: Der Fleck muß weg. O. Leeb Verlag, München 1986.

LUTZ, W.: Lehrbuch der Reinigungs- und Hygienetechnik. Verlag Rosemarie Lutz, Rettingen.

NOÈ, C.: Kleine Flecken- und Teppichkunde für Hundehalter. In: Hunde Revue, Ausgaben (9) 97 bis (11) 97.

Über die angegebene Literatur hinaus wurden in diesem Buch zahlreiche mündliche Hinweise von vielen Hausfrauen und Hausmännern mit berücksichtigt.

Anschriften und Bezugsquellen

Bund Ökologische Lebensmittelwirtschaft (BÖLW e.V.)
Marienstraße 19–20
10117 Berlin
Tel.: (0 30) 28 48 2-300
Fax: (0 30) 28 48 2-309
E-Mail: info@boelw.de
Internet: www.boelw.de

Umweltfreundliche Reinigungsmittel

Firmen, die umweltfreundliche Reinigungsmittel vertreiben, können Sie dem alternativen Branchenbuch entnehmen, das im Buchhandel erhältlich ist, aber auch in vielen Naturkost- und Bioläden ausliegt.

Die Firma Spinnrad vertreibt umweltschonende Produkte, Reinigungsmittel, Lebensmittel und Kosmetika.
Spinnrad GmbH
Kurhausstr. 2
23795 Bad Segeberg
E-Mail : info@spinnrad.de
Internet: www.spinnrad.de

Behörden

Bundesministerium für Ernährung, Landwirtschaft und Verbraucherschutz (BMELV)
Dienstsitz Bonn:
Besucheranschrift:
Rochusstr. 1
53123 Bonn
Postanschrift:
Postfach 14 02 70
53107 Bonn
Tel.: (0228) 99529-0
Fax: (0228) 99529-3179

Dienstsitz Berlin:
Besucheranschrift:
Wilhelmstr. 54
10117 Berlin
Postanschrift:
11055 Berlin
Tel.: (030) 18529-0
Fax: (030) 18529-3179
E-Mail:
poststelle@bmelv.bund.de

Bundesministerium für Gesundheit (BMG)
Referat Öffentlichkeitsarbeit
11055 Berlin
Tel.: (030) 18441-0
(bundesweiter Ortstarif)
Fax: (030) 18441-1921
E-Mail: info@bmg.bund.de
Internet: www.bmg.bund.de

Bundeszentrale für gesundheitliche Aufklärung
Ostmerheimer Str. 220
51109 Köln
Tel.: (02 21) 89 92 0
Fax: (02 21) 89 92 300
E-Mail: poststelle@bzga.de
Internet: www.bzga.de

Bundesministierum für Wirtschaft und Technologie
Öffentlichkeitsarbeit
Scharnhorststr. 34–37
10115 Berlin
V. i. S. d. P. Sabine Maass
Fax: (030) 2014-5208
E-Mail: info@bmwi.bund.de
Internet: www.bmwi.bund.de
Informationen zur Förderung erneuerbarer Energien und zur Energieeinsparung

Umweltbundesamt
Postfach 1406
06813 Dessau-Roßlau
oder
Wörlitzer Platz 1
06844 Dessau-Roßlau
Tel.: (0340) 2103-0
Fax: (0340) 2103-2285
E-Mail:
info@umweltbundesamt.de
Internet:
www.umweltbundesamt.de
Informationsbroschüren zum Thema Energiesparen und umweltbewusst leben

Verbraucherorganisationen und Beratungsdienste

aid – Informationsdienst für Verbraucherschutz, Ernährung, Landwirtschaft e.V.
Heilsbachstr. 16
53123 Bonn
Tel.: (02 28) 84 99 0
E-Mail: aid@aid.de
Internet: www.aid.de
Verbraucherinformationen, Veranstaltungen

vzbv
Verbraucherzentrale
Bundesverband e.V.
„Pillbox" – Markgrafenstr. 66
Besuchereingang:
Rudi-Dutschke-Str. 17
(ehemals Kochstr. 22)
10969 Berlin
Tel.: (0 30) 25 80 0-0
Fax: (0 30) 25 80 0-218
E-Mail: info@vzbv.de
Internet: www.vzbv.de

Bund der
Energieverbraucher e.V.
Frankfurter Str. 1
53572 Unkel
Tel.: (0 22 24) 92 27 0
Fax: (0 22 24) 10 32 1
E-Mail:
info@energieverbraucher.de
Internet:
www.energieverbraucher.de

Deutscher Hausfrauen-Bund
Berufsverband der Haushaltführenden e.V. (DHB)
Coburger Str. 19
53113 Bonn
Tel.: (02 28) 23 77-18 /-99
Fax: (02 28) 23 88-58
E-Mail: info@hausfrauenbund.de
Internet:
www.hausfrauenbund.de

Deutscher LandFrauenverband
e.V.
Claire-Waldoff-Str. 7
10117 Berlin
Tel.: (0 30) 28 44 92 91-0
Fax: (0 30) 28 44 92 91-9
E-Mail: Info@LandFrauen.info
Internet: www.LandFrauen.info

Gemeinschaft Energielabel
Deutschland
Ansprechpartner: Michael
Geißler
Berliner Energieagentur
Französische Straße 23
10117 Berlin
Tel.: (030) 29 33 30-11
Fax: (030) 29 33 30-99
E-Mail:
geissler@berliner-e-agentur.de
Internet: www.energielabel.de
Liste von Geräten mit
GEA-Zeichen (Auszeichnung
energiesparender Geräte)

Hessische Energiespar-Aktion

c/o IMPULS-Programm Hessen
Annastr. 15
64285 Darmstadt
Programmleiter:
Dipl.-Ing. Werner Eicke-Hennig
Tel.: (06151) 29 04-58
Fax: (06151) 29 04-97
E-Mail:
Eicke-Hennig@energiespar-aktion.de
Internet: www.Impulsprogramm.de

RAL Deutsches Institut
für Gütesicherung und
Kennzeichnung e.V.
Siegburger Straße 39
53757 Sankt Augustin
Tel.: (02 24 1) 16 05-0
Fax: (02 241) 16 05-11
E-Mail: RAL-Institut@RAL.de
Internet: www.ral.de

Stiftung Warentest
Lützowplatz 11–13
10785 Berlin
Tel.: (0 30) 26 31 0
Fax: (0 30) 26 31 27 27
E-Mail:
email@stiftung-warentest.de
Internet: www.test.de

Verbraucherzentralen

allgemeine Internetseite mit
Links zu den Landesstellen:
www.verbraucherzentrale.com

Verbraucherzentrale
Baden-Württemberg e.V.
Paulinenstr. 47
70178 Stuttgart
Tel.: (07 11) 66 91 10
Fax: (07 11) 66 91 50
E-Mail: info@verbraucher-zentrale-bw.de
Internet: www.vz-bawue.de

Verbraucherzentrale Bayern e.V.
Mozartstr. 9
80336 München
Tel.: (0 89) 53 98 70
Fax: (0 89) 53 75 53
E-Mail: info@vzbayern.de
Internet: www.verbraucherzentrale-bayern.de

Verbraucherzentrale Berlin e.V.
Hardenbergplatz 2
10623 Berlin
Tel.: (0 30) 21 48 50
Fax: (0 30) 2 11 72 01
E-Mail: mail@verbraucherzentrale-berlin.de
Internet: www.vz-berlin.de

Verbraucherzentrale
Brandenburg e.V.
Templiner Str. 21
14473 Potsdam
Tel.: (03 31) 2 98 71 0
Fax: (03 31) 2 98 71 77
E-Mail: info@vzb.de
Internet: www.vzb.de

Verbraucherzentrale
Bremen e.V.
Altenweg 4
28195 Bremen
Tel.: (04 21) 16 07 77
Fax: (04 21) 16 07 78-0
E-Mail: info@verbraucher-zentrale-bremen.de
Internet: www.verbraucher-zentrale-bremen.de

Verbraucherzentrale
Hamburg e.V.
Kirchenallee 22
20099 Hamburg
Tel.: (0 40) 2 48 32 0
Fax: (0 40) 2 48 32 290
E-Mail: info@vzhh.de
Internet: www.vzhh.de

297

Verbraucherzentrale Hessen
Große Friedberger Straße 13–17
60313 Frankfurt am Main
Tel.: (0 69) 97 20 10
Fax: (0 69) 97 20 10-50
E-Mail: vzh@verbraucher.de
Internet: www.verbraucher.de

Neue Verbraucherzentrale
Mecklenburg und Vorpommern
e.V.
Strandstr. 98
18055 Rostock
Tel.: (03 81) 2087050
Fax: (03 81) 2087030
E-Mail: info@nvzmv.de
Internet: www.nvzmv.de

Verbraucherzentrale
Niedersachsen e.V.
Herrenstr. 14
30159 Hannover
Tel.: (05 11) 9 11 96 0
Fax: (05 11) 9 11 96 10
E-Mail: info@vzniedersachsen.de
Internet: www.verbraucher-
zentrale-niedersachsen.de

Verbraucherzentrale
Nordrhein-Westfalen e.V.
Mintropstr. 27
40215 Düsseldorf
Tel.: (02 11) 38 09 0
Fax: (02 11) 38 09 216
Tel. Beratungsservice: (0900) 1-
897969 (1,86 ? / Min.)
E-Mail: vz.nrw@vz-nrw.de
Internet: www.vz-nrw.de

Verbraucherzentrale
Rheinland-Pfalz e.V.
Ludwigstr. 6
55116 Mainz
Tel.: (0 61 31) 28 48 0
Fax: (0 61 31) 28 48 66
E-Mail: info@vz-rlp.de
Internet: www. verbraucherzen-
trale-rlp.de

Verbraucherzentrale
des Saarlandes e. V.
Haus der Beratung
Trierer Str. 22
66111 Saarbrücken
Tel.: (06 81) 50 08 9-0
Fax: (06 81) 58 80 9-22
E-Mail: vz-saar@vz-saar.de
Internet: www.vz-saar.de

Verbraucherzentrale Sachsen e.V.
Brühl 34-38
04109 Leipzig
Tel.: (03 41) 696290
Fax: (03 41) 6 89 28 26
E-Mail: vzs@vzs.de
Internet: www.vzs.de

Verbraucherzentrale
Sachsen-Anhalt e.V.
Steinbockgasse 1
06108 Halle
Tel.: (0345) 2 98 03 29
Fax: (0345) 2 98 03 26
E-Mail: vzsa@vzsa.de
Internet: www.vzsa.de

Verbraucherzentrale
Schleswig-Holstein e.V.
Andreas-Gayk-Str. 15
24103 Kiel
Tel.: (04 31) 5 90 99 0
Fax: (04 31) 5 90 99 77
E-Mail:
info@verbraucherzentrale-sh.de
Internet:
www.verbraucherzentrale-sh.de

Verbraucherzentrale
Thüringen e.V.
Eugen-Richter-Str. 45
99085 Erfurt
Tel.: (03 61) 5 55 14 0
Fax: (03 61) 5 55 14 40
E-Mail: info@vzth.de
Internet: www.vzth.de

Verkehrsclubs
Allgemeiner Deutscher
Automobil-Club e.V.
Am Westpark 8
81373 München
Tel.: (0 89) 76 76 0
Fax: (0 89) 76 76 25 00
E-Mail: adac@adac.de
Internet: www.adac.de

Allgemeiner Deutscher Fahrrad-
Club (Bundesverband) e.V.
Grünenstr. 120
28199 Bremen
Tel.: (04 21) 3 46 29 0
Fax: (04 21) 3 46 29 50
E-Mail: kontakt@adfc.de
Internet: www.adfc.de

Verkehrsclub Deutschland (VCD)
e. V.
Rudi-Dutschke-Str. 9
(ehemals Kochstr. 27)
10969 Berlin
Tel.: (030) 280351-0
Fax: (030) 280351-10
E-Mail: mail @vcd.org
Internet: www.vcd.org

**Umweltverbände und
Beratungsdienste**
Bund für Umwelt und Natur-
schutz Deutschland e. V.
(BUND)
Am Köllnischen Park 1
10179 Berlin
Tel.: (0 30) 27 58 64 0
Fax: (0 30) 27 58 64 40
E-Mail: bund@bund.net
Internet: www.bund.net.

NABU – Naturschutzbund
Deutschland e.V.
Charitéstr. 3
10117 Berlin
Postanschrift: NABU - Natur-
schutzbund Deutschland e.V.
10108 Berlin
Tel.: (030) 284 984 - 0
Fax: (030) 284 984 - 20 00
E-Mail: NABU@NABU.de
Internet: www.nabu.de

BINE Informationsdienst
Fachinformationszentrum (FIZ)
Karlsruhe
Büro Bonn
Kaiserstr. 185-197
53113 Bonn
Tel.: (02 28) 92 379 0
E-Mail: bine@fiz-karlsruhe.de
Internet: www.bine.info

Bildquellen

Fridhelm Volk, Stuttgart: Seite 7, 8/9, 10, 14, 16, 22, 23, 27, 29 (oben), 30, 32, 34, 37, 38, 49, 50/51, 52, 73, 80, 85, 91, 94, 107, 109, 110, 120/121, 122, 123.
Gabriele Lehari, Reutlingen: Seite 11, 12, 13, 17, 18, 21, 25, 29 (unten), 41, 42, 53, 55, 57, 59, 60, 61, 63, 64, 65, 66, 67, 69, 70, 71, 72, 75, 76, 77, 78, 79, 81, 82, 83, 84, 86, 89, 92, 95, 97, 98, 99, 102, 104, 108, 111, 112, 113, 114, 115, 117, 118, 119.
Alle übrigen Fotos: Verlagsarchiv
Alle Zeichnungen von Kerstin Heß.

Titelfoto: iStockphoto / Vladimir Mucibabic

Die in diesem Buch enthaltenen Empfehlungen und Angaben sind von den Autorinnen mit größter Sorgfalt zusammengestellt und geprüft worden. Eine Garantie für die Richtigkeit der Angaben kann aber nicht gegeben werden. Autorinnen und Verlag übernehmen keinerlei Haftung für Schäden und Unfälle.

Bibliografische Information der Deutschen Nationalbibliothek
Die Deutsche Nationalbibliothek verzeichnet diese Publikation in der Deutschen Nationalbibliografie; detaillierte bibliografische Daten sind im Internet über http://dnb.d-nb.de abrufbar.

© 2009 Eugen Ulmer KG
Wollgrasweg 41, 70599 Stuttgart (Hohenheim)
E-Mail: info@ulmer.de
Internet: www.ulmer.de
Lektorat: Carola Hils, Anke Ruf
Umschlagentwurf: red.sign, Anette Vogt, Stuttgart
Satz: Silke Reuter
Druck und Bindung: Typos, tiskařské závody, s.r.o., Plzeň
Printed in the EU

ISBN 978-3-8001-5923-9

Reinigungsmittel, Hilfsmittel und Materialien im Überblick	Wo erhältlich?
Aceton	Drogerie
Alaunstift	Apotheke
Alkohol, vergällter	Apotheke, Drogerie
Antikwachs	Möbelfachhandel
Antirutschmatten	Teppichfachhandel, Baumarkt
Antistatikspray	Drogerie
Bewässerungsvlies	Gartencenter
Bienenwachs	Möbel- und Lederfachhandel
Blähton (Seramis)	Gartencenter
Borax (Wäscheborax)	Apotheke
Brennspiritus	Drogerie
Destilliertes Wasser	Drogerie
Entfärber	Drogerie
Epoxidharzkleber	Baumarkt
Essigsaure Tonerde	Apotheke
Firnis	Malerfachhandel, Baumarkt
Fleckensalz	Drogerie
Fleckenspray für Leder	Schuhgeschäft, Lederfachgeschäft
Fugenreiniger	Baumarkt
Fusselrasierer	Kaufhaus (Kurzwarenabteilung)
Gallmücken etc.	Gartencenter
Gallseife	Drogerie
Glasfiberpinsel	Autofachhandel, Baumarkt
Glyzerin, Glyzerinseife	Apotheke, Drogerie
Grafitpulver	Autofachhandel, Baumarkt
Hirschfett	Autofachhandel, Baumarkt
Holzkitt, Holzpaste, Holzreinigungsmittel	Baumarkt
Hornspäne	Gartencenter
Insektenentfernungsmittel	Autofachhandel
Jodtinkur	Apotheke
Kappendreher	Autofachhandel
Kleesalz (Oxalsäure)	Bio- und Naturkostläden
Korkplättchen	Baumarkt
Lacklederpflegemittel	Drogerie
Lackstift	Autofachhandel
Ledergummi	Schuhgeschäft, Lederfachhandel
Lederöl, Lederseife	Lederfachhandel

Reinigungsmittel, Hilfsmittel und Materialien im Überblick	Wo erhältlich?
Leinöl	Drogerie, Baumarkt
Marderhaarpinsel	Malerfachhandel, Baumarkt
Melkfett	Lederfachhandel, Drogerie
Montageband, Klebeband	Baumarkt, Bastlerbedarf
Naturharzöl	Möbelfachhandel, Baumarkt
Nematoden (Fadenwürmer)	Gartencenter
Nissenkamm	Apotheke
Parkettpflegeöl	Baumarkt
Polierpaste (Kunststoff)	Baumarkt
Pottasche (Kaliumcarbonat)	Apotheke, Drogerie
Radierstift (mit Metallfaser)	Autofachhandel, Baumarkt
Rostentferner, Rostschutzmittel	Malerfachhandel, Baumarkt
Salmiakgeist (Ammoniak)	Apotheke, Drogerie
Sattelfett, Sattelseife	Reitsportbedarf, Schuhmachereien
Schablonen	Bastelbedarf
Schlämmkreide	Malerfachhandel
Schneiderkreide	Schneidereibedarf
Siegellack	Papierfachgeschäft
Soda	Drogerie
Spachtelmasse	Baumarkt
Spezialsalz für Trockenblumen	Bastelbedarf
Spezialwachs für Alufelgen	Autofachhandel
Sprühstärke	Drogerie
Steinpflegemittel	Baumarkt
Talkum	Drogerie
Teerentferner	Autofachhandel
Teppichmesser	Baumarkt, Teppichfachhandel
Terpentin	Malerfachhandel, Baumarkt
Textilfarbe	Drogerie
Tiefgrund (Haftgrund)	Malerfachhandel, Baumarkt
Vereisungsspray	Apotheke
Vlieseline	Kaufhaus (Kurzwarenabteilung)
Waschbenzin (Reinigungsbenzin)	Apotheke, Drogerie
Wasserglas	Baumarkt
Wasserstoffsuperoxid	Apotheke
Weingeist	Apotheke
Zaponlack	Baumarkt

301

Register

Abbinden 42
Abkratzen 40
Abziehbilder 53
Aceton 26ff.
Acryl 129
Alkohol, vergällter 27
Alpenveilchen 264
Alufelgen 279
Alufolie 129
Aluminium 107
Ammoniak 27, 32
Anstreicharbeiten 130 ff.
Apotheke 154f.
Aquarium 133
Arbeitsfläche 133
Armaturenbrett 279
Asche 37
Asphalt 53
Aufkleber 53, 133, 145
Aufsaugen 11, 39
Augenbrauenstift 54
Ausbleichen 37
Auslegeware 133
Auspuffgase 279
Autolackpflege 281f.
Automatenkarte 134
Autopolster 107f.
Azalee 264
Babynahrung 54
Backmittel 207
Backofen 134, 154
Backpulver 27
Backwaren 232, 244f., 258f.
Badewannen 108
Batterien 135, 280
Batteriesäure 54
Baumwolllappen 20, 38
Beeren 208, 215, 226f., 254
Begonie 264
Beize 54
Belüftung 26
Bernstein 135
Besen 135
Betten 136, 188
Bettwäsche 136, 188

Bier 55
Bilder 137
Bilderrahmen 137
Blattpflanzen 265
Blaubeeren 55
Bleichen 42
Bleichmittel 56
Bleistift 56
Blumentöpfe 77
Blut 56
Blütenstaub 57
Blütenzweige 266
Bohnerwachs 58
Bohrlöcher 137
Bonbon 58
Bowle 58
Brandflecken 58
Bratensoße 59
Braunfärbung 13
Bräunungsmittel 59
Brille 138
Brombeeren 59
Bronze 108
Brotkasten 138
Brühe 59, 212
Bücher 138
Bügeleisen 47
Bügeln 139, 189
Buntstifte 59
Bürsten 20f., 139
Butter 59
Chemische Substanzen 19
Chenille 189
Chiffon 189
Chlorbleiche 27f.
Christrose 266
Cocktails 60
Cola 60
Computertastatur 108
Cord 189
Creme 60
Crinkle 190
Croutons 212
Curry 60f.
Damast 190
Dauerfalte 190
Daunenjacke 190
Dichtungsgummi 281

Dosen 140, 234
Dosenmilch 61
Druckerschwärze 61
Dübel 140
Düngen 266f.
Edelstahl 108
Eichenmöbel 108
Eier 61f., 213f.
Eierfarbe 62
Eigelb 62
Eiklar 62
Eimer 21
Einfärben 44
Einfrieren 40
Einfüllen 141
Einmachgut 214
Eintopf 214
Eintrocknen 10f.
Eis 215
Eiscreme 62
Eisfleck 215
Eiter 62
Eiweiß 12, 17, 28
Elfenbein 109
Email 141
Emulsionsfarbe 63
Energie sparen 142 ff.
Entfärber 28
Entkalker 37
Erbrochenes 63
Erika 267
Ersatzteile 141
Essig 28f.
Essigessenz 29
Eternit 145
Ethanol 27
Ethylalkohol 27
Etiketten 64, 145
Farbbänder 64
Farbflecken 19
Farbstoff, roter 64
Farbstoff, gelber 64
Farbstoffe 19
Farne 267
Faserschreiber 145
Fenster 145 ff.
Fernbedienung 109
Fernseher 137, 147
Fett 15, 18, 65 ff.,

147, 216
Filzstift 68 ff.
Fingernägel 109
Fisch 216 ff.
Flammendes Käthchen 267
Flaschen 148
Flaschenkorken 22
Flecken, kombinierte 18
Flecken, ölige 18
Flecken, wasserlösliche 16f.
Flecken, zuckerhaltige 13
Flecken, fettige 18
Fleckenwasser 29, 38
Fleisch- und Wurstwaren 218 ff, 249, 253, 261
Fleißiges Lieschen 267
Flieder 267
Fliesen 149
Flusen 149, 191
Folienschreiber 70
Fotos 109
Frottee 191
Fruchtsaft 70
Fuchsie 268
Fugen 109
Fußabtreter 46
Fußmatte 149
Gallseife 29, 38
Gardinen 150, 184, 191
Gefrierschrank 150
Gemüse 70, 206 ff., 212, 215, 221, 225 ff., 237 ff., 243, 245 ff., 258
Geruch 140, 150f.
Geschenkpapier 151
Geschirr 152
Getränke 228f., 237, 240, 250f., 259
Gewürze 205, 207 ff., 212, 222 ff., 237 ff., 241 ff., 248, 251, 259, 261

Gewürzsoße 70
Gießen 268f.
Gips 70, 154
Gladiole 269
Glanzstellen 71
Glas, Gläser 141, 152f., 161, 173, 184
Glasreiniger 30
Glockenblume 269
Glühbirnen 109
Glyzerin 30
Gold 109f.
Goldborten 110
Gras 71
Grillrost 154
Grünspan 72
Grütze 225
Gummihandschuhe 154
Gummistiefel 154
Haarfarbe 72f.
Haarspray 30f.
Haken 154
Handcreme 48
Handschuhe 26, 48
Harrspary 73
Harz 73
Haushaltsbuch 156
Hemdkragen 110
Herausbügeln 40
Herausschneiden 44
Herdplatten 110, 139, 156
Himbeeren 73
Holz 110
Holzartikel 157
Holzlasur 73
Honig 74, 227
Honigfleck 227
Horn 157
Hortensie 270
Hosen 192
Hut 192
Insekten 130, 136, 148f., 160, 165, 168, 173, 177, 186, 265, 267, 273, 275, 277
Isopropanol 30, 38
Isopropylalkohol 30
Jalousien 157
Jeans 192
Jodtinktur 74
Jogurt 74, 227
Jogurtfleck 227
Johannisbeeren, Schwarze 74

Johannisbeeren, Rote 74
Kachelofen 157
Kaffee 74f.
Kajalstift 75
Kakao 75
Kaktus 270
Kalk 77
Kalkablagerungen 158
Kältespray 31
Kamille 270
Kämme 157
Käse 227f.
Kaugummi 78
Kernseife 31
Kerzen 110, 158f.
Kerzenhalter 159f.
Kerzenwachs 78
Ketschup 78f.
Kinderbekleidung 193
Kirschen 79
Kleben 159
Klebestreifen 79
Klebstoff 79f., 159
Klebstoffreste 80
Kleesalz 31
Kleinteile 159
Knetmasse 11, 80
Knitterfalten 193
Kohlepapier 80
Kombinierte Flecken 18
Kompott 80
Korallen 160
Korbwaren 110
Korken 160
Korrekturflüssigkeit 80
Kosmetika 81, 161
Kotfleck 81
Kratzer 81
Kräuter 213, 216, 221, 231, 234 ff., 238, 243, 249f., 254f., 270
Kräuterbutter 235f.
Kräuteressig 235f.
Kräuteröl 236f.
Kristallvasen 110
Küchenkrepp 11, 22
Kugelschreiber 81, 162
Kugelschreiberfleck 162
Kunststoffbelag 162
Kunststoffoberflächen 111
Kupfer 111f.

Lack 82
Lackleder 112
Lacklösepaste 31
Lammfell 163, 194
Lampenschirm 163
Leder 113
Lederbekleidung 194 ff.
Ledermöbel 113
Lehm 82
Leim 82
Leinenschuhe 113
Lichtschalter 113
Lidschatten 82
Likör 82
Limonade 82f.
Lippenstift 83
Löffel 22
Löschpapier 40
Lotion 84
Luftfilter 282
Maggi 84
Majonäse 84
Make up 84
Margarine 59, 84
Marker 84
Markisen 163
Marmelade 84
Marmor 113, 164f.
Mascara 85
Messer 164
Messerklingen 113
Messing 114
Metalle 153, 163, 165
Miederwaren 196
Mikrofaser 196
Mikrofaserlappen 22f.
Milch 85
Milchbrei 85
Milchkaffee 85
Milchshake 85
Mineralwasser 31
Möbel 165 ff., 171
Möbelpolitur 85f.
Mohn (Blume) 271
Motorenöl 284f.
Motoröl 86
Motorüberhitzung 283
Müsli 241
Nagellack 86f.
Nagellackentferner 31
Nähzubehör 190f., 198f.
Nelke 271
Nikotin 87
Nüsse 241

Oberflächenreiniger 30
Obst 87f., 205, 208, 231, 238f., 242, 245, 262
Obstsaft 88
Öl 65 ff., 88
Oleander 271
Ölfarbe 88
Ölflecken 283
Ölige Flecken 18
Olivenöl 242
Oranex 32
Orchidee 272
Orientierung (Auto) 283
Oxalsäure 32f.
Panade 243
Pannenhilfe 284
Papier 90
Papierservietten 22
Papiertaschentücher 22
Paraffin 90
Parfüm 90
Pastinaken 243
Pelargonie 272
Perlen 170
Petunie 272
Pfannen 182 ff.
Pflegesymbole 196f.
Plastikartikel 170f.
Plüsch 196
Polstermöbel 114
Porzellan 114
Porzellanbecken 114
Porzellanfiguren 172
Postsendung 172
Primel 272
Proteine 12, 17, 28
Pudding 246
Puder 90
Puderzucker 246
Radiergummi 23
Rangierhilfe 284
Rauch 90
Reibe 172
Reifen 284
Reinigungsbenzin 32
Reinigungsmittel 24ff., 90f.
Rose 272
Rost 91, 172
Rostfleckenentferner 32
Rote Bete 91
Rotwein 93
Rouge 93

Ruß 93
Safran 57, 93
Sahne 93, 248, 250
Salbe 93
Salmiakgeist 32
Salz 33
Salzränder 174
Salzsäure, verdünnt 33
Samt 197
Sandpapier 23
Sanitär, Heizung 185
Satin 198
Sauerstoffbleiche 33
Säure 93
Schädlinge 130, 133,
   136, 148f., 160, 165,
   168, 173, 177, 186,
   265, 267, 273, 275,
   277
Scheiben 286
Scheibenwischer 286
Schimmel 94, 249
Schirm 173
Schlamm 11, 94
Schmierfett 94
Schmuck 115
Schnaps 94
Schneeränder 94
Schnittblumen 273f.
Schrauben 173
Schreibmaschinenband
   95
Schuhabrieb 95
Schuhcreme 96
Schuhe 176 ff.
Schürze 45f.
Schwamm 23, 176
Schwarze Kleidung 198
Schweiß 96
Seersucker 198
Seide 115, 198
Seidenblumen 176
Seidenkrawatten 115
Seife 33
Seifenlauge 52

Sekt 96
Senf 96
Sengflecken 58, 97
Servietten 45
Siegellack 97
Silber 115f.
Sirup 97
Soda 33
Sonnenblumen 274
Soße 251
Spaghettisoße 97
Spatel 20, 23f.
Speisen, ölige 97
Speiseöl 225, 233,
   236, 238, 242
Spiegel 116, 177
Spielkarten 116
Spinat 97
Spinnweben 178
Spirituosen 98
Spiritus 34
Spritzdüse 287
Sprühflasche 24
Spüli 34
Stahlwolle 24
Stärkemehl 34
Startprobleme 287
Staubsauger 24
Staubsaugertuch 178
Staunässe 275
Stearin 98
Stempelfarbe 98f.
Sticker 99
Stickereien 198f.
Stiefmütterchen 275
Stockflecken 99f.
Stofftiere 178, 199
Straßenschmutz 100
Stretch 199
Streusalz 100
Stricken 198f.
Strümpfe 199f.
Suppe 100
Tabasco 100
Talkum 34

Tannenzweige 275
Tapetenkleister 100f.
Tapezieren 178 ff.
Tarnen 44
Taschentücher 200
Tee 101, 207, 210,
   225, 241, 245, 248f.,
   254, 256, 261
Teigwaren 241
Telefon 116
Teppiche 117
Terpentin 34f.
Terpentinersatz 35
Terrakotta 181
Tesafilm 101
Testbehandlung 14
Textilien, vergilbte 116
Textmarker 101
Thermosflasche 181
Tiefgefrieren 256 ff.
Tinte 102
Tipp-Ex 102
Tischtücher 200
Tomatensoße 102
Ton 103
Toner 103
Töpfe 118, 181 ff.
Trockenblumen 275
Tube 183
Tupfen 39
Türen 153, 183
Tusche 103
Umtopfen 276
Unfall (Auto) 288
Untersetzer 47
Urin 103
Urlaub 290 ff.
Usambaraveilchen 277
Vaseline 35
Vasen 184
Verdecken 43f.
Verdünner 35
Vereisungsspray 35, 40
Vogelfutter 184
Vorhänge 150, 184,

   191
Wachs 103f.
Wachsmalstifte 104
Waschbenzin 36, 38
Wäscheborax 36
Wäschepflege 190 ff.
Wäscheständer 47f.
Waschmaschine 47,
   185
Waschmittel, enzymhal-
   tige 28
Waschsoda 36
Wasserfarbe 104
Wasserflecken 105
Wasserlösliche Flecken
   16f.
Wasserränder 105
Wasserstoffperoxid
   36f.
WC- und Waschbecken
   118
Weihnachtsbaum 186
Weihnachtsstern 277
Weißwein 105
Werkzeuge 145, 172
Wildleder 118f.
Wimperntusche 105
Wohnungsputz 186
Wolldecke 202f.
Wolle 119
Wollkleidung 202f.
Worcester Soße 105
Zahnbürste 24, 187
Zahnpasta 37
Zahnprothese 187
Zigarrenasche 37
Zinn 119
Zitronensaft 37
Zitronensäure 37
Zitrusbäumchen 278
Zucker 106
Zuckerhaltige Flecken
   13
Zündkerzen 289